토정비결

운수대통부자되는

토정비결 - 운수대통 부자 되는 土亭祕訣

초판발행 2025년 01월 01일
초판인쇄 2025년 01월 01일
지은이 지평地平
펴낸이 김 민 철

등록번호 제 4 -197호
등록일자 1992.12.05

펴낸곳 도서출판 문원북
주 소 서울시 마포구 토정로 222 한국출판콘텐츠센터 422
전 화 02-2634-9846
팩 스 02-2365-9846
메 일 wellpine@hanmail.net
카 페 cafe.daum.net/samjai
블로그 blog.naver.com/gold7265

ISBN 978-89-7461-510-9
규 격 152mmx225mm
책 값 20,000원

운수대통부자되는

토정비결

문원북
BOOK

머리말

　토정비결土亭祕訣은 이지함 선생이 1578년 아산 현감으로 있을 때 민생문제를 해결하기 위해 걸인청乞人廳을 만들어 관내에 기거하는 걸인을 구제하는 일과 노인과 힘없는 아녀자들의 구호에 힘쓸 때, 경제적으로 궁핍하여 생활고에 시달리던 시대적 약자인 서민들을 위하여 주역周易을 근간으로 384괘를 가지고 상, 하권의 토정비결土亭祕訣을 만들었다고 합니다. 그런데 신기하게도 적중률이 높아 무위도식하는 자, 악용하는 정치인들이 많아 이를 막기 위해 하권에 해당하는 240괘를 버렸다고 전합니다. 지금 전해오는 토정비결은 비록 상권 144괘뿐이지만 그 의미가 인생의 음양 이치를 깨우는 동양철학의 진수를 펼쳐 보인 작품이라 할 수 있겠습니다.

　토정비결은 이지함 선생은 민초들의 고충을 이해하고 고단한 삶을 조금이나마 위안을 주기위해 애민정신을 담은 작품이기에 토정비결은 예언서기보다는 우리가 어찌 살아가야 하는지에 대한 올바른 방향을 제시해 주는 인생의 지침서라고 보면 좋을 것입니다. 현재 본 도서는 토정비결土亭祕訣의 144괘 원본을 참고하여 편저자 경험을 바탕으로 임의로 보기 쉽게 각색하였으니, 독자 여러분들의 양해를 바랍니다.

부처님께서는 『법구경』에서 이렇게 말씀 하셨습니다. '잠 못 드는 사람에게는 밤은 길고 피곤한 나그네에게는 길이 멀 듯이, 진리를 모르는 사람에게는 인생의 밤길은 멀고 험하다. 우리의 인생이 그와 같습니다.

그러므로 올바른 진리와 가르침을 몸소 실천한다면, 어려움 끝에는 반드시 좋은 기회가 찾아오는 법이니 인내를 가지고 힘써 노력하면 소원을 성취하시리라 믿습니다.

인생은 망망대해를 조각배로 항해하는 것과 같다고 합니다. 끝도 보이지 않고 깊이도 알 수 없는 인생의 망망대해에서 토정비결土亭祕訣이 마음속의 진정한 등대가 되길 바랍니다.

지평地平

차례

토정비결
보는 법

토정비결 보는 법

첫 번째 - 내 나이 계산하기

　적용하는 나이는 만나이가 아닌 우리 나이로 적용합니다. 예를 들면, 현재가 2025년 3월이라고 하면, 2000년 7월생은 만나이로는 생일이 아직 지나지 않아 만 25세이지만, 우리 나이로는 26세가 되는데, 이는 태아기(胎兒期)에도 태아(胎兒)가 한 사람의 인격체라고 보는 견해이니 태아가 포태(胞胎)되어 어머니 뱃속에 있는 기간도 한 살로 가산(加算)하고, 해가 바뀌면 무조건 한 살을 가산하는 방법이기 때문입니다.

나이 계산법

　(현재 年(년) - (태어난 年(년), 음력) + (태아 1살) = 우리 나이

2000년 (음력) 1월 1일 ~ 12월 31일 사이에 태어난 경우

　(2025년/현재) - (2000년) + (태아 1 살) = 25 + 1 = 26세

두 번째 - 괘상수 찾기 (음력기준)

① 내 나이를 기준하여 제일 먼저 해당하는 ▶ 상수를 찾는다.

② 다음 태어난 달을 기준하여 ▶ 중수를 찾는다.

③ 마지막으로 태어난 날을 기준하여 ▶ 하수를 찾는다.

④ 그리고 숫자를 모두 찾았으면 상수, 중수, 하수의 숫자를 순서대로 본다.

▶ 책 16페이지부터~26페이지의 괘상수 조견표를 참조하시면 됩니다.

1965년 음력 8월 12일생 2035년도 토정비결 괘상수 찾기

나이는 (2035년) - (1965년) + (태아 1살) = 70 + 1 = 71세이다.

책 10페이지〈표1〉, 26페이지에서 본인 나이가 태상수가 된다

(태상수 1이 된다)

책 10페이지〈표2〉, 26페이지에서 태어난 달이 중수가 된다

(중수 1이 된다)

책 11페이지〈표3〉, 26페이지에서 태어난 날이 하수가 된다

(하수 2가 된다)

나의 괘상수는112가 됩니다.

▶ 책 30페이지 괘상수 112가 2035년 나의 토정비결이 됩니다.

1. 상수(음력 나이 기준)첫 번째 해당하는 나이를 찾아 상수를 봅니다.

〈표1〉2035년

태상수(태세)																			
연령	을묘	갑인	계축	임자	신해	경술	기유	무신	정미	병오	을사	갑진	계묘	임인	신축	경자	기해	무술	정유	병신
	1	2	3	4	5	6	7	8	9	10	11	12	13	14	15	16	17	18	19	20
상괘	3	4	5	6	7	8	1	2	3	4	5	6	7	8	1	2	3	4	5	6
연령	을미	갑오	계사	임진	신묘	경인	기축	무자	정해	병술	을유	갑신	계미	임오	신사	경진	기묘	무인	정축	병자
	21	22	23	24	25	26	27	28	29	30	31	32	33	34	35	36	37	38	39	40
상괘	7	8	1	2	3	4	5	6	7	8	1	2	3	4	5	6	7	8	1	2
연령	을해	갑술	계유	임신	신미	경오	기사	무진	정묘	병인	을축	갑자	계해	임술	신유	경신	기미	무오	정사	병진
	41	42	43	44	45	46	47	48	49	50	51	52	53	54	55	56	57	58	59	60
상괘	3	4	5	6	7	8	1	2	3	4	5	6	7	8	1	2	3	4	5	6
연령	을묘	갑인	계축	임자	신해	경술	기유	무신	정미	병오	을사	갑진	계묘	임인	신축	경자	기해	무술	정유	병신
	61	62	63	64	65	66	67	68	69	70	71	72	73	74	75	76	77	78	79	80
상괘	7	8	1	2	3	4	5	6	7	8	①	2	3	4	5	6	7	8	1	2
연령	을미	갑오	계사	임진	신묘	경인	기축	무자	정해	병술	을유	갑신	계미	임오	신사	경진	기묘	무인	정축	병자
	81	82	83	84	85	86	87	88	89	90	91	92	93	94	95	96	97	98	99	100
상괘	3	4	5	6	7	8	1	2	3	4	5	6	7	8	1	2	3	4	5	6

2. 중수(음력 태어난 달 기준) 두 번째 태어난 달을 찾아 중수를 봅니다.

〈표2〉 2035년

중수(월건)												
월별	정월	2월	3월	4월	5월	6월	7월	8월	9월	10월	11월	12월
	무인	기묘	경진	신사	임오	계미	갑신	을유	병술	정해	무자	기축
중건	6	2	1	4	2	1	3	①	6	4	1	5

3. 하수(음력 태어난 날 기준) 세 번째 태어난 달에서 태어난 날을 보고 하수를 찾습니다.

〈표3〉 2035년

하수(일진)																													
월별/일	1	2	3	4	5	6	7	8	9	10	11	12	13	14	15	16	17	18	19	20	21	22	23	24	25	26	27	28	29	30
1월	3	2	2	2	1	3	3	1	3	2	3	1	1	3	2	2	2	1	1	1	3	3	1	2	1	3	3	3	3	1
2월(소)	1	2	1	1	1	2	2	1	1	3	3	2	2	3	1	1	2	3	3	1	1	1	1	3	2	3	2	2	3	/
3월	1	1	3	3	3	2	1	2	1	3	1	2	2	1	3	3	2	2	1	2	3	2	1	1	2	3	2	1	1	1
4월(소)	2	2	3	2	2	2	3	3	2	2	1	1	3	3	1	2	3	1	1	2	2	2	1	3	1	3	3	/		
5월(소)	2	2	2	1	1	1	3	3	2	3	2	1	2	3	3	1	1	3	3	3	2	3	1	3	2	1	3	/		
6월	3	3	1	2	1	2	1	1	1	1	1	1	3	3	1	2	2	2	3	3	1	1	1	1	3	3	3	3	3	2
7월(소)	2	3	3	3	2	2	1	3	3	1	3	3	2	3	1	3	2	2	1	1	3	1	2	1	1	3	/			
8월(소)	1	1	1	2	3	2	2	2	3	3	②	2	1	1	3	3	1	2	2	3	1	1	2	2	2	1	3	/		
9월	2	1	1	2	2	1	2	2	3	2	3	1	2	2	2	1	3	3	2	1	1	1	3	3	2	3	1	3		
10월	2	2	2	2	3	3	1	3	3	3	1	1	3	3	2	2	1	1	2	3	3	1	2	2	3	3	3	3	2	1
11월(소)	2	1	1	2	2	2	1	3	3	1	2	2	3	2	1	1	2	3	3	3	1	3	3	2	2	3	1	/		
12월	1	3	3	3	3	1	1	2	1	1	1	1	2	2	1	3	2	3	3	2	2	1	1	2	3	3	1	1	1	3

괘상수 112	䷌	건지동인 乾之同人

| 운세풀이 |

달도 차면 기울고, 호박잎도 찬 서리를 맞아 시들어버리는구나. 먼저는 웃고 뒤에 찌푸리게 되니 처음의 부귀영화를 자랑하지 말아야 하네. 쥐가 곳간에 들어 먹을 것은 풍족하나, 사나운 고양이가 곳간 문을 지키고 있구나. 원하는 바를 얻었다 하여 경거망동하면 훗날 후회할 일이 생기네. 가정사가 불리하니 부부가 화합하지 못하고 가정불화가 있을 수 있구나. 마음을 안정하고 귀에 거슬리는 말도 세 번 참는 인내가 필요하네.

『토정비결』은 조선시대 음력을 기준으로 만들어져 큰달 30일, 작은달(소) 29일로 구분되어 있습니다. 그래서 어떤 해는 작은달 29일 밖에 없어 생일이 없는 경우가 있습니다. 그러면 현재 만세력에 표기된 것은, 양력으로 계산된 것입니다. 그래서 본인이 태어난 달이 큰달 30일 없을 경우, 토정비결을 좀더 정확히 보고자 할 때는 하수(일진)을 계산하여 해당 괘를 찾으시면 됩니다.

〈예시〉 (음력) 1965년 7월 30일이 2035년 토정비결 괘상수 찾기

1. 태상수1 중주3은 있으나 2035년은 7월이 작은달이라 하수가 없다.
2. 일진(일주) 사주에서 태어난 일을 60갑자로 표시한 것을 말한다.
3. 일진(일주) 찾는 방법은 인터넷 만세력에 태어난 년월일을 입력하면 알 수 있다.
4. 계산방법 → (생일 수 + 일진 수(표4)) ÷ 3
5. 계산식 ▶ (생일 수(30) + 임자(壬子)일 (15)) ÷ 3
   = 45 ÷ 3 = 0 ▶ 나머지가 없으므로 하수는 "3"
6. 2035년 토정비결 괘상수는 133이 된다 ▶ 태상수 1 / 중수 3 / 하수 3
   나머지가 1 이면 하수가 "1" 이 된다
   나머지가 2 이면 하수가 "2" 이 된다
   나머지가 0 이면 하수가 "3" 이 된다

괘상수
133 　동인지무망

| 운세풀이 |

내 마음을 알아주는 이 없고 사방을 둘러봐도 내 일가친척은 보이지 않으니 올해는 외로움을 뼈저리게 느끼겠구나. 혈혈단신이 너무나 고독하구나, 세상천지에 나를 알아주고 아껴줄 사람이 아무도 없네. 뜻이 있으나 이루지 못하니 누구를 탓하랴. 혹독한 겨울 뒤에는 반드시 화창한 봄이 오는 법이니, 지금은 곤고하여도 인내하여 외로움을 극복한다면 새로운 희망이 열리겠네. 타향살이 한탄치 말라, 언젠가는 자리 잡을 날이 찾아오리라.

육십갑자에 따른 태상수, 중수(월건), 하수(일진)

〈표4〉

구분	甲子 갑자	甲戌 갑술	甲申 갑신	甲午 갑오	甲辰 갑진	甲寅 갑인
태상수(태세)	20	22	21	18	22	19
중수(월건)	18	14	16	16	18	16
하수(일진)	18	20	19	16	20	17

구분	乙丑 을축	乙亥 을해	乙酉 을유	乙未 을미	乙巳 을사	乙卯 을묘
태상수(태세)	21	19	20	21	17	18
중수(월건)	16	12	14	16	12	14
하수(일진)	19	17	18	19	15	16

구분	丙寅 병인	丙子 병자	丙戌 병술	丙申 병신	丙午 병오	丙辰 병진
태상수(태세)	17	18	20	19	16	20
중수(월건)	14	16	12	14	16	12
하수(일진)	15	16	18	17	14	18

구분	丁卯 정묘	丁丑 정축	丁亥 정해	丁酉 정유	丁未 정미	丁巳 정사
태상수(태세)	16	19	17	18	19	15
중수(월건)	12	14	10	12	14	10
하수(일진)	14	17	15	16	17	13

구분	戊辰 무진	戊寅 무인	戊子 무자	戊戌 무술	戊申 무신	戊午 무오
태상수(태세)	18	15	16	18	17	14
중수(월건)	10	12	14	10	12	14
하수(일진)	16	13	14	16	15	12

구분	己巳 기사	己卯 기묘	己丑 기축	乙亥 을해	乙酉 을유	己未 기미
태상수(태세)	18	19	22	20	21	22
중수(월건)	13	15	17	13	15	17
하수(일진)	16	17	20	18	19	20

구분	庚午 경오	庚辰 경진	庚寅 경인	庚子 경자	庚戌 경술	庚申 경신
태상수(태세)	17	21	18	19	21	20
중수(월건)	17	13	15	17	13	15
하수(일진)	15	19	16	17	19	18

구분	辛未 신미	辛巳 신사	辛卯 신묘	辛丑 신축	辛亥 신해	辛酉 신유
태상수(태세)	20	16	17	20	18	19
중수(월건)	15	11	13	15	11	13
하수(일진)	18	14	15	18	16	17

구분	壬申 임신	壬午 임오	壬辰 임진	壬寅 임인	壬子 임자	壬戌 임술
태상수(태세)	18	15	19	16	17	19
중수(월건)	13	15	11	13	15	11
하수(일진)	16	13	17	14	15	17

구분	癸酉 계유	癸未 계미	癸巳 계사	癸卯 계묘	癸丑 계축	癸亥 계해
태상수(태세)	17	18	14	15	18	16
월건수	11	13	9	11	13	9
일진수	15	16	12	13	16	14

성씨 오행속성표 (姓氏 五行屬性表)

토정비결을 보다보면 내용 중 금성(金姓)이니 목성(木性)이니 하고 자주 나오는데 이는 성씨를 오행(五行)으로 풀이한 것을 말합니다.

그래서 토정비결 독자를 위해 알기 쉽기 오행속성표 (五行屬性表)를 만들어 보았으니 참고하시어 그 뜻을 이해하는데 도움이 되길 바랍니다.

목성 木姓	간(簡)	강(康)	고(高)	고(固)	공(孔)	김(金)	동(董)
	박(朴)	연(延)	염(廉)	우(虞)	유(兪)	유(劉)	육(陸)
	정(鼎)	조(趙)	조(曹)	주(朱)	주(周)	차(車)	추(秋)
	최(崔)	홍(洪)	화(火)				
화성 火姓	강(姜)	구(具)	길(吉)	나(羅)	단(段)	당(唐)	등(鄧)
	변(邊)	석(石)	선(宣)	설(薛)	신(辛)	신(愼)	옥(玉)
	윤(尹)	이(李)	전(全)	정(丁)	정(鄭)	주(奏)	지(池)
	진(陳)	채(蔡)	탁(卓)	함(咸)			
토성 土姓	감(甘)	공(貢)	구(丘)	구(仇)	권(權)	도(都)	도(陶)
	동(童)	명(明)	목(睦)	민(閔)	봉(奉)	손(孫)	송(宋)
	심(沈)	엄(嚴)	우(牛)	임(林)	임(任)	전(田)	피(皮)
	현(玄)						
금성 金姓	경(慶)	곽(郭)	남(南)	노(盧)	두(杜)	류(柳)	문(文)
	반(班)	방(方)	배(裵)	백(白)	서(徐)	성(成)	소(邵)
	신(申)	안(安)	양(梁)	양(楊)	왕(王)	원(元)	음(陰)
	장(張)	장(蔣)	진(晋)	편(片)	하(河)	한(韓)	황(黃)
수성 水姓	경(庚)	고(皐)	기(寄)	남궁(南宮)	노(魯)	동방(東方)	마(馬)
	매(梅)	맹(孟)	모(毛)	모(牟)	변(卞)	복(卜)	상(尙)
	선우(鮮于)	소(蘇)	어(魚)	여(呂)	여(余)	오(吳)	용(龍)
	우(禹)	천(千)	허(許)	황보(皇甫)			

괘상수
조건표

태상수(태세)

연령	을사	갑진	계묘	임인	신축	경자	기해	무술	정유	병신	을미	갑오	계사	임진	신묘	경인	기축	무자	정해	병술
	1	2	3	4	5	6	7	8	9	10	11	12	13	14	15	16	17	18	19	20
상괘	2	3	4	5	6	7	8	1	2	3	4	5	6	7	8	1	2	3	4	5
연령	을유	갑신	계미	임오	신사	경진	기묘	무인	정축	병자	을해	갑술	계유	임신	신미	경오	기사	무진	정묘	병인
	21	22	23	24	25	26	27	28	29	30	31	32	33	34	35	36	37	38	39	40
상괘	6	7	8	1	2	3	4	5	6	7	8	1	2	3	4	5	6	7	8	1
연령	을축	갑자	계해	임술	신유	경신	기미	무오	정사	병진	을묘	갑인	계축	임자	신해	경술	기유	무신	정미	병오
	41	42	43	44	45	46	47	48	49	50	51	52	53	54	55	56	57	58	59	60
상괘	2	3	4	5	6	7	8	1	2	3	4	5	6	7	8	1	2	3	4	5
연령	을사	갑진	계묘	임인	신축	경자	기해	무술	정유	병신	을미	갑오	계사	임진	신묘	경인	기축	무자	정해	병술
	61	62	63	64	65	66	67	68	69	70	71	72	73	74	75	76	77	78	79	80
상괘	6	7	8	1	2	3	4	5	6	7	8	1	2	3	4	5	6	7	8	1
연령	을유	갑신	계미	임오	신사	경진	기묘	무인	정축	병자	을해	갑술	계유	임신	신미	경오	기사	무진	정묘	병인
	81	82	83	84	85	86	87	88	89	90	91	92	93	94	95	96	97	98	99	100
상괘	2	3	4	5	6	7	8	1	2	3	4	5	6	7	8	1	2	3	4	5

중수(월건)

월별	1월	2월	3월	4월	5월	6월	6월(윤)	7월	8월	9월	10월	11월	12월
	무인	기묘	경진	신사	임오	계미	계미	갑신	을유	병술	정해	무자	기축
중건	6	2	1	4	2	1	6	4	1	6	4	2	4

하수(일진)

월별/일	1	2	3	4	5	6	7	8	9	10	11	12	13	14	15	16	17	18	19	20	21	22	23	24	25	26	27	28	29	30
1월	2	2	2	1	1	1	3	2	2	3	2	1	2	3	3	2	1	1	1	3	3	3	2	2	3	1	3	2	2	2
2월(소)	2	3	3	1	3	3	3	1	1	3	3	2	1	1	2	3	3	1	2	2	3	3	3	3	2	1	2	1	1	/
3월	2	3	3	3	2	2	2	1	3	3	1	3	2	1	1	3	2	2	1	1	1	3	3	1	3	1	2	1	3	3
4월(소)	3	3	1	1	2	1	1	1	2	2	1	3	3	2	3	1	1	2	3	1	1	1	1	3	2	3	2	3	3	/
5월(소)	3	3	1	1	1	3	3	2	1	1	2	1	3	1	2	1	3	3	3	2	2	1	1	2	3	2	3	2	1	/
6월	2	2	2	2	3	3	1	3	3	3	1	1	3	2	1	1	2	3	3	1	2	3	3	1	2	3	3	3	2	1
윤6월(소)	2	1	1	2	2	2	1	1	1	3	2	2	3	2	3	3	2	1	1	1	2	3	3	2	1	1	3	3	1	/
7월	1	3	3	3	3	1	1	2	1	1	2	1	1	2	1	2	1	1	3	2	1	3	1	1	3	1	1	1	1	3
8월(소)	3	3	2	2	3	2	3	2	2	1	2	3	3	2	1	3	1	1	2	2	1	2	2	1	1	3	3	1	1	/
9월	3	2	1	1	3	1	2	1	1	1	2	2	1	2	3	1	2	1	3	3	2	1	1	2	3	1	2	2	2	2
10월	1	3	1	3	3	1	1	2	1	1	3	2	2	3	3	1	2	1	1	3	3	1	2	3	2	2	1	1	1	2
11월	3	2	1	1	1	2	2	3	2	2	2	2	1	1	3	3	1	2	1	2	3	2	1	1	2	2	1	2	2	2
12월(소)	1	3	1	3	3	1	1	1	3	3	3	2	1	1	3	1	2	2	1	3	3	3	2	2	1	1	2	2	1	/

태상수(태세)

연령	병오 1	을사 2	갑진 3	계묘 4	임인 5	신축 6	경자 7	기해 8	무술 9	정유 10	병신 11	을미 12	갑오 13	계사 14	임진 15	신묘 16	경인 17	기축 18	무자 19	정해 20
상괘	1	2	3	4	5	6	7	8	1	2	3	4	5	6	7	8	1	2	3	4

연령	병술 21	을유 22	갑신 23	계미 24	임오 25	신사 26	경진 27	기묘 28	무인 29	정축 30	병자 31	을해 32	갑술 33	계유 34	임신 35	신미 36	경오 37	기사 38	무진 39	정묘 40
상괘	5	6	7	8	1	2	3	4	5	6	7	8	1	2	3	4	5	6	7	8

연령	병인 41	을축 42	갑자 43	계해 44	임술 45	신유 46	경신 47	기미 48	무오 49	정사 50	병진 51	을묘 52	갑인 53	계축 54	임자 55	신해 56	경술 57	기유 58	무신 59	정미 60
상괘	1	2	3	4	5	6	7	8	1	2	3	4	5	6	7	8	1	2	3	4

연령	병오 61	을사 62	갑진 63	계묘 64	임인 65	신축 66	경자 67	기해 68	무술 69	정유 70	병신 71	을미 72	갑오 73	계사 74	임진 75	신묘 76	경인 77	기축 78	무자 79	정해 80
상괘	5	6	7	8	1	2	3	4	5	6	7	8	1	2	3	4	5	6	7	8

연령	병술 81	을유 82	갑신 83	계미 84	임오 85	신사 86	경진 87	기묘 88	무인 89	정축 90	병자 91	을해 92	갑술 93	계유 94	임신 95	신미 96	경오 97	기사 98	무진 99	정묘 100
상괘	1	2	3	4	5	6	7	8	1	2	3	4	5	6	7	8	1	2	3	4

중수(월건)

월별	1월 경인	2월 신묘	3월 임진	4월 계사	5월 갑오	6월 을미	7월 병신	8월 정유	9월 무술	10월 기해	11월 경자	12월 신축
중건	3	6	5	2	5	4	1	6	3	1	5	3

하수(일진)

월별/일	1	2	3	4	5	6	7	8	9	10	11	12	13	14	15	16	17	18	19	20	21	22	23	24	25	26	27	28	29	30
1월	3	1	3	2	2	2	2	3	3	1	3	3	3	1	1	3	3	2	2	1	1	2	3	3	1	2	2	3	3	3
2월(소)	3	2	1	2	1	1	2	2	2	1	1	3	2	2	3	2	1	2	3	2	1	1	1	3	3	3	2	/		
3월	3	1	2	1	3	3	3	3	1	1	2	1	1	2	1	3	3	2	2	3	1	1	2	3	3	1	1			
4월(소)	1	1	3	2	2	2	3	3	2	2	2	3	3	1	3	2	3	1	1	3	2	2	2	1	1	1	/			
5월(소)	1	1	2	3	2	1	1	1	1	2	2	3	2	2	2	3	2	1	1	3	1	2	2	3	1	1	/			
6월	3	3	3	3	2	1	2	1	2	2	2	1	1	1	3	2	2	3	2	1	3	2	1	1	1	3	3			
7월(소)	3	2	2	3	1	3	2	2	2	3	1	3	3	3	1	3	2	2	1	1	1	2	3	3	1	3	/			
8월	3	1	1	1	3	2	3	4	2	3	3	3	2	2	1	3	3	1	2	1	2	3	1	3	2	2	1			
9월(소)	1	1	3	3	2	1	2	2	1	1	1	2	1	2	1	3	3	2	3	2	1	3	3	1	1	/				
10월	1	1	2	2	2	2	2	1	3	3	2	1	3	3	3	2	1	1	3	2	1	2	2	1	3	3	3			
11월	2	2	2	1	1	2	3	2	1	1	1	2	2	2	3	2	3	2	1	1	3	3	1	2	2	2				
12월	1	1	2	2	2	2	1	3	3	1	3	1	1	3	3	3	2	1	1	2	1	3	1	2	2	1	3	3	3	

상수(태세)

연령	정미 1	병오 2	을사 3	갑진 4	계묘 5	임인 6	신축 7	경자 8	기해 9	무술 10	정유 11	병신 12	을미 13	갑오 14	계사 15	임진 16	신묘 17	경인 18	기축 19	무자 20
상괘	4	5	6	7	8	1	2	3	4	5	6	7	8	1	2	3	4	5	6	7

연령	정해 21	병술 22	을유 23	갑신 24	계미 25	임오 26	신사 27	경진 28	기묘 29	무인 30	정축 31	병자 32	을해 33	갑술 34	계유 35	임신 36	신미 37	경오 38	기사 39	무진 40
상괘	8	1	2	3	4	5	6	7	8	1	2	3	4	5	6	7	8	1	2	3

연령	정묘 41	병인 42	을축 43	갑자 44	계해 45	임술 46	신유 47	경신 48	기미 49	무오 50	정사 51	병진 52	을묘 53	갑인 54	계축 55	임자 56	신해 57	경술 58	기유 59	무신 60
상괘	4	5	6	7	8	1	2	3	4	5	6	7	8	1	2	3	4	5	6	7

연령	정미 61	병오 62	을사 63	갑진 64	계묘 65	임인 66	신축 67	경자 68	기해 69	무술 70	정유 71	병신 72	을미 73	갑오 74	계사 75	임진 76	신묘 77	경인 78	기축 79	무자 80
상괘	8	1	2	3	4	5	6	7	8	1	2	3	4	5	6	7	8	1	2	3

연령	정해 81	병술 82	을유 83	갑신 84	계미 85	임오 86	신사 87	경진 88	기묘 89	무인 90	정축 91	병자 92	을해 93	갑술 94	계유 95	임신 96	신미 97	경오 98	기사 99	무진 100
상괘	4	5	6	7	8	1	2	3	4	5	6	7	8	1	2	3	4	5	6	7

중수(월건)

월별	1월 임인	2월 계묘	3월 갑진	4월 을사	5월 병오	6월 정미	7월 무신	8월 기유	9월 경술	10월 신해	11월 임자	12월 계축
중건	6	5	1	6	3	1	6	2	6	5	3	1

하수(일진)

월별/일	1	2	3	4	5	6	7	8	9	10	11	12	13	14	15	16	17	18	19	20	21	22	23	24	25	26	27	28	29	30
1월(소)	2	2	2	1	1	2	3	2	1	1	1	1	2	2	3	2	2	3	3	2	2	1	1	3	3	1	2	2	2	/
2월	1	2	2	3	3	3	2	1	2	1	2	2	2	1	1	1	3	2	2	3	2	1	2	3	3	2	1	1		
3월(소)	1	3	3	2	2	1	3	2	2	2	1	3	1	3	3	3	1	1	3	3	2	2	1	1	2	3				/
4월	1	2	3	3	1	1	1	3	2	3	2	2	3	2	2	1	3	3	1	3	2	3	1	1	3	2				
5월(소)	2	2	1	1	1	3	3	1	2	1	3	3	3	3	1	1	2	1	2	2	1	1	3	3	2	2	3			/
6월(소)	2	2	3	1	1	2	2	2	1	3	1	3	3	1	3	1	3	3	2	1	1	2	1	2	2	2	2			/
7월	2	1	1	1	3	2	3	2	2	3	1	1	1	3	3	1	3	2	1	3	1	1	3	2	2	1				
8월(소)	2	3	3	1	2	2	3	3	3	2	1	2	2	3	2	2	1	2	2	3	2	1	2	3						/
9월(소)	1	3	2	2	3	1	2	1	3	3	3	1	1	1	2	1	1	1	2	2	1	1	3	3						/
10월	3	3	1	2	2	3	1	2	3	1	3	1	3	3	1	1	3	3	3	2	1	2	1	1	3	1				
11월	2	2	1	3	3	3	2	2	2	1	2	3	1	1	1	2	2	3	2	2	2	3	3	2	1	1				
12월	3	3	1	2	2	3	1	1	2	2	2	2	1	3	1	3	3	3	1	1	3	3	3	2	1	1				

태상수(태세)

연령	무신	정미	병오	을사	갑진	계묘	임인	신축	경자	기해	무술	정유	병신	을미	갑오	계사	임진	신묘	경인	기축
	1	2	3	4	5	6	7	8	9	10	11	12	13	14	15	16	17	18	19	20
상괘	2	3	4	5	6	7	8	1	2	3	4	5	6	7	8	1	2	3	4	5

연령	무자	정해	병술	을유	갑신	계미	임오	신사	경진	기묘	무인	정축	병자	을해	갑술	계유	임신	신미	경오	기사
	21	22	23	24	25	26	27	28	29	30	31	32	33	34	35	36	37	38	39	40
상괘	6	7	8	1	2	3	4	5	6	7	8	1	2	3	4	5	6	7	8	1

연령	무진	정묘	병인	을축	갑자	계해	임술	신유	경신	기미	무오	정사	병진	을묘	갑인	계축	임자	신해	경술	기유
	41	42	43	44	45	46	47	48	49	50	51	52	53	54	55	56	57	58	59	60
상괘	2	3	4	5	6	7	8	1	2	3	4	5	6	7	8	1	2	3	4	5

연령	무신	정미	병오	을사	갑진	계묘	임인	신축	경자	기해	무술	정유	병신	을미	갑오	계사	임진	신묘	경인	기축
	61	62	63	64	65	66	67	68	69	70	71	72	73	74	75	76	77	78	79	80
상괘	6	7	8	1	2	3	4	5	6	7	8	1	2	3	4	5	6	7	8	1

연령	무자	정해	병술	을유	갑신	계미	임오	신사	경진	기묘	무인	정축	병자	을해	갑술	계유	임신	신미	경오	기사
	81	82	83	84	85	86	87	88	89	90	91	92	93	94	95	96	97	98	99	100
상괘	2	3	4	5	6	7	8	1	2	3	4	5	6	7	8	1	2	3	4	5

중수(월건)

월별	1월 갑인	2월 을묘	3월 병진	4월 정사	5월 무오	5월(윤) 무오	6월 기미	7월 경신	8월 신유	9월 임술	10월 계해	11월 갑자	12월 을축
중건	3	2	6	3	2	1	4	3	6	4	3	6	3

하수(일진)

월별/일	1	2	3	4	5	6	7	8	9	10	11	12	13	14	15	16	17	18	19	20	21	22	23	24	25	26	27	28	29	30
1월(소)	2	2	1	3	3	3	2	2	1	1	2	3	2	1	1	1	2	2	3	2	2	2	3	3	2	1				/
2월	2	1	1	2	3	3	1	2	2	3	3	3	3	2	1	2	1	1	2	2	1	1	1	3	2	2	3	2	1	
3월	2	3	3	2	1	1	1	3	3	2	2	3	1	2	2	2	3	1	3	3	3	1	1	3	3	2				
4월(소)	2	1	1	2	3	3	2	2	3	3	1	2	1	2	2	2	1	1	3	2	2	3	2						/	
5월	2	3	1	1	3	2	2	1	1	1	3	3	1	2	1	3	3	3	1	1	2	1	1	1	2	2	1	1		
윤5월(소)	3	3	2	2	3	1	1	2	3	3	1	1	1	1	3	2	3	2	2	3	2	2	1	3	3	1				
6월(소)	1	3	1	2	2	1	3	3	2	2	2	3	1	2	2	1	1	1	1	2	1	2	2	2	3	3			/	
7월	3	3	2	1	2	2	3	3	1	2	2	2	3	2	1	1	1	2	2	1	1	1	3	2	2					
8월(소)	2	2	1	3	3	3	2	2	1	2	2	3	2	1	1	1	2	1	3	3	3	1						/		
9월(소)	2	1	1	3	3	2	2	2	3	3	3	1	2	1	1	1	2	2	3	2	2	3	2	2					/	
10월	1	1	2	1	3	2	1	2	2	3	2	2	1	1	1	2	2	2	1	1	2	2	3	2	2					
11월	3	3	2	2	1	1	3	3	1	2	2	2	2	1	2	3	3	3	1	1	1	3	3	2						
12월(소)	1	1	2	1	3	2	2	1	3	3	2	2	1	2	3	3	1	1	1	1	2	2	3	2	2				/	

2029년
단기 4362년 · 기유년 닭띠

태상수(태세)

연령	기유	무신	정미	병오	을사	갑진	계묘	임인	신축	경자	기해	무술	정유	병신	을미	갑오	계사	임진	신묘	경인
	1	2	3	4	5	6	7	8	9	10	11	12	13	14	15	16	17	18	19	20
상괘	6	7	8	1	2	3	4	5	6	7	8	1	2	3	4	5	6	7	8	1

연령	기축	무자	정해	병술	을유	갑신	계미	임오	신사	경진	기묘	무인	정축	병자	을해	갑술	계유	임신	신미	경오
	21	22	23	24	25	26	27	28	29	30	31	32	33	34	35	36	37	38	39	40
상괘	2	3	4	5	6	7	8	1	2	3	4	5	6	7	8	1	2	3	4	5

연령	기사	무진	정묘	병인	을축	갑자	계해	임술	신유	경신	기미	무오	정사	병진	을묘	갑인	계축	임자	신해	경술
	41	42	43	44	45	46	47	48	49	50	51	52	53	54	55	56	57	58	59	60
상괘	6	7	8	1	2	3	4	5	6	7	8	1	2	3	4	5	6	7	8	1

연령	기유	무신	정미	병오	을사	갑진	계묘	임인	신축	경자	기해	무술	정유	병신	을미	갑오	계사	임진	신묘	경인
	61	62	63	64	65	66	67	68	69	70	71	72	73	74	75	76	77	78	79	80
상괘	2	3	4	5	6	7	8	1	2	3	4	5	6	7	8	1	2	3	4	5

연령	기축	무자	정해	병술	을유	갑신	계미	임오	신사	경진	기묘	무인	정축	병자	을해	갑술	계유	임신	신미	경오
	81	82	83	84	85	86	87	88	89	90	91	92	93	94	95	96	97	98	99	100
상괘	6	7	8	1	2	3	4	5	6	7	8	1	2	3	4	5	6	7	8	1

중수(월건)

월별	1월	2월	3월	4월	5월	6월	7월	8월	9월	10월	11월	12월
	병인	정묘	무진	기사	경오	신미	임신	계유	갑술	을해	병자	정축
중건	2	6	3	1	5	2	6	5	1	5	4	2

하수(일진)

월별/일	1	2	3	4	5	6	7	8	9	10	11	12	13	14	15	16	17	18	19	20	21	22	23	24	25	26	27	28	29	30
1월	3	1	1	3	3	2	2	1	1	2	3	3	1	2	2	3	3	3	2	1	2	1	1	2	2	2	1	1	1	1
2월	3	2	2	3	2	1	2	3	3	2	1	1	1	3	3	3	2	2	3	1	3	2	2	2	3	3	1	3	3	
3월(소)	3	1	1	3	3	2	2	1	1	2	3	3	1	2	2	3	3	3	2	1	2	1	1	2	2	2	1	1	/	
4월	2	1	3	3	1	3	2	2	3	2	2	1	1	3	3	1	2	1	3	3	3	1	2	1	2	1	2	1	2	1
5월	1	1	2	1	1	3	3	2	2	1	1	1	1	3	1	2	2	2	3	3	3	2	3	2
6월(소)	2	1	3	3	1	2	3	2	2	3	1	1	3	1	3	3	1	2	1	3	3	3	1	1	2	/	
7월(소)	2	2	2	3	3	2	1	1	3	3	1	2	2	3	1	1	2	2	2	1	3	1	3	1	1	1	/	
8월	1	1	1	3	2	2	3	2	1	2	3	3	1	3	3	2	2	3	1	2	2	2	3	3	2	2	3	3	
9월(소)	1	3	3	3	1	1	1	3	2	2	1	1	2	3	3	3	2	1	2	1	1	2	2	/	
10월(소)	3	2	2	2	1	3	3	2	3	2	1	1	1	3	3	2	1	2	1	3	1	3	3	3	/	
11월	2	2	3	2	2	2	3	3	2	1	1	3	3	1	2	2	2	1	3	1	3	3	1	
12월	1	1	3	3	3	2	1	2	1	3	1	2	2	1	3	3	3	2	2	1	1	2	3	2	1	1	1	1	

태상수(태세)

연령	경술	기유	무신	정미	병오	을사	갑진	계묘	임인	신축	경자	기해	무술	정유	병신	을미	갑오	계사	임진	신묘
	1	2	3	4	5	6	7	8	9	10	11	12	13	14	15	16	17	18	19	20
상괘	6	7	8	1	2	3	4	5	6	7	8	1	2	3	4	5	6	7	8	1

연령	경인	기축	무자	정해	병술	을유	갑신	계미	임오	신사	경진	기묘	무인	정축	병자	을해	갑술	계유	임신	신미
	21	22	23	24	25	26	27	28	29	30	31	32	33	34	35	36	37	38	39	40
상괘	2	3	4	5	6	7	8	1	2	3	4	5	6	7	8	1	2	3	4	5

연령	경오	기사	무진	정묘	병인	을축	갑자	계해	임술	신유	경신	기미	무오	정사	병진	을묘	갑인	계축	임자	신해
	41	42	43	44	45	46	47	48	49	50	51	52	53	54	55	56	57	58	59	60
상괘	6	7	8	1	2	3	4	5	6	7	8	1	2	3	4	5	6	7	8	1

연령	경술	기유	무신	정미	병오	을사	갑진	계묘	임인	신축	경자	기해	무술	정유	병신	을미	갑오	계사	임진	신묘
	61	62	63	64	65	66	67	68	69	70	71	72	73	74	75	76	77	78	79	80
상괘	2	3	4	5	6	7	8	1	2	3	4	5	6	7	8	1	2	3	4	5

연령	경인	기축	무자	정해	병술	을유	갑신	계미	임오	신사	경진	기묘	무인	정축	병자	을해	갑술	계유	임신	신미
	81	82	83	84	85	86	87	88	89	90	91	92	93	94	95	96	97	98	99	100
상괘	6	7	8	1	2	3	4	5	6	7	8	1	2	3	4	5	6	7	8	1

중수(월건)

월별	1월	2월	3월	4월	5월	6월	7월	8월	9월	10월	11월	12월
	무인	기묘	경진	신사	임오	계미	갑신	을유	병술	정해	무자	기축
중건	5	3	6	5	3	6	4	1	6	3	2	4

하수(일진)

월별/일	1	2	3	4	5	6	7	8	9	10	11	12	13	14	15	16	17	18	19	20	21	22	23	24	25	26	27	28	29	30
1월(소)	2	2	3	2	2	2	3	3	2	2	1	1	3	3	1	2	2	3	1	1	2	2	2	2	1	3	1	3	3	/
2월	2	2	2	1	1	1	3	2	2	3	1	2	3	3	2	1	1	1	3	3	2	2	3	1	3	2	2	2		
3월(소)	2	3	3	1	3	3	3	1	1	3	3	2	2	1	1	2	3	3	1	2	2	3	3	3	3	2	1	2	1	/
4월	2	3	3	3	2	2	2	1	3	3	1	2	1	3	3	2	2	1	1	3	3	1	3	1	1	3	1	3	3	3
5월	2	3	3	2	3	3	2	2	2	1	1	3	2	2	1	1	2	3	1	1	1	1	3	2	3	3	2	1	3	2
6월(소)	2	3	3	3	2	2	2	1	3	3	2	2	2	1	3	3	1	3	1	3	3	1	3	1	1	3	1	3	3	/
7월	1	1	1	2	2	3	2	2	3	3	2	2	1	1	3	3	1	2	2	3	1	1	2	2	2	2	1	1		
8월(소)	3	3	1	1	1	3	3	3	1	2	1	3	3	2	2	1	1	3	3	3	2	1	3	3	2	2	3	2	/	
9월	2	2	2	2	3	3	1	3	3	2	2	3	3	1	1	3	3	2	1	1	2	1	3	3	2	3	2	1		
10월(소)	2	1	1	2	2	2	1	3	2	3	3	2	2	1	1	3	3	1	2	3	3	2	2	1						/
11월	1	3	3	3	3	1	1	2	1	3	2	2	1	1	3	3	2	2	1	1	2	3	3	1	1	1	1	3		
12월(소)	2	3	2	2	2	3	3	3	2	2	1	3	1	3	2	3	1	1	3	2	2	2	1	1	1	3	3	1	/	

태상수(태세)

연령	신해 1	경술 2	기유 3	무신 4	정미 5	병오 6	을사 7	갑진 8	계묘 9	임인 10	신축 11	경자 12	기해 13	무술 14	정유 15	병신 16	을미 17	갑오 18	계사 19	임진 20
상괘	3	4	5	6	7	8	1	2	3	4	5	6	7	8	1	2	3	4	5	6
연령	신묘 21	경인 22	기축 23	무자 24	정해 25	병술 26	을유 27	갑신 28	계미 29	임오 30	신사 31	경진 32	기묘 33	무인 34	정축 35	병자 36	을해 37	갑술 38	계유 39	임신 40
상괘	7	8	1	2	3	4	5	6	7	8	1	2	3	4	5	6	7	8	1	2
연령	신미 41	경오 42	기사 43	무진 44	정묘 45	병인 46	을축 47	갑자 48	계해 49	임술 50	신유 51	경신 52	기미 53	무오 54	정사 55	병진 56	을묘 57	갑인 58	계축 59	임자 60
상괘	3	4	5	6	7	8	1	2	3	4	5	6	7	8	1	2	3	4	5	6
연령	신해 61	경술 62	기유 63	무진 64	정미 65	병오 66	을사 67	갑진 68	계묘 69	임인 70	신축 71	경자 72	기해 73	무술 74	정유 75	병신 76	을미 77	갑오 78	계사 79	임진 80
상괘	7	8	1	2	3	4	5	6	7	8	1	2	3	4	5	6	7	8	1	2
연령	신묘 81	경인 82	기축 83	무자 84	정해 85	병술 86	을유 87	갑신 88	계미 89	임오 90	신사 91	경진 92	기묘 93	무인 94	정축 95	병자 96	을해 97	갑술 98	계유 99	임신 100
상괘	3	4	5	6	7	8	1	2	3	4	5	6	7	8	1	2	3	4	5	6

중수(월건)

월별	정월 경인	2월 신묘	3월 임진	3월(윤) 임진	4월 계사	5월 갑오	6월 을미	7월 병신	8월 정유	9월 무술	10월 기해	11월 경자	12월 신축
중건	3	6	5	4	3	5	4	2	5	4	6	5	2

하수(일진)

월별/일	1	2	3	4	5	6	7	8	9	10	11	12	13	14	15	16	17	18	19	20	21	22	23	24	25	26	27	28	29	30
1월	3	2	1	1	1	1	2	2	3	2	2	2	3	3	2	2	1	1	3	3	1	2	2	3	1	1	2	2	2	2
2월(소)	1	3	1	3	3	1	1	1	3	3	3	2	1	1	2	1	3	1	2	2	1	3	3	3	2	2	1	1	/	
3월	3	1	3	2	2	2	2	3	3	1	1	3	1	1	3	2	2	1	1	2	3	3	1	2	2	3	3	3	3	3
윤3월(소)	3	2	1	2	1	2	2	2	1	1	3	2	2	3	2	2	1	2	3	2	1	1	1	3	3	3	2	1	/	
4월	3	1	2	1	3	3	3	1	1	2	1	1	1	2	1	1	3	3	2	2	3	1	1	2	3	3	1	1	1	3
5월(소)	1	1	3	2	3	2	2	3	3	3	2	2	1	3	1	3	2	3	1	1	3	2	2	2	1	1	1	1	/	
6월	1	1	2	3	2	1	1	2	1	1	2	2	3	2	1	1	2	3	2	2	1	2	1	3	2	2	2	2	2	1
7월	2	2	2	1	3	1	3	1	1	1	2	3	3	1	2	1	3	1	1	2	1	3	1	2	3	3	2	2	2	2
8월(소)	1	1	2	3	2	1	1	2	2	2	2	2	3	2	3	3	2	2	1	2	1	1	3	2	1	2	3	1	/	
9월	3	3	3	2	1	3	2	2	2	3	1	1	1	3	3	2	3	1	2	2	3	2	1	1	1	3	3	
10월(소)	3	2	2	3	1	3	2	2	2	3	1	3	1	3	1	2	2	1	1	2	3	2	1	2	3	1	/			
11월	3	1	1	1	1	3	2	1	2	2	3	1	1	2	2	2	1	1	3	1	3	1	2	1	1	3	2	2	2	1
12월(소)	1	1	3	3	1	2	1	3	3	3	3	1	1	1	2	2	1	1	3	3	2	2	3	1	1	2	/			

태상수(태세)

연령	임자	신해	경술	기유	무신	정미	병오	을사	갑진	계묘	임인	신축	경자	기해	무술	정유	병신	을미	갑오	계사
	1	2	3	4	5	6	7	8	9	10	11	12	13	14	15	16	17	18	19	20
상괘	2	3	4	5	6	7	8	1	2	3	4	5	6	7	8	1	2	3	4	5

연령	임진	신묘	경인	기축	무자	정해	병술	을유	갑신	계미	임오	신사	경진	기묘	무인	정축	병자	을해	갑술	계유
	21	22	23	24	25	26	27	28	29	30	31	32	33	34	35	36	37	38	39	40
상괘	6	7	8	1	2	3	4	5	6	7	8	1	2	3	4	5	6	7	8	1

연령	임신	신미	경오	기사	무진	정묘	병인	을축	갑자	계해	임술	신유	경신	기미	무오	정사	병진	을묘	갑인	계축
	41	42	43	44	45	46	47	48	49	50	51	52	53	54	55	56	57	58	59	60
상괘	2	3	4	5	6	7	8	1	2	3	4	5	6	7	8	1	2	3	4	5

연령	임자	신해	경술	기유	무신	정미	병오	을사	갑진	계묘	임인	신축	경자	기해	무술	정유	병신	을미	갑오	계사
	61	62	63	64	65	66	67	68	69	70	71	72	73	74	75	76	77	78	79	80
상괘	6	7	8	1	2	3	4	5	6	7	8	1	2	3	4	5	6	7	8	1

연령	임진	신묘	경인	기축	무자	정해	병술	을유	갑신	계미	임오	신사	경진	기묘	무인	정축	병자	을해	갑술	계유
	81	82	83	84	85	86	87	88	89	90	91	92	93	94	95	96	97	98	99	100
상괘	2	3	4	5	6	7	8	1	2	3	4	5	6	7	8	1	2	3	4	5

중수(월건)

월별	정월	2월	3월	4월	5월	6월	7월	8월	9월	10월	11월	12월
	임인	계묘	갑진	을사	병오	정미	무신	기유	경술	신해	임자	계축
중건	1	4	1	6	3	2	6	2	1	5	2	1

하수(일진)

월별/일	1	2	3	4	5	6	7	8	9	10	11	12	13	14	15	16	17	18	19	20	21	22	23	24	25	26	27	28	29	30
1월	1	1	2	2	2	2	1	3	1	3	3	1	1	1	3	3	3	2	1	1	2	1	3	1	2	2	1	3	3	3
2월(소)	2	2	2	1	1	2	3	2	1	1	1	1	2	2	3	2	2	2	3	3	2	2	1	1	3	3	1	2	2	/
3월(소)	1	2	2	3	3	3	3	2	1	2	1	1	2	2	1	1	1	3	2	2	3	2	1	2	3	3	2	1	/	
4월	2	2	1	1	1	3	3	1	3	3	3	1	1	2	1	1	2	1	1	2	1	3	3	2	2	3	1			
5월(소)	1	2	3	3	1	1	1	1	3	2	1	2	2	3	3	1	2	2	1	3	1	3	2	1	1	3	/			
6월	3	3	3	2	2	2	1	1	2	3	2	1	1	1	2	2	3	2	2	2	3	2	2	1	1	3	3	1		
7월	2	2	3	1	1	2	2	2	2	1	3	1	1	1	3	3	3	1	1	2	1	1	1	2	2	1				
8월(소)	3	3	3	2	2	2	1	1	2	3	2	1	1	1	2	2	3	2	2	2	3	2	2	1	1	3	3	/		
9월	2	2	3	1	2	2	3	3	1	1	1	1	2	2	1	1	2	1	3	2	3	1	2	3	3					
10월	2	1	1	1	3	2	1	2	2	2	2	3	3	1	3	1	3	1	3	3	2	2	1	1						
11월(소)	2	3	3	1	2	2	3	3	3	3	2	1	1	2	2	1	1	1	3	2	2	3	2	1	2	3	/			
12월	1	3	2	2	2	1	1	1	3	3	1	2	1	3	3	3	3	1	1	2	1	1	1	2	2	1	1	3	3	2

태상수(태세)

연령	계축	임자	신해	경술	기유	무신	정미	병오	을사	갑진	계묘	임인	신축	경자	기해	무술	정유	병신	을미	갑오
	1	2	3	4	5	6	7	8	9	10	11	12	13	14	15	16	17	18	19	20
상괘	3	4	5	6	7	8	1	2	3	4	5	6	7	8	1	2	3	4	5	6
연령	계사	임진	신묘	경인	기축	무자	정해	병술	을유	갑신	계미	임오	신사	경진	기묘	무인	정축	병자	을해	갑술
	21	22	23	24	25	26	27	28	29	30	31	32	33	34	35	36	37	38	39	40
상괘	7	8	1	2	3	4	5	6	7	8	1	2	3	4	5	6	7	8	1	2
연령	계유	임신	신미	경오	기사	무진	정묘	병인	을축	갑자	계해	임술	신유	경신	기미	무오	정사	병진	을묘	갑인
	41	42	43	44	45	46	47	48	49	50	51	52	53	54	55	56	57	58	59	60
상괘	3	4	5	6	7	8	1	2	3	4	5	6	7	8	1	2	3	4	5	6
연령	계축	임자	신해	경술	기유	무신	정미	병오	을사	갑진	계묘	임인	신축	경자	기해	무술	정유	병신	을미	갑오
	61	62	63	64	65	66	67	68	69	70	71	72	73	74	75	76	77	78	79	80
상괘	7	8	1	2	3	4	5	6	7	8	1	2	3	4	5	6	7	8	1	2
연령	계사	임진	신묘	경인	기축	무자	정해	병술	을유	갑신	계미	임오	신사	경진	기묘	무인	정축	병자	을해	갑술
	81	82	83	84	85	86	87	88	89	90	91	92	93	94	95	96	97	98	99	100
상괘	3	4	5	6	7	8	1	2	3	4	5	6	7	8	1	2	3	4	5	6

중수(월건)

월별	정월	2월	3월	4월	5월	6월	7월	7월(윤)	8월	9월	10월	11월	12월
	갑인	을묘	병진	정사	무오	기미	경신	경신	신유	임술	계해	갑자	을축
중건	3	2	5	3	2	4	3	2	1	5	3	5	4

하수(일진)

월별/일	1	2	3	4	5	6	7	8	9	10	11	12	13	14	15	16	17	18	19	20	21	22	23	24	25	26	27	28	29	30
1월(소)	2	3	1	1	2	3	3	1	1	1	1	3	2	3	2	2	3	3	2	2	1	3	3	1	3	2	3	1	2	/
2월	2	2	1	3	3	3	2	2	1	1	2	3	2	1	1	1	1	2	2	3	2	2	2	3	3	2	2	1	1	1
3월(소)	3	3	1	2	2	3	1	1	2	2	2	1	3	1	3	3	1	1	1	3	3	3	2	1	1	2	1	3	2	/
4월(소)	2	3	3	2	1	1	1	3	3	3	2	1	3	2	2	2	2	3	1	3	3	3	1	1	3	3	2	1	3	/
5월	3	3	2	2	3	1	1	2	3	3	1	1	1	1	3	2	3	2	2	3	2	2	1	3	3	1	3	1	3	3
6월(소)	2	3	1	1	3	2	2	2	1	1	1	3	3	1	2	1	3	3	3	3	1	1	2	1	1	1	2	2	1	/
7월	2	1	1	3	3	1	2	3	1	2	2	2	1	1	3	1	1	1	3	3	1	1	3	3	3	2	1	1	2	2
윤7월(소)	1	3	1	2	2	1	3	3	3	2	2	1	1	3	3	2	3	1	1	1	1	2	3	2	2	2	3	3	3	/
8월	3	3	2	1	1	2	3	3	2	1	3	3	3	2	1	1	1	3	2	2	1	1	1	3	2	2	1	1	3	2
9월	3	2	1	2	3	2	3	1	3	2	2	3	2	1	2	2	2	3	3	1	3	3	3	1	1	3	3	1	1	1
10월	3	3	2	2	1	1	2	3	2	3	3	3	2	1	1	1	2	1	1	3	2	3	2	1	1	1	1	3	2	2
11월(소)	3	2	1	2	3	3	2	1	1	1	3	3	2	1	3	2	2	2	3	3	1	3	3	1	3	3	3	1	/	
12월	2	1	1	3	3	2	2	3	1	1	2	3	3	1	1	1	3	2	3	2	2	3	3	3	2	2	2	1	1	3

태상수(태세)

연령	갑인 1	계축 2	임자 3	신해 4	경술 5	기유 6	무신 7	정미 8	병오 9	을사 10	갑진 11	계묘 12	임인 13	신축 14	경자 15	기해 16	무술 17	정유 18	병신 19	을미 20
상괘	4	5	6	7	8	1	2	3	4	5	6	7	8	1	2	3	4	5	6	7

연령	갑오 21	계사 22	임진 23	신묘 24	경인 25	기축 26	무자 27	정해 28	병술 29	을유 30	갑신 31	계미 32	임오 33	신사 34	경진 35	기묘 36	무인 37	정축 38	병자 39	을해 40
상괘	8	1	2	3	4	5	6	7	8	1	2	3	4	5	6	7	8	1	2	3

연령	갑술 41	계유 42	임신 43	신미 44	경오 45	기사 46	무진 47	정묘 48	병인 49	을축 50	갑자 51	계해 52	임술 53	신유 54	경신 55	기미 56	무오 57	정사 58	병진 59	을묘 60
상괘	4	5	6	7	8	1	2	3	4	5	6	7	8	1	2	3	4	5	6	7

연령	갑인 61	계축 62	임자 63	신해 64	경술 65	기유 66	무신 67	정미 68	병오 69	을사 70	갑진 71	계묘 72	임인 73	신축 74	경자 75	기해 76	무술 77	정유 78	병신 79	을미 80
상괘	8	1	2	3	4	5	6	7	8	1	2	3	4	5	6	7	8	1	2	3

연령	갑오 81	계사 82	임진 83	신묘 84	경인 85	기축 86	무자 87	정해 88	병술 89	을유 90	갑신 91	계미 92	임오 93	신사 94	경진 95	기묘 96	무인 97	정축 98	병자 99	을해 100
상괘	4	5	6	7	8	1	2	3	4	5	6	7	8	1	2	3	4	5	6	7

중수(월건)

월별	정월 병인	2월 정묘	3월 무진	4월 기사	5월 경오	6월 신미	7월 임신	8월 계유	9월 갑술	10월 을해	11월 병자	12월 정축
중건	1	6	3	6	5	2	1	4	2	6	4	1

하수(일진)

월별/일	1	2	3	4	5	6	7	8	9	10	11	12	13	14	15	16	17	18	19	20	21	22	23	24	25	26	27	28	29	30
1월(소)	3	1	3	2	3	1	1	3	2	2	1	1	1	3	3	1	2	1	3	3	3	1	1	2	1	1	1	1	1	/
2월	3	3	2	2	1	1	3	3	1	2	2	3	1	1	2	2	2	2	1	3	1	3	3	1	1	1	3	3	3	2
3월(소)	1	1	2	1	3	1	2	2	1	3	3	2	2	1	1	2	3	1	1	1	2	2	2	2	2	2	2	2	2	/
4월(소)	3	1	1	3	3	2	2	1	1	1	2	2	3	3	3	1	2	1	2	2	2	1	1	1	2	2	1	1	1	/
5월	2	1	3	3	1	3	2	3	1	1	2	1	3	3	1	2	1	3	3	3	1	1	2	1	3	3	1	1	2	1
6월(소)	1	1	2	2	1	3	2	3	1	1	1	1	3	2	3	2	2	3	3	3	2	2	2	3	2	3	3	3	2	/
7월	3	3	2	1	2	3	2	1	1	3	3	2	1	1	1	2	1	1	2	2	3	3	3	1	1	1	1	2	2	3
8월(소)	1	1	1	3	2	1	1	2	2	3	3	3	2	2	1	1	3	1	1	1	2	2	1	3	3	1	1	1	1	/
9월	1	1	1	3	2	1	1	3	1	2	3	2	2	1	3	2	2	2	2	3	3	2	2	2	1	2	2	2	3	3
10월	1	3	3	3	1	1	3	2	2	1	2	1	2	3	3	3	2	1	2	1	1	3	3	3	2	1	1	1	2	2
11월	1	1	1	3	2	2	3	2	1	2	3	3	1	1	3	3	2	2	2	2	2	3	3	3	3	2	2	2	3	3
12월(소)	1	3	3	3	1	1	3	3	2	2	1	1	3	1	2	2	3	3	3	3	2	2	3	3	3	2	1	2	1	/

태상수(태세)

연령	을묘	갑인	계축	임자	신해	경술	기유	무신	정미	병오	을사	갑진	계묘	임인	신축	경자	기해	무술	정유	병신
	1	2	3	4	5	6	7	8	9	10	11	12	13	14	15	16	17	18	19	20
상괘	3	4	5	6	7	8	1	2	3	4	5	6	7	8	1	2	3	4	5	6
연령	을미	갑오	계사	임진	신묘	경인	기축	무자	정해	병술	을유	갑신	계미	임오	신사	경진	기묘	무인	정축	병자
	21	22	23	24	25	26	27	28	29	30	31	32	33	34	35	36	37	38	39	40
상괘	7	8	1	2	3	4	5	6	7	8	1	2	3	4	5	6	7	8	1	2
연령	을해	갑술	계유	임신	신미	경오	기사	무진	정묘	병인	을축	갑자	계해	임술	신유	경신	기미	무오	정사	병진
	41	42	43	44	45	46	47	48	49	50	51	52	53	54	55	56	57	58	59	60
상괘	3	4	5	6	7	8	1	2	3	4	5	6	7	8	1	2	3	4	5	6
연령	을묘	갑인	계축	임자	신해	경술	기유	무신	정미	병오	을사	갑진	계묘	임인	신축	경자	기해	무술	정유	병신
	61	62	63	64	65	66	67	68	69	70	71	72	73	74	75	76	77	78	79	80
상괘	7	8	1	2	3	4	5	6	7	8	1	2	3	4	5	6	7	8	1	2
연령	을미	갑오	계사	임진	신묘	경인	기축	무자	정해	병술	을유	갑신	계미	임오	신사	경진	기묘	무인	정축	병자
	81	82	83	84	85	86	87	88	89	90	91	92	93	94	95	96	97	98	99	100
상괘	3	4	5	6	7	8	1	2	3	4	5	6	7	8	1	2	3	4	5	6

중수(월건)

월별	정월 무인	2월 기묘	3월 경진	4월 신사	5월 임오	6월 계미	7월 갑신	8월 을유	9월 병술	10월 정해	11월 무자	12월 기축
중건	6	2	1	4	2	1	3	1	6	4	1	5

하수(일진)

월별/일	1	2	3	4	5	6	7	8	9	10	11	12	13	14	15	16	17	18	19	20	21	22	23	24	25	26	27	28	29	30
1월	3	2	2	2	1	3	3	1	3	2	3	1	1	3	2	2	1	1	1	3	3	1	2	1	3	3	3	3	3	1
2월(소)	1	2	1	1	1	2	2	1	1	3	3	2	2	3	1	1	2	3	3	1	1	1	1	3	2	3	2	2	3	/
3월	1	1	3	3	3	2	1	1	2	1	3	1	2	2	1	3	3	3	2	2	2	1	1	2	3	2	1	1	1	1
4월(소)	2	2	3	2	2	2	3	3	2	2	1	1	3	1	1	2	1	3	1	1	2	2	2	1	3	1	3	3	3	/
5월(소)	2	2	2	1	1	1	3	2	3	2	1	2	3	2	1	3	1	3	3	2	2	1	3	1	3	2	2	2	2	/
6월	3	3	1	1	2	1	2	2	1	3	2	3	3	2	1	1	2	3	1	1	1	1	3	2	3	2	1	3	2	2
7월(소)	2	3	3	3	2	2	2	1	3	2	1	2	3	2	3	1	3	2	1	3	2	2	3	1	1	3	1	3	2	/
8월(소)	1	2	1	3	2	3	2	2	2	3	2	1	3	3	1	3	2	3	1	1	2	3	1	1	2	2	2	1	3	/
9월	2	1	1	2	2	3	2	2	3	2	3	1	3	2	3	1	1	1	3	2	3	2	2	3	2	3	1	3	1	3
10월	2	2	2	2	3	3	1	3	3	3	1	1	3	3	2	1	1	2	3	1	2	3	3	3	3	3	3	2	2	1
11월(소)	2	1	1	2	2	2	1	1	1	3	2	2	3	2	1	3	2	3	1	1	1	3	3	3	2	2	2	3	1	/
12월	1	3	3	3	3	1	1	2	1	1	1	2	2	1	2	1	3	3	2	2	3	1	1	2	3	3	1	1	1	3

토정비결
보기

건지구 乾之姤

| 운세풀이 |

봄바람이 불어와 구름을 멀리하니 푸른 하늘이 열리고, 겨울이 지나 따뜻한 봄
날을 맞이하여 메마른 고목에 꽃이 피는구나. 얼어붙었던 물길이 열리고 대지
를 적시니 작은 물줄기가 마침내 온 세상을 적시네. 고생 끝에 낙이 온다고 하였
으니 지금까지의 고통이 마침내 해소되는구나. 매사가 순조로우며 재물과 명
예를 얻는구나. 다만 아름다움 속에 추함을 감추려 하니 관재와 구설수가 있으
니 각별히 조심해야 할 것이다.

1월 자식을 원하는 사람은 귀자를 얻을 것이요, 사업을 하는 사람은 새로운 거래처가 생
겨서 사업이 번창할 것이다. 공부하는 사람은 정신집중이 잘되며 시험 운이 따른다
할 것이요, 관재구설에 시달리던 사람은 관재구설이 해소될 것이다.

2월 큰 사업을 하는 사람은 대규모 수주 건을 얻을 것이요, 직장인은 업무를 인정받을 것
이다. 가정주부는 서먹했던 가족관계의 긴장이 해소되고, 결혼 전인 총각이나 처녀
라면 이별했던 옛 연인에게서 소식이 올 것이다.

3월 순조롭게만 여겨지던 일들이 인간사에 마(魔-시빗거리가 생기거나, 한 가지 일에 너무 열중
하다 보면 주위의 시기심을 사는 좋지 않은 기운)가 끼어들어 뜻하지 않은 어려움에 처하게
되나, 처음 먹었던 마음으로 매진한다면 충분히 극복할 것이다.

4월 재운은 좋으나 구설수가 따르니 언행을 삼가고 조신하게 행동하여야 할 것이
요, 심신이 고달프다고 한탄하지 말고 목적지가 얼마 남지 않았으니 용기를 잃
지 않고 하던 일을 착실히 추진한다면 반드시 좋은 결과를 얻을 수 있을 것
이다.

5월 뜻하지 않게 오랜만에 만난 친구나 지인이 나에게 어려운 부탁을 하여 오니 어찌할 바를 모르겠구나. 친구나 지인의 소원을 들어주자니 나 자신이 갑갑하고, 도와주지 않자니 인정상 구설에 오를 것 같으니 가슴이 답답하다.

6월 등 따습고 배부르니 세상 부러울 것이 없으니, 엉뚱한 생각이 절로 나고 탐욕적인 생각으로 시간을 보내는구나. 이성을 탐하여 관재구설이 끊이질 않으니 밖에 나가 활동하는 일을 자제해야 흉한 일을 면할 것이다.

7월 공직에 있는 사람은 승진을 하는 달이요, 자식을 가진 부모는 자식에게 경사가 있는 달이니 안팎으로 경사가 겹친다. 자신이 계획하는 일들이 순조롭게 이루어지니 세상 남부럽지 않구나.

8월 기다리던 재물도 처음에는 전혀 불가능해 보이지만 나중에 반드시 성취할 것이요, 저 멀리 들꽃들이 앞 다투어 피니 꽃들이 만발하면 아름다운 모습이 저절로 내 눈에 들어올 것이다.

9월 세상에서 제일 좋은 해결책은 서로 타협하여 살아나가는 것이 제일이니 무조건 법적으로 해결하려 하지 말고 서로 타협하는 것이 득이다. 특히 화성(火姓)을 가까이하면 송사가 일어날 수 있고, 만일 송사를 하면 패하게 될 것이다.

10월 오랜 투병생활을 한 사람은 생명이 위험할 수도 있으니 각별히 유념해야 한다. 특히 문병할 집 출입을 삼가여 신변에 병고가 침범치 않도록 해야 하며, 남을 보살피려다 도리어 내가 화를 당할 수도 있다.

11월 자신이 거주하는 곳에서 동북쪽으로 출행한다면 손재수와 관재수가 따르게 되니 차라리 집안에 가만히 앉아 있는 것이 피해를 보지 않는 방법이다. 구하고자 하는 것도 때를 만나야 구할 수 있으니, 참고 기다리면 구할 수 있을 것이다.

12월 현재의 재물과 지위에 만족한다면 명예가 따르고 재물이 안정하겠지만, 만약 새로운 일을 계획을 세워 추진한다면, 지금까지 쌓아 놓았던 모든 것들이 광풍에 흩어져 티끌처럼 사라질 것이다.

건지동인 乾之同人

| 운세풀이 |

달도 차면 기울고, 호박잎도 찬 서리를 맞아 시들어버리는구나. 먼저는 웃고 뒤에 찌푸리게 되니 처음의 부귀영화를 자랑하지 말아야 하네. 쥐가 곳간에 들어 먹을 것은 풍족하나, 사나운 고양이가 곳간 문을 지키고 있구나. 원하는 바를 얻었다 하여 경거망동하면 훗날 후회할 일이 생기네. 가정사가 불리하니 부부가 화합하지 못하고 가정불화가 있을 수 있구나. 마음을 안정하고 귀에 거슬리는 말도 세 번 참는 인내가 필요하네.

1월 산에 가야 호랑이를 잡고 강에 가야만 고기를 잡는 법인데, 산에 가서 고기를 잡으려 하고 강에 가서 호랑이를 잡으려 하니 만사가 꼬이는구나. 경영하는 일이 처음에는 잘 되어가는 듯하지만, 나중에 일이 꼬이게 되니 하지 않음만 못할 것이다.

2월 전달과 운수가 같으니 분수를 지켜나감이 이로울 것이요, 경영하는 일에 실망하는 순간 이익이 생겨나니 처음에 정성을 다한 결과이다. 동북쪽에서 횡재하는 운수이니 동북쪽에서 재물이 저절로 들어올 것이다.

3월 실물수가 있어 정신없이 출행하다 보면 물건을 잃어버리게 될 것이다. 나무에 올라가서 물고기를 잡으려 하니 세상 사람들의 웃음거리가 되기 십상이다. 내 주장을 한풀 꺾고 남의 말을 잘 경청하여 좋은 말을 귀담아 듣는 지혜가 필요할 것이다.

4월 지금껏 얻은 명예와 재물이 물거품처럼 사라지는구나. 재물이 손에 들어온다고 하나 이미 나갈 곳이 정해져 있어 손에 남는 것이 없고 어려움을 겪을 것이다. 어쩔 수 없는 일에 속 끓이지 말고 마음을 안정하면 반드시 좋은 때를 맞을 것이다.

5월 마음을 달래려고 여행을 떠났으나 그곳에서 만난 사람마저 나를 함정에 몰아넣으니 세상사가 원망스럽기만 하구나. 이리 가면 함정이요, 저리 가면 구설수이니 내가 설 자리가 없어 보이는 때이나 용기를 잃지 말아야 할 것이다.

6월 집안에 있으면 불안하고 심란하여 바깥출입을 해보나 역시 마음을 달랠 길이 없구나. 특히 남쪽이 불리하니 남쪽으로 출행을 삼가야 할 것이다. 음력 오월과 유월은 이루는 일 없이 계획만 무성할 것이다.

7월 일엽편주에 몸을 싣고 큰 바다에 나갔으나 바람이 일지 않아 나아감이 없어 답답한 지경이나 정성을 다하여 하늘에 기도하니 마침내 순풍이 풀어와 목적지까지 무사히 항해하는구나. 지성을 다하여 노력하니 그 결과를 얻게 될 것이다.

8월 재물을 잃으면 조금 잃는 것이요, 신용을 잃으면 많이 잃는 것이요, 건강을 잃으면 모든 것을 잃는다는 말이 있듯이 건강을 잃게 되면 다시 일어나기 어려우니 만사를 제쳐 놓고라도 건강을 챙겨야 할 것이다. 또한, 관재수를 조심해야 할 것이다.

9월 아무리 애를 써도 나쁜 징조가 침범하니 항상 조심, 또 조심하여 지나야 할 것이다. 관재가 침범하고 명예와 이익이 산산이 흩어지니 누구를 원망하리요. 과거를 돌이켜 생각하여 반성하고 경거망동을 삼간다면 가까스로 어려움을 면할 것이다.

10월 역마살이 임하였으니, 출타를 하면 마음이 가라앉을까 하여 밖으로 나가 보나 오히려 마음 상하는 일이 더 생기는구나. 헛되이 돌아다니지 말고, 근신 자중하며 집에서 조용히 지내는 것이 마음을 가라앉히는 데 도움이 될 것이다.

11월 출행하면 이롭지 못하니 집안에 머물며 입조심하고, 분수에 맞는 언행을 해야 할 것이다. 부득이 출행을 해야 한다면 북쪽이 불리하니 북쪽은 피하는 것이 상책이다. 운수가 좋지 못하니 금전적으로 어려움을 겪는 시기가 될 것이다.

12월 하는 일이 잘되지 않아 새로운 동반자를 찾고자 하나 정작 그 동반자가 도움이 되지 않고 해를 끼치는구나. 앞으로 추진할 일이 막막하기만 할 것이다. 비록 재물을 모으지 못하고 소비했으나 건강을 지킬 수 있었으니 그나마 다행이다.

건지리 乾之履

| 운세풀이 |

봄에 피어나는 꽃이 화려함을 더하고, 암수 꾀꼬리가 사랑을 나누니 기쁨 중에 또 기쁨이 있구나. 강가에서 노닐다가 한 줌 모래를 희롱하는데 그 속에서 사금을 발견한 격이니 이 어찌 기쁘지 아니한가. 만일 재물이 생기지 않으면 자식에게 기쁨이 있으니 겹경사로다. 호사다마라, 너무 좋은 일이 겹치면 이 가운데 구설이 생기고 시기하는 자가 생기는구나. 겸손한 마음을 잃지 말아야 하네. 목성(木性)과 사귀면 이익이 있네.

1월 재물이 날로 풍부해지니 기쁨에 겨워 절로 흥이 날 것이다. 좋은 운수가 다시 돌아오니 집안에는 경사요, 밖에서는 융숭한 대접을 받을 것이다. 몸이 금고에 들어 있으니 마음먹은 대로 천금을 희롱할 것이다.

2월 소원을 성취하니 세상 부러울 게 없구나. 밖에 나가면 횡재수가 있으니 집에 가만히 앉아 있지 말고 밖에서 활발히 활동하는 것이 좋다. 가정이 평안하니 바깥일 역시 순조롭게 성취될 것이다.

3월 혼인을 하지 않은 남녀라면 혼인을 하게 될 것이요, 자식을 바라는 사람은 아이를 갖게 될 것이다. 생각지 않던 사람이 찾아와서 이익을 안겨주고 가니 기쁨이 두 배로 늘 것이요, 재물도 생기고 가정도 화평하게 될 것이다.

4월 동료의 감언이설을 듣지 말아야 할 것이다. 이익을 이야기하며 사업을 확장하자는 가까운 동료의 말을 따르게 되면 반드시 낭패를 볼 것이다. 그러나 운수가 좋기 때문에 곧 회복할 것이요, 후반기에 접어들어 몸과 마음이 편안해질 것이다.

5월 신변에 재앙이 도사리고 있어 화재를 당하거나 상복을 입게 될 것이니 유의해야 할 것이다. 또한, 배우자 궁에 근심이 서려 있어 질병에 걸릴 수도 있으나 치성으로 기도하면 능히 액을 면할 것이다.

6월 물고기가 용으로 변하니 작은 이익이 큰 이익으로 변하여 부귀가 찾아올 것이다. 경영하는 일로 바깥출입이 잦다보면 집안 식구들을 소홀히 하기 쉽다. 부부지간에 불화가 생길 수 있으니 살뜰히 챙겨야 할 것이다.

7월 재수가 좋아 뜻밖의 재물을 얻으니 웃음이 절로 나오는구나. 그러나 건강이 좋지 않을까 염려되니 건강에 유념하여 무리한 일과 과로를 피해야 할 것이다. 재물은 있다가도 없고 없다가도 있는 것이니 아무쪼록 건강부터 챙겨야 할 것이다.

8월 귀인이 서로 앞 다투어 도와주니 재물은 물론이요, 관록이 몸에 임하는구나. 식구가 한 사람 더 늘 것이다. 그러나 감언이설을 하는 사람을 주의해야 낭패를 피할 수 있으니 특히, 가까이에서 나를 상대하는 사람을 주의해야 할 것이다.

9월 구월의 마른 풀이 단비를 만났으니 어려움에서 벗어날 때이다. 일사천리로 경영하는 일이 순조롭게 진행될 것이다. 특히 화성(火姓)과 친하면 훗날 반드시 이익을 취할 수 있으나, 그런 기회가 없다면 지금까지의 복록이 사라질 것이다.

10월 만일 동업을 하고 있다면 함께 세운 계획이 성사되더라도 내게 이익이 없고 손해가 있을까 염려되는구나. 대인관계에서 만남의 기쁨보다 헤어짐의 기쁨을 절실히 바라는구나. 만일 이별이 없으면 구설에 휘말려 곤혹스러운 번민을 하게 될 것이다.

11월 구설수가 많이 따를 것이다. 그러나 노력하는 만큼의 이익이 있는 달이다. 길한 별이 몸에 비추니 노력한 연후에 느지막이 복록을 얻을 것이다. 토성(土姓)을 가까이하면 반드시 손해를 보게 될 것이니 유념해야 할 것이다.

12월 시험 보는 사람은 시험에 합격할 것이요, 자식을 원하는 사람은 자식을 얻을 것이다. 귀인이 동쪽과 서쪽에서 나를 도우니 재앙을 물리치고, 화평한 가정에서 태평가를 부를 것이다.

리지송 履之訟

| 운세풀이 |

신선이 한가로이 바둑을 두니 세상만사가 태평하구나. 우물에 살던 연어가 큰 바다로 나가니 내가 하고자 하는 계획이 순조롭게 진행되네. 몸은 분주하나 마음은 평안하니 남의 외향을 보고 부러워할 것 없네. 재물과 복록이 몸에 드니 근심이 사라지고 뜻밖에 횡재하는구나. 아랫사람과 윗사람이 서로 화목하니 대인관계에서 원만한 결과를 얻겠네. 다만, 여름에는 더러 일에 막힘이 있네.

1월 복록이 진진하니 근심걱정이 사라지고 경영하는 일마다 좋은 결과를 얻을 것이다. 내가 하는 일의 능력 이상으로 평가를 받기 때문에 주위의 부러움을 살 것이요, 모든 것이 가정이 화목하기 때문에 이루어지는 것이다.

2월 비록 봄이지만 이미 꽃은 만개하여 떨어지고 가을과 같은 결실의 열매를 맺으니 일의 성과를 거둘 것이다. 다만 화성(火姓)을 가까이하게 되면 뜻하지 않은 재물을 잃는다든지 관재구설을 겪게 되니, 이 점을 유의해야 할 것이다.

3월 다른 사람과 다툼이 있겠으니, 만일 다투게 되면 관재가 따르니 주의해야 할 것이다. 이 달의 운수는 좋은 일보다 나쁜 일이 더 많을 것이니 조심해야 할 것이다. 특히 가까운 친구나 친척들과의 다툼이 없어야 할 것이다.

4월 물고기가 겨울을 보내고 따뜻한 물을 만나니 그 노니는 모습이 의기양양한 달이다. 봄에는 거슬리는 일이 많았는데, 여름으로 접어들면서 막히는 일이 점점 많아질 것이다. 특히 시빗거리를 만들지 말아야 관재 구설을 피할 수 있을 것이다.

5월 집안에 있으면 답답한 마음 어찌할 바를 모르니 멀리 떠나 보는 것이 좋겠다. 만일 그렇지 않으면 물건을 잃어버릴 것이다. 생각하고 계획하는 일마다 어그러지니 지금까지 하던 일을 묵묵히 참고 견뎌 나가야 할 것이다.

6월 옛 친구를 만나 회포를 풀게 되나 그 옛 친구의 입에서 나오는 꿀같이 달콤한 말들이 나에게 무서운 칼이 되어 돌아올 것이다. 아니면 집안에 우환이 생길 것이다. 남쪽에서 크게 재물을 잃고 구설에 오를 수 있으니 남쪽을 피해야 할 것이다.

7월 일을 추진하는 데 장애가 예상되니 사전에 미리미리 꼼꼼하게 살펴보고 계획을 철저히 세우지 않으면 낭패를 볼 것이다. 그리고 수성(水姓)이 이로움을 주지 못하니 서로 주고받는 일을 하지 말아야 한다.

8월 내가 베푼 사소한 적선이 나에게 큰 도움으로 돌아오니 기쁨이 두 배가 될 것이다. 아무리 하찮은 것이라도 쓰는 법을 알면 버릴 것이 없겠다. 다만 서쪽이 불리하니 삼가고, 질병 또한 주의해야 한다.

9월 가을, 즉 음력 칠월, 팔월, 구월에는 재물이 조금 들어오는 달이다. 다만 대인관계에서 남을 비방하는 말을 서로 주고받지 말아야 한다. 이익은 생선이나 물고기를 취급하는 사람에게 있을 것이다.

10월 만일 이사나 이직을 하게 되면 반드시 후회할 일이 벌어지는 달이다. 이사나 이직을 하지 않는 것이 좋다. 그리고 이성을 가까이하게 되면 구설에 휘말려 낭패를 보게 될 것이요, 경영하는 일 역시 결과를 얻기 어려울 것이다.

11월 뜻밖의 횡재수가 들어오는 달이다. 만일 귀인을 만나게 되면 지위와 명예가 상승하니, 공직에 있는 사람은 승진하는 달이다. 공부하는 학생은 시험으로 인하여 경사가 있을 것이다.

12월 학이 아홉 구비 언덕 위에서 우니 그 소리가 하늘을 뒤덮어 이름을 널리 알릴 징조가 있는 달이다. 나에게 귀인이 스스로 찾아와 도움을 주니 하는 일이 순조로울 것이다. 서쪽과 남쪽이 유리한 방향이니 그곳에서 이익 되는 일을 찾아야 할 것이다.

괘상수 122 리지무망 履之无妄

|운세풀이|

호랑이를 그리려다가 강아지를 그린 격이니 하는 일이 꼬이네. 산속에 묻힌 용이 어찌 큰 바다를 그리워하지 않겠는가. 글자를 보아도 흐릿하여 무슨 뜻인지 알 수가 없고 가까운 친구나 친지를 보더라도 그 속마음을 알 수 없으니 답답한 노릇이네. 좌우에 여럿인 처첩들이 서로 헐뜯고 시기질투를 하여 싸움을 하는 것이니 신상 주변에 구설이 분분하네.

1월 매사에 막힘이 많고 바라는 일이 뜻대로 성취되지 않는 달이다. 다만 좋은 사람을 만나 간신히 일은 성사시킬 수 있으나 그 결과는 얻기 어려운 달이기도 하다. 대인관계에서 잘잘못을 가리려다가는 도리어 피해를 볼 것이다.

2월 질병이 몸에 침범하니 일이 무슨 소용이리요. 건강을 잘 챙겨야 하는 달이다. 희망을 찾을 길이 없으니 답답한 마음뿐이다. 동쪽과 남쪽에서 돌파구를 찾으니 지금까지의 고생이 보람으로 바뀔 것이다. 금성(金姓)을 가까이하면 낭패를 볼 것이다.

3월 운수가 대길하니 하는 일에서 보람을 찾을 것이요, 집안사람들이 내 마음을 알아주고 마음을 같이 하니 힘을 얻을 것이다. 식솔이 늘어나고 재물이 나를 따르니 경영하는 일을 성취하게 될 것이다.

4월 집안 식구들과 불화가 있으니 일에 막힘이 많을 것이다. 여름을 시작하는 달이니 마음의 준비를 철저히 해야 할 것이다. 바라고자 하는 일이 제대로 이루어지지 않으니 마음고생을 하겠다.

5월 거짓으로 말을 하다가 관재수를 겪을 수 있을 것이다. 그러니 먼저는 웃을 것이나 나중에는 울 것이니 앉지도 서지도 못하고 엉거주춤한 불편한 마음으로 세월을 보내게 될 것이다.

6월 재수가 좋으니 모든 일을 이룰 것이다. 만일 다른 사람의 도움을 뿌리치지 않고 순수한 마음에서 받아들인다면 반드시 좋은 결과를 얻을 것이다. 그러나 남쪽에서 온 사람을 믿게 되면 반드시 재물을 잃을 것이니 각별히 주의해야 할 것이다.

7월 이번 달은 귀인을 만나 덕을 볼 것이다. 재앙이 소멸되며 질병이 사라지고 반드시 경사가 있을 것이다. 자신의 분수를 잘 지켜 겸손하다면 화가 변하여 복으로 변할 것이다. 정성을 다하여 집안의 터주 신에게 고사를 지내면 만사가 잘 풀릴 것이다.

8월 이번 달은 손재수가 따를 것이요, 토성(土姓)을 가까이하게 되면 재물을 잃게 되고 화병을 얻게 될 것이니 주의가 필요하다. 동쪽과 서쪽에도 근심거리가 있으니 집안에 있어도 마음이 편하지 않을 것이다.

9월 관귀가 발동하는 달이다. 관귀가 발동하니 사소한 시비에도 구설이 생기며, 관청 출입으로 인하여 명예가 실추되는 달이기도 하다. 아직 때를 만나지 못하여 마음고생을 하게 되나 관재구설이 넘어간 후에는 지난 고생은 한갓 꿈에 불과할 것이다.

10월 욕심이 가득하니 마음만 앞섰지 뜻은 이루지 못하는 달이다. 권가(權家)와 김가(金家)가 피해를 줄 수도 있으니 가까이하지 말아야 한다. 허울만 좋고 실속이 없어 심신만 고달프다. 재물을 잃고서 밤잠을 이루지 못하는 것이다.

11월 재운이 서서히 좋아지는 달이다. 이익이 있는 곳은 서쪽과 북쪽이니 이곳을 출행하면 재물을 얻을 것이다. 목성(木姓)과 화성(火姓)은 나에게 해를 끼치니 가까이하지 않는 것이 좋다. 뜻밖의 재물을 얻는 횡재수도 잠재되어 있는 달이기도 하다.

12월 정성이 하늘에 닿으니 하는 일이 순조로운 달이다. 지금까지의 고난과 역경은 이 달에 모두 해소되니 고생 끝에 낙을 찾을 것이다. 지난날의 불편했던 가족관계는 말끔히 사라지고 세월의 뒤안길을 되돌아보며 미소를 머금는 달이기도 하다.

리지건 履之乾

|운세풀이|

오랜 친구가 배신을 하니 옛것을 버리고 새것을 취하는 해로구나. 조심하지 않으면 낭패를 보겠구나. 비록 조강지처가 안방에 앉아 있다 하여도 옛 조강지처가 지켜보고 있으니 마음대로 하지 못하고 전전긍긍 하는구나. 시비와 송사가 빈번하니 마음이 산란하여 갈피를 잡지 못하는구나. 하는 일마다 액운이 따르니 일을 추진하는 것이 두렵기만 하도다. 허황한 일은 절대로 행하지 말고 정도를 걸어야 탈이 없겠구나.

1월 운수가 불리하니 우환이 두려운 달이다. 동갑내기 지인이 나를 속이니 다 된 밥에 재를 뿌리는 것이다. 재물을 구하나 얻지 못하니 마음만 답답할 뿐이다. 이번 달은 운수가 사나우니 재물 구하기가 어려울 것이다.

2월 설상가상이라 하였으니 눈 내린 산중에 서리가 웬 말인가. 어려운 가운데 어려움이 겹치니 갈팡질팡하는 달이다. 만일 손재수가 아니면 사람을 잃을 것이다. 또한, 말조심을 철저히 해야 후회가 없을 것이다. 서북쪽이 길한 방향이 될 것이다.

3월 이번 달은 실물수가 있으니 각별한 주의가 필요하겠다. 부부지간에 다툼이 있겠으니 서로 이해하는 마음으로 슬기롭게 극복해야 한다. 출행은 북쪽이 불리한 방향이요, 재앙이 서쪽에서 들어오니 서쪽에서 오는 사람을 조심해야 할 것이다.

4월 고목에 꽃이 필 것이요, 복성이 내 몸을 비추니 재앙은 사라지고 복록이 찾아올 것이다. 다른 사람과 함께 향응을 즐기니 세상사가 모두 즐거우나, 분수를 지켜야 복록을 지킬 수 있으니 지나친 욕심을 부리지 말아야 할 것이다.

5월 돌 속에 묻힌 보석을 얻으려 하니 조심하여 돌을 깨야 할 것이요, 함부로 돌을 깨면 보석이 상하게 되는 것처럼 경영하는 일에 신중해야 할 것이다. 성심으로 노력하여 일을 추진한다면 반드시 좋은 성과를 얻을 것이다.

6월 많이 실천하고 많이 실패하니 하는 일이 무심한 달이다. 복록이 끊어지고 관록이 멈추니 재수가 막히는 운수이다. 가까운 친구가 나를 배신하고 피해를 주는 운수이고, 구설수가 따르니 말조심을 해야 할 것이다.

7월 옛것을 버리고 새것을 취하는 달이다. 봄 가뭄에 타들어 가던 여린 봄풀이 단비를 만난 것처럼 새로운 활력을 얻으니 경영하는 일마다 막힘이 없을 것이다. 다만, 이성을 탐하면 반드시 관재구설이 되어 신상에 피해를 주니 각별히 유념해야 한다.

8월 동남쪽에서 재물이 들어올 것이요, 몸에 재물이 다가오니 태평하게 지낼 것이다. 다만, 간사한 사람과 가까이하면 반드시 후회할 일이 생길 것이니 주의해야 한다. 남자는 여자를 조심해야 낭패와 관재수를 피할 수 있으니 외도하지 말아야 한다.

9월 비바람이 몰아치던 밤이 지나고 밝은 햇살이 비추는 아침이 밝아오니 희망을 품는 달이다. 토성(土姓)을 조심하고, 물과 불을 조심해야 할 것이다. 활짝 핀 국화꽃이 찬 서리를 맞으니 그 아름다움이 길지 못함을 못내 아쉬워하는 것이다.

10월 전화위복이라, 화가 도리어 복이 될 것이다. 이익은 서쪽에 있고, 목성(木姓)이 이익을 줄 것이다. 천리관산을 헤매던 사람이 드디어 목적지에 당도하여 한숨 돌릴 것이요, 아무런 후회도 없이 인생을 즐길 것이다.

11월 산에서 고기를 구하니 하는 일이 허망하고, 남에게 잘해주고 뺨 맞는 격이니 베풀고 바라는 마음이 없어야 시빗거리가 없을 것이다. 만일 송사 중인 사람은 송사를 멈추고, 송사를 하려는 사람은 서로 화해해야 더 큰 손해를 보지 않을 것이다.

12월 관청에 들어가면 불리할 것이요, 병문안이나 상갓집을 출입하게 되면 좋지 않는 기운이 심신에 파고들어 어려움이 따를 것이다. 불길한 중에 경사가 있으니 한 해의 노고를 달래줄 것이다. 가정의 평화가 찾아오니 세상사가 부럽지 않을 것이다.

동인지둔同人之遯

| 운세풀이 |

떨어진 꽃이 물 위에 흘러가니 꽃잎이 어디로 흘러가는지 아무도 모르는구나. 경거망동을 삼가야 한다네. 노인이 술잔을 기울여 취하니 정신이 혼미하여 몸을 가누지 못하는구나. 술 취한 노인이 걸어가는 방향을 누가 알랴. 자신의 분수를 지키지 못하고 경거망동을 하면 그 결과를 예측할 수 없는 지경에 이르게 되므로 강태공이 바늘 없는 낚시로 세월을 낚듯이 인내를 가지고 때를 기다려야 한다네.

1월 아직 잔설이 남아 있으니 약초를 구하기 어려울 것이요, 경영하는 일이 더딜 것이다. 몸은 산골 깊은 곳에 있으나 마음은 번화한 세상에 있으니 욕망은 들끓어도 욕망을 달성하기 어렵다. 운수가 나를 돕지 못하니 분수를 지켜 행동해야 할 것이다.

2월 역마가 몸에 드니 한번은 멀리 출행하게 되나 경영하는 일이 잘 풀리지는 않는 달이다. 새로운 일을 계획해 시작해도 좋지 않은 결과를 가져올 것이요, 가까운 친지가 나를 비방하니 절대로 속마음을 털어 놓지 말아야 훗날 후회가 없을 것이다.

3월 뜻밖의 복록이 따르니 뜻밖에 성공을 거둘 것이요, 귀인이 스스로 찾아와 나를 도우니 반드시 성공할 것이다. 호사다마라 하였으니 항상 가까운 곳부터 잘 살펴야 훗날 낭패를 보지 않는다. 동쪽과 남쪽 방향이 이롭다.

4월 이른 봄풀 어린 새싹이 된서리를 만난 것처럼 신수가 불리하여 손재수가 따를 것이다. 어린아이가 길을 잃고 갈팡질팡하는 것과 같다. 만일 손재수가 아니면 관재수가 따를 것이니 남의 말을 삼가고 시비에 끼어들지 말아야 어려움을 면할 수 있다.

5월 근신하여 집안에 있는 것이 밖에 나가는 것보다 유익하니 원행을 삼가야 한다. 그렇지 않으면 손재가 따라 재물을 지키기 어렵다. 또한, 입을 병과 같이 오므려 구설수를 막아야 한다. 남에게 도움이 되는 말조차 삼가면 구설을 면할 수 있다.

6월 이름만 있지 실속이 없겠다. 주변에 나를 돕는 사람은 많으나 허울만 좋을 뿐 아무 도움도 되지 못하는 달이다. 형이야 아우야 하는 사람들도 그 속마음은 나에게 무엇인가 빼앗아 가려는 마음뿐이고 말로만 돕는다고 하니 참으로 어려운 것이다.

7월 뜻밖의 문서를 얻으니 천금을 희롱할 것이요, 모든 일에 관록이 임하고 재수가 발동하니 사소한 것부터 이익을 볼 수 있을 것이다. 다만, 동토가 두려우니 집을 수리하거나 나무를 자르고, 흙을 다루는 일들은 꼭 좋은 날을 가려서 해야 한다.

8월 움직이지 않으면 길하고 움직이면 흉한 달이니 분수를 지키고 경거망동하지 말아야 한다. 집도 없고 갈 곳도 없으니 내 짝을 찾을 여건이 안 되는 것이다. 자기 본분을 충실히 지키고 업무에 충실하면 적게나마 우연히 재물을 얻을 수 있을 것이다.

9월 티끌모아 태산을 이루나 재물이 안에서 새니 밑 빠진 독에 물 붓는 달이다. 수많은 실개천 물이 합쳐져 바다를 이루나 정작 실개천이 메말라버려 바다를 이루어낸 보람이 없는 것이다. 겉보기에는 남들이 부러워하나 속빈 강정처럼 실속이 없겠다.

10월 삿갓을 쓰고 달을 보고 있겠다. 삿갓을 쓰고 하늘의 달을 쳐다본들 달이 보일 리 없다. 자신이 품고 있는 지나친 욕심으로 올바른 판단을 하지 못하고 먼 미래를 볼 수 없는 것이다. 화성(火姓)을 주의해야 낭패가 없겠고, 동쪽에 이익이 있다.

11월 수고로우나 공이 없을 것이다. 하지만 올바른 마음을 가지고 사람을 대하면 허물이 없을 뿐더러 적은 이익도 생기겠다. 물과 불을 조심해야 할 것이요, 구설이 따르기는 하나 시간이 지나면 자연스럽게 해소되니 심각하게 생각하지 않아도 된다.

12월 귀인이 옆에서 도우니 재물과 관록이 중중한 달이다. 가을 추수에 쥐가 곡식창고에 들어 있으니 식록이 진진할 것이요, 흉함이 사라지고 길함이 많을 것이다. 한 해의 고단함을 가정의 화목이 해소해주니 집안이 화목하면 만사형통할 것이다.

동인지건同人之乾

| 운세풀이 |

뜻을 세우기에 강변 푸르른 풀처럼 힘차고 청청하다네. 만사가 형통하니 집안이 번창하고 사해에 이름을 날린다네. 음력 일월, 이월, 삼월은 뜻밖의 성공을할 것이요, 음력 오월과 유월에는 하는 일이 모두 순조롭게 풀리는구나. 목마른용이 물을 마시는 격이니 기쁜 일이 도처에 있구나. 자손을 원하는 집은 득남하며, 관록을 원하는 사람은 승진한다네. 귀인이 스스로 찾아와 도와주니 용이 여의주를 얻었다네.

1월 식구가 늘고 논밭이 늘 것이다. 벌과 나비가 꽃 속에서 노니는 것처럼 재물이 절로따를 것이다. 오랜 가뭄에 단비를 만난 격이요, 낡은 것을 버리고 새것을 취하니 비록 작은 이익일지라도 나중에 큰 이익으로 돌아올 것이다.

2월 용이 물을 만나니 그 재주가 변화무쌍함을 자랑하고, 화창한 봄날 온갖 꽃이 앞 다투어 피어나니 운세가 길하게 뻗어나갈 것이다. 낙락장송이 잎을 무성하게 뽐내니 재수와 관록이 중중하여 벼슬을 할 것이요, 세상 부러울 것이 없을 것이다.

3월 뜻밖의 성공을 거두어 이름을 사방에 알릴 것이요, 귀인이 스스로 찾아와 도움을 주니 큰 이익을 볼 것이다. 가문 하늘에 단비를 만난 격이요, 봉사가 지팡이를 얻은 격이니 경영하는 일에 박차를 가하게 될 것이다.

4월 시비를 가까이하면 구설이 따를 것이니 시비가 있는 곳에는 가지 말고, 수신 적덕하여 집안을 일으키는 것이 현명하다. 재운이 좋아 재산을 늘리는 기회를 잡을 것이나북쪽에서 만난 사람과 시비하면 관재구설이 따르니 주의해야 할 것이다.

5월 경영하는 일이 순조로워 하는 일마다 순조롭게 풀려나가니 기쁨을 누릴 것이다. 동북쪽에 이익이 있으니 이곳에서 만난 사람과 인연을 맺으면 훗날 재물을 얻을 것이다. 조금 있는 구설은 나중에 무난히 해소되고, 공직에 있는 사람은 승진할 것이다.

6월 일신이 평안하고 재수가 흥왕할 것이요, 가는 곳마다 환영하니 세상 살맛이 절로 날 것이다. 사방에 봄바람이 불고 친구와 심산유곡에 들어 대작하니 신선이 따로 없도다. 먼 길을 가지 말고 집에 있으면 한가하면서도 편안하여 대길할 것이다.

7월 서로 합심하여 대업을 성취할 것이요, 동쪽과 서쪽에 좋은 일이 있을 것이다. 맑게 갠 밤하늘에 밝은 보름달이 떠오르니 휘황한 자태를 봄낼 것이다. 목성(木姓)이 스스로 찾아와 도와주니 나와 목성(木姓)의 마음이 하나 되어 대업을 이룰 것이다.

8월 자손을 원하는 집안은 득남할 것이요, 아름다운 원앙이 안방을 찾아들 것이니 배우자에게 경사가 있을 것이다. 관록이 따르니 세상 부러울 것이 없겠고, 쓸모없는 돌을 쪼는데 돌 속에서 옥을 얻는 것처럼 힘들지 않아도 복록이 들어올 것이다.

9월 길성이 집안을 비추니 재수가 흥왕할 것이다. 이른 봄 가랑비와 동풍에 겨우내 쌓였던 눈이 녹듯이 경영하는 모든 일이 순조롭게 풀릴 것이다. 맑은 가을 밤하늘에 떠있는 보름달을 벗 삼아 유유자적 거문고를 타고 노니니 신선이 부럽지 않겠다.

10월 가뭄에 어린 싹이 단비를 만나니 더욱 푸르게 될 것이다. 귀인이 스스로 찾아와 도움을 주고 재물이 날로 왕성해지니 세상에 부러울 게 없겠다. 달밤에 홀로 높은 곳에서 거문고를 타니 마침내 원하는 재물과 이익을 취할 것이다.

11월 마침내 꽃이 떨어지고 탐스런 열매를 맺을 것이요, 일을 경영함에 있어서 순조롭게 풀릴 것이다. 재수가 대길하니 세상 사람들이 모두 부러워한다. 꿈속에서도 곰이 재주를 부리고 내가 이익을 챙기니 현실에서야 무슨 말을 더 하리요.

12월 청하지도 않은 손님에게도 후한 대접을 하니 세상 사람들이 모두 칭송할 것이다. 잠시 시비를 가까이하게 되어 구설이 따르나 일신이 형통하여 구설이 스스로 물러날 것이다. 만사가 마음먹은 대로 이루어지니 왕상이 부럽지 않을 것이다.

동인지무망同人之无妄

| 운세풀이 |

내 마음을 알아주는 이 없고 사방을 둘러봐도 내 일가친척은 보이지 않으니 올해는 외로움을 뼈저리게 느끼겠구나. 혈혈단신이 너무나 고독하구나, 세상천지에 나를 알아주고 아껴줄 사람이 아무도 없네. 뜻이 있으나 이루지 못하니 누구를 탓하랴. 혹독한 겨울 뒤에는 반드시 화창한 봄이 오는 법이니, 지금은 곤고하여도 인내하여 외로움을 극복한다면 새로운 희망이 열리겠네. 타향살이 한탄치 말라, 언젠가는 자리 잡을 날이 찾아오리라.

1월 불이 있어도 따뜻하지 않고 강이 있어도 깊지 않은 것처럼, 인간관계로 도움을 청하려 하나 가까운 지인이 있어도 전혀 도움이 되지 못하는 달이다. 집안에 있으면 길하나 남쪽으로 출행하면 흉하다. 억지로 사람을 구하지 말아야 이로울 것이다.

2월 귀인이 스스로 찾아와 도울 것이요, 목성(木姓)과 금성(金姓)이 나를 돕는 사람이다. 쓰디 쓴 고생은 가고 달콤한 편안함이 찾아오는 올 것이다. 쇠붙이가 용광로에 들어갔다 나오니 훌륭한 기물을 만들 수 있는 여건이 마련되는 것이다.

3월 일가친척을 둘러봐도, 친구를 둘러봐도 도움을 청할 길이 없을 것이다. 원진살(서로 다투거나 흉보고 헐뜯어 서로를 등지게 하는 흉살)이 발동하니 일마다 다툼과 막힘이 많다. 운수가 막히고 명이 불리하니 구설이 따르고 재물이 흩어지는 달이다.

4월 병마와 관재구설이 따를 것이다. 경거망동하거나 분수를 지키지 않으면 심신이 피로하여 병마가 침범하고 신경이 날카로워 시빗거리가 자연 발생하며, 관재구설이 따를 것이다. 남과 다투다가 크게 다칠 것이니 각별히 주의해야 할 것이다.

5월 귀인이 스스로 찾아와 나를 도우니 풀리지 않던 일들이 하나 둘씩 해결될 것이다. 재운이 좋아지니 재물도 서서히 쌓여가는 것이다. 길성이 비추니 가정에 평화가 찾아오고 웃음소리가 담장 밖으로 흘러넘쳐 심신이 평안을 찾을 것이다.

6월 집안에 활기가 넘치고 화목하니 과년한 자식이 있는 집에서는 혼사가 오고갈 것이다. 마음속이 공허하여 인생무상을 느끼니 경영하는 일이 부질없어 보일 것이나 명산을 찾아 기도한다면 공허한 마음을 다잡을 수 있을 것이다.

7월 재운이 좋지 않아 재물이 주머니에서 새어나갈 것이다. 집에 있으면 이익이 없으나 밖에 나가거나 원행하면 이익이 있을 것이다. 마음을 바로 하면 구설이 사라지고 복록이 들어올 것이다.

8월 여색을 가까이하면 손해를 볼 것이니, 여색을 멀리하여야 경영하는 일에 마가 끼지 않을 것이다. 일에 시작은 있으나 끝이 없으니 하는 일이 허황할 것이다. 상문살이 있으니 남의 초상집을 가지 말아야 할 것이다.

9월 음력 구월과 시월에는 한 번 웃고 한 번 울게 되니, 좋은 일도 있고 나쁜 일도 있을 것이다. 길흉이 상반이니 자신의 본분을 잘 지켜서 나쁜 일이 발생하지 않도록 해야 한다. 만약 병마가 찾아오면 남쪽에 있는 병의원을 찾는 것이 유익하다.

10월 배를 만들어 큰 바다에 띄우나 바람이 불지 않아 배가 앞으로 나가지 못할 것이다. 경영하는 일이 계획만 거창하고 실천하기 어려우니 빛 좋은 개살구 꼴이 될 것이다. 친구가 경영하는 일에 개입할 때 친구를 믿으면 반드시 후회할 일이 발생한다.

11월 일이 손에 들어와 무언가를 성취할 것이요, 작은 것을 성심껏 구하다가 큰 것을 얻을 것이다. 심신이 편안해지고 재수가 좋으니 횡재수가 있겠다. 마음이 한가로우니 가정이 평안해지고 경영하는 일이 순조롭게 풀려 원하는 재물을 얻게 될 것이다.

12월 우연한 기회에 나를 도와주는 귀인을 만나나 말만 풍성했지 정작 실질적인 도움이 되지 않을 것이다. 경거망동하면 일을 그르치게 되고 재물이 빠져 나갈 것이다. 매사를 신중에 신중을 기한다면 마침내는 소원 성취를 하게 될 것이다.

무망지부 无妄之否

| 운세풀이 |

재난이 찾아오고 만사가 형통하지 못하니 심신이 고단하구나. 타향이나 타국에 있는 몸이 이곳저곳 의지처 없이 떠돌아다니 마음마저 쓸쓸하네. 들려오는 집안 소식은 우환이 많다고 하니 속상한 마음을 누구에게, 어디에서, 무엇으로 풀까나. 만경창파에 조각배를 띄우니 위태하기가 그지없네. 가랑비와 하늬바람이 불어오는데 헛된 꽃만 만발하니 마음만 산란하네. 밥은 한 그릇이나 숟가락은 열이네.

1월 가까운 친척이나 가족에게 병고가 있거나 슬하에 근심이 있을 것이다. 육충(六冲, 계획이 깨지거나 다툼이 있는 수)이 발동하니 처음은 길하나 나중에는 다툼이 생겨 길한 것이 흉한 것으로 변하니, 땅 설고 물 설은 타향에서 이익을 구하는 것이다.

2월 좋은 일과 나쁜 일이 번갈아 찾아와 울고 웃는 인생사의 쓴맛과 단맛을 볼 것이다. 몸이 밭 갈고 있는 농부의 것이니, 백 가지 만 가지 생각을 해본들 바깥일을 도모하는 것은 역부족이다. 자신의 힘으로 모든 일을 헤쳐 나가는 달이다.

3월 재운이 있어 재물은 취할 수 있으나 상복을 입을까 염려되는 달이다. 몸이 길 한 가운데 있어 어찌할 바를 모르는 것이다. 여의치 않으면 관재구설이 따를 수 있으니 늘 말조심해야 할 것이다. 어쨌든 한 번은 좋고 한 번은 근심이 생기는 달이다.

4월 송사건(재판을 받거나 경찰서에 갈 일이 생기는 것)이 생길 수 있으니 남과 다투거나 시비가 생기는 일을 하지 말아야 한다. 흉사가 입에서 생겨나니 입단속하면 괜찮을 것이다. 사람들과 사이좋게 지내되, 감언이설은 듣지 말아야 이로울 것이다.

5월 대인은 길하고 소인은 흉한 달이다. 대인이라 함은 성인군자의 성품을 가진 사람으로서 법도에 어긋나는 일을 하지 않고 삿된 언행과 허황한 행동을 하지 않는 사람이며, 소인이라 함은 자신의 이익을 위해 수단과 방법을 가리지 않는 사람이다.

6월 집안에 있으면 불리하고 출행하면 이익이 있겠다. 산 설고 물 설은 타향에서 몸이 편안하니 역마가 발동한 것이다. 이익이 타향에 있으니 산 설고 물 설은 타향에서 몸과 마음은 외롭지만, 경영하는 일은 순조로울 것이다.

7월 수고한 만큼 공은 있으나 처음은 길하고 나중은 흉할 것이다. 심신이 안정되지 못하여 번민이 많으니, 매사에 조심 또 조심하여 신중을 기한다면 흉한 액을 면할 수 있을 것이다. 새옹지마이니 복은 복이 아닐 수 있고, 화는 화가 아닐 수 있다.

8월 하는 일마다 허황한 꼴을 당하니 분수를 잘 지켜야 하는 달이다. 일을 추진하고자 하나 불리한 운수이니 경영함을 자제해야 하는 달이다. 특히 내 것을 놔두고 남의 것을 탐하였다가는 낭패를 보기 쉬우니, 이 달은 분수를 지키는 것이 상책이다.

9월 작은 재물은 얻을 수 있으나 질병이 침범하기 쉬운 달이다. 어룡이 때를 잃으니 조화를 부릴 수 없어 활기가 없는 운수이다. 몸에 질병이 침범할 수이니 미리 액막이를 해야 한다. 서쪽과 남쪽이 가장 길한 방향이니 참고하기 바란다.

10월 강을 건너려 나루터에 닿았으나 배가 없어 강을 건너지 못하고 발을 동동 구르니, 마음은 급한데 여건이 안 되는 것이다. 남의 말만 믿으면 낭패를 보게 될 것이다. 남의 말을 믿게 되면 허울만 좋고 실속이 없으니 마음의 중심을 잘 잡아야 한다.

11월 신수가 불리한 달이니 횡액(객지나 타향에서 뜻밖의 재난을 당하는 것)을 주의해야 한다. 특히 재물이 들어오면 반드시 재앙이 생겨나는 달이니 재물에 대한 욕심을 버리고 재물적으로 어려움을 겪는다고 해도 참고 견뎌야 이롭다. 차라리 돌아다니지 말고 집에 있는 것이 최선책이다.

12월 최선을 다하여 일을 하였으나 그 결과를 얻지 못하는 달이다. 동업을 한다면 성과를 보지 못할 것이요, 사소한 일로 구설수에 오르니 억울하기 짝이 없는 달이기도 하다. 몸과 마음이 지치니 질병이 때를 기다렸다는 듯이 침범할 것이다.

무망지리 无妄之履

|운세풀이|

사방팔방에 나를 돕는 사람이 많으니 이 어찌 기쁘지 아니한가. 가난한 사람은 부자가 될 것이요, 천한 사람은 귀하게 되겠네. 백 사람이 나를 도와 농사를 지어주니 올 한 해 걱정은 어디에도 없도다. 칠년 동안의 큰 가뭄이 이제 해갈되니 이 어찌 기쁘지 아니한가. 응달에도 봄기운이 스며드니 활로를 되찾겠네. 관록과 재물이 따르니 이름을 사방에 떨치겠구나.

1월
봄바람이 따스하게 불어오니 만물이 화하여 생겨날 것이요, 배씨(裵氏) 성을 가진 사람을 가까이하면 이익이 생길 것이다. 목성(木姓)도 나를 도와주니 기쁨이 저절로 찾아올 것이다. 귀인이 도와주니 뜻밖의 재물을 얻어 소원을 성취할 것이다.

2월
명예는 얻을 수 있으나 재운은 불리할 것이다. 비록 재수는 있다 해도 재물을 취할 수 없고 도리어 손해를 볼 것이다. 재물 관리에 항상 신중하여야 손해를 줄일 수 있고, 남과 돈거래를 하지 않는 것이 상책이다.

3월
고기가 큰물에서 노니 의기양양한 자태를 뽐내는구나. 다만, 분수를 지켜야 그 자태를 유지하리라. 차분히 분수를 지키면 길하나 경거망동하면 흉할 것이다. 음력 일이 삼월은 길함과 흉함이 반반이니 구설수를 조심하여 분수를 지켜야 할 것이다.

4월
꽃이 떨어지고 열매를 맺을 것이니 반드시 경사수가 있을 것이다. 자식을 원하는 사람은 자식을 얻게 될 것이요, 공직에 있거나 직장을 다니는 사람은 승진을 할 것이다. 남과 다투지만 않으면 모든 액이 스스로 물러날 것이다.

5월 바깥에서 재물을 구하거나 탐을 내면 반드시 구설이 따를 것이요, 일을 도모하나 그 결과를 얻을 수 없을 것이다. 음력 오월과 유월에는 얻으려 하다가 도리어 잃을 것이 니 자중해야 한다. 특히 동업을 해서는 안 될 것이다.

6월 신수는 보통이지만, 재물이 따르지 않는 달이다. 꽃이 화려하게 피어나니 벌과 나비가 찾아와 희롱한다. 벌과 나비가 떠나면 꽃이 시들어버리니 분수를 모르고 벌과 나비를 찾으려 한다면 낭패를 볼 것이다. 관록을 얻지 못하면 구설이 따를 것이다.

7월 뜻밖에 귀인을 만나 횡재를 할 것이다. 굶주린 사람이 밥을 얻는 것이요, 목마른 용이 물을 만나는 격이니 힘을 얻은 용의 변화는 누구도 예측할 수 없을 것이다. 쥐가 곡식 이 가득한 창고에 드니 식록이 진진하고 하는 일마다 순조로울 것이다.

8월 먼 곳에서 소식이 오니 옛 친구가 귀인이 될 것이요, 여러 사람이 도와줄 것이다. 동쪽 정원에 또다시 봄기운이 찾아드니 벌과 나비가 다시 찾아올 것이다. 금잔에는 잘 익은 술이요, 옥쟁반에는 산해진미가 가득하니 모든 일이 순조로울 것이다.

9월 길성이 몸으로 들어오니 이름을 사방에 떨칠 수 있을 것이다. 때를 기다리던 국화 꽃 망울이 어느 날 아침 일시에 활짝 핀 것이다. 옥쇄가 내 손에 들어오니 만인이 내 앞에 조아려 하례할 것이요, 자식을 원하는 집에서는 자식을 얻을 것이다.

10월 부모님에게 근심이 없으면 자식에게 근심이 생기는 달이다. 깊어가는 가을밤 슬피 울 며 날아가는 기러기가 어디로 가는지 모르는구나. 근심으로 밤을 지새우니 마음만 공 허하도다. 적게 얻고 많이 나가는데다 세월만 탓하니 마음이 괴로울 것이다.

11월 작은 것을 구하려다 큰 것을 얻을 것이요, 경영하는 일이 여유로워 하는 일이 모두 순 조로울 것이다. 재물이 넉넉하니 집안사람 모두가 화평할 것이요, 사방에서 기쁜 일이 생겨나니 몸과 마음이 태평할 것이다. 평소 인간관계를 잘해야 할 것이다.

12월 분수에 넘치는 일을 하면 반드시 낭패를 볼 것이다. 분수를 지켜 적은 것을 쌓아 태산 을 이루니 만인이 우러러 보는 것이다. 토성(土姓)을 가까이하면 횡액을 당할 수 있으 니 유념해야 한다. 문서로 인한 낭패, 특히 부동산 거래가 불리할 것이다.

무망지동인 无妄之同人

│운세풀이│

날이 저물어 어두운데 추적추적 내리는 가을비가 나그네의 발길을 무겁게 하는구나. 어두운 밤길을 나 홀로 걸어도 누구 하나 반겨 맞아 불 밝혀 줄 이 없네. 운수가 불리하여 구하고자 하여도 구하지 못하니 경영하는 일이 부진하구나. 만일 옛 업을 버리면 새 업을 정하기 어렵구나. 사소한 일로 자존심이 무너지니 가슴 깊이 아려오는 눈물을 흘리겠구나. 다만, 지성으로 기도하면 음력 칠월과 팔월 사이에 금성(金姓)이 도와주리라.

1월 봄풀이 갑작스레 된서리를 맞아 성장을 멈추니 출행을 조심해야 할 것이다. 차라리 집안에 가만히 있으면 길하나 원행하면 흉한 일을 당할 것이다. 계획했던 일은 자꾸 어긋나기만 하고, 기다리는 사람은 오지 않으니 마음이 답답할 것이다.

2월 횡액이 있을까 두려우니 항상 몸가짐을 바로 하여 경거망동하지 말아야 할 것이다. 동업자나 직장 동료와 서로 의견이 맞지 않고 사소한 충돌이 많을 것이다. 다른 사람의 달콤한 유혹에 넘어가면 손해를 보게 되니 신중히 처신해야 할 것이다.

3월 집안의 우환이 있을 것이요, 그 우환으로 인하여 한 번은 눈물을 흘릴 것이다. 상극하고 상충하는 시기이니 다른 사람과 다툼으로 낭패를 볼 것이다. 자신의 주장을 굽히지 않되 남의 의견도 신중하게 들어주는 배려가 필요할 것이다.

4월 흉함이 많고 길함이 적을 것이다. 마음속 깊이 자리한 남모르는 괴로움이 있으니 하는 일이 모두 부질없어 보인다. 그 괴로움을 해결하여야 하는데, 여의치 않아서 차일피일 시간만 보낼 것이나 우연히 이성을 만나 사랑을 약속할 것이다.

5월 심신이 평안을 찾고 재운이 좋으나 부모에게 근심이 있을 것이다. 집안을 먼저 안정시키면 길하고, 집을 나가 밖을 먼저 살피면 흉하다. 비록 운이 좋다고는 하나 좋은 기운이 나중에 들어오니 참고 기다렸다가 좋은 기회를 잡아야 할 것이다.

6월 질병을 얻거나 구설로 어려움을 당할 것이다. 사소한 시비가 불씨가 되어 관재구설을 면치 못하게 될 것이니 남과 다투는 일이나 시시비비를 가리려 하지 말아야 할 것이다. 동쪽과 남쪽이 불리하니 출행을 삼가야 할 것이다.

7월 음력 칠월과 팔월에는 횡액을 조심해야 할 것이다. 횡액은 뜻밖의 재난과 평소 알고 지내던 친한 사이가 서로 미워하며 원수지간이 되어 이익을 다투게 되는 것이다. 그러나 옛 인연을 우연히 만나게 된다면 그 액을 면하고 이익을 얻을 것이다.

8월 신수가 불길하니 매사에 조심해야 할 것이다. 집을 떠나 원행하면 피해를 볼 것이다. 특히 동쪽과 서쪽, 북쪽이 불길하니 출행을 삼가야 한다. 해는 서산에 지는데 발걸음만 바쁜 것처럼 신수가 예사롭지 않으니 언행을 신중히 해야 할 것이다.

9월 하던 일을 그만두고 다른 일을 시작하면 반드시 실패수가 있을 것이다. 새로운 일을 시작하거나 확장하는 일을 삼가야 할 것이다. 남쪽과 북쪽에는 재물이 스스로 왕성하니 출행하려거든 이 양방향으로 가야 할 것이다.

10월 한 번은 실패의 아픔을 맛볼 것이다. 아랫사람과 윗사람이 서로 화합하지 못하니 길흉이 번갈아 있을 것이다. 마음이 산란하여 경영하는 일에 실패를 볼 것이다. 이사를 하면 불길하니 현재의 자리를 지켜야 낭패를 면할 것이다.

11월 남쪽에서 오는 귀인이 우연히 나를 도울 것이다. 상복을 입을 수도 있으나 아기를 낳는 집에서는 그 화를 면할 것이다. 동짓달과 섣달에는 재물과 복록이 왕성하니 소원성취할 것이다. 다만 어두운 창고에서 사고수가 있으니 주의해야 할 것이다.

12월 기사회생하는 달이나 관재구설을 조심해야 할 것이다. 동쪽은 불리하나 재물이 토지, 전답에 있으니 부동산으로 이익을 볼 것이다. 오씨(吳氏)와 권씨(權氏)를 상대하면 손해를 보고, 박씨(朴氏)와 최씨(崔氏)를 상대하면 이익이 있을 것이다.

151 구지건 姤之乾

| 운세풀이 |

나무에 올라가 물고기를 구하니 하는 일마다 막힘이 많구나. 아직 때가 이르지 않았으니 전진하려 해도 꼼짝하지 못하는구나. 손톱에 박힌 가시는 보는데, 정작 위태로운 복통은 알지를 못하는구나. 억지로 구하거나 재물을 탐하면 그로 인해 원망을 짓고 관재가 따르네. 눈 속에 밭을 일구니 그 고생을 말로 다할 수 없고, 그 열매는 고사하고 씨앗조차 찾을 길이 없구나. 분수에 넘치는 일을 삼가야 더 큰 어려움을 당하지 않겠네.

1월 하고 있는 일에 만족하지 않고 새로운 일을 경영하면 실패할 것이다. 뜻하지 않은 화가 침범하니 각별히 주의해야 할 것이다. 재수가 있어 재물을 취할 수는 있으나 처음에만 길하고 나중에는 흉하니 차라리 재물을 취하지 않음이 현명할 것이다.

2월 터줏대감이 발동하니 이사를 하지 않으면 우환을 겪게 될 것이다. 한밤에 논의하는 모의는 결코 바람직하지 않으니 야밤에 모여서 꾸미는 계획은 반드시 실패하여 낭패를 볼 것이다. 그러나 음력 일이삼월까지는 재물의 흥왕함을 보게 되리라.

3월 농사를 지어 놓고 추수를 못하고 있구나. 병마가 찾아들 위험이 있으니 질병이 있는 집을 가까이하지 말아야 할 것이다. 비록 재수는 있으나 서두르면 이익을 얻지 못하게 될 것이다. 순리에 따라 기다리는 인내심이 더욱 필요할 것이다.

4월 꽃이 졌는데 열매를 맺지 못하는 격이니 경영하는 일에 소득이 없을 것이다. 새로운 일을 도모해도 관계된 사람들이 서로 불화하여 안 좋은 결과를 낳을 것이다. 자기 자신의 분수를 잘 지키는 것이 상책이요, 하던 일을 지키는 것이 좋을 것이다.

5월 오월 가뭄에 단비를 만나니 그 풀빛이 청초하도다. 경영하는 일이 잘 풀릴 것이다. 신수가 대길하고 집안사람들이 화목하니 경영하는 일 또한 순조로울 것이다. 다른 일을 해도 여유롭고, 뜻밖의 횡재가 기다리고 있으니 가뭄에 단비를 만난 것이다.

6월 처음은 흉하고 나중은 길하니 고생 끝에 낙이 찾아올 것이다. 지난날의 고생을 한탄하지 말고 좋은 기회가 올 때까지 어려움을 참아내야 할 것이다. 길흉이 분명히 구별되어 나타나니 신중히 때를 기다려야 할 것이요, 원행은 삼가야 할 것이다.

7월 만일 손재수가 아니면 관재수가 따를 것이다. 이러한 액운을 면하려면 이사를 해야 나쁜 액운이 떨어져 나갈 것이다. 비록 재수가 있어도 처음뿐이요, 나중은 흉으로 바뀌어 낭패를 볼 것이다. 다툼과 시비에 끼어들지 말아야 할 것이다.

8월 귀살이 집안으로 침범하니 질병이 번질까 염려되니 질병을 조심해야 할 것이다. 집안 가족들이 서로 화합하지 못하여 그 마음의 거리가 멀기만 하고, 길함보다는 흉함이 많으니 넓은 아량으로 자상히 집안을 살피고 건강관리에 힘써야 할 것이다.

9월 음력 구월과 시월에는 득남하는 격이니 집안에 경사가 있을 것이다. 재성이 집안을 비추니 뜻밖의 재물을 얻을 것이요, 구월 단풍이 모란꽃보다 아름다운 모습이니 경영하는 일이 순조롭고, 재물도 얻어 기쁜 빛이 중중할 것이다.

10월 출행하면 불리하나 집에 있으면 편안할 것이다. 동쪽과 북쪽은 불리하여 피해를 볼 것이다. 출행하여 멀리 나가면 불리하고 집에 있으면 길하니 일을 벌이지 말고 가업을 지키는 것이 좋을 것이다. 서쪽과 북쪽에는 이익이 있을 것이다.

11월 어렵던 일들이 술술 풀리고 귀인이 나타나 도와주니 몸이 편안하고 풍진이 침노하지 않을 것이다. 재물이 북방에 있으니 일을 마무리 짓고 난 뒤에 생길 것이다. 만일 목성(木姓)을 가까이하게 되면 피해가 있으니 사람 사귐에 신중해야 할 것이다.

12월 심신도 재물도 흥왕하니 온 집안이 화평할 것이다. 지금까지의 고생을 잊고 한 해의 마무리를 가족들과 편안히 지내게 될 것이다. 다만 다른 일에 손대지 않으면 심신이 편안할 것이나 다른 사람과 다툼이 있으면 관재구설로 이어지게 될 것이다.

구지둔 姤之遯

| 운세풀이 |

큰불이 났는데 위급함을 모르고 태평한 나날을 보내고 있구나. 불길이 대들보까지 미치고 있으나 둥지를 틀고 있는 제비와 참새가 위급함을 모르는구나. 일에 막힘이 있으니 헛되이 세월을 보내는구나. 큰 재앙이 닥쳐 불길한 운수인 것을 모르고 경거망동하는 해로구나. 목마른 말이 물을 찾아 산에 올랐으니 샘이 없어 애타는구나. 이 흉한 액운을 물리치려면 좋은 방향으로 이사를 하거나 새 일을 도모해야 하니, 이사 방위는 서쪽이 좋겠구나.

1월 나는 새의 날개가 부러져 땅에 떨어진 격이니 크게 놀랄 일이 있을 것이다. 물에 놀라고 불에 놀랄 일이 생길 것이다. 항상 불조심하고, 물가에 가지 말아야 할 것이다. 한 번 흉하고 한 번 길하지만 마음을 다잡고 하던 일을 계속해야 할 것이다.

2월 다른 사람을 도와주다가 낭패를 당할 것이다. 물에 빠진 사람을 건져주니 보따리 내놓으라는 격이다. 신수가 불길하니 출행함을 자제하고, 가족에게 근심이 생기니 가족의 건강이나 마음을 평안하게 해야 할 것이다.

3월 서쪽과 북쪽에서 귀인이 나타나 도와줄 것이다. 다만 음력 삼월과 사월에는 가족에게 우환이 따르니 심신을 수양한다고 생각하고 명산에 가서 기도하면 액을 막을 수 있을 것이다. 안팎에 우환이 있으니 치성으로 기도하면 액을 면할 것이다.

4월 다른 사람의 감언이설에 속으면 손해를 볼 것이다. 친척이나 친구와 금전거래를 삼가야 할 것이다. 마음이 산란하니 자꾸 집을 나가려는 생각이 들 것이다. 명산에 기도하면 좋지 않은 기운을 미리 막을 수 있게 될 것이다.

큰 재물은 얻지 못하나 작은 재물은 얻을 것이다. 동쪽에 사는 목성(木姓)이 찾아와 도와줄 것이다. 아무리 정성을 다한다 해도 적게 얻을 것이요, 아무리 욕심을 내도 그에 미치지 못하니 분수를 지켜 최선을 다하면 조금은 얻을 것이다.

음양이 화합하니 바라는 것을 이룰 것이다. 다른 사람과 힘을 합해 경영한다면 재물을 모을 수 있을 것이요, 신수도 대길하고 재수도 흥왕하니 원하는 바를 성취할 것이다. 조상의 가업을 경영하는 사람보다 자수성가한 사람이 이로울 것이다.

토끼를 쫓다가 사슴을 잡는 것처럼 사소한 일을 열심히 하니 오히려 큰일과 연결될 것이다. 음력 칠월과 팔월은 수복이 이어질 것이다. 관록이 임하여 공직이나 직장에 있는 사람은 승진할 것이요, 그렇지 않으면 자손에게 경사가 있을 것이다.

운수는 나쁘지 않으나 사소한 일을 조심해야 할 것이다. 큰일은 잘 넘길 수 있으나 사소한 일이 시비가 되어 화근으로 발전할 것이다. 분수를 지키는 것이 상책이니 크게 움직이지 말아야 하고, 특히 수성(水姓)을 가까이하면 피해를 볼 것이다.

바깥의 재물을 탐하면 그 피해가 생길 것이다. 사슴을 보고 말이라 하는 것이니 내 꾀에 내가 넘어가는 격이다. 경영하는 일에 머리는 있고 꼬리가 없으니 노력해도 결과를 얻기 어려울 것이다. 서쪽과 북쪽에 있는 귀인이 어려움을 건져줄 것이다.

주색을 가까이하면 반드시 낭패를 볼 것이다. 흉신이 가정에 침범하니 배우자궁에 액운이 따를 것이다. 앞으로 나가려 하나 일이 순조롭지 못하여 막힐 것이다. 이익이 서쪽과 북쪽에 있으니 일을 잘 마무리하면 이익을 얻을 것이다.

비록 재물은 얻는다 해도 다른 사람이 해를 끼칠 것이다. 동쪽은 불리하고 서쪽은 이득이 생길 것이요, 화성(火姓)과 금성(金姓)이 도움을 줄 것이다. 비록 재물은 챙기지만, 믿었던 사람이 피해를 줄 것이니 유념해야 할 것이다.

복을 주관하는 칠성님에게 기도하면 흉한 액운을 면할 것이다. 다른 사람과 함께 경영한다면 미리 그 마음을 알아 좋은 방향으로 이끌어야 할 것이다. 하늘은 높고 땅은 넓은데 길 잃은 산새가 길을 잃었으니 신중해야 옳은 방향을 가늠할 것이다.

구지송 姤之訟

|운세풀이|

당장은 곤고하나 나중엔 크게 이익이 있겠구나. 비록 흉년을 만났으나 굶주리고 헐벗은 사람이 풍년을 만나는구나. 교만하고 거만하지 말아야 복록이 들어오겠네. 뜻하지 않은 횡재수가 있으니 이 얼마나 기쁜 일인가. 지금은 어려워도 훗날 태평함을 기약하였으니 세상 부러울 것이 없도다. 천 리 길을 달리는 목마른 말이 물을 얻은 격이니 이보다 기쁜 일이 있겠는가. 꿈속의 나비가 몇 번이고 교화하니 그 변화가 무쌍하구나.

1월 음력 정월과 이월에는 재물을 주관하는 별이 내 몸을 비추니 재운이 좋을 것이다. 출행하면 우연히 재물을 얻을 것이다. 중천에 뜬 조각달이 다시 보름달로 바뀌니 만사가 여유롭고, 시절이 화평하고 풍년이 들어 태평세계를 누릴 것이다.

2월 목마른 용이 물을 얻으니 반드시 좋은 일이 있을 것이다. 물속에 있던 용이 구름을 얻어 하늘로 오르니 그 변화가 무쌍하고 만인이 우러를 것이다. 그러나 기쁨 중에 근심이 생기니 입을 무겁게 하여 구설에 오르내리지 않도록 주의해야 할 것이다.

3월 뜻밖의 성공으로 의기가 양양할 것이다. 공직자는 관록이 있을 것이요, 자식을 원하는 사람은 자식을 얻을 것이다. 이익은 서쪽과 북쪽에 있고, 두 사람이 합심하여 쇠도 끊을 수 있으니 이 어찌 기쁘지 아니한가.

4월 음력 삼월과 사월에는 근심이 사라지고, 화목한 기운이 집안 곳곳에 서릴 것이다. 용이 하늘로 오르니 지위가 높은 사람의 덕을 볼 있을 것이다. 액운이 사라지고 다시 복이 찾아오니 귀인이 스스로 찾아와 도울 것이다.

5월 이익이 여러 곳에 있으니 하루아침에 천금을 얻을 수 있을 것이다. 귀인이 스스로 찾아와 도와주니 그 이익이 적지 않을 것이다. 비가 순하게 내리는데 바람이 불어 비를 조화롭게 흔들어주니 백곡이 열매를 이룰 것이다.

6월 음력 유월의 운수는 관재수를 조심해야 할 것이다. 다른 사람과 시비를 가리려고 다투기는 하나 그 결과를 얻지 못해 답답할 것이다. 다만, 재성이 몸을 비추니 뜻밖의 재물을 얻을 수 있을 것이다.

7월 음력 칠월과 팔월에는 사람으로 인한 재액을 면하기 어려울 것이다. 재액을 면하였다 해도 다른 사람한테 속임을 당할 것이다. 무릇 토성(土姓)을 가까이하면 끊이지 않는 구설에 휘말릴 것이다. 항상 입조심을 하여 구설을 경계해야 할 것이다.

8월 소망하는 일이 이루어지지 않아 안타까울 것이다. 운수가 풀리지 않아 재물을 구하려 노력하여도 구하기 어려울 것이다. 분수를 모르고 큰 재물을 탐낸다면 그로 인하여 낭패를 볼 것이다. 허욕을 버리고 분수를 지켜 자중해야 할 것이다.

9월 음력 구월과 시월에는 반드시 기쁜 일이 있을 것이다. 경영하는 일을 계획하는 대로 성취하니 만인이 부러워할 것이다. 음양이 화합하니 만물이 스스로 흥왕할 것이요, 보름달이 차올라 누각에 걸리니 천지가 교화하여 태평성대를 이룰 것이다.

10월 식구가 늘어나고 토지가 늘어나니 복록을 온전히 갖추게 되지만, 이성을 가까이하여 탐욕을 즐긴다면 구설을 면치 못할 것이다. 이성문제에 각별히 조심하고 말조심을 해야 할 것이다. 이익이 서쪽과 북쪽에 있으니 마무리를 잘 지어야 할 것이다.

11월 활은 있으나 화살이 없어 정작 구하고자 하는 것을 얻지 못할 것이다. 구설수와 관재수가 따르니 각별히 주의해야 할 것이다. 언행을 신중히 하여 각별히 구설수를 조심해야 할 것이다.남쪽 방향이 불리하니 출행을 삼가야 할 것이다.

12월 분수를 지켜야 길하고 경거망동하면 낭패를 볼 것이다. 분수를 지키는 것이 최선이고, 사소한 일로 시비를 가리지 말아야 구설을 면할 것이다. 다른 사람과 동업을 하거나 동행을 하는 경우가 있다면 좋은 일과 나쁜 일이 번갈아 일어날 것이다.

송지리 訟之履

| 운세풀이 |

봄비가 소리 없이 내리니 매화가 피는구나. 많은 사람이 도와주니 소망을 성취하는구나. 운수가 대길하여 하는 일이 여유롭고 가정이 화평하네. 타향에서 이익을 얻으니 만사형통하는구나. 닭의 무리에 봉이 섞여 있으니 만인 앞에 돋보이네. 다만 후반기 운수가 따르지 못하니 얻은 재물을 수신 적덕하는 곳에 써야 훗날을 기약할 수 있다. 소망을 이룬다고 하여 이기적인 언행을 한다면 반드시 화가 돌아올 것이니 늘 겸손하고 베푸는 자세를 가져야 한다.

1월 정월과 이월에는 이익을 보지 못할 것이다. 재물은 들어오지만, 나갈 곳이 이미 정해져 있어 들어와도 손에 쥘 것이 없을 것이다. 비록 일을 계획한다 해도 이루어지는 것이 별로 없고, 하나를 얻고 하나를 잃을 것이다.

2월 출행을 하여 남쪽으로 가면 처음은 힘이 드나 나중엔 태평할 것이다. 순풍에 돛을 달고 먼 길을 출행하니 마음이 가볍고, 동쪽과 서쪽에 볼 것도 많고 들을 것도 많으니 견문을 넓힐 것이요, 재물이 날로 풍족해질 것이다.

3월 터를 옮기면 좋으니 이사를 함에 지체하지 말아야 할 것이다. 이사 방향은 남쪽이 가장 길할 것이다. 음력 삼월과 사월에는 재물을 얻으려 하지 말고 자중해야 할 것이다. 이로운 방향으로 자리를 옮기게 되면 큰 탈을 없을 것이다.

4월 경영하는 일을 여러 곳에서 구하나 그다지 이익을 볼 수 없을 것이다. 만일 이사하지 않으면 문서로 인하여 다툼이 생길 것이다. 남과 시비를 다투면 그 피해가 크고, 큰 것을 구하려다가 심신만 상할 것이다.

5월 금성(金姓)을 가까이하면 낭패를 보게 되니 주의해야 할 것이다. 송사를 하면 크게 패하니 재판을 하면 안 될 것이다. 가장 좋은 해결책은 화합하는 것이니 자존심을 내세우지 말아야 할 것이다. 이 달의 운수는 흉함이 많고 길함이 적을 것이다.

6월 소망을 이루니 만사가 여유로울 것이요, 출행하여 멀리 여행을 가면 반드시 이익이 있을 것이다. 이익은 물가에 있을 것이다. 장사하는 데에도 때가 있으니 좋은 때를 놓치면 안 될 것이다. 소망을 이루어 마음이 안정되니 집안에 웃음꽃이 필 것이다.

7월 이달에 가장 주의하여야 할 것은 멀리 출행하는 것이다. 음력 칠월과 팔월은 질병을 조심해야 할 것이다. 만일 동업을 하게 된다면, 송씨(宋氏)와 하면 이익이 클 것이요, 원행하기보다 집안에서 근신 자중하면 낭패 볼 일이 없을 것이다.

8월 내가 스스로 구하지 않아도 큰 재물을 얻을 것이다. 달 밝은 창가에 귀인이 찾아와 나를 부르니 바로 토성(土姓)일 것이다. 다만, 지나가는 나그네가 말없이 찾아와 나의 재물을 얻어갈 것이니, 인정에 사로잡혀 어려움을 겪을 것이다.

9월 분수를 지키면 길할 것이다. 분수만 지킨다면 관록과 재물이 따를 것이요, 내가 스스로 구하지 않아도 재물이 손에 들어올 것이다. 마음을 비우니 샘물은 달고 흙이 비옥해 사시사철 꽃이 피고 풀들이 번성할 것이다.

10월 일이 꼬이고 복잡해지니 구설을 조심해야 할 것이다. 신수가 불리하니 경거망동을 하지 말아야 할 것이다. 비바람을 맞으며 사방팔방 뛰어다니나 갈 곳을 찾지 못할 것이다. 특히 주색을 가까이하면 낭패를 볼 것이다.

11월 길함과 흉함이 반반일 것이다. 매사에 거슬림이 많고, 시비가 많으니 근신 자중해야 할 것이다. 이익이 서쪽에 있을 것이요, 재물을 서쪽에서 취하니 그 이익이 대단히 많을 것이다. 적은 것을 쌓아 태산을 이루니 모두의 부러움을 살 것이다.

12월 일신이 편안해지고 모든 일이 순조로울 것이다. 재수가 대길하니 천금을 희롱할 것이요, 자손을 원하는 집에서는 자녀를 얻을 것이다. 다만, 질병을 주의해야 할 것이고, 동쪽은 이롭고 서쪽은 불리하니 차라리 출행하지 않는 것이 좋을 것이다.

송지부 訟之否

| 운세풀이 |

한여름 구름이 머무는 못 속에서 고기와 용이 노니는구나. 봄바람에 꽃과 버들 가지가 한들거리니 화류춘풍이 따로 없구나. 매사가 순조롭게 진행되어 재물과 영예를 얻는구나. 다만, 언행이 경솔하면 구설과 송사가 따를지니, 이치에 어긋나는 일에는 처음부터 관심을 갖지 말아야 하네. 이름이 사방에 퍼져나가니 만인이 우러러보는구나. 아랫사람과 윗사람이 서로 화합하니 몸과 마음이 안정되나 송사가 불리하니 시비에 끼어들지 말아야 하네.

1월 음력 정월과 이월에는 심신이 의기가 양양할 것이다. 귀인이 스스로 찾아와 도우니 손에서 천금을 희롱할 것이요, 세 사람이 몸과 마음을 합하니 얻지 못할 재물이 없을 것이다. 백화가 다투어 피어나 그 빛이 천리를 가니 원하는 바를 얻을 것이다.

2월 마음만 앞서고 얻는 것이 없으니 안타까울 것이다. 여기저기 분주하게 다녀도 구하는 바를 얻지 못하니 한숨만 나오고, 강가에서 토끼를 구하는 격이니 엉뚱한 일로 얻어야 할 것을 얻지 못하고, 마음의 근심을 아무도 알아주지 않을 것이다.

3월 음력 삼월과 사월에는 반드시 경사가 있을 것이다. 음양이 화합하니 만물이 서로 상생할 것이다. 역마가 발동하니 원행을 하게 될 것이다. 서쪽과 북쪽은 길하고 동쪽과 남쪽은 흉하니 유념해야 할 것이다.

4월 이성을 가까이하여 색을 탐하면 이익은 없고 손해만 있을 것이다. 재물을 구하고자 한다면 다른 지방으로 가야 구할 수 있을 것이다. 재물은 애써 구하지 않아도 저절로 들어올 것이다. 이성문제만 주의하면 사월 남풍에 하는 일이 순조로울 것이다.

음력 오월과 유월에는 한 번은 남과 다툼이 있을 것이다. 내가 인정을 베풀어도 남이 알아주지 않으니 답답하고, 이것이 시빗거리가 될까 두려운 것이다. 동쪽과 남쪽은 불리하니 출행하지 말아야 할 것이다.

사람 사귐에 주의해야 할 것이다. 친한 사람을 너무 믿으면 손해를 볼 것이요, 동쪽과 서쪽을 출행하게 되면 해를 끼칠 사람이 따를 것이다. 비록 인정은 많으나 시비가 생기니 이해하기 전에 시비를 피해야 할 것이다.

메마른 못 속에 사는 어룡이 물을 얻는 격이니 생활에 활기를 띨 것이다. 겨울을 지난 물고기들이 봄물을 얻으니 물속에서 평화롭게 노니니 식록이 진진할 것이다. 고요하면 길하고 경거망동하면 흉하니 지혜롭게 행동해야 할 것이다.

삼년 가뭄에 타들어 가던 대지가 단비를 만났으니 만물이 소생할 것이다. 두려움이 지나가고 기쁨이 찾아오니 안팎이 태평할 것이요, 기운도 왕성하고 재물도 왕성하니 집안이 화평할 것이다. 다만, 목성(木姓)을 가까이하면 재산이 줄어들 것이다.

신수가 대길하여 뜻밖의 재물을 얻을 것이다. 금은보화와 비단이 창고에 가득하니 세상 부러울 게 없을 것이요, 다른 사람과 동업한다면 많은 이익을 볼 것이다. 다만, 동남쪽으로 출행하면 손재수가 있으니 피해야 할 것이다.

기운도 왕성하고 재물도 왕성할 것이다. 몸에 기운이 넘치고 재물도 왕성하니 얻소망을 이룰 것이다. 다만 분수를 지키지 않으면 구설수가 따르니 주의해야 할 것이다. 경거망동을 삼간다면 반드시 이익이 있을 것이다.

음력 동짓달과 섣달에는 집안이 화평할 것이다. 횡재수가 아니면 반드시 경사가 있는데 공직자는 승진을 할 것이요, 자식을 원하는 사람은 자식을 얻을 것이다. 일가친척이 서로 왕래하여 화합하니 집안에 봄기운이 가득할 것이다.

물고기가 물을 만났으니 매사가 순조로울 것이다. 귀인이 스스로 찾아와 서로 도움을 주니 뜻밖에 성공을 거둘 것이요, 재성이 문에 들어오니 복록이 집안에 가득할 것이다. 다만, 화성(火姓)을 가까이하면 손해를 볼 것이다.

163 송지구 訟之姤

괘상수

| 운세풀이 |

처음은 어려움이 많으나 나중에는 귀인을 만나 기사회생하는구나. 하얀 이슬이 내리고 가을이 찾아오니 여름에 유용하게 쓰이던 부채는 이제 필요 없구나. 처음에는 어려움이 많으나 나중에 귀인이 와서 도와주네. 내 이름이 천지 사방에 가득하나 금궤는 비어 있구나. 옛것이 지나가고 새것이 찾아오니 새로운 마음으로 계획을 세운다네. 지금의 곤고함을 한탄하지 말지니, 비 온 뒤에 땅이 굳어 반드시 훗날 태평함을 이루리라.

1월 음력 정월과 이월에는 기쁨 가운데 근심이 생길 것이다. 비록 재운은 있으나 재물을 모으기 힘들 것이다. 아침에 어렵게 모은 재물이 저녁이 되어 다시 흩어지니 하룻밤 꿈이 될 것이나 만약 귀인을 만나게 되면 관록과 재물을 얻을 것이다.

2월 흰 구름 두둥실 떠도는 깊은 산속에 몸이 드니 세상 풍속을 분간하지 못할 것이다. 어려운 가운데 귀인이 서로 돕는 것이니 뜻하지 않는 재물을 손에 쥘 것이다. 귀인이 스스로 찾아와 돕는 것은 순수한 마음으로 세상을 살아온 덕분일 것이다.

3월 몸이 안락하고 마음이 화평할 것이다. 남쪽에서 우연히 귀인이 찾아와 나를 도울 것이요, 가세가 점점 늘고 집안이 화목할 것이다. 고생 끝에 낙이 오나 물을 조심해야 할 것이다. 수신(水神, 용왕님)에게 지성으로 기도하면 그 액을 면할 것이다.

4월 처음은 길하고 나중은 흉할 것이다. 처음에는 원하는 재물을 얻는 것 같지만, 나중에는 재물을 잃을 것이다. 구설수가 따르니 말조심해야 할 것이다. 악을 멀리하고 선을 취하면 구설을 면할 것이다.

| 5월 | 신수가 불리하여 수입은 적고 지출할 곳은 많을 것이다. 마음을 안정하여 분수를 지키면 길하나, 경거망동하여 움직이면 반드시 흉함을 면치 못할 것이다. 동쪽에서 구한 재물이 좋지 못한 결과를 가져올 것이다. |

| 6월 | 육지에서 배를 띄우니 고생이 심할 것이다. 안 되는 일을 억지로 추진하니 주변의 비웃음과 함께 고생은 고생대로 하게 될 것이다. 고생 끝에 고향 생각이 절로 나고, 형제자매지간에 불화하면 액운을 만날 것이니 서로 화해해야 할 것이다. |

| 7월 | 귀성이 몸에 들어오니 다른 사람으로 인하여 성공할 것이다. 만일 화성(火姓)을 만난다면 우연히 재물을 얻게 될 것이다. 재물이 나를 따를 것이나 이성을 가까이하여 색을 탐하면 반드시 후회할 일이 생길 것이다. |

| 8월 | 다른 사람 때문에 피해를 볼 것이니, 가까운 친구를 믿고 일을 함께한다면 후회할 일이 생길 것이다. 옛것을 지키면 길하고, 움직이면 불리하니 근신해야 할 것이다. 나중엔 풍파가 걷히고 액운이 물러나니 흉함이 도리어 길한 것으로 바뀔 것이다. |

| 9월 | 집안사람들이 서로 불화하니 잘되던 일도 그르치게 될 것이다. 질병과 고생이 침범하니 심신이 고달플 것이다. 운수가 나빠 물건을 잃어버릴 수 있고, 흉한 일이 많고 길한 일이 적으니 마음고생을 할 것이다. |

| 10월 | 옛 터전은 불리하니 이사하여 자리를 옮겨 앉는 것이 좋을 것이다. 흰 눈이 천지에 가득한데 다행히 적은 재물을 얻을 것이요, 재물이 땅에 있으니 부동산으로 이익을 볼 것이다. 여름옷을 벗고 겨울옷을 입으니 그 마음이 새로울 것이다. |

| 11월 | 음력 동짓달과 섣달은 구설수를 조심해야 할 것이다. 운수가 좋지 않으니 분수를 지키는 것이 상책이다. 구설 가운데 재운이 들어오니 마음은 불편하나 몸은 평안할 것이다. 흉년 가운데 홀로 풍년을 만난 격이니 남모르는 재물을 얻을 것이다. |

| 12월 | 귀인이 찾아드니 반드시 경사가 있을 것이다. 재성이 문에 비치니 재물을 구하기가 여의할 것이다. 분수를 지키는 것이 상책이요, 그리하면 반드시 귀인이 만나 도움을 받고 뜻을 이룰 것이다. |

쾌지대과 夬之大過

| 운세풀이 |

위험은 있으나 근신하고 경거망동하지 않는다면 허물이 없구나. 결국 뜻한 바를 성취하네. 낮에는 밭을 갈고 밤에는 글을 읽으니 반드시 급제하여 금의환향하니 부지런히 수고한 뒤에 수복이 찾아오는구나. 처음의 운수를 고달프다고 하지 말라. 반드시 고생 끝에는 낙이 찾아오는구나. 양을 길러 소로 바꾸니 이익이 멀지 않구나. 근심이 서서히 사라지고 일신이 편안해지니 하는 일마다 이익이 있으리라.

1월 천지가 부합하니 반드시 경사스러운 일이 있을 것이다. 만일 혼인이 아니면 뜻하지 않은 재물을 얻을 것이다. 하늘은 스스로 돕는 자를 돕는다고 했으니, 노력하는 사람에게 반드시 복을 줄 것이요, 하는 일에 최선을 다하면 반드시 성사할 것이다.

2월 길성이 문에 비치니 슬하에 경사가 있을 것이다. 만일 남의 재물에 욕심을 내면 도리어 화가 미칠 것이다. 욕심을 버리고 하는 일에 최선을 다하면 하늘이 복을 주어 노력한 보람이 반드시 찾아올 것이다.

3월 복숭아꽃이 만발하니 집안이 화기애애할 것이다. 달이 밝고 하늘이 맑으니 마음 또한 평화롭고, 운수가 막힘이 없으니 도처에서 좋은 일이 생길 것이요, 몸과 마음이 태평하니 매사가 순조롭게 이루어질 것이다.

4월 고목이 봄을 만나 꽃을 피우고 싹을 틔우는 격이니 횡재하거나 경사스러운 일이 있을 것이다. 친구지간에 경쟁하니 다툼을 조심해야 할 것이다. 서로 이해하고 돕는 관계를 넘으면 예의범절로써 인간관계를 가져야 순탄할 것이다.

5월 샘물이 모이고 모여 바닷물을 이루고, 티끌이 모여 태산을 이룰 것이요, 재물이 가득하니 많은 사람이 따를 것이다. 도처에서 봄바람이 불어오나 목성(木姓)을 멀리하여야 신수가 편할 것이다.

6월 처음은 이로우나 나중이 불리할 것이다. 재물과 이성을 함부로 탐하면 관재구설이 따를 것이니 과도한 욕심을 버리고 수도하는 마음으로 지내야 할 것이다. 대인관계를 지혜롭게 하여 일 마무리를 잘한다면 반드시 뜻한 바를 달성할 수 있을 것이다.

7월 이성 때문에 실패수가 있을 것이다. 주색을 가까이하면 그 피해가 이루 말할 수 없이 클 것이다. 주색으로 병을 얻게 된다면 그 약을 구하기가 대단히 어려울 것이다. 술과 이성문제를 각별히 조심하고 동쪽 방향으로 출행하지 말아야 할 것이다.

8월 처음은 어려우나 나중에 일이 풀릴 것이다. 가뭄 끝에 단비를 만나는 격이니 고생 끝에 낙이 올 것이다. 남이 나를 해치는 운수이니 가까운 친구도 조심스럽게 대해야 할 것이다. 술집 출입을 삼가고 술을 멀리해야 할 것이다.

9월 음력 구월과 시월에는 하늘에서 나에게 복을 주는 것이니 내가 노력한 것보다 만족한 결과를 볼 것이다. 오곡이 풍성하고 곳간마다 곡식이 가득할 것이요, 크게 길한 일이 있고 귀인이 스스로 도우니 뜻밖에 성공할 것이다.

10월 길성이 집안을 비추니 경사가 있을 것이다. 우환이 사라지고 경사가 겹칠 것이요, 가는 곳마다 기쁜 일이 생길 것이다. 그러나 시기하고 질투하는 무리가 있으니, 금성(金姓)과 목성(木姓)을 가진 사람들을 조심해야 할 것이다.

11월 동짓달과 섣달에는 소망이 여의할 것이다. 재물을 구하는데 욕심을 부리지 않으니 마음이 편안할 것이요, 금관옥대를 하니 지위가 상승할 것이다. 비록 재물을 얻으나 반은 잃으니 차라리 남에게 베풀어 덕을 쌓음이 길할 것이다.

12월 물고기가 큰 바다로 나아가니 그 기운이 전도양양할 것이다. 부귀를 이룬 집 앞에 만인이 우러르고 조아리니 세상 부러울 것이 없을 것이다. 그러나 분수를 지키지 못하고 경거망동하면 부귀와 영화는 한낱 물거품에 지니지 않을 것이다.

| 운세풀이 |

쇠가 용광로에서 나오니 훌륭한 그릇을 만들어내는구나. 처음은 곤궁하나 나중에는 대길하여 입신양명하는구나. 옛것을 고치고 새것을 만들어내니 허물이 변하여 자랑이 되는구나. 마음 씀씀이가 청렴결백하니 관재가 두렵지 않으며 만인의 우러름을 받는구나. 한마음으로 경영하는 일에 임한다면 반드시 성공을 거두네. 다만, 한 가지를 얻으면 한 가지를 잃는 것이 세상의 이치이니 너무 마음 상해하지 않아야 훗날을 기약할 수 있다네.

1월 작은 구설수에 휘말릴 염려가 있을 것이다. 관귀가 문 앞에 당도하니 관재구설수가 두려운 것이다. 시비에 끼어들지 않으면 관재구설은 스스로 물러날 것이요, 남과 다투는 일을 삼가고 과도한 욕심을 부리지 않으면 편히 지나갈 것이다.

2월 달 밝은 창가에서 아름다운 사람을 대하니 이성 운과 직업 운이 좋을 것이다. 기다릴 줄 아는 마음으로 마음을 바르고 굳게 하면 명리가 반드시 따를 것이다. 이사를 하거나 직업을 바꾼다면 점차 좋은 여건 속에서 생활의 변화가 있을 것이다.

3월 재물과 명예가 따를 것이다. 성공하여 이름을 알리니 사방에서 사람들이 찾아들 것이요, 길성이 문에 비추니 복록이 스스로 들어올 것이다. 만일 식구가 늘어나지 않으면 뜻밖의 횡재하게 될 것이다.

4월 용이 맑은 구슬을 얻게 되니 기쁜 일이 도처에서 나를 반길 것이요, 경영하는 일은 반드시 형통할 것이다. 귀하고 좋은 일을 하는데 주저하지 말고 신속히 해야 할 것이다. 다른 사람과 일을 도모하면 반드시 큰 재물을 얻게 될 것이다.

5월

처음에는 곤고하나 나중에 태평하게 될 것이다. 복숭아꽃과 자두꽃이 피었는데 이른 아침에 광풍이 불어 꽃을 떨어트리니 하던 일이 중단될 것이다. 다행히 나를 돕는 사람이 있어 모든 일이 순조로울 것이다.

6월

하는 일은 많으나 이득은 없을 것이다. 모든 일이 허망하게 이루어지지 않으니 초심으로 돌아가서 때를 기다리는 지혜와 심사숙고하는 신중함이 필요할 것이다. 각별히 나와 가족의 건강관리에 힘써야 할 것이다.

7월

산에 올라가 토끼를 구하니 반드시 얻을 것이요, 순리를 따르면 반드시 이득을 얻을 것이다. 동쪽과 남쪽이 모두 길하여 이익이 따를 것이다. 귀인이 북쪽에 있으니 가히 친하게 지내야 할 것이다.

8월

심신을 바로 한 결과 이름을 세상에 알릴 것이요, 마침내 큰 그릇을 이루어내니 입신양명하여 뜻을 이룰 것이다. 하늘은 스스로 돕는 사람을 도우니 크게 운수 형통할 것이요, 두 사람의 마음이 하나가 되어 복록이 계속 이어질 것이다.

9월

맑게 갠 밤하늘에 밝은 달이 떠올라 천지가 환하니 모처럼 기쁜 일이 생겨 얼굴에 웃음꽃이 필 것이다. 집에 있으면 이익이 없으나 출행하면 재물을 얻을 것이다. 동쪽으로 움직이면 이익이 있을 것이요, 하는 일도 새로울 것이다.

10월

남을 해치고 내가 이익을 차지하면 처음은 좋은 것 같아도 나중엔 낭패를 볼 것이다. 분수를 지키면 길하나 경거망동하면 흉할 것이다. 동쪽의 금성(金姓)은 유익하고 길하나 화성(火姓)과 목성(木姓)을 가까이하면 해가 있을 것이다.

11월

하는 일에 색다른 변화가 있을 것이요, 그로 인해 몸과 마음이 바쁠 것이다. 만일 시험에 합격하지 않으면 자식에게 경사가 있을 것이다. 집에 경사가 있고 화평하니 하는 일도 순조롭게 진행될 것이다.

12월

최씨, 박씨, 김씨, 정씨와 함께 일을 도모하면 불리할 것이다. 한겨울 여관의 불빛이 처량하니 내 신세도 처량한 것이다. 연말에 고난을 굳건히 견뎌낸 결과를 반드시 보게 되니 재물이 진진하고 토지에 이익이 있을 것이다.

괘상수 213 쾌지태 夬之兌

| 운세풀이 |

평지에서 광풍이 일어나니 사람이 놀라고 재물이 흩어지는구나. 용이 머리와 꼬리를 구분하지 못하니 하늘로 승천하지 못하는구나. 비리에 연루된 재물을 탐하다가는 반드시 관재수에 휘말리네. 말이 벼랑 끝에서 달리고 있으니 대단히 위태롭구나. 집안에서 나가지 말아야 하며, 만일 문밖을 나서면 사소한 시빗거리도 만들지 말아야 낭패를 면할 수 있다네. 강을 건너려 하나 배가 없어 발만 동동 구르니 매사에 조심해야 하네.

1월 등불도 없이 밤길을 가니 앞이 안 보여 헤매고, 어려움이 따를 것이다. 말이 험준한 산길에 접어든 격이니 앞으로 나가지도, 뒤로 물러서지도 못하는 것이다. 남의 말에 휩쓸려 부화뇌동한다면 얻는 것보다 잃는 것이 더 많을 것이다.

2월 이 달의 운수 역시 지난달과 같으니 경거망동하지 않아야 할 것이다. 마음속에 근심이 있으나 누구 하나 나의 마음을 알아주는 사람이 없는 것이다. 하지만 남과 더불어 일을 도모하면 그 이익이 적지 않을 것이다.

3월 안팎으로 어려움이 따를 것이다. 물고기와 용이 물을 잃은 것이니 한 번은 곤란을 겪을 것이다. 어려움에 처하면 한 번은 편법적인 방법으로 어려움에서 빠져나오는 것이다. 집안에 우환이 있으니 반드시 어려운 일을 겪어보게 될 것이다.

4월 어찌할 바를 몰라 우왕좌왕할 것이다. 하루 종일 굶으니 입이 써서 음식을 대하여도 그 맛을 알지 못하는 것이다. 행인이 길을 가는데 어린 초동이 앞장서니 불안한 것이다. 남을 너무 가까이하면 반드시 후회할 일이 생길 것이다.

5월 오월과 유월에는 관재구설이 따르니 언행을 항상 조심, 또 조심해야 하고, 나쁜 일은 절대로 가까이해서는 안 될 것이다. 이름만 있을 뿐 나를 알아주는 사람 하나 없고, 관재구설에 휘말리니 한 번은 놀랄 일이 있을 것이다.

6월 경거망동하고 분수를 모르면 화를 당할 것이다. 작은 것을 탐내다가 큰 것을 잃을 것이다. 동서로 분주하게 다니다 분수를 지키지 않으면 어려울 것이다. 자꾸 일을 도모하면 불리하고 조용히 분수를 지킨다면 무사히 넘어갈 것이다.

7월 깊은 산속에서 물고기를 구하는 것이니 결국 하는 일에 결과가 없을 것이다. 출행하면 재미없고 송사하면 불리할 것이다. 남과 다투게 되면 불리하고 재물을 잃게 되니 다툼을 피하고 시비를 가리지 말아야 할 것이다.

8월 매사 막힘이 많으니 분수 밖의 것을 탐하지 말아야 할 것이다. 지난 이십 년 세월이 아련히 꿈만 같고, 많은 일을 처리하지 못하고 있으니 마음이 편치 못할 것이다. 일에 막힘이 많으니 근심을 덜고 멀리 내다보는 지혜를 길러야 할 것이다.

9월 달이 먹구름에 가려지니 좋은 달을 보지 못하고 재수가 불통하고 손재가 많을 것이다. 흉신이 명궁에 들어오니 물을 조심해야 할 것이다. 손재수와 구설수가 간간이 따르니 함부로 행동하지 말고 차분히 자중해야 할 것이다.

10월 봄풀이 서리를 만나니 다시 살기 어렵고, 하는 일이 모두 꿈과 같고 허망할 것이다. 집안에 우환이 있으니 미리 기도하여 그 액을 막아야 할 것이다. 다른 일을 꾀하지 말고 건강관리에 힘써야 할 것이다.

11월 동짓달과 섣달에는 그런대로 평평한 운수로 어렵던 일들이 풀릴 것이다. 그동안 지성껏 분수를 지켜 수양한 덕에 생활에 여유가 생길 것이다. 가신이 발동하니 좋은 곳으로 이사하여 안정한 다음 일을 추진하면 좋은 일이 있을 것이다.

12월 길에 나가면 불리하니 각별히 몸가짐에 주의해야 할 것이다. 남북이 불길하니 나가면 해로움이 따를 것이다. 원행이나 출입을 자주하면 반드시 흉한 일을 당할 수 있으니 먼 여행을 삼가고 너무 설치지 말아야 할 것이다.

태지곤 兌之困

| 운세풀이 |

분수를 지키지 않으면 해로움이 있구나. 자신의 분수를 모르고 경거망동하면 어려움을 당하네. 갓을 쓰고 개고기를 파는 모습이니 이치에 맞지 않는 일로 낭패를 보거나 분수를 지키지 않아 어려움을 자초하네. 연못 속의 물고기가 물이 줄어드니 살아갈 방법이 없구나. 재물은 봄에 왕성하나 동방에는 손해가 있구나. 육친 간에도 덕이 흩어져 원수처럼 지내는구나. 헛되이 행동하지 말고 신중한 것이 가장 길하네. 손재수가 있으니 물과 불을 조심해야 하네.

1월 몸이 객지에서 떠도니 언제쯤 집으로 돌아갈까. 생각은 많으나 편할 날이 없을 것이다. 만약 객을 만나 의논할 일이 생기거나 스스로 이사할 일이 생길 것이다. 남의 말을 믿다가 발등 찍히는 격이니 친한 사람에게 도둑을 맞는 꼴이 될 것이다.

2월 주변 여건이 따르지 않아 일의 추진이 지지부진할 것이다. 모래로 밥을 짓는 격이니 하는 일이 허망하고, 늙은 용이 물을 잃고 강가에서 슬피 우니 후회하는 일이 없도록 준비해야 할 것이다. 비리를 탐내지 않고 정도를 걸어야 길할 것이다.

3월 다른 일에 관심을 두어 남과 경쟁하면 남이 나를 해칠 것이다. 돌을 쪼아 옥을 보고 나무를 다스려 집을 지으니 분수를 지켜 성실히 노력해야 할 것이다. 그렇지 않고 분수 외의 것을 탐하면 도리어 나를 해치는 결과를 얻을 것이다.

4월 삼년 병고를 치른 사람이 우연한 기회에 명의를 만나 회복할 것이요, 사월 남풍에 꾀꼬리가 버들가지에 깃드니 매사가 순조롭게 진행될 것이다. 침착하게 자중하면 실속을 챙길 것이나 다른 사람과 일을 꾀하면 허황할 것이다.

5월 고요한 산중에 비가 오니 개천이 넘쳐흘러 나를 편히 쉬지 못하게 하니 매사에 서두르지 말고 신중해야 할 것이다. 남의 말을 믿고 투자하거나 보증을 서면 손재가 있을 것이다. 구설이 분분하니 어떤 시빗거리라도 피해야 할 것이다.

6월 고생 끝에 낙이 오니 막혔던 일이 풀리고 재물도 들어올 것이다. 이슬이 연잎에 떨어져 또르르 구르는 이슬방울이 아름다우니 어려움이 있어도 잘 해결된다는 뜻이요, 귀인이 도우니 반드시 남쪽으로 가야 할 것이다.

7월 음력 칠월과 팔월에는 열심히 하여도 하는 일이 허망하니 자중해야 할 것이다. 그러나 재운이 발동하니 출행하면 좋은 일이 있을 것이다. 토성(土姓)을 가까이하면 그 일에 어려움이 따를 것이다.

8월 재물을 모아도 나가는 재물이 많을 것이다. 일에 시작은 있고 마무리가 없으니 결과를 얻기 어려울 것이다. 집에 있으면 길하고 움직이면 흉하니, 새 일을 시작하거나 다른 일을 하지 말고 하던 일에 최선을 다해야 좋을 것이다.

9월 사소하고 보잘것없는 일도 최선을 다하면 이익이 있을 것이다. 이익이 어느 쪽에 있는가 하면 남쪽에 있을 것이다. 위태로운 중에 이익이 있고, 허망한 중에 실속이 있으니 용기를 잃지 말고 추진해야 할 것이다.

10월 허망한 일로 실망하지만, 가끔 귀인이 도와줄 것이다. 이름도 없고 실속도 없으나 귀인이 도와주니 박씨(朴氏), 송씨(宋氏)가 길할 것이다. 아무나 사귀어 이익을 논하면 손재하게 될 것이니 사람 사귐에 주의해야 할 것이다.

11월 큰일을 도모하면 실패가 따르니 큰일을 경영하지 말아야 할 것이다. 재효가 극함을 당하니 재물도 없어지고, 수성(水姓)을 가까이하면 재물에 손해가 있을 것이다. 먼저 마음을 안정하여야 할 것이다.

12월 밤길을 가는 나그네가 등불을 잃어버렸으니 구설과 관재가 따를 것이다. 재수가 불리하여 손재가 많을 것이니 사물을 밝게 판단해야 할 것이다. 집에 있으면 심란하나 출행하면 길하니 일이 막히거든 잠시 다른 것에 신경 쓰면 풀릴 것이다.

태지수 兌之隨

| 운세풀이 |

길한 것이 흉으로 변하는구나. 마른하늘에 번개요, 음산한 비가 추적추적 내리는 것이니 몸과 마음이 산란하고 뜻하지 않은 재앙을 당하는구나. 밝은 달을 구름이 가려 그 빛을 막으니 갑작스런 일을 당하여 낭패를 보는구나. 다만 재물은 동쪽에서 구하고 북쪽이 유익한 방향이로다. 꽃잎이 떨어지자 광풍이 불어 닥치는 것이니, 좋은 일 뒤에는 반드시 재앙이 도사리고 있구나. 모든 일이 잘된다고 경거망동하면 큰 코 다치니 자중해야 하네.

1월 처음은 흉하나 나중에 길하여 재물이 진진할 것이다. 다른 사람이 앞길을 막으려 하니 밝은 달이 구름 속에 들어가 달빛을 볼 수 없는 것이다. 순간의 실수로 오해 받을 일을 삼가고 자존심을 내세우기보다 넓은 아량을 베풀어야 할 것이다.

2월 초나라에 들어가 조나라와 도모하니 구설이 많을 것이다. 대인관계에 신경 써야 할 것이다. 신수가 불길하고 질병이 찾아들 것이요, 하는 일마다 막힘이 있으니 원행하면 역시 불리할 것이다. 재물이 동쪽에 있으니 그쪽 사람을 사귀면 얻을 것이다.

3월 처음은 곤란을 겪으나 나중에는 길할 것이다. 삼월과 사월에는 먼저는 곤란을 겪고 나중에는 길하게 될 것이다. 좋은 터로 이사를 한다면 반드시 복록이 진진할 것이다. 귀인을 만나게 되는데, 제대로 알아보고 잘 대한다면 재수가 대길할 것이다.

4월 길성이 문에 비추니 재물이 들어올 것이다. 재물은 동쪽에 있으나 얻는다 하여도 그 절반은 잃게 될 것이다. 먼저는 길하고 나중은 흉하니 범사에 조심해야 할 것이다. 흉허물 없는 사이일지라도 지나친 농담을 삼가고 예로써 대해야 할 것이다.

5월 작은 일로 화를 내거나 어려움을 참아내지 못하면 반드시 큰일을 하는데 어려움이 따를 것이다. 금성(金姓)을 가까이하면 반드시 손재가 있으나 백 가지 일들이 순조롭게 이루어지고 자식을 낳거나 가족을 늘려 즐거울 것이다.

6월 이 달의 운수는 이름만 있지 실속이 없을 것이다. 만일 횡재가 있거나 식구가 늘어나는 것이다. 목성(木姓)이 불리하니 그 말을 믿고 행하면 반드시 손재수가 있을 것이다. 그의 말을 가려서 듣거나 아예 듣지 말고 소신껏 행해야 할 것이다.

7월 칠월과 팔월에는 재물이 들어오나 구설이 따를 것이다. 관귀가 길을 지키고 방해를 하고 있으니 출행하면 불리할 것이다. 재수가 오랫동안 막혀 있었으나 하루아침에 재물을 얻게 될 것이다.

8월 하는 일이 겉보기에는 화려하나 실속이 없을 것이다. 마음속에 고민이 있으니 세상사가 허황하고, 만일 재물을 잃지 않으면 질병으로 고생할 것이다. 초상집 출입을 삼가고 건강관리를 철저히 해야 할 것이다.

9월 길신이 와서 도와주니 어려움에서 일시적으로 해방될 것이다. 그러나 금성(金姓)을 가까이한다면 피해를 볼 것이니 삼가고 상대하지 말아야 할 것이다. 이 점만 주의한다면 재운이 양호한 편이 될 것이다.

10월 재물은 들어오나 시비와 구설이 있을 것이다. 따사로운 바람과 보슬비가 내리니 경작하는 전답을 늘리고 조상님을 잘 받들 것이다. 재물은 남쪽에 있으나 주작이 발동하니 시비와 구설을 조심하여 입단속을 잘해야 할 것이다.

11월 동짓달과 섣달에는 불조심을 해야 할 것이다. 미리 대비하여 불조심한다면 무사히 넘어갈 것이다. 재수를 구하고자 하면 마땅히 시장으로 가야 할 것이다. 현장에서 뛰며 몸이 동방에서 놀면 손으로 천금을 희롱하게 될 것이다.

12월 집에 있어도 답답하고 나가도 내가 노닐 곳이 없을 것이다. 목성(木姓)과 상대함이 불리하고 북쪽 방향이 불리하니 조심해야 할 것이다. 북쪽과 남쪽 두 방향에서는 나를 도와주는 사람이 적다는 것을 알아야 할 것이다.

태지쾌兌之夬

| 운세풀이 |

기쁨이 있으면 슬픔이 생기고, 슬픔이 있으면 기쁨이 생기며, 좋은 일이 있으면 나쁜 일이 생기니 인생 무상함을 느끼는구나. 기쁨과 근심이 교차하니 허송세월을 할까 염려되는구나. 화려하고 향기로운 꽃이 변소에 떨어지니 아무리 향기로운 꽃이라도 그 향기를 잃어버리는구나. 올 여름에는 물을 조심해야 하네. 초승달이 아직 둥글지 못하니 뜻은 있어도 때를 만나지 못한 것이네. 만남은 잠시 뿐 이별은 영원하니 먼 여행을 삼가고 근신해야 하네.

1월 봄 복숭아요, 가을 국화이니 근심과 기쁨이 서로 공존할 것이다. 길함과 흉함이 서로 반반이니 한 번은 기쁘고 한 번은 슬픈 일이 있을 것이다. 마음속에 근심이 있으니 정성껏 기도하면 길할 것이다.

2월 밝은 달이 구름 밖으로 나오니 천지가 환하고, 하는 일마다 순조롭고 원하는 바를 성취할 있을 것이다. 그러나 호사다마라, 특히 화재를 조심해야 할 것이다. 명산을 찾아 기도하면 흉한 것이 도리어 길한 것으로 바뀔 것이다.

3월 용을 타고 하늘로 오르고, 범을 타고 산천을 뛰어 넘으니 변화가 많을 것이다. 동쪽과 남쪽 양방향은 해로울 것이다. 재물과 복록이 흥왕하니 식구가 늘고 재산이 늘어날 것이나 손재가 있으니 매사에 조심해야 할 것이다.

4월 남과 모사를 꾸미고 꾀하면 구설이 따르니 남의 말을 믿지 말고, 말을 조심해야 할 것이다. 부부간에 정이 떨어지니 화합하는 계기를 만들어야 할 것이요, 남쪽과 북쪽에 길이 있으니 바쁘게 움직이면 도움이 될 것이다.

5월
여름에 벌과 나비가 향기를 탐하나 이익이 없고, 하는 일에 다소 어려움이 있을 것이다. 비록 재물은 있으나 들어오면 나갈 것이다. 화성(火姓)은 불리하니 손재를 조심해야 할 것이다. 대인관계를 잘하고 검소하면 손재를 막을 수 있을 것이다.

6월
출행하면 손재수가 있을 것이다. 출행하는 것은 불리하니 두문불출해야 하고, 서쪽이 불리하니 그쪽으로 가면 손해를 볼 것이다. 재수가 막히니 남의 도움을 조심해야 할 것이다. 만일 그렇지 않으면 가정에 우환이 있을 것이다.

7월
바위 위의 소나무요, 울타리에 가린 국화이니 아무리 뽐내려 해도 뿌리가 튼튼하지 못하고 이웃에 가려 빛을 내기 어려울 것이다. 만약 구설수가 아니면 관재나 질병이 침노할 것이다. 그러나 집안에 경사가 있으니 귀한 자녀를 얻을 것이다.

8월
만일 시험에 합격하지 않으면 반드시 가정에 경사로운 일을 볼 것이다. 소신을 잃고 다른 사람의 말만 들으면 처음에는 좋은 듯해도 나중에는 나쁠 것이다. 마음이 산란해도 집에 있으면서 언행을 무겁게 하는 것이 최선의 방법이 될 것이다.

9월
어려운 가운데 희망이 보일 것이요, 비가 때 맞춰 내리니 가히 풍년을 점쳐 볼 만한 것이다. 만일 그렇지 않으면 집에 질병이 발생할 것이다. 가운이 왕성하니 달이 다시 구름 밖으로 나와 천지를 비쳐주는 것과 같을 것이다.

10월
공로는 남보다 내가 더 쌓으나 수고롭기만 하고 막힘이 많을 것이다. 다른 사람을 탓하지 말라, 집안에 그 원인이 존재할 것이다. 귀인이 많은 도움을 주니 반드시 재물을 얻을 것이요, 일을 구함에 막힘이 없으니 일신이 평안해질 것이다.

11월
봄에 밭을 갈고 가을에 거두어들임은 본래 세상의 바른 이치이니 뿌린 대로 거둘 것이다. 만일 관록을 입지 않으면 뜻밖에 횡재할 것이다. 서쪽과 남쪽으로 가면 반드시 큰 재물을 얻을 것이다.

12월
구름이 걷히고 달이 나와 세상을 비추니 하는 일이 순조로울 것이다. 그러나 시비를 가까이하면 안 될 것이다. 너무 밝음으로 인해 구설이 생길 것이다. 자손에게 근심이 있으니 미리 정성껏 기도하면 액을 면하고 달빛이 길을 비추어줄 것이다.

231 혁지함 革之咸

│운세풀이│

하는 일마다 때를 놓치니 아쉬움이 많구나. 봄에 이미 단풍을 맞으니 하는 일이 부질없도다. 어느 시기가 좋은 기회인지 누구도 모르는구나. 좋은 기회를 놓치고 후회하네. 사냥꾼을 피하여 숨어 있는 사슴이 오히려 사나운 호랑이를 만난 것이니 이리 해도 저리 해도 어려움을 당하는구나. 매사를 지체하면 손해요, 속히 진행하면 이익이 있을 것이네. 먼저 도를 닦아 악심(惡心)을 버리고, 옛것을 버리고 새것을 취하면 만사가 형통하리라.

1월 운수가 대통하니 재물과 명예가 따를 것이다. 가을 하늘에 구름이 없으니 밝은 달이 다시 새롭게 빛을 발할 것이다. 서쪽 방향에 이익이 있으며, 만일 식구가 늘지 않으면 반드시 명예와 지위가 상승할 것이다.

2월 마음이 풍족하고 뜻이 높으니 재물을 구하면 뜻대로 이룰 것이다. 재운이 흥왕하니 재물의 근원이 넓고 크고, 재물을 주관하는 별이 문에 비치니 큰 재물이 문 앞에 다다를 것이다. 다만, 실물수를 주의해야 할 것이다.

3월 올바른 마음으로 덕을 닦고 수양하면 이익이 그 가운데 있을 것이다. 북방에 길함이 있으니 좋은 기회를 잡을 것이다. 다만, 만일 몸에 병이 없으면 반드시 구설이 따를 것이다. 슬하에 근심이 있으니 남쪽에 가서 그 약을 구해 볼 것이다.

4월 맑게 갠 하늘에 흰 달이 비치니 그 빛이 밝기만 한 것처럼 악인을 가까이하지 않고 분수를 지키면 길할 것이다. 복성이 팔자에 있으니 원행하면 좋은 일이 있을 것이요, 범사가 여의로우니 소망하는 바를 성취할 것이다.

5월 하는 일이 여의치 못하니 한 번 이루고 한 번 실패하게 될 것이다. 사람 때문에 패하니 그 피해가 적지 않고, 하는 일에 허망함이 있으니 새로운 일을 꾀하는 것은 이롭지 않을 것이다. 사람 사귐을 조심하고 새 일을 도모하지 말아야 할 것이다.

6월 잠깐 비가 오나 싶더니 잠깐 갠 날이 되니 변화무쌍할 것이다. 임금과 신하가 화합하니 귀인이 도와줄 것이요, 동쪽의 목성(木姓)이 은인일 것이다. 옛 것은 가고 새 것이 오니 작은 것을 쌓아 큰 것을 이룰 것이다.

7월 한 가지 매화가 한 집안을 밝히고 이웃을 빛나게 해 줄 것이다. 만일 아내에게 근심이 없으면 어머니에게 근심이 생길 것이다. 이익이 이씨와 정씨에게 있으니 사람 사귐에 정성을 기울이고, 가족의 건강관리에 힘써야 할 것이다.

8월 경영하는 일은 귀인이 와서 도와줄 것이니 염려하지 말고 추진해야 할 것이다. 비록 재물은 왕성하나 얻어도 받은 잃을 것이다. 허욕을 부리면 반드시 그 해가 따를 것이다. 허욕을 버리고 어차피 나갈 재물은 기꺼이 남에게 베풀면 이로울 것이다.

9월 남의 말을 들으면 반드시 불리함을 겪게 될 것이다. 신수가 막힘이 많으니 욕심을 부리면 나아가려 해도 얻는 것이 없을 것이다. 다른 사람과 함께 일을 하면 두 사람의 마음이 각각 달라 경영함에 있어서 허망함을 겪게 될 것이다.

10월 동쪽과 남쪽 양방향에서 귀인이 나를 도와주고, 서쪽에 길함이 있을 것이다. 기대했던 사람이 내 부탁을 거절하고, 기대하지 않았던 사람이 뜻밖에 도움을 줄 것이다. 만약 나무가 아니면 땅으로 인하여 이익을 볼 것이다.

11월 허욕을 부리면 반드시 큰 해로움이 따르고, 남의 재물을 탐하면 반드시 흉한 일을 당할 것이다. 토성(土姓)을 가까이하면 반드시 손해를 볼 것이니 사람 사귐을 조심하고, 허욕을 버리고 분수를 지켜 정도를 걸어야 자신에게 이로울 것이다.

12월 이익이 남쪽에 있는데 우연히 귀인이 찾아와 도와줄 것이요, 재운이 왕성하여 큰 재물이 집에 들어올 것이다. 그러나 흉신이 침노하니 가정이 하고, 혹여 도둑이 들어 물건을 훔쳐가는 운수이니 집단속, 문단속을 잘해야 할 것이다.

혁지쾌革之夬

| 운세풀이 |

한밤중에 깊은 산속에서 호랑이를 만나니 진퇴양난이구나. 뜻밖의 낭패를 당하겠구나. 하는 일에 실력은 있으나 막힘이 많으니 힘만 빠지네. 다른 사람들이 나를 해치고자 하니 마음이 불안하구나. 그러나 크게 불리하지 않은 운수구나. 백호 살이 쾌에 임하니 산모는 산고가 있을 것이요, 중환자가 있는 집에서는 상복을 입을 수 있구나. 뒤늦게 길한 별이 문에 비치니 가히 복록이 풍족하도다. 명산에 가서 기도하면 어려움이 해소되네.

1월 욕심을 부리게 되면 얻지 못하고 될 것이다. 길성이 문에 비치니 막혔던 일들이 술술 풀리고, 기쁜 일이 많을 것이다. 만일 헛된 욕심을 품고 일한다면 반드시 곤란한 일을 당할 것이다. 봄철에 길함이 있으니 때를 놓치지 말아야 할 것이다.

2월 복숭아와 자두나무가 봄을 만났으니 꽃이 피고 열매가 맺을 것이요, 복록이 곳곳에 있으니 가는 곳마다 봄바람이 훈훈할 것이다. 만일 관재구설이 아니면 질병이 침범할 것이니 시비를 멀리하고 건강관리에 힘써야 할 것이다.

3월 스스로 진실하면 재물을 얻을 것이다. 저잣거리에 호랑이가 숨어 있는 것은 그 거짓을 전하는 자의 모함이니, 남에게 속는 일이 있을 것이다. 동쪽과 남쪽의 재물이 뜻밖에 문으로 들어올 것이다. 반드시 비밀이 있으니 이익이 그 안에 있을 것이다.

4월 편안한 가운데 위험이 따를 것이다. 남을 가까이하게 되면 질병을 얻을 것이다. 관재구설을 조심해야 하니 편한 중에 위태함이 있을 것이다. 분수를 지키고 경거망동하지 않으면 액을 면하고 뜻밖에 성공할 것이다.

5월 은밀하게 진행한 일이 마침내 성공하여 융성하게 되니 친척이나 외척과 함께 도모한 일일 것이다. 길하고 상서로운 기운이 몸에 드니 반드시 기쁜 일이 있을 것이다. 그러나 마음에 근심이 생기니 심신을 닦아 마음을 안정하면 길할 것이다.

6월 달이 구름에 들어가니 좋은 달빛을 볼 수 없고, 가정에 좋지 않은 일이 생길 것이다. 만일 실물수가 아니면 부부궁이 좋지 못한 것이다. 남방은 불리하니 출행을 삼가야 할 것이다. 다행히 귀인을 만나게 되면 불의의 사고수를 면할 것이다.

7월 신수가 길하니 흉한 중에도 길함이 있을 것이다. 통하는 길이 남쪽과 북쪽에 있으니 분주하여 여가가 없을 것이니, 벌인 일을 성취하고 갈무리하느라 바쁠 것이다. 맹호가 수풀에 있으니 그 형세가 당당하여 산천초목이 떨게 될 것이다.

8월 흉함이 변하여 복으로 바뀌니 마음에서 근심이 사라질 것이요, 음양이 합하니 반드시 길함이 있을 것이다. 만일 관록이 아니라면 반드시 생남할 것이다. 막혔던 일이 풀리고 계획한 일들이 순조롭게 진행되니 가정에 경사가 있을 것이다.

9월 구설과 친한 사이에 다툼이 발생할 것이다. 형제의 괘효가 극을 당하니 형제궁에 근심이 있거나 관재가 생겨날 것이다. 만일 남과 서로 시비한다면 구설수가 생길 것이다. 경거망동을 삼가고 조금씩 양보하여 넓은 아량을 베풀어야 할 것이다.

10월 좋은 인연과 함께해야 불상사가 생기지 않을 것이다. 등잔 밑이 어두운 법이요, 먹을 가까이하면 먹물이 튀어 검게 되듯이, 착한 이를 가까이하고, 악한 이를 멀리해야 탈이 없을 것이다. 좋은 때를 기다려 행동하면 불상사가 없을 것이다.

11월 재물을 얻으나 몸에 병이 찾아올 것이다. 밖에서 재물을 취할 수 있으나 신수가 불길하니 가히 질병을 조심해야 할 것이다. 흉함은 많고 길함은 적으니 부당한 이익을 취하려 들면 도리어 내 것까지 잃게 될 것이다.

12월 구름이 흩어지고 달이 나오니 몸이 편하고 근심이 없으며 매사를 뜻한 대로 이룰 것이다. 만일 출행하고자 할 때에는 마땅히 서쪽으로 가야 이익이 있을 것이다. 목성(木姓)인 사람이 나를 해치는 운수이니 조심해야 할 것이다.

233 혁지수革之隨

| 운세풀이 |

물속의 용이 여의주를 얻은 격이니 변화가 무궁무진하구나. 호랑이가 날개를 얻으니 비호(飛虎)가 되었구나. 하는 일마다 날개를 단 듯 일사천리로 진행되니 만인이 부러워하네. 집안에 화기가 가득하고 태평가가 절로 흘러나오는구나. 귀인이 항상 도와주니 경영하는 일이 반드시 성공하네. 재운이 좋으니 만사가 여유롭구나. 다만, 남이 하는 말을 너무 귀담아 듣는다면 관재구설에 휘말릴 수 있으니 주의해야 하네.

1월 고생 끝에 낙이 왔으니 하는 일이 순조로울 것이다. 천지가 서로 순응하니 만물이 화생하고, 쥐가 곡식 창고에 들어 있으니 재물의 이득이 크게 통할 것이다. 귀인이 곁에 있으니 우연히 나를 돕고 하루하루 천금을 더 쌓아갈 것이다.

2월 달이 요순시대에 나오니 하늘 일을 속히 이루고 이익이 적지 않을 것이다. 고향으로 돌아가는 기러기 떼와 함께하니 발걸음이 아주 전도양양할 것이요, 만약 이름이 나지 않으면 반드시 생남할 것이다.

3월 가운이 흥왕하니 식구가 늘고 토지가 늘어 가운이 더욱 좋아질 것이다. 경영하고 있는 일을 남이 가로채니 주저하게 되면 선두를 빼앗길 것이다. 모든 일을 순조롭게 성취하니 큰 재물이 들어올 것이다.

4월 흉한 귀신이 몸을 엿보고 있으니 사고수를 조심해야 할 것이다. 실물수가 있으니 도둑을 조심하고, 북방이 불길하니 출행을 삼가야 할 것이다. 이 달은 잘되어 가던 일이 꼬이겠으니 끈기와 인내심을 발휘해야 할 것이다.

5월
비록 일을 도모하기는 하나 다른 사람에게 해를 입을 수 있겠고, 서쪽 사람을 가까이 하게 되면 그 해가 적지 않을 것이다. 사람 사귐을 잘못 하면 반드시 손재수가 따르니 각별히 조심해야 할 것이다.

6월
남과 함께 일을 해보는 달이다. 남과 더불어 일을 도모하게 된다면 그 이익을 보게 될 것이다. 모든 일이 이루어지는 것이니 많은 사람들이 나를 우러러보는 것이다. 헛된 욕심이 나를 해칠 것이니 남의 것을 탐내지 말아야 할 것이다.

7월
어려움에서 풀릴 것이다. 만일 횡재를 하지 않으면 집안에 경사가 있을 것이다. 가문 날에 단비를 만나니 잠자던 소가 풍성한 풀을 얻는 것이요, 하는 일이 길하여 하고자 하는 모든 일이 순조롭게 풀려나갈 것이다.

8월
재물과 명예가 따를 것이다. 재성이 명궁을 비추니 경영하는 바가 이루어지게 될 것이다. 이익이 멀리 있으니 멀리 나가면 재물을 얻을 것이다. 내 이름이 사방에 떨쳐서 모든 사람이 우러러볼 것이다.

9월
경거망동을 하지 않으면 자리를 지키고, 머리에 월계수 꽃을 꽂았으니 모든 사람이 우러러볼 것이다. 술과 여자를 가까이하면 명예가 실추될 것이니 주색을 삼가야 할 것이다. 소인처럼 행동하면 불리하나 군자처럼 행동하면 길할 것이다.

10월
어려운 시련을 이겨내고 목적을 달성할 것이요, 가문 하늘에 큰비가 퍼부으니 가뭄이 일시에 해소될 것이다. 천리 밖의 외로운 나그네가 입신양명하는 운수로, 나쁜 것은 가고 좋은 것이 오니 스스로 만금을 이룰 것이다.

11월
동짓달과 섣달에는 기쁜 일이 몸에 임할 것이요, 수복이 함께하니 비록 마음에 괴로움이 있으나 도리어 길하게 바뀔 것이다. 이름을 가깝거나 먼 곳에까지 떨치게 되고 백 가지 일이 순조롭게 이루어질 것이다.

12월
사람만 조심하면 태평할 것이다. 마음속에 근심이 없으니 편안한 곳에서 태평히 지낼 것이나 화성(火姓)과 가까이하면 재물을 잃을 것이다. 사람 사귐을 조심하여 함부로 속마음을 말하거나 금전거래를 삼가야 할 것이다.

수지췌 隨之萃

| 운세풀이 |

집에 있어도 편치 않고 밖에 나가도 별 볼 일 없고, 뜻하지 않은 일로 한 번은 서로 다투겠구나. 시작은 있으나 끝이 없으니 뜬구름 같구나. 재수는 평범하나 마음이 산란하여 어찌할 바를 모르는구나. 적막한 봄 숲에서 꾀꼬리가 홀로 우는 격이니 배우자나 이성과 마음이 서로 멀어지네. 들어오면 피곤하나 나가면 길함이 있구나. 동쪽과 북쪽에서 반드시 좋은 일이 있구나. 포기할 것은 포기하고 힘들더라도 용기를 잃지 말아야 하네.

1월 집안에 있는 것보다 나가는 것이 편하지만, 서쪽과 북쪽은 불리한 방향이니 출행하지 말아야 할 것이다. 오직 동쪽에 길함이 있으니 그리 가면 이익을 얻을 것이다. 밖에 나가면 길하니 하던 일에 전전하지 말고 새 일을 도모하면 좋을 것이다.

2월 신운이 고르지 못하여 괴로움과 근심이 많을 것이다. 심란한 마음으로 남의 일에 끼어들면 구설이 따를 것이니 남의 시비에 끼어들지 말아야 할 것이다. 집에 있으면 근심이 있으나 출행하면 길할 것이다. 새로운 일에 취미를 붙여도 좋을 것이다.

3월 날을 받아 행장을 꾸리니 원행을 하게 될 것이다. 깊은 산에서 길을 잃으니 동쪽과 서쪽을 분별하지 못하고, 마음에 정한 곳 없이 떠도니 일에서 허황함을 맛볼 것이다. 미리 집을 돌보거나 할 일을 정리해 놓으면 가히 이 액운을 면할 것이다.

4월 귀성이 집에 비치니 귀인이 도와주고, 남쪽과 북쪽에 길함이 있는데 단독으로는 어려우니 다른 사람과 함께 일을 도모해야 할 것이다. 작은 것을 쌓아 큰 것을 이루니 재물과 복록이 가득할 것이다.

5월 재물이 사방에 있으니 이르는 곳마다 길함이 있을 것이요, 얼굴에 기쁨이 가득하니 만사를 이룰 것이다. 이익은 필시 쌀과 나무에 있을 것이다. 얼굴빛이 환하면 성공할 것이요, 성공하려면 얼굴을 빛나게 해야 할 것이다.

6월 장사로써 재물을 얻어 널리 논밭을 장만할 것이다. 솔바람 부는 곳에 달이 밝으니 복록을 누릴 것이요, 하는 일마다 성취할 것이다. 그러나 밝은 달이 구름에 들어가니 한때나마 괴로울 것이다. 만일 손재나 자손에게 근심이 있을 것이다.

7월 하나를 얻고 하나를 잃게 될 것이다. 진나라가 쫓던 사슴을 잃어 천하가 함께 그 사슴을 쫓으니 재물이 집에 들어오나 그 반은 잃을 것이다. 먼저는 길하나 나중은 흉하니 선영을 다시 잘 모시면 액을 면할 것이다.

8월 구름과 비가 공중에 가득하니 금방이라도 큰비가 쏟아질 것 같아 불안할 것이다. 겨우 구설은 면하였으나 뜻밖에 관재를 입을 수 있으니, 지성으로 기도하여 면해 볼 것이다. 재물을 얻어도 모으기 어려우니 기꺼이 베풀어야 할 것이다.

9월 호랑이와 표범이 서로 싸워 길을 막고 있으니 구설수를 조심해야 할 것이다. 동쪽과 서쪽에서 일을 구하나 그 뜻을 이루지 못할 것이다. 구설을 조심하지 않으면 송사가 두려우니 항상 경거망동하지 말아야 할 것이다.

10월 비록 경영하는 일은 있으나 잘 이루어지지 않으니 허망한 욕심을 버리고 자숙해야 할 것이다. 공연히 고집을 부리면 반드시 그 해를 입을 것이다. 허욕을 부리면 별로 이익은 없고 손재만 불러들여 마음만 상할 것이다.

11월 남의 꼬임으로 인한 재물을 멀리해야 길할 것이다. 새가 옛 둥지에 돌아오니 독수리가 날개를 펼치는 것이다. 재물이 집에 들어오지만, 더 큰 욕심을 부리면 도리어 피해를 볼 것이다. 동쪽의 금성(金姓)이 나를 꾀이면 해를 입을 것이다.

12월 재운이 비로소 돌아오니 하는 일에 길함이 있을 것이다. 항시 족함을 알고 근신하는 것이 상책이요, 관청 일을 삼가야 길할 것이다. 귀인이 와서 도우니 재물을 얻을 것이요, 모든 사람을 겸손하게 대하면 복록이 들어올 것이다.

수지태 隨之兌

| 운세풀이 |

강태공이 펴진 낚시 바늘을 드리운 뜻은 때를 기다리는 마음이라, 자신의 분수를 알고 처신한다면 반드시 좋은 때를 만나리라. 욕심을 버리고 매사에 정성을 다하면 재앙이 사라지고 반드시 이익을 얻을 수 있다네. 올해는 이사를 하면 나쁜 액운을 물리칠 수 있구나. 변화가 많은 운수이나 처음엔 곤란을 겪다가 나중에 반드시 기사회생하는구나. 경영하는 일이 서서히 풀려나가니 서두를 것 없네. 비록 허물은 있으나 고치면 귀하게 되네.

1월 운수가 불길하여 부모나 가족에게 우환이 있을 것이다. 초상집에 가면 혹여 잡귀가 붙어 병이 날까 염려되니 부조금만 보내고 초상집에 가지 말아야 할 것이다. 일을 구해도 맞지 않으나 동쪽의 귀인이 우연히 도와 새 일을 찾아 활기를 띨 것이다.

2월 신상에 근심이 있으나 재수는 대길할 것이다. 서쪽에 길함이 있을 것이요, 봄바람 부는 이월에 복숭아꽃이 만발하였으니 신상 근심만 이기면 즐거울 것이다. 내 코가 석자이니 남의 일에 나서지 말고, 내 앞가림부터 해야 할 것이다.

3월 마음이 산란하니 꿈을 꾸어도 심란한 꿈만 꿀 것이다. 그러나 흉함이 변하여 길하게 되니 큰 이익이 당도할 것이다. 재성이 문에 들어오니 재물이 스스로 들어올 것이나 부귀와 영욕은 순간에 지나지 않으니 과욕을 부리지 말아야 할 것이다.

4월 재물이 산과 같으니 마음이 스스로 편할 것이요, 서쪽에 길함이 있으니 그곳에서 재물과 비단을 얻을 것이다. 밤에 꿈이 불길하여 매사에 헛되기 쉬우나 이럴 때일수록 침착해야 할 것이다. 초순에는 막힘이 많으나 중순부터는 술술 풀릴 것이다.

5월
이동변동수가 발동하니 이사하면 길할 것이요, 만약 새 집에 살면 흉함이 변하여 길할 것이다. 수성(水姓)을 가진 사람 때문에 신변에 작은 해를 입을 것이나, 분수를 지키면 편안할 것이고, 재해가 침범하지 않을 것이다.

6월
다른 사람한테 약간의 볼 것이나 적게나마 재물이 들어올 것이다. 동쪽과 남쪽은 대길하나 북쪽과 서쪽은 불길한 방향이 될 것이다. 처음 보는 사람을 가까이하면 손해를 볼 것이다. 마음을 차분히 하면 길하나 망동하면 해로움이 있을 것이다.

7월
나무에 올라가 물고기를 구하려 하니 그림에 그려진 떡을 먹으려 하는 것이다. 몸이 길 위에 있으니 사방이 내 집이요, 오고 감에 막힘이 없을 것이다. 이익이 남쪽에 있으니 하던 일에 보람을 느낄 것이다.

8월
뜻하지 않은 재물을 얻어 보는 달이다. 천상의 맑은 복숭아가 천년의 결실을 맺는 것이다. 동쪽과 서쪽에서 뜻하지 않은 재물을 얻을 것이요, 재복이 몸에 따를 것이니 결국 재물을 얻게 될 것이다.

9월
허욕을 버려야 재물을 지킬 것이다. 여하튼 재수는 재물을 반을 얻고 반을 잃을 것이다. 화성(火姓)을 가까이하면 도리어 불미함이 있을 것이다. 재수가 불길하니 남의 재물을 탐하지 말아야 할 것이다.

10월
낚시를 푸른 강에 드리우니 반드시 큰 고기를 낚을 것이나 물귀신이 이름을 혼돈하니 불과 물을 조심해야 할 것이다. 혹여 관재수가 있을 수 있으니, 미리 기도하여 액운을 막아야 할 것이다.

11월
작은 소가 병이 들었으니 천리 길을 가기 어려우니 동짓달과 섣달에는 매사에 이루어지는 것이 없을 것이다. 이익을 밖으로 탐하지 말고 분수를 지켜야 할 것이다. 그러나 동쪽과 서쪽에서 뜻밖의 재물을 얻게 될 것이다.

12월
사소한 일로 구설이 들어오니 경거망동하지 말아야 할 것이다. 신상에 위태로움이 있으니 경거망동하지 말아야 탈이 없을 것이다. 미리 액을 막으면 흉함이 길함으로 바뀔 것이니 정성껏 기도하면 좋을 것이다.

수지혁 隨之革

| 운세풀이 |

관재구설수와 이별수가 따르니 남과 다투지 말아야 하는구나. 얻었다가 다시 잃으니 허망한 운수로다. 재수가 불리하니 적게 얻고 많이 나가는구나. 욕심을 부려 남의 것을 탐하지 말고, 심신을 안정하게 되면 반드시 좋은 일이 있겠구나. 올해는 물과 불을 조심해야 한다네. 봉황이 오동나무를 떠나는 것이니 집안에 근심이나 질병이 찾아올 운수로다. 흉몽을 자주 꾸니 심신이 편치 않구나. 재물이 많이 빠지니 다른 일을 경영하지 말아야 하네.

1월 질병이 침범하니 몸이 편안할 날이 없을 것이다. 나의 마음은 정직하나 세상 일이 애매한 것들이 많을 것이다. 만일 몸에 액운이 따르지 않으면 자식에게 근심이 있을 것이다. 친한 친구를 가까이하면 겉은 실해 보이나 안은 허황할 것이다.

2월 달리는 말이 길을 잃은 격이니 앞으로 나아가려 하나 나아가기 어려울 것이다. 일을 도모하다가 이루지 못하니 손재가 적지 않을 것이다. 명산에 기도하고 정성을 드리면 가히 액운을 면할 수 있을 것이다.

3월 마음에 근심은 없으나 재수는 불리할 것이다. 가정불화가 있으니 풍파가 종종 발생할 것이다. 이것은 길고 저것은 짧다고 다른 사람과 다투지 말아야 할 것이다. 남과 다투지 말고 가정을 잘 돌봐야 할 것이다.

4월 심신을 수양하고 악을 멀리하면 과실이 없을 것이다. 관귀가 어둠에서 발동하니 원행을 삼가고, 이성문제를 조심해야 할 것이다. 마음이 흐트러져 색을 가까이하면 구설수에 올라 면키 어려울 것이다. 손을 잡고 누각에 오르나 친한 벗과 정을 나누지 못할 것이다.

5월 재물은 가히 얻으나 구설과 시비가 있을 것이다. 심신이 불안한 상태이니 남과 시비를 다투지 말아야 할 것이다. 수성(水姓)을 가까이하면 모든 일이 무너지게 될 것이다. 몸과 마음을 안정하고 사람 사귐을 각별히 주의해야 할 것이다.

6월 굶주린 사람이 풍년을 만났으니 생활이 넉넉할 것이요, 이름을 사방에 떨치니 사람마다 흠모하고 추앙할 것이다. 그러나 스스로 겸손하여야 어려움이 물러날 것이다. 이익이 농사에 있으니 하던 일을 성실히 경영해야 할 것이다.

7월 서도 불안하고 앉아도 불안하니 좌불안석이라 할 것이다. 물과 불을 조심해야 하는데, 특히 불조심을 해서 화재가 나지 않도록 각별히 신경 써야 할 것이다. 남북은 길하나 동서에는 해가 있을 것이다. 끈기를 가지고 하던 일에 충실해야 할 것이다.

8월 신중하게 일을 하니 그 이득이 있을 것이다. 새는 나무를 가려서 앉고, 사람은 벗을 가려서 사귀는 법이다. 벗을 사귐에 신중하지 않으면 도리어 벗에게 피해를 입을 것이다. 냇물이 바다로 흐르는 것처럼, 작은 것으로 큰 것을 이룰 것이다.

9월 마음에 근심이 있으나 알아주는 이 없을 것이요, 몸이 길 위에 있으니 한 번은 원행을 하게 될 것이다. 화성(火姓)이 나에게 해를 끼치니 화성(火姓)을 가까이하지 말아야 할 것이다. 그러나 태을이 명궁을 비추니 관록이 몸에 임할 것이다.

10월 가시밭 속에 백옥이 숨어 있으니 고생 끝에 낙이 올 것이다. 한결같은 마음으로 일한다면 성공이 눈앞에 올 것이다. 만약 상을 당하지 않으면 질병이 침노할 것이다. 길한 것과 흉한 것이 상반하니 쓴 것이 다 가면 단 것이 올 것이다.

11월 낚싯대를 푸른 바다에 던지니 물고기가 스스로 다가올 것이다. 만일 그렇지 아니하면 집안에 놀랄 일이 한번 생길 것이다. 만약 송사가 아니면 구설수가 있으니 이 점만 주의한다면 재운은 양호할 것이다.

12월 동쪽 동산에 봄이 돌아오니 백화가 만발하고, 행운이 집에 오니 가산이 스스로 왕성해질 것이다. 다만 이씨(李氏)와 김씨(金氏)와 같은 일을 하면 불리하니 동업자를 구할 때에 각별히 주의해야 할 것이다.

대과지쾌 大過之夬

| 운세풀이 |

감언이설에 속을 수 있으니, 다른 사람의 말을 듣지 말라. 허황함이 기다리고 있구나. 봉래산에 들어가 신선을 찾으나 허망함이 앞서네. 일확천금의 욕심이 가득하여 일을 그르치는구나. 등잔 밑이 어둡다는 말처럼 가까이 있는 것을 보지 못하고 먼 곳에서 찾아 헤매네. 다행히 귀인을 만나 도움을 받을 수 있구나. 어느 쪽으로 가야 귀인을 만날 수 있는가? 귀인이 동쪽과 남쪽 양방에 있구나. 허욕을 버리고 모든 일에 조심해야 길하네.

1월 하는 일에 있어서 허망함을 경험하고, 헛된 일로 놀라게 될 것이다. 모든 일에 손해가 있을 것이니 차라리 집에 가만히 있는 것만 못할 것이다. 북쪽에서 온 기쁜 일은 도리어 좋지 않은 일로 변할 것이니 주의해야 할 것이다.

2월 친구에게 사기나 배신을 당할 징조이니 주의해야 할 것이다. 바다에서 구슬을 구하니 좋은 옥구슬을 알아보지 못하고, 일이 여의치 않으니 먼저는 웃으나 뒤에는 찌푸릴 것이다. 친한 사람을 함부로 믿지 말라, 그로 인해 손재가 따를 것이다.

3월 작은 근심으로 마음고생을 하게 될 것이다. 까마귀가 백로로 변하는 운수이다. 집안에 작은 근심거리가 생기니 마음이 불편할 것이다. 위아래의 기둥이 허약하니 매사에 기본을 잘 지켜야 탈이 없을 것이다.

4월 분수를 지켜야 마음이 편안한 달이다. 재물을 멀리하는 대인은 길하고, 재물에 얽매이는 소인은 해가 있을 것이다. 분수를 지켜 도를 즐겨야 몸이 편하고 근심이 없을 것이다. 재운이 있으니 허송세월하지 말고 힘써 일을 해야 할 것이다.

5월 해는 저물어 가는데 갈 길이 머니 구하는 바가 순조롭지 않을 것이다. 이사를 하거나 직업을 바꾸면 흉한 것이 변하여 길한 것으로 바뀔 것이다. 좋은 때를 기다려 움직여야 하고, 경거망동하지 말아야 할 것이다.

6월 작은 것을 버리고 큰 것을 얻으나 그것이 오히려 해가 될 것이다. 부질없는 욕심을 부리면 몸과 마음만 고달플 것이다. 다른 사람과 일을 도모하면 오히려 피해를 볼 것이다. 사소한 일로 친한 이와 헤어지니 서로 양보하고 이해해야 할 것이다.

7월 비록 재물이 생기나 얻어도 반을 잃고, 송사가 끊이질 않으니 손재수도 뒤따를 것이다. 가까이 있는 것을 버리고 먼 것을 바라니 실패할 것이다. 가정을 평안히 하고, 다른 사람과 시비하거나 다투지 말아야 할 것이다.

8월 돌을 쪼아 금을 얻을 것이니 반드시 재물을 얻을 것이다. 게다가 다른 사람에게 갈 재물도 내게로 올 것이다. 이름이 나고 기운이 왕성하니 편안한 곳에서 재물을 구하니 곡식과 재물이 가득할 것이다.

9월 가깝게 지내던 사람과 이별, 또는 사별을 하게 될 것이다. 초목이 가을을 만났으니 마음에 번민이 많을 것이다. 만일 이사를 하거나 다른 것을 도모하여 출행한다면 길할 것이다. 그러나 신운이 불리하니 상복을 입게 될 것이다.

10월 소원을 성취할 것이다. 두 사람의 마음이 같으니 같은 일을 하는 데에 반드시 성취함이 있을 것이다. 만일 관록을 얻지 않으면 자손을 얻는 기쁜 일이 생길 것이다. 화성(火姓)을 가까이하면 재물을 얻는 데 유익할 것이다.

11월 구설과 질병이 따를 것이다. 재수가 불길하니 다른 일을 경영하지 말아야 할 것이요, 남의 말을 믿고 따르면 반드시 낭패를 볼 것이다. 백 가지 일마다 막힘이 있으니 집에 있으며 옛것을 지키는 것이 가장 좋을 것이다.

12월 경거망동하지 말아야 흉함을 면할 것이다. 비록 재물은 얻으나 지키기 어렵고, 매사 하는 일에 막힘이 많으니 계획이 어긋날 것이다. 집에 있으면 길하고, 문밖을 나가면 피해가 있을 것이다.

대과지함大過之咸

| 운세풀이 |

경거망동을 하면 모든 일이 물거품이 되는구나. 내 몸 하나 의지할 곳 없으니 하는 일도 없구나. 사나운 호랑이 두 마리가 서로 다투니 사냥꾼이 다가오는 것을 모르는구나. 마음이 맞지 않는 두 사람이 한 방에 있으니 다툼이 많구나. 사공이 많으면 배가 산으로 가는 이치이니, 내 발등에 떨어진 불씨도 못 끄면서 남의 일에 참견하다 시비가 붙는구나. 세상물정을 모르고 경거망동을 했다가는 크게 낭패를 볼 것이다.

1월 집에 재산이 없어 넉넉하지 못하니 생활이 곤란하고 마음도 안타까울 것이다. 해가 서쪽 창으로 떨어져 버렸으니 그동안 품었던 원망도 시들어버릴 것이다. 가신이 발동하니 섣불리 재물을 구하면 불리할 것이다.

2월 재물은 들어오나 건강을 주의해야 할 것이다. 칼 빛이 번개 같으니 그 빛을 보는 정신이 혼미할 것이요, 가는 곳마다 재물이 따르니 사람들이 우러러볼 것이다. 상갓집에 가지 말아야 하니, 그렇지 않으면 해를 입을 것이다.

3월 구설수가 따를 것이다. 위아래가 불화하니 구설이 끊이지 않을 것이다. 수성(水姓)을 가까이하게 되면 길한 곳에서 흉함을 만나게 될 것이다. 만일 가족에게 근심이 없으면 질병에 걸릴 것이다.

4월 노력을 해도 원하는 바를 이루지 못할 것이다. 십년동안 칼을 갈았으나 정작 그 칼날을 시험해 보지 못하는 것이다. 분수를 지키면 길하나 재물은 얻지 못할 것이다. 재물의 근원이 마른 격이니 차라리 재물을 구하지 않는 것이 편할 것이다.

5월
아무리 노력해도 재물을 얻기 어려울 것이다. 쥐가 쌀 곳간을 잃은 격이니 재물 길이 끊긴 것이다. 도로에서 방황하는 꼴이니 수고롭기만 하고 공이 없을 것이다. 수고하고도 공을 얻지 못하니 운명이라 생각하고 마음을 편히 먹어야 할 것이다.

6월
구설수가 따를 것이다. 벌과 나비가 꽃을 찾아 헤매나 봄은 이미 가고 여름이 찾아왔으니 도모하는 일이 많으나 제대로 되는 일이 없을 것이다. 말다툼을 조심하지 않으면 끊임없는 구설에 휘말리게 될 것이다.

7월
관재수와 구설수가 이어질 것이다. 큰물을 건너려 하나 나루터의 물가는 끝없이 이어져 있어 건너가기 어려운 것이다. 시비가 있는 곳에 가면 해를 입을 수 있으니 참견하지 말아야 할 것이다. 관재와 구설이 자주 침범하니 조심해야 할 것이다.

8월
노력을 하나 재물을 잃을 것이다. 달이 물결 속으로 지자 어룡이 삼켜 버리니 경영하는 일이 낭패를 볼 것이다. 길한 일이 흉한 일로 변하여 공연히 심력만 허비하게 될 것이다. 동쪽을 가까이하면 재물을 잃는 운수이니 주의해야 할 것이다.

9월
재물은 들어오나 반드시 분수를 지켜야 길할 것이다. 문서상에 길함이 있으니 반드시 재물을 얻을 것이다. 그러나 문밖에 나서면 횡액이 따르는 운수이니 조심해야 할 것이다. 분수에 맞지 않는 재물을 구하면 반드시 허망한 일을 당할 것이다.

10월
하는 일에 장애가 따를 것이다. 목마른 사람이 우물을 파지만, 물이 나오지 않는 것이다. 하는 일마다 막힘이 많으니 마음이 산란할 것이다. 일에 실패수가 따르니 구하고자 하는 일을 얻지 못하는 것이다.

11월
고진감래할 것이다. 굶주린 사람이 밥을 얻은 격이요, 금옥이 집안에 가득할 것이다. 옛 직업을 지키고 새 업을 시작하지 말아야 길할 것이다. 꽃피고 수풀 우거진 누각에서 귀인을 만나니 하는 일이 순조롭게 진행되고 풍요로울 것이다.

12월
굶주린 매가 먹이를 얻으니 소원을 성취할 것이다. 수신제가하니 복록이 다투어 나에게 찾아드는 것이요, 덕을 쌓은 집에 경사가 있을 것이다. 박씨(朴氏)와 김씨(金氏)는 불리하고, 목성(木姓)이 나를 따르고 도울 것이다.

대과지곤大過之困

| 운세풀이

해가 욱일승천하는 기상이니 집안이 화평하고 지위가 상승하는구나. 신수가 대길하니 원하는 바를 성취하네. 집안이 화평하고 관록이 중중하니 천지에 기쁨이 가득하구나. 봉황이 합궁하여 새끼를 낳으니 상서로운 일을 보게 되는구나. 다만 이성을 탐하면 망신수가 있구나. 좋은 일에는 마(魔, 좋지 않은 일)가 많이 끼는 법이니 항상 입조심을 하여 구설에 오르지 않도록 신경 써야 하네. 그렇지 않으면 경영하는 일에 차질이 생기네.

1월 재물과 관록이 따를 것이다. 비로소 대운을 만나니 하는 일마다 소원 성취할 것이다. 재물이 먼 곳에 있으니 출행하면 능히 얻을 수 있을 것이다. 만일 관록을 얻지 않으면 자손을 얻는 경사가 있을 것이다.

2월 원하는 바를 이루고 이성이 나를 따를 것이다. 이 달의 운수는 기쁜 일이 많을 것이다. 동쪽과 남쪽에 재물이 흥왕하니 갈 방향을 잘 잡아 소득을 얻을 것이다. 깊은 골에 봄이 찾아오니 이루지 못할 일이 없을 것이다.

3월 화기애애함이 문에 이르니 만물이 어울려 살아날 것이요, 봄바람이 살랑 부는 삼월에 만물이 뜻을 얻을 것이다. 용이 밝은 구슬을 얻었으니 조화가 무궁무진할 것이요, 주저하지 말고 무엇이든지 해볼 만할 것이다.

4월 경거망동하여 출행하면 손해를 볼 것이다. 남쪽의 논밭두렁과 북쪽의 논밭두렁에 벼와 기장이 흩어져 있으니 마음이 산란할 것이다. 밖에 나감은 불리하고 집에 있으면 길할 것이다. 용이 하늘 문에 닿는 격이니 영귀하게 성공을 거둘 것이다.

5월 운수가 대통하니 한 집안에 평화가 찾아올 것이요, 만일 관록을 얻지 아니하면 자손에게 경사가 있을 것이다. 재물을 의논한다면 이익이 정씨와 김씨에게 있으니 유념하여 사귀어야 할 것이다. 다만, 주색을 가까이하면 질병이 침노할 것이다.

6월 내가 먼저 계수나무를 꺾었으니 사람마다 다투어 우러르는 성공을 할 것이다. 뜻밖의 영화로 귀하게 되니 이것은 귀인이 도와준 덕택일 것이다. 남쪽과 북쪽 양방향에서 큰 재물을 얻을 것이니 하는 일을 끝까지 추진해야 할 것이다.

7월 새싹이 가물은 날에 단비를 만났으니, 먼저는 힘들지만 나중은 편안할 것이다. 재운이 왕성하여 반드시 재물을 얻을 것이다. 만일 부모에게 근심이 없으면 자손에게 놀랄 일이 있을 것이다. 뜻을 너무 높이 세우기보다 분수를 지켜야 할 것이다.

8월 가정에 안정과 평화가 있을 것이요, 대명천지가 도래하니 온 세상이 밝을 것이다. 한 집안이 화평한 격이니 어찌 모든 일이 아름다운 모습으로 보이지 않겠는가. 서쪽과 북쪽으로 출행하면 정씨(鄭氏)와 김씨(金氏)가 가장 좋은 성씨가 될 것이다.

9월 나가고 들어감이 많고 재물이 따를 것이다. 달 밝은 밤 높은 누각에서 음주가무로 즐거우나 형이냐 아우냐 하는 사이에 재물을 잃는 것이니 정신을 차려야 할 것이다. 재물이 서쪽과 남쪽에서 오니 가히 천금을 얻을 것이다.

10월 어두운 밤에 등불마저 꺼졌으니 사방이 캄캄하여 앞뒤를 분간하지 못하고, 재물도 잃고 뜻도 잃으니 도둑을 조심해야 할 것이다. 귀중품이나 도장을 잘 단속해야 할 것이다. 이익이 화성(火姓)에게 있으니 필시 잘 사귄 친분에서 비롯될 것이다.

11월 귀인이 나를 도와줄 것이다. 운수가 형통하니 의기양양할 것이요, 쥐가 큰 창고에 들어 있는 격이니 의식이 풍족할 것이다. 만약 이런 좋은 수가 아니면 도리어 허황할 것이나 뜻밖에 귀인이 나타나 반드시 나를 도와 줄 것이다.

12월 밖에 있던 재물이 들어올 것이요, 이익은 반드시 정씨(鄭氏)에게 있을 것이다. 만일 그러한 귀인을 만나면 큰 재물을 손에 쥐게 될 것이다. 집안사람이 마음을 합하니 이익이 그 가운데에서 생길 것이다.

|운세풀이|

낯설고 물선 천리타향에서 고향 사람을 만난 격이구나. 생각지도 않은 기쁜 일이 생기네. 올해는 함정에서 빠져나오니, 가까스로 죽을 고비를 넘기고 기사회생하는구나. 마음에 번민이 많으나 재수가 좋으니 재물을 취할 운수로다. 마침내 청룡이 구름을 얻어 조화를 부리니 마른 땅에 비를 내리게 하는구나. 바쁘게 열심히 노력하니 마침내 그 대가가 생겨나는구나. 꽃잎들이 날아 수북하니 술 생각이 절로 나는구나. 다만, 토성(土姓)을 가까이하면 손해를 보게 될 것이다.

1월 가정은 화평하나 구설수가 따를 것이다. 만물이 소생하니 기쁜 일이 있을 것이다. 식구가 늘고 토지가 느는 격이니 가정에 기쁨이 가득한 것이다. 그러나 다른 사람과 말다툼을 하게 되면 구설이 따를 것이다.

2월 오랫동안 도를 닦아 물고기가 용으로 변하니 인내하고 기다리면 자연히 좋은 일이 찾아올 것이다. 봄풀이 단비를 만나니 수복이 스스로 찾아들 것이요, 흉함이 변하여 길함으로 변하니 가산이 흥왕하게 될 것이다.

3월 게를 잡았으나 다시 물에 놓아주니 수고하고도 얻지 못할 것이다. 신상이 불안하니 재물이 멀리 있을 것이다. 수고하고도 아무런 공이 없으니 신수가 불안할 것이다. 그러나 옛것을 지키고 마음을 안정하면 사람들이 도와줄 것이다.

4월 음양이 화합하니 반드시 경사가 있을 것이요, 오랜만의 회포를 푸니 비로소 성취함을 얻는 것이다. 만일 관록이 아니면 자손에게 경사가 있을 것이다. 다만 집을 떠나 원행을 하면 질병에 걸릴 수 있으니 먼 여행을 삼가야 할 것이다.

5월 분주한 가운데 이익을 얻을 것이다. 음양이 서로 어울리니 만물이 빛을 발할 것이요, 두 사람이 마음을 합하니 어려운 일도 신속히 이루어질 것이다. 분주하고 쉴 틈 없이 일을 하니 마침내 큰 이익을 얻게 될 것이다.

6월 동쪽과 서쪽에 길이 있으니 타향에서 분주하게 일하게 될 것이다. 그러나 바쁜 손놀림과 번개 같은 계산을 하여도 정작 얻는 것이 없을 것이다. 내 마음 속에 번뇌와 한이 있지만, 누구에게도 말하지 못하는 심정이 있을 것이다.

7월 동방화촉에 홀로 앉아 거문고를 타니 신세가 드높을 것이다. 곤고한 뒤에 길함이 있으나 그 이익은 오래 지나야 얻을 것이다. 곤고한 중에 도리를 얻으니 가히 횡재를 할 것이다. 사방을 두루 노닐다 보면 먼저는 길하고 뒤에는 흉할 것이다.

8월 경영하는 일을 속전속결하면 이익이 있을 것이요, 우연히 귀인을 만나니 천금이 스스로 찾아올 것이다. 복숭아나무와 자두나무가 봄을 만나니 꽃피고 열매를 맺어 매사가 순조롭게 진행될 것이다.

9월 재물이 스스로 따를 것이다. 몸의 기운이 왕성하니 뜻을 얻어 고향에 올 것이요, 몸이 편하고 마음이 편하니 모든 일을 구함에 길함이 있을 것이다. 다만 상갓집에 가는 일을 삼가고 부조금만 보내는 게 좋을 것이다.

10월 사람이 나를 따르니 자연히 소원을 이루게 될 것이다. 남쪽이나 북쪽으로 가면 의식이 풍족할 것이요, 나를 돕는 사람이 많으니 자연스레 성공을 거둘 것이다. 다른 사람으로 인하여 일이 이루어지는데 그 방향은 북쪽이 될 것이다.

11월 건강에 유의해야 할 것이다. 연못에 있는 고기가 그물에 잡힌 고기보다 나은 것이요, 마른 나무에 봄이 오는 것이니 하는 일을 새롭게 추슬러야 할 것이다. 운수가 흉하여 상복을 입을 수도 있고, 병을 얻을 수도 있으니 주의해야 할 것이다.

12월 근심이 사라지고 기쁨이 들어올 것이다. 만일 귀인을 만나면 큰 재물을 얻게 될 것이다. 길성이 명궁에 드니 근심이 흩어지고 기쁨이 생기는 것이다. 서쪽이나 북쪽으로 가게 되면 반드시 재물을 잃게 될 것이다.

곤지췌 困之萃

괘상수 262

|운세풀이|

곤란한 일들이 모이고 모여 마침내는 크게 어려움을 당하는구나. 그러나 이를 참고 인내한다면 반드시 기사회생할 수 있다네. 삼년 동안 가뭄이 드니 그 피해를 가히 짐작하고도 남음이 있구나. 서산에 달도 지고 까마귀 울음소리 가득하니 산중에 세 홀아비가 세상을 원망하며 눈물짓고 있구나. 처음의 곤고함을 한탄하지 말라, 나중에 좋은 일이 있을 수로다. 명산에 기도하면 경영하는 일이 순조롭게 풀리네.

1월 분수를 모르면 흉한 일을 겪을 것이다. 분수 밖의 재물을 탐하다가 낭패를 볼 수 있으니 좋지 않은 꾀를 쓰지 말아야 할 것이다. 가는 길이 순탄하지 못하니 강을 건너지 말아야 할 것이나 쓴 것이 다 가고 단 것이 오니 마침내 성공할 것이다.

2월 사람을 잘못 사귀면 해가 있을 것이니 미리 경계해야 할 것이다. 토성(土姓)이 해로우니 가까이하면 해가 있을 것이다. 문밖을 나서서 서쪽으로 향하니 혹여 귀인이 나를 도와줄 수도 있을 것이다. 자손에 근심은 있으나 손해는 그다지 없을 것이다.

3월 몸과 마음이 평안하지 못할 것이다. 곤고한 액운이 있으니 질병을 조심해야 할 것이다. 비록 몸이 곤경에 처했더라도 거처가 불안하지 않도록 해야 할 것이다. 마침내 일마다 순조로워져서 적은 재물이나마 문에 이를 것이다.

4월 비록 일을 도모하긴 하나 별로 이익이 없을 것이다. 물을 거슬러 올라가는 배는 어려움을 당할지니 사리가 부당하면 안 될 것이다. 허욕을 부리면 불리하니 나쁜 일을 꾸미지 말아야 할 것이다.

5월 마음먹은 대로 이루기 어렵고, 마음이 뜬구름 같으니 이루어지는 일이 없을 것이다. 만일 여색을 즐기면 괴이한 일을 당하게 될 것이니 조심할 일이다. 그러나 이익이 동쪽에 있으니 반드시 재물을 얻게 될 것이다.

6월 입단속을 해야 이익이 있을 것이다. 가는 길에 위험함이 도사리고 있으니 출행하면 이롭지 못할 것이다. 귀하고 천함은 운수에 달려 있으니 사리사욕을 바라지 말아야 할 것이다. 경영하는 일을 남에게 얘기하지 말아야 유익할 것이다.

7월 흉한 것이 많고, 길한 것이 적으니 마음이 편치 않을 것이다. 보고도 먹지 못하니 그림의 떡이요, 해와 달이 밝지 못하니 신상에 곤란함이 따를 것이다. 마음에 번민이 있으니 먼저 마음을 안정해야 내일을 도모할 수 있을 것이다.

8월 빈 골짜기에 봄이 오니 드디어 초목이 즐거움을 돋굴 것이요, 다른 사람의 재물이 우연히 집에 들어올 것이다. 그러나 시비를 가까이하게 되면 구설수를 면하지 못할 것이다. 언행을 삼가고, 모든 일에 신중하게 처신해야 할 것이다.

9월 다른 일을 경영하려 덤비면 오히려 해로울 것이다. 그러나 장차 길한 운수가 도래하니 너무 낙심하지 않아도 될 것이다. 이후로부터는 차차 운수가 형통하니 차분히 임하면 백 가지 일마다 길함이 있을 것이다.

10월 길한 운이지만 구설수를 조심해야 할 것이다. 경거망동하게 되면 횡액이 따를 것이나 옛것을 지키고 몸과 마음을 차분히 안정하면 이 수를 면하게 될 것이다. 만일 서쪽으로 가게 되면 손재와 구설이 따르게 되니 주의해야 할 것이다.

11월 동짓달의 운수는 별로 손해도 없고 이익도 없이 길흉이 상반할 것이다. 재물이 동쪽에 있으니 나가면 가히 얻을 수 있을 것이요, 이익이 되는 성씨는 권씨(權氏)와 박씨(朴氏)가 길할 것이다.

12월 반드시 형통함이 있으니 이 기회를 놓치지 말아야 할 것이다. 눈이 장안에 가득하니 긴 옷자락을 늘어뜨리고 높은 곳에 누워있는 것이요, 음양이 화합하니 만물이 다시 소생할 것이다. 다만 횡액수가 있으니 출행할 때 조심해야 할 것이다.

곤지대과困之大過

| 운세풀이 |

일을 경영하는데 곤란함이 있으니 매사 조심해야 하는구나. 깊은 산중에 기거하는 가난한 스님처럼, 심산유곡에 홀로 있으니 찾는 이 하나도 없구나. 음양이 화합하지 못하니 만사가 이루어지지 않는구나. 세상일에 흥이 나질 않으니 허송세월을 보내네. 앞을 보아도 산이요, 뒤를 보아도 산이니 답답하구나. 늦게 분수를 아니 흉함이 변하여 길한 것으로 변하네. 세월을 한탄하지 말고 하는 일에 정성을 다하면 살길이 열릴 것이다.

1월 일도 없고 직업도 없으니 수고하나 공을 이루기 어려울 것이다. 만약 관청 일이 없다면 집에 질병이 있을 것이다. 그러나 귀인을 만나면 신상에 영화로움이 있을 것이니 용기를 잃지 말고 침착하게 대비해야 할 것이다.

2월 지성으로 정성을 드리면 소원을 이룰 것이요, 슬하에 경사가 있으니 아들을 얻을 수 있을 것이다. 재물이 북쪽에 있으니 구하면 가히 얻을 것이요, 먼저 조왕신에게 빌고 그 다음 성조께 빌면 가히 소원을 이룰 것이다.

3월 운수가 불리하니 만일 서로 다투는 일이 없으면 구설수가 따를 것이다. 운수가 사나우니 어찌 한탄의 한숨소리가 절로 나오지 않으리오. 서쪽과 남쪽에 손재수가 있으니 이 방향으로는 출행함이 마땅치 않을 것이다.

4월 수레를 밀어 산에 올라보아도 노력의 대가가 없을 것이요, 주작이 발동하니 간간히 구설수가 따를 것이다. 화성(火姓)을 조심해야 하니 그를 상대하면 이롭지 않을 것이다. 만일 경사가 생긴다면 이 액운이 사라지나 그렇지 않으면 상을 당할 것이다.

5월 남쪽으로 움직이면 길한 것이 변하여 흉한 것으로 변할 것이다. 옛날의 영화가 꿈처럼 생각나 허망함을 느끼지만, 만일 좋은 인연을 만나게 된다면 횡재할 것이다. 혹여 손재가 따를지 모르니 매사에 조심해야 할 것이다.

6월 홀연 광풍이 휘몰아쳐 꽃잎이 떨어지니 일에 막힘이 많고 일을 구해도 성과가 없을 것이다. 서쪽으로 가지 말라, 길함이 변하여 흉하게 될 것이다. 뜻은 있어도 이루지 못하니 머리는 있으나 꼬리가 없는 것이다.

7월 매사에 조심하지 않으면 재물을 잃어버릴 수 있을 것이다. 올해 근심은 쇠 금 자이니 유념해야 할 것이다. 벗이 동쪽과 북쪽에 있으나 시비가 있을 것이다. 몸과 마음이 바쁘나 실속이 없고 지출이 많을 것이니 건강관리에 힘써야 할 것이다.

8월 날고자 해도 날 수 없으니 인생의 허망함을 맛볼 것이다. 바다에 들어가 옥구슬을 구하니 이익이 눈앞에 보이는 듯하지만, 눈앞의 이익을 보고도 얻지 못할 것이다. 이른바 경영하는 일들이 허망하니 헛되이 계교를 부려서는 안 될 것이다.

9월 구설수가 따르고 마음이 편치 않을 것이다. 얼굴에 수심이 가득하니 나가도 집안에 있는 것만 못할 것이다. 비록 재운은 있으나 신상에는 이롭지 못할 것이다. 구설이 몸에 따르나 이를 막으려고 송사를 하는 것은 마땅하지 않을 것이다.

10월 바람이 수풀을 흔들어 놓으니 낙엽이 우수수 떨어지니, 욕심을 내면 도리어 실패수가 있을 것이다. 분수를 지키고 욕심을 버리면 이 액운을 면할 것이다. 만일 횡액이 없으면 손재를 면하기 어려우니 매사에 조심해야 할 것이다.

11월 반드시 작은 재물이 있으니 북쪽으로 가야 할 것이다. 옛것을 버리고 새것을 쫓으니 기쁜 일이 앞에서 기다리고 있을 것이다. 뒤늦게 좋은 말을 얻어 천리를 가게 되는 운수이니 인내하고 기다리면 좋은 결과가 있을 것이다.

12월 마음속에 줏대가 없어 흔들리니 기쁜 일과 슬픈 일이 상반할 것이다. 일이 여의치 않으니 성급하게 덤비지 말아야 할 것이다. 운수가 겨울에 열렸으니 작지도 크지도 않을 것이다. 마음의 중심을 잡고 때를 잘 지켜야 할 것이다.

대유지정大有之鼎

| 운세풀이 |

먼저는 손재수가 있으나 나중에 이익을 보는구나. 갈 길이 바쁜 나그네가 강을 건너려 하나 배는 어디 가고 물새만 날고 있구나. 해는 지고 어두운데 등불 없이 밤길을 어찌 가야 할꼬. 올해는 명예가 손상되지 않으면 건강을 잃는 운수이니 주의해야 하겠네. 동분서주하나 일이 순조롭지 못하구나. 반드시 때를 기다려야 하니 망령되게 언행하면 낭패를 볼 것이네. 만일 이사를 하면 가히 그 액이 반감되리라.

1월 남의 일을 하다가 손해를 볼 것이나 재물을 구하면 가히 얻을 수 있을 것이다. 다른 사람과 함께 일을 도모하면 반드시 손해를 볼 것이다. 만일 재운을 묻는다면 북쪽이 가장 길한 방향일 것이다.

2월 한 번은 귀인이 도와줄 것이다. 동남쪽에 이르니 귀인이 길을 인도하는 것이다. 집에 있으면 길하고, 움직이면 후회할 일이 생길 것이다. 만일 이사하지 않으면 자손에게서 놀랄 일을 당하게 될 것이다.

3월 재물은 들어오나 구설이 따를 것이다. 금성(金姓)은 이롭지 못한 사람이니 서로 만남을 삼가야 할 것이다. 앞길이 열렸으니 반드시 재물의 이익이 있을 것이다. 그러나 운수가 사나워 구설이 따르니 주의해야 할 것이다.

4월 음력 사월과 오월에 액운이 찾아오니 마땅히 모든 행동을 삼가야 할 것이다. 북쪽에 있는 사람이 나를 해칠 것이다. 또한, 다른 지방으로 여행하면 구설이 따를 것이다. 궁하면 다 통할 것이니 재물이 없다고 한탄하지 말아야 할 것이다.

5월 고기와 용이 물을 잃으니 처음과 끝이 불리하고, 복숭아꽃이 흐드러지게 피었는데 돌연 칼바람이 불어오니 뜻하지 않는 액운이 찾아올 것이다. 운수가 불길하니 혹여 소복을 입을까 두려우니 미리 대비해야 할 것이다.

6월 재앙이 변하여 복으로 되니 길흉이 서로 상반할 것이다. 명산을 찾아 기도하면 근심이 흩어지고 기쁨이 생겨날 것이다. 두 사람의 마음이 가각 다르니 시비를 삼가야 할 것이다. 그러나 재물의 근원을 얻을 것이요, 능히 귀신을 물리칠 것이다.

7월 음력 칠월, 팔월, 구월은 가히 분수를 지켜야 마땅할 것이다. 허망한 일에 손대면 반드시 손해를 볼 것이다. 이익은 남쪽과 북쪽에 있을 것이다. 일을 하고난 다음에는 충분히 쉬면서 마음을 안정하고, 헛된 일에 욕심을 부리지 말아야 할 것이다.

8월 재운이 그다지 좋지 않으나 숨통은 트일 것이다. 헛된 욕심으로 재물을 탐하면 종래에는 이롭지 못할 것이다. 마음을 바로 잡고 몸을 닦으면 백 가지 재앙이 물러날 것이다. 재수가 조금 통하니 밭을 일구면 이익을 얻을 것이다.

9월 바람이 물 위에 이니 원앙이 흩어지고, 이별수와 이사수가 따를 것이다. 이번 달에는 질병을 조심해야 할 것이다. 만일 이러한 운수를 무수히 지나게 된다면 이로움이 사방에서 찾아올 것이다. 건강만 주의한다면 아주 좋을 것이다.

10월 깊은 산의 작은 토끼가 호랑이 떼를 어찌 막아낼 수 있겠는가. 궁여지책으로 다른 사람의 말을 쉽게 믿었다가 구설수에 휘말릴 것이다. 그러나 우연히 귀인을 만나니, 나를 도와줄 것이다. 또한, 남쪽은 불리하니 북쪽으로 가는 것이 좋을 것이다.

11월 남방에는 액운이 있으니 횡액을 조심하고, 분수를 지키고 편히 있으면 재앙을 면할 것이다. 옛것이 지나고 새로운 것이 찾아오니 몸과 마음이 평안할 것이요, 작은 것을 큰 것으로 바꾸니 그 이익이 매우 클 것이다.

12월 사방에 재물이 있으니 큰 재물이 들어올 것이다. 그러나 육친에 덕이 없으니 오히려 은혜를 준 사람이 원수가 될 것이다. 동쪽과 서쪽 양방향에서 은밀한 일을 도모하면 불리하니 모사를 꾸미지 말아야 할 것이다.

대유지리 大有之離

| 운세풀이 |

하는 일마다 순조롭게 이루어지는구나. 파랑새가 혼담 소식을 전해오니 홀아비가 새장가를 드네. 꽃에 벌과 나비가 모여드니 만사가 화락하도다. 물고기가 용으로 변하니 변화가 무쌍한 운수로다. 하고자 하는 일을 성취하는구나. 식구가 늘어나고 전답과 가세가 늘어날 것이네. 금성(金姓)이 스스로 찾아와 도와주니 기쁨이 배가되네. 사람들이 스스로 찾아와 머리를 조아리니 세상사가 남부럽지 않도다. 올해의 운수는 반드시 기쁜 일이 있다네.

1월 귀성이 문에 비추니 귀인과 서로 만날 것이요, 순풍에 돛을 달고 항해하니 앞길에 막힘이 없을 것이다. 집에 경사가 있으니 마치 아름다운 사람과 대작하는 것과 같을 것이다. 재물과 복록이 끊이지 않고 아들을 얻는 경사가 있을 것이다.

2월 구름을 헤치고 달이 나와 푸른 바다와 하늘을 비추니 슬하에 경사가 있고 금옥이 만당할 것이다. 음력 이월의 복숭아와 자두가 때를 만나 꽃을 피우니 이름이 사방에 퍼져 만인이 나를 우러를 것이다. 재물은 애써 구하지 않아도 들어올 것이다.

3월 혹여 질병이 침범할 수 있으니 미리 명산대찰을 찾아 기도하면 면할 것이다. 만일 질병이 있으면 박씨 성을 가진 의원에서 물어야 할 것이다. 다행히 괘에 길성이 있으니 죽을 곳에서 구사일생할 것이다.

4월 처음과 끝이 하나 같으니 반드시 영화롭고 귀하게 될 것이다. 다만 화성(火姓)을 가까이하지 말아야 내가 하는 일에 방해받지 않을 것이다. 만약 횡재를 하지 않으면 질병이 침노할 것이니 건강관리에 유의해야 할 것이다.

5월 다행히 운수가 돌아오니 복록이 스스로 내게 찾아올 것이다. 길성이 문에 비치니 태기가 있거나 식구를 더할 것이다. 버들가지는 어둡고 꽃은 밝으니 풍류가 끊이지 않을 것이요, 먼저 큰 이익을 얻고 나중에 안정을 얻을 것이다.

6월 봄이 돌아와 백 가지 꽃이 다투어 피어나니 집에 경사가 있을 것이요, 마음을 바르게 하고 때를 기다리면 반드시 흥할 것이다. 그러나 남과 다투게 되면 피해는 있으되 이익은 없을 것이다. 그러니 입을 병뚜껑 닫듯이 굳게 지켜야 할 것이다.

7월 재성이 문에 들어오니 반드시 횡재할 것이요, 재록이 몸에 임하니 이름을 사해에 떨칠 것이다. 또한, 기쁨의 소리가 높은 누각에까지 미치니 기쁨이 집안에 가득할 것이다. 먼저는 손해를 보지만, 나중에는 이익이 생기니 고진감래할 것이다.

8월 낚싯대를 깊은 연못에 던져서 황금 물고기를 낚아 올리니 범사가 길하고, 재물이 문에 들어올 것이다. 귀인이 서로 나를 도와주니 이익이 그 가운데 있을 것이요, 서쪽에 재물이 있으니 뜻밖에 재물을 얻을 것이다.

9월 깊은 산에서 길을 잃었으니 갈 길이 아득하기만 할 것이다. 많은 사람들이 나를 피하니 소망을 이루기 어려울 것이다. 그러나 인내심을 갖고 끈기 있게 노력하면 중순에는 길할 것이요, 집에 있으면 길하니 귀인이 와서 도와줄 것이다.

10월 복숭아꽃은 이미 시들어 떨어졌으나 단풍과 국화가 아름다울 것이다. 문서에 길함이 있고, 논밭에 이익이 있을 것이다. 마음을 정직한 데에 두니 세상 풍파에 흔들림 없이 나아갈 것이요, 큰일을 도모하여 성사시킬 것이다.

11월 소원 성취하게 되나 원행을 하면 불리한 일을 당할 것이다. 매사가 뜻대로 이루어지고, 적은 것을 쌓아 큰 것을 이루니 갑부가 부럽지 않을 것이다. 사나이가 뜻을 얻었으니 의기가 양양하고 거리낌이 없을 것이다.

12월 만일 아는 사람 중에서 금성(金姓)이 나를 도우면 반드시 기쁜 일이 있을 것이다. 마음을 조급하게 하지 않고 차분히 안정하면 길함이 흉함으로 됨을 막을 것이다. 하는 일이 여의치 못하니 허망할 것이나 마음을 크게 가져야 할 것이다.

대유지규大有之睽

| 운세풀이 |

일에 머리는 있으나 꼬리가 없고, 다른 사람과 등을 지는구나. 매사에 황당한 일을 당하니 대낮에 도깨비를 만난 격이로다. 일에 두서가 없어 그 결과를 예측하기 어려운 운수로다. 먹구름이 태양을 가리니 대낮도 한밤중과 같구나. 앞날을 예측할 수 없으니 전전긍긍하네. 달도 차면 이지러지는 법이요, 호박잎도 찬 서리를 맞으면 떨어지는 법이라. 원행을 삼가고 차분히 자중해야 하네. 또한, 친한 사람에게 사기를 당하는 운수이니, 매사에 중심을 잘 잡고 행동해야 하네.

1월 호랑이가 단풍나무 숲에서 소리를 내니 어두운 골짜기에서 길을 잃은 것이다. 만일 손재수가 아니면 질병이 몸에 침노하니 건강에 유의해야 할 것이다. 움직이지 않고 고요히 있으면 직업을 잃으나 바삐 활동하면 이익을 얻을 것이다.

2월 하는 일에 막힘이 많을 것이다. 세상사가 뜬구름 같아 처음에는 길하나 나중에는 흉할 것이다. 만약 구설이 아니면 도둑을 맞을 것이니 언행을 주의해야 할 것이다. 풍파에 배를 띄웠으나 나아가지 않으니 일을 벌이지 말고 자중해야 할 것이다.

3월 사방을 돌아보아도 일가친척이 없으니 이 몸이 어디로 가야 하는가를 고민하게 될 것이다. 상문살이 와서 질병이 두려우니 건강에 유의해야 할 것이요, 명산대찰을 찾아 기도하면 이런 액을 면하게 될 것이다.

4월 경거망동을 삼가야 할 것이다. 해가 구름 속에 들어가고 뜬구름이 해를 가려 어둡게 만들었으니 경거망동한 행동으로 출행하면 흉한 일을 겪게 될 것이다. 사람으로 인해 해가 있으니, 특히 금성(金姓)을 멀리 해야 할 것이다.

5월 복숭아와 자두 꽃이 만발한데 갑자기 광풍이 몰아치니 뜻밖에 어려움을 겪게 될 것이다. 그러나 재운이 서서히 일어나니 집안이 흥왕할 것이다. 마음을 편안히 다스리고 집안에 있으면 이익이 그 가운데 있을 것이다.

6월 작은 것으로 큰 것을 바꾸니 재수가 대통할 것이다. 그러나 남의 재물을 탐하게 되면 도리어 손해를 볼 것이다. 만일 시비를 가까이하면 관재수가 아니면 구설을 면하기 어려울 것이다. 언행을 조심하고 자중해야 할 것이다.

7월 일시적으로 재물의 어려움을 겪을 것이다. 인적 없는 산길에서 도적이 칼을 품고 기다리는 것이요, 새의 날개가 상하여 날려고 해도 날지 못할 것이다. 모든 일은 순서가 있는 법이니 조급하게 서두르지 말고 차분히 진행해야 할 것이다.

8월 이지러진 달이 다시 둥근 달이 되어 세상을 밝히니 의심했던 일이 무엇인가 알게 될 것이다. 횡액을 피하려면 미리 남쪽으로 가서 하던 일을 성심으로 진행하면 좋을 것이다. 고통과 힘든 시절이 이어지고 기쁨과 근심이 섞여 있을 것이다.

9월 달이 서천으로 떨어지니 꿈자리가 뒤숭숭하고, 도둑이 들까 두렵고 재물을 잃을까 두려우니 잠인들 제대로 이루지 못할 것이다. 뜻하지 않은 일로 크게 손재를 당하게 되니 미리 방비해야 할 것이다.

10월 문서에 해로움이 있으니 아무하고나 의논하지 말아야 할 것이다. 특히 토성(土姓)을 가까이하면 문서를 취하는데 이롭지 못할 것이다. 뜻하지 않은 재물이 우연히 집에 들어올 것이요, 사방에서 이익을 보고 큰 재물을 얻을 것이다.

11월 강을 건너야 하는데 배가 파손되어 건널 도리가 없으니 먼 길을 나가면 반드시 그 해를 입을 것이다. 가정이 불화하면 끊임없는 손재가 있으니 사소한 다툼을 경계하고 집안을 살뜰히 살펴서 가정의 평화를 지켜야 할 것이다.

12월 가정에 액운이 있을 것이다. 만일 질병이 침노하지 않으면 부모에게 근심이 있을 것이다. 흉신이 발동하니 부부궁에 액운이 있을 것이요. 하는 일이 여의치 못하니 세상이 허망할 것이다. 집안사람을 자상히 보살피고 건강에 유의해야 할 것이다.

321

규지미제睽之未濟

| 운세풀이 |

매사에 막힘이 많으니 여의하지 못하구나. 심한 종창이 생기니 용한 의원도 고치기 어렵네. 가신(家神)이 발동하여 불안하니 집안에 우환이 생기네. 경영을 올바로 하려 하나, 반대로 진행이 되니 답답한 운수로다. 우연히 얻은 재물이 화근이구나. 사소한 욕심이 화를 부르네. 올해는 물을 조심하고, 불을 조심해야 하네. 세월의 무상함을 한탄치 말고, 명산을 찾아 기도하면 작게 가고 크게 받을 수 있도다.

1월 지신(地神)이 발동하니 구설이 따를 것이다. 옛것을 지키고, 새로운 것을 시작하거나 경영함을 도모하지 말아야 할 것이다. 다른 사람의 재물을 탐하면 낭패를 당하니 남의 재물을 탐하지 말아야 선량한 재물이 손실을 보지 않을 것이다.

2월 만일 이사하지 않으면 처자에게 근심이 있으니 환경을 바꾸거나 자리를 바꾸는 것이 좋을 것이다. 경영하는 일은 될 듯하다가 이루어지지 않으니 나가면 한가롭고 들어오면 심란할 것이다. 일을 크게 벌이지 말고 건강관리에 힘써야 할 것이다.

3월 굶주린 사람이 밥을 얻었으나 숟가락이 없어 먹지 못하니 답답한 지경이다. 재운이 공을 만났으니 횡재가 도리어 흉하니 욕심을 버리면 평안할 것이다. 탐욕이 끊임없으면 복이 변하여 재앙으로 변할 것이니 주의해야 할 것이다.

4월 경거망동하지 말고 안정을 취해야 할 것이다. 옛것을 지켜 평안함을 찾고 다른 일을 도모하지 말아야 어려움이 없을 것이다. 먹구름이 달을 가려 달빛을 보지 못하게 되니 다른 사람과 함께 일을 도모하면 도무지 성공할 수 없을 것이다.

5월 귀인이 도우나 경거망동을 주의해야 할 것이다. 동쪽과 남쪽에서 귀인이 찾아와서 도와줄 것이나 무심코 던진 한마디가 일파만파로 되돌아오니 말조심을 해야 할 것이다. 분수 밖의 일을 꾀하면 반드시 실패가 따르니 유의해야 할 것이다.

6월 서로 사이좋게 마주보고 세상사를 의논하는 것 같지만, 그 속마음은 닫혀 있으니 답답할 것이요, 음력 유월과 칠월에는 백 가지 일에 마장이 생길 것이다. 하는 일에 엎어짐이 많으니 남을 조심하고 주관을 세워야 할 것이다.

7월 욕심을 버리면 길할 것이다. 앞으로 가려 하나 길이 없으니 한탄을 할 것이요, 작은 것을 탐내다가 큰 것을 잃는 운수이니 소탐대실(小貪大失)을 막을 수 없을 것이다. 옛 것을 지켜 안정하면 흉한 일이 변하여 길한 일이 될 것이다.

8월 이 달의 운수는 적게나마 재운이 있을 것이다. 가물어 바짝 마른 싹이 비를 만난 격이니 먼저는 흉하나 나중은 길할 것이다. 여색을 가까이하면 반드시 재물을 잃게 되니 각별히 이성문제에 조심해야 할 것이다.

9월 낯선 사람을 사귀어 놀면 피해를 볼 것이니 사람 사귐에 유의해야 할 것이다. 분수를 지키면 무탈하나 허망한 욕심을 버리지 못하면 도리어 그 피해를 볼 것이다. 서쪽과 북쪽은 해로우니 출행하지 말아야 할 것이다.

10월 소망하는 일은 많으나 이룰 수 없고, 매사에 막힘이 많으니 경거망동하지 말아야 할 것이다. 또한, 목성(木姓)을 조심하지 않으면 구설이 침노할 것이니 사람을 사귐에 주의해야 할 것이다. 심신을 다잡고 침착하게 대비해야 할 것이다.

11월 욕심을 버리면 화평할 것이다. 일 년 동안의 재운은 번화한 도시의 한겨울에 있는 것이니 눈앞의 이익만 취하다 보면 낭패를 볼 것이다. 그러나 집안에 경사수가 찾아드니 자손에게 경사가 있을 것이다.

12월 어려움 가운데 재물이 들어올 것이요, 모래를 쪄서 밥을 지으니 우연히 재물이 들어올 것이다. 만일 화성(火姓)이 와서 도와주면 적은 재물을 능히 얻을 수 있을 것이다. 그러나 동서 양방은 일을 구해도 이루기 어려우니 덤비지 말아야 할 것이다.

규지서합 睽之噬嗑

| 운세풀이 |

음양이 화합하니 결실을 맺는구나. 자손을 원하는 집에서는 득남할 운수요, 결혼을 하지 못한 사람은 혼인을 하겠구나. 삼촌(三春)에 온갖 꽃이 피고 지니 마침내 열매를 맺는구나. 모든 사람이 화평하고 즐거우니 매사가 순조롭구나. 달을 가리던 구름이 흩어지고 밝은 달이 나오니 그 빛이 영롱하도다. 헌 옷을 벗고 새 옷을 입으니 마침내 금의환향하는 운수로다. 봄 가뭄에 단비를 만나니 봄꽃이 만발하네.

1월 음양이 화합하니 반드시 경사가 있을 것이요, 위아래가 조화를 이루는 기쁨을 맛볼 것이다. 태성이 문에 비쳤으니 자식을 낳거나 식구 수를 늘릴 것이다. 다른 사람이 많이 도와주니 재물에 길함이 있을 것이다.

2월 한 번 웃고 한 번 울게 될 것이다. 만일 벼슬을 하지 못하면 반드시 재난과 액운이 따를 것이다. 운수가 크게 형통하니 길한 일이 도처에 있을 것이다. 아들을 낳을 경사가 있을 것이요, 모든 일이 갖추어지고 순탄하게 이루어질 것이다.

3월 갖가지 아름다운 꽃들로 온 도시가 화려하니 바른 마음으로 하면 막힘이 없고 형통할 것이다. 만일 이사를 하지 않으면 상복을 입을 염려가 있으니 자리를 옮기면 좋을 것이다. 꽃이 피고 열매 맺는 것이니 일에 성공함이 많을 것이다.

4월 동쪽의 목성(木姓)이 우연히 찾아와 나에게 힘을 실어줄 것이다. 무리한 횡액이 눈앞에 닥치겠으나, 이씨(李氏)나 박씨(朴氏)가 나를 도와줄 것이다. 경거망동을 삼가면 반드시 대통하여 매사가 잘 풀려나갈 것이다.

5월 재성이 문에 비쳤으니 동쪽과 북쪽에서 재물이 왕성할 것이다. 헛되게 움직이면 해롭고, 현실성 있게 일을 도모하면 길할 것이다. 경거망동을 삼가면 재물이 몸을 따라올 것이니 가히 큰 재물을 얻을 것이다.

6월 산과 들에 봄이 돌아와 꽃의 빛깔이 새롭고 마침내 새 천지를 만난 기분이 들 것이다. 뜻밖의 귀인이 찾아와 힘을 북돋우니 먼저는 흉하나 나중은 길하고, 흉한 중에 길함이 있을 것이다. 만일 재물이 생기지 않더라도 자손에게 경사가 있을 것이다.

7월 이 달의 운수는 나가고 들어감이 빈번할 것이다. 마땅히 동쪽이나 서쪽으로 가면 반드시 횡재할 것이다. 재성이 몸에 임하니 능히 횡재함을 기약해 볼 수 있을 것이다. 그러나 구설수가 있으니 다툼을 피해야 할 것이다.

8월 만일 귀인을 만나게 되면 재물도 왕성하고 몸도 왕성할 것이다. 도가 높고 이름이 이로우니 귀인이 와서 도와줄 것이다. 상업적인 이치가 크게 통하니 그 기회를 잘 잡아야 할 것이다. 매사가 여유로우니 몸과 마음이 평안할 것이다.

9월 작은 것이 가고 큰 것이 오니 반드시 가정을 새롭게 이룰 것이요, 만일 다른 사람의 힘을 얻으면 자수성가하게 될 것이다. 또한, 경영하는 일이 길하게 될 것이니 매사가 형통할 것이다. 남에게 베풀어 덕을 쌓기 좋은 때가 될 것이다.

10월 소원을 성취할 것이요, 재물이 산과 같고 언덕 같이 쌓이니 그 복록이 끝이 없을 것이다. 식구가 늘고 백 가지 복록이 따를 것이요, 집안이 태평하고 모든 일이 마음먹은 대로 될 것이다. 다만 시비하게 되면 손재하거나 구설이 따를 것이다.

11월 추운 계곡에 봄이 오니 가히 풍년이 들 것이요, 만일 이름이 나지 않으면 재물을 얻을 것이다. 우연한 기회에 귀인을 만나 손에서 천금을 희롱하게 될 것이다. 해와 달이 항상 밝으니 가정에 기쁨이 가득할 것이다.

12월 관재구설수를 조심해야 할 것이다. 시비를 가까이하게 되면 구설이 침범할 것이요, 시비에 참여하게 되면 관재가 따를 것이다. 목성(木姓)을 조심하지 않으면 적게나마 손재수가 따를 것이다. 이 점만 주의하면 몸이 편하고 세상사가 태평할 것이다.

323 규지대유睽之大有

| 운세풀이 |

불길한 운수이니 자중 근신해야 하는구나. 활은 있으나 화살이 없으니 들어오는 적을 어찌 막을 수 있으랴. 목이 말라 우물을 파지만, 물을 얻기 힘드네. 만약 수성(水姓)을 만나면 천금을 얻을 것이네. 또한, 이사를 하게 되면 액운을 조금 면할 수 있겠구나. 한 번은 기쁘고 한 번은 슬프니 그 원인이 선조의 무덤에 있구나. 선조의 무덤을 한번 돌아볼 수로다. 곤고함을 한탄하지 말라, 나중에는 반드시 태평함이 있을 것이라네.

1월 호랑이가 온힘을 다하니 기운이 쇠진하여 생활에 활력이 없을 것이다. 하는 일에 두서가 없으니 마음과 생각이 정해지기 어려울 것이나 출행하면 길하니 동쪽이나 남쪽으로 가는 것이 마땅히 좋을 것이다.

2월 실물수와 관재수가 따를 것이다. 이 달에는 실물수가 염려되는 운수이다. 음력 이월과 삼월은 하는 일에 거스르는 게 많을 것이다. 만일 원행을 하지 않으면 관재수를 조심해야 할 것이다.

3월 어려움이 따를 것이다. 만일 질병이 없으면 자손을 얻을 것이다. 한 손바닥으로는 소리를 낼 수 없고 많은 입은 막을 수 없는 것처럼 소원을 이루기 어려울 것이다. 신상에 위태함이 있으니 사람 많은 도회지에 가지 말아야 할 것이다.

4월 어부지리처럼 남 좋은 일을 하게 될 것이다. 조개와 까치가 서로 다투는데 어부가 이익을 챙기는 것이다. 동쪽은 길하고 남쪽은 해로운 방향이 될 것이다. 하는 일에 분수를 지켜 남의 재물을 탐내지 말아야 할 것이다.

5월 신수가 불리하니 횡액을 가히 주의해야 할 것이다. 가까운 곳에서 시작하여 먼 곳에 이르는 것이 세상 이치이니 작은 것을 쌓아 큰 것을 이룰 것이다. 피해를 주는 사람은 금성(金姓)이니 동업을 하지 말아야 할 것이다.

6월 황량한 산에 날이 저물고 비만 추적추적 내리니 매사에 막힘이 많고 심신이 산란할 것이다. 마음을 차분히 하고 심신을 수양하는 계기로 삼으면 마침내 큰 나무에 봄이 찾아와 빛을 보게 될 것이다.

7월 가물던 하늘에서 단비가 내리니 오곡백과가 풍성할 것이요, 신상에 길함이 있으니 귀인이 서로 도와줄 것이다. 그러나 일에는 분수가 있으니, 남의 재물을 탐내고 망령되이 행동하면 실패가 따를 것이다.

8월 마음을 다스리고 자중해야 할 것이다. 사면초가가 되어 나를 이롭게 하는 사람이 없고, 마음에 정한 바가 없으니 뜻밖의 일을 당할 것이다. 도모하는 일에 어두운 그림자가 드리워졌으니 인내하며 때를 기다렸다가 행동해야 할 것이다.

9월 때를 기다려 움직여야 할 것이다. 서쪽과 북쪽에 길함이 있으니 필시 이성의 도움을 받을 것이다. 이익이 북방에 있으니 나가면 얻을 것이다. 은밀히 도모하는 일이 분명하지 않으니 기회를 보아 행동해야 할 것이다.

10월 큰 나무에 벌레가 생겨나니 밖은 화려하나 속은 비어 있게 될 것이다. 이 달에는 각별히 질병을 조심해야 할 것이다. 길한 날을 택하여 미리 액을 물리치면 능히 액을 면할 것이요, 재앙이 사라지고 복이 오니 하는 일을 이룰 것이다.

11월 조용히 안정하고 있으면 길하나 경거망동하게 움직이면 해를 볼 것이다. 목성(木姓)과 동업을 하면 능히 재물을 얻을 수 있을 것이나, 분수 밖의 일을 행하지 말아야 할 것이다. 힘들어도 한탄하지 말고 참고 기다리면 영화가 있을 것이다.

12월 이루고 패함이 많을 것이다. 그러나 이루고 패함은 병가상사이니 낙담하지 말아야 할 것이다. 밝은 달빛으로 별빛이 흐리니 까마귀와 까치가 밝은 남쪽으로 날아가는구나. 본디 이익 본 것도 없고 피해 본 것도 없는데 구설수가 따를 것이다.

리지여 離之旅

| 운세풀이 |

집안에 있으면 심란하니 출행하여 심란함을 달래는구나. 출행이라 함은 외방에서 경영하는 것이라. 쥐가 창고에 든 격이니 경영을 함에 있어서 천금을 희롱하는구나. 비록 마음은 어지러우나 경영하는 일에 전념을 한다면 좋은 결과를 갖는구나. 비록 재운은 좋다 하나 몸이 천근만근이 되니 병마가 찾아들까 염려되는구나. 우연히 귀인이 와서 도와주니 뜻밖의 재물을 얻을 것이네. 다만 북쪽 현무가 발동하여 실물수가 따르니 주의해야 하네.

1월
욕심을 버려야 관재구설을 면할 것이다. 봄이 고국에 돌아오니 만물이 다시 살아날 것이요, 의식이 풍족하여 더 바랄 나위가 없을 것이다. 그러나 남의 재물을 탐하게 되면 관재수가 생겨나니 탐욕을 부리지 말고 정직하게 행해야 할 것이다.

2월
한 조각구름에 상서로운 기운이 감도는 것이니 좋은 일이 있을 것이다. 용이 작은 시냇물에 있는 것이요, 큰 것을 구하기는 어려운 것이니 현재에 만족해야 할 것이다. 재운의 때를 만나니 우연히 천금을 얻을 것이다.

3월
삼월 봄바람에 복숭아꽃이 만발하니 재운이 제때를 만나 관문에 들 것이요, 길성이 운명에 드니 가히 관록을 얻을 것이다. 모든 근심이 흩어지고 기쁨이 생기는 운수이니 신수가 태평할 것이다.

4월
동풍에 가랑비가 내리니 복숭아와 자두 꽃이 봄을 희롱하고, 두 사람의 마음이 같으니 무슨 일이든 이루지 못할 것이 없을 것이다. 귀인이 나를 도우니 가히 천금을 희롱할 것이요, 꽃이 봄 숲에 피어나니 자손을 얻게 될 것이다.

음력 오월과 유월에는 재물이 산과 언덕을 이룰 것이다. 문을 나서니 크게 길하여 뜻 밖의 재물을 얻을 것이요, 길성이 문에 드니 늙은이가 처녀에게 장가드는 것처럼 경 영하는 일이 사람으로 인하여 뜻대로 이루어질 것이다.

운수가 돌아옴이 봄과 같으니 만물이 스스로 생기듯이 재물로 성공하든, 관록으로 성공하든 반드시 성공할 것이다. 많은 것을 갖추고 이루니 뜻밖의 재물을 얻게 될 것 이다. 집안의 운수가 왕성하고, 귀인이 나를 도와줄 것이다.

남과 도모하는 일에서 반드시 재물의 이익이 따를 것이다. 저녁에 건조하고 찬바람 이 불어오니 오동나무가 가을을 알리는 것이다. 서쪽의 여자를 믿지 말라, 끊이지 않 는 구설이 따를 것이다.

자손에게 경사가 있을 것이다. 움직이지 않고 있으면 길하고, 움직이면 허물을 얻을 것이다. 집에 경사가 있는 운수이니 자손에게 경사가 있을 것이다. 만일 그렇지 않 으면 관록을 얻게 될 것이다.

가문 하늘에 단비가 내리니 오곡백과에 풍년이 들 것이요, 초목에 봄이 드니 날로 빛 을 더할 것이다. 매사에 길함이 있으니 노력하여 일하면 반드시 결과를 성취할 것이 다. 마음을 안정하고 먼 여행을 삼가면 횡액을 가히 물리칠 수 있을 것이다.

동쪽 정원의 복숭아와 자두나무가 비로소 그 열매를 맺으니 근심이 흩어지고 기쁨이 생길 것이다. 꽃이 타향에서 피니 밖에 나가면 재물을 얻게 될 것이다. 작은 것을 쌓아 큰 것을 이룰 것이요, 집에 있으면 이익이 없으나 출행하여 얻을 것이다.

집안에 경사가 있을 것이요, 소망한 일을 반드시 성취할 것이다. 원앙이 서로 고개를 비비는 격이니 처궁에 경사가 있을 것이다. 힘써 노력한다면 반드시 재물의 이익을 보 게 될 것이다. 다만 물가에 횡액이 있으니 물가에 가지 말아야 할 것이다.

착한 마음으로 일하면 뜻밖에 횡재할 것이다. 귀신의 눈은 번개와도 같으니 음한 일 을 하지 말아야 할 것이다. 재물로 마음이 상하는 운수이니 헛된 욕심을 부리지 말아 야 할 것이다. 분수를 지키고 안정되게 있으면 뜻밖의 횡재를 할 것이다.

332

리지대유離之大有

| 운세풀이 |

옛것이 지나가고 새것이 오는구나. 모든 일이 불리하니 마음을 안정시켜야 하네. 상복을 입게 되겠구나. 흉신이 숨어 들어오니 가정이 불안하도다. 윗사람과 아랫사람이 서로 불화하니 만사가 순조롭지 못하구나. 친지에게 근심이 없으면 슬하에 근심이 있을 것이네. 다행히 이익이 동남쪽에 있구나. 결국 흉함이 극에 달하면 길함으로 바뀌는 법이니 명산을 찾아 지성으로 기도하면 능히 액운을 면하겠네.

1월 큰 나무에 봄이 없으니 꽃이 피는 것을 바라기 어려울 것이요, 소원을 이루기 어렵고, 집안이 불안할 것이다. 만일 금성(金姓)을 가까이하면 손재수를 면하기 어려울 것이다. 미리 대비하여 자상하게 살피고 집안을 편안하게 해야 할 것이다.

2월 집을 떠나서 낯선 도시에서 고생하니 신수가 비색하여 그 허물을 벗고자 하여도 벗지 못하고, 이익을 얻지 못할 것이다. 남의 말을 믿으면 먼저는 길하나 나중은 흉할 것이다. 사람 사귐에 주의하고 감언이설에 귀 기울이면 안 될 것이다.

3월 귀인을 만나게 될 것이다. 만일 원행하지 않으면 반드시 이사를 하게 될 것이다. 벼슬을 하여도 쉽게 물러날 운수요, 농사를 하여도 이익이 없을 것이다. 다행히 귀인을 만나게 되면 횡액을 면하게 될 것이다.

4월 차분히 때를 기다려야 할 것이다. 집에 있으면 수심이 차고 나가면 마음이 편안할 것이다. 마음을 바르게 하고 몸을 닦아 하늘의 뜻을 기다려야 할 것이다. 미리 불전에 기도하면 재앙이 사라지고 복이 올 것이다.

5월 힘들고 어려워도 참고 인내하면 복이 올 것이다. 이익이 문서에 있는데 필시 토지에 관한 일일 것이다. 가신이 나를 도우니 흉한 것이 가고 복이 올 것이요, 재운이 왕성하니 재물과 비단이 차고도 넘치게 될 것이다.

6월 경거망동하지 말아야 길할 것이다. 만일 질병이 없으면 가히 구설이 침노할 것이다. 먼저 집터에 제사를 지내면 모질고 사나운 운수를 면할 것이다. 망령되이 행동하지 말고 몸과 마음을 안정하고 때를 기다려야 할 것이다.

7월 마음을 수양해야 할 것이다. 길한 날과 좋은 시간을 가려 제당에 기도하며 때를 기다려야 할 것이다. 송사수가 있으니 남과 다투지 말아야 할 것이다. 하는 일에 무너짐이 많으나 마음을 비우고 있는 그대로 받아들이면 곧 좋은 때가 올 것이다.

8월 머리는 있으나 꼬리가 없으니 하는 일에 해결됨이 없고, 결과를 얻지 못할 것이다. 남과 더불어 동업을 한다면 목성(木姓)과 함께 함이 유리할 것이다. 신상에 액운이 따르나 가신에게 기도하면 무탈할 것이다.

9월 운수가 좋지 않으니 억지로 구하여 하지 말고 때를 기다려야 할 것이다. 그러면 백가지 일을 성취할 것이요, 집안에 기쁨이 가득할 것이다. 이름이 나고 정신이 왕성하니 한가로운 곳에서 재물을 구할 것이다.

10월 몸과 마음을 닦아 수양하고 집안을 잘 다스려야 할 것이다. 만일 부모에게 근심이 없으면 자손에게 놀랄 일이 있을 것이다. 목성(木姓)이 이롭지 못하니 거래를 하지 말아야 할 것이다. 안정하고 때를 기다리면 괴로운 뒤에 기쁨이 찾아올 것이다.

11월 세상 일이 허망하다는 것을 느끼게 될 것이다. 세상사가 모두 황망하고 일장춘몽과 같지만, 과거를 후회하지 말고 바른 길로 가야 할 것이다. 만일 미리 액운을 막지 못하면 길함이 흉하게 될 것이다. 남과 더불어 하는 일에서 허황함을 맛볼 것이다.

12월 질병을 조심해야 할 것이다. 동쪽에 있는 나무가 때때로 바람에 슬피 우니 신수가 조금 막히어 질병을 얻어 신음하게 될 것이다. 목성(木姓)을 가까이하면 뜻하지 않은 변고를 당하게 될 것이다.

리지서합 離之噬嗑

괘상수 333

| 운세풀이 |

경영하는 일이 반드시 성공하는구나. 남산에 들어 활로 호랑이를 잡으니 화살
이 다섯 번을 적중하네. 어떠한 일을 경영하든지 확실한 결과를 얻을 것이네. 순
조로운 가운데 이익이 있으니 기쁨이 두 배가 되는구나. 동쪽에 귀인이 있고, 서
쪽에 이익이 있으니 사방에서 나를 도와주는구나. 다만, 관재수가 따르기는 하
나 큰 피해는 없겠네. 처음은 곤고하나 마음을 바르게 하고 매사에 임하니 마침
내 성공하네.

1월 메마른 샘이 비를 만나니 다시 많은 물이 고여 그 물로 목을 축이게 될 것이요, 지성
이면 감천이니 반드시 소원을 이룰 것이다. 스스로 높은 이름을 얻어 위엄이 사방에
떨쳐질 것이요, 의기양양할 것이다.

2월 고생 끝에 즐거움이 올 것이다. 마음가짐을 바르게 하고 때를 기다리고 있으니 고진감
래하는 운이 오는 것이다. 칠년 가뭄에 단비가 촉촉이 내리는 것이요, 자손에게 경사
가 있을 것이다. 해와 달이 밝게 비추니 반드시 기쁜 일이 생길 것이다.

3월 용이 넓은 바다를 얻었으니 조화가 무궁하고, 타인의 재물이 우연히 문에 들어올 것
이다. 단비와 기름진 이슬이 초목을 윤택하게 하니 운수가 길함을 만나 반드시 소망
을 이루어 기쁨을 맛볼 것이다.

4월 욕심을 버리면 조금의 재물은 얻을 수 있을 것이다. 벼슬이 높고 관록이 많으니 금옥
이 집안에 가득할 것이요, 재물은 시장에 있으니 구하면 조금은 얻을 수 있을 것이
다. 그러나 원행이 불리하니 집에서 차분히 지내는 것만 못할 것이다.

실물수가 있으니 매사에 조심해야 할 것이다. 수성(水姓)에게 해가 있으니 북쪽 사람의 말을 곧이곧대로 믿으면 손해를 볼 것이다. 집을 떠나 먼 길을 가게 되거나, 그렇지 않으면 질병을 조심해야 할 것이다.

6월 만일 벼슬을 하지 않으면 재물을 얻어 기쁨을 누릴 것이다. 금성(金姓)이나 목성(木姓)이 뜻밖에 나를 도와주니 평소에 덕을 쌓은 덕분일 것이다. 마음을 돌같이 굳게 먹으면 수고한 뒤에 공이 있을 것이다.

7월 음력 칠월과 팔월에는 물고기와 용이 물을 얻는 격이지만, 동쪽 정원에 봄이 저물어 벌과 나비가 어찌할 바를 모르니 너무 좋은 것이 도리어 근심을 가져올 것이다. 그러니 분수를 지키고, 경솔하고 망령스럽게 움직이지 말아야 할 것이다.

8월 단비가 때를 맞춰 내리니 풍년을 기약할 것이요, 서쪽과 북쪽 양방향에서 귀인이 찾아와 나를 도와줄 것이다. 귀인은 목성(木姓)으로 내가 평소에 인연을 잘 맺어둔 사람일 것이다.

9월 맑게 갠 하늘에 달이 뜨니 경치에 반해 웃음이 절로 나올 것이요, 마음과 몸이 편하니 성공하는데 어려움이 없을 것이다. 집안에 상서롭지 못한 기운이 있으니 미리 액운을 막아 넘긴다면 길할 것이요, 귀인은 서쪽과 북쪽 방향에 있을 것이다.

10월 남의 재물을 탐하면 반드시 허황한 일을 당할 것이니, 적은 것으로 넉넉한 줄 알고 만족해야 할 것이다. 가을을 만난 연꽃이 한때 활짝 피었으니 횡재하거나 생남할 것이다. 재수에는 흠이 없으나 관재가 따르니 각별히 조심해야 할 것이다.

11월 푸른 파도에 낚시를 던지니 늦게야 큰 고기를 얻으니 인내심이 필요할 것이다. 재수의 근원이 깊고 기니 손에서 천금을 희롱할 것이요, 뜻밖에 재물을 얻지 않으면, 관록이 몸에 임할 것이다.

12월 삼 년 동안 날지 않았으니 한 번 날았다 하면 하늘을 찌를 듯할 것이다. 돌 사이의 가는 물줄기가 쉬지 않고 바다로 흘러 들어가듯이 하는 일이 유순할 것이요, 구하고자 하는 바를 능히 얻게 될 것이다. 다만 이성문제를 주의해야 할 것이다.

서합지진 噬嗑之晉

| 운세풀이 |

앞으로 나아감이 순조롭지 않으니 하고자 하는 일을 달성하기 어렵구나. 만 리
길을 출행하는데 갈수록 태산이구나. 매사가 여의치 못하여 불리하니 자리를
빈번하게 옮겨 보는 게 좋구나. 근심이 떠나지 아니하니 원행하면 한가하리라.
사소한 일로 다투게 되면 관재구설이 따르니 조심하고 또 조심하라. 오동나무
에 잎이 떨어지니 봉황이 깃들지 않는구나. 흰 모래 사이의 냇물에 달빛이 비치
니 혹여 상복을 입거나 병마가 찾아들까 두렵네.

1월 깊은 산에 홀로 소나무가 외로이 서 있고, 큰 바다에 조각배가 떠 있으니 손해가 많
을 것이다. 물을 거슬러 배를 항해하니 앞길이 순탄치 못할 것이다. 일에 정한 이치
가 있으니 순리를 따르면 흉함이 변하여 길함이 될 것이다.

2월 가시덤불을 지고 구들장 속에 있는 격이니 사람인가 귀신인가 몰골을 구분하기 어려
울 것이다. 아랫사람과 윗사람의 마음이 다르니 매사 이루어지는 일이 없을 것이다.
토성(土姓)과 목성(木姓)이 우연히 찾아와 해를 끼치니 주의해야 할 것이다.

3월 봄 석 달 동안은 이익이 없을 것이나, 여름이 오면 마음먹은 대로 되는 일이 많을 것
이다. 북쪽을 가까이하면 재산을 탕진할 일이 있을 것이다. 비록 노력하나 공이 없더
라도 열심히 노력을 기울여야 할 것이다.

4월 일에는 순서가 있는 법이니 급하게 서두르지 말아야 할 것이다. 버들은 푸르고 복숭
아꽃은 붉으니 가히 봄기운을 만난 것이요, 심신이 태평하니 집안에 경사가 있을 것
이다. 재물이 땅 끝에 있으니 원행하면 길할 것이다.

5월 수심이 끊이질 않고 구설이 침범하니 남과 다투지 말아야 할 것이다. 사소한 일로 다투면 구설수에 오르고, 길에서 낭패를 당하나 사람들이 입을 닫고 쉬쉬할 것이다. 사람을 구해주었으나 도리어 은혜를 원수로 갚으니 유념해야 할 것이다.

6월 고생 끝에 즐거움이 찾아올 것이다. 꽃이 지고 열매를 맺지 않았는데 광풍이 불어와 고생스러운데 귀인이 도와서 영귀할 때가 있을 것이다. 옛것을 지키고 평상시대로 생활하면 흉함이 변하여 길함으로 변할 것이다.

7월 달 밝은 천산에서 두견새가 슬피 울고, 동쪽으로 가면 생각지 못한 손해를 보게 될 것이다. 비록 재물을 얻게 될 것이나 얻어서 반은 잃으니 결국 적은 재물을 얻게 되는 것이다. 적으면 적은 대로 만족해야지 욕심을 부리면 불리할 것이다.

8월 비록 노력을 하나 공이 없더라도 한탄하지 말아야 할 것이다. 만약 손재하지 않으면 배우자를 잃거나 다투게 될 것이다. 재물을 잃었다고 한탄을 하면 몸에 병이 들 것이니 담담히 받아들이고 경망한 행동을 삼가야 할 것이다.

9월 일이 여의치 못하니 마음에 번민이 많을 것이다. 봄꽃이 활짝 피어 있는데 광풍이 몰아쳐 뜨락이 텅 비어버릴 것이다. 집안이 불안하니 조상을 모셔 제사를 올리고 기도하면 좋을 것이다.

10월 노력을 아끼지 않으면 가히 큰 재물은 얻게 될 것이다. 이리저리 뛰어다니며 동분서주하니 아주 바쁜 나날이 될 것이나 깊은 산속에서 흐르는 물이 쉬지 않고 바다로 흘러가듯이 앞날이 좋을 것이다.

11월 구름이 흩어지고 달이 나오니 경치가 다시 새로우니 새로운 일을 시작해 보게 될 것이다. 어려운 가운데서 다시 살아나는 것이요, 봄풀이 때를 만났으니 일취월장할 것이다. 또한, 하늘에서 복을 주니 출행하면 이익을 얻을 것이다.

12월 때를 기다려 움직이면 반드시 적게나마 이익을 얻을 것이다. 귀인이 나를 도와주니 이씨와 김씨가 길할 것이다. 그러나 시비를 가까이하면 송사가 두려우니 다툼을 피하고, 너무 시시비비를 가리지 말 것이다.

서합지규 噬嗑之睽

| 운세풀이 |

큰 발전이 있겠구나. 소년 청춘에 일찍이 부귀가 흥왕하구나. 큰 고기가 강에서 바다로 돌아가는 것이니 경영하는 일이 마침내 뜻을 이루어 성공을 하네. 단비가 때를 맞추어 내리니 오곡이 풍성하구나. 관록이 아니면 횡재수가 있구나. 맹호가 수풀 밖으로 나가니 권세가 세상을 흔드네. 사해에 이름을 날리고 재물이 진진하니 태평가가 절로 나오는구나. 혹여 조객살(弔客煞)이 문에 들어 상복을 입어볼까 두려우니 미리 대비해야 하네.

1월 따사로운 바람과 가랑비 속에 꽃과 버들이 봄을 희롱하니 가는 곳마다 길함이 있을 것이요, 이 기회를 놓치지 말고 잡으면 크게 성취할 것이다. 대장부가 뜻을 얻었으니 의기양양하고, 재물과 기운이 왕성하니 온 집안이 화평하고 즐거울 것이다.

2월 만일 관록을 갖지 못하면 도리어 흉할 것이다. 용이 천문에 있는 것이니 영귀함을 기약할 것이요, 귀인을 만나면 큰 재물을 얻을 것이다. 운수가 대길하니 반드시 번창하고, 세력이 왕성할 것이다.

3월 집안에 경사가 있으니 누군가 혼인을 하거나 식구가 늘어날 것이다. 재물과 복록이 흥왕하니 손에서 천금을 갖고 노닐 것이다. 길하고 상서로운 별이 집안에 비추니 기쁨이 가정에 가득할 것이요, 재물을 태산같이 얻게 될 것이다.

4월 음력 사월 남풍에 귀인이 와서 서로 도와줄 것이다. 몸이 편하고 마음이 평안하니 백 가지 일이 모두 길한 것이요, 구하지 않아도 뜻밖에 재물이 저절로 들어올 것이다. 매사가 순조롭게 진행되고 안 될 거라고 생각한 일들도 풀릴 것이다.

5월 파리가 말 꼬리에 붙어 천리를 가니 만약 길하거나 경사가 아니면 도리어 상복을 입게 될 것이다. 비록 재운은 좋으나 들어오는 것은 적고 나가는 것이 많고, 끊임없는 구설이 송사에까지 이를 것이니 조심해야 할 것이다.

6월 집안에 들어오면 심란하고 나가면 마음고생이 따를 것이다. 처음엔 곤고하나 뒤에는 길하니 큰 재물을 얻을 것이다. 물고기가 용문을 거슬러 올라가는 것이요, 봄바람과 가랑비에 초목이 즐거워하는 것과 같을 것이다.

7월 이 달의 운수는 길함과 흉함이 뒤섞여 있을 것이다. 사람을 잘못 사귀면 불리하니 아무하고나 동업을 하지 말아야 할 것이다. 처음에는 곤고하나 서쪽에서 오는 귀한 손님이 천금으로 나를 도와줄 것이니 마무리를 잘해야 할 것이다.

8월 마른하늘에 단비가 내리니 마른 나뭇가지에서 새 싹이 돋아날 것이요, 봄날에 닭이 알을 품었으니 자식을 낳거나 식구가 늘어날 것이다. 그러나 남과 다투지 말아야 할 것이다. 만일 다투게 되면 구설이 따를 것이다.

9월 재성이 문에 비치니 움직이면 재물을 얻을 것이다. 재물은 왕성하나 몸이 힘드니 나중에는 흉할 것이다. 목성(木姓)이 해를 끼치는 운수이니 그와 동업을 하면 안 될 것이다. 건강관리에 각별히 신경 쓰면 무탈할 것이다.

10월 만일 관록을 갖지 않으면 자손에게 경사가 있을 것이요, 부귀를 겸전하게 될 것이다. 그러나 관청에 출입할 일을 만들지 말아야 형살을 면할 수 있을 것이다. 남과 함께하는 일은 오히려 실패하게 될 것이니 각별히 주의해야 할 것이다.

11월 동짓달과 섣달에는 만사가 순조롭게 이루어질 것이다. 횡재가 아니면 경사가 있을 것이요, 우연한 기회에 귀인을 만나게 되니 천금이 스스로 올 것이다. 항상 기쁜 일이 있으니 심신이 태평할 것이다.

12월 분수를 지키면 소원을 성취할 것이다. 재물과 비단이 창고에 가득하여 석숭이 부러워할 정도지만, 분수를 지키는 게 상책일 것이다. 섣달에는 이름을 사방에 떨칠 것이다. (*석숭: 중국 서진의 부호)

서합지리 噬嗑之離

| 운세풀이 |

보물을 구하고자 분주히 사방팔방으로 동분서주하는구나. 사방으로 보물을 찾아 헤매나 산길이요, 물길이라 막힘이 많구나. 신상에 고통이 많으니 그 누가 이 마음을 알아주랴. 역마가 발동하니 편히 앉아 쉬는 날이 드무네. 기쁨과 근심이 서로 교차하니 길함과 흉함을 함께 보는구나. 헌 집을 다시 수리하니 뒤늦게 집 안에 광채가 나는구나. 눈 속에서 죽순을 구하는 격이니 고통스럽구나. 분수를 지키고, 명산을 찾아 기도하면 조금은 구하리라.

1월 우물 안의 개구리 격이니 소견이 넓지 못함을 한탄할 것이다. 산길에서 말을 달리니 길이 험해 고생스러울 것이다. 얻는다 해도 많이 잃으니 도리어 없느니만 못할 것이다. 그래도 용기를 잃지 말고 끝까지 길을 헤쳐 나가야 할 것이다.

2월 여기저기 배회하며 하늘을 바라보다가 마지막 돌아오는 길에야 재물을 얻으니 시간이 지난 뒤에야 길할 것이다. 일을 도모한 연후에 성공을 바라볼 것이요, 재물이 길 가운데 있으니 출행하면 가히 얻을 수 있을 것이다.

3월 천리 타향에서 고독하게 혼자 있으니 지푸라기라도 잡고 싶은 심정이겠지만, 남의 말을 함부로 믿으면 황당한 꼴을 당할 것이다. 동쪽과 서쪽에는 손해가 있으니 가까이하지 말아야 할 것이다.

4월 구설수를 조심해야 할 것이다. 달이 검은 구름에 들었으니 동서남북을 분간하기 어렵고, 운수가 불길하니 가시밭길을 걸어가는 것처럼 두려울 것이다. 이씨와 박씨 두 성씨가 내 일을 몰래 시기하니 다투지 않도록 주의해야 할 것이다.

5월 최선을 다하면 반드시 재물을 얻을 것이다. 길한 날 두 날을 정해서 정성으로 복을 빌어야 할 것이다. 이익은 반드시 수성(水姓)에 있을 것이요, 우물에 있던 물고기가 바다로 나가니 그 의기가 양양할 것이다.

6월 산에 들어가 도를 닦으니 가히 신선이라 할 수 있을 것이다. 귀인은 동쪽에 있고 이익은 남쪽에 있으니 동쪽과 남쪽 양방향이 반드시 길할 것이다. 그러나 흉악한 일이 문에 비치니 횡액을 조심해야 할 것이다.

7월 다른 사람과 함께 일을 도모하면 실패하게 될 것이다. 하는 일에 많은 장애가 있으니 원행하면 불리할 것이다. 본래 재물이 없으면 몸과 마음이 괴로운 것이니 이를 알고 참고 견뎌야 할 것이다. 먼 여행을 삼가고 동업은 하지 말아야 할 것이다.

8월 사람으로 인해 피해도 보고 이익도 보는 것이니 대인관계를 잘해야 할 것이다. 화성(火姓)은 피해를 줄 것이나 수성(水姓)은 이익을 줄 것이다. 동쪽과 서쪽 양방향에서 좋은 일이 있을 것이요, 만일 남의 도움이 있으면 천금을 얻게 될 것이다.

9월 원행이 불리하니 분수를 지켜 안정함만 못할 것이다. 기쁨과 근심이 서로 뒤섞여 있는 것이니 길함과 흉함이 반반이요, 일신이 고단하여 마음속에 번민이 많이 생길 것이다. 이럴 때일수록 심신수양에 힘써야 할 것이다.

10월 가을날 한밤중에 집을 생각하며 스스로 한탄할 것이다. 그러나 옛것을 지키며 차분히 일상생활을 하면 길할 것이다. 동쪽에서 오는 악한 손님 때문에 풍파를 겪을 것이니 함께 일을 도모하지 말아야 하고, 경거망동을 삼가야 할 것이다.

11월 가정이 불화하여 풍파가 가라앉지 않을 것이다. 매사에 이루어지는 일이 없으니 분수를 지키는 것이 상책일 것이다. 말을 조심하지 않으면 반드시 구설수가 따르니 늘 언행을 조심하고, 가정이 화목하도록 넓은 아량을 베풀어야 할 것이다.

12월 섣달의 운수는 재물과 의도한 일을 성취할 것이다. 그러나 가까운 것을 놓고 먼 것을 취하니 수고로움만 있고 공로는 적을 것이다. 집안에 불평함이 있고 손재가 따르니 마음을 안정하고, 집안을 화평하게 해야 할 것이다.

정지대유 鼎之大有

| 운세풀이 |

뜻이 하늘에 닿으나 그 뜻을 성사시키지 못하는구나. 양가집 규수가 원치 않는 아이를 낳은 격이니 이치에 맞지 않는 일로 낭패를 보는구나. 아랫사람과 윗사람이 서로 화합하지 못하니 그 피해가 적지 않구나. 때를 기다리지 못하고 일을 행하면 반드시 낭패를 보는구나. 때 아닌 진눈깨비가 내리니 어디로 가야 할 바를 모르네. 옛것을 고쳐서 새것을 만드니 어려운 가운데서 활로를 찾고 곤고함 뒤에 영화가 있구나. 미리 기도하면 재앙은 가고 복이 오리라.

1월 바람과 비가 고르지 못하니 백곡이 영글기 어렵고, 도처에 불리함이 있으니 운수가 사나운 달이라 할 것이다. 돌 위에 연꽃을 심어놓고, 그 연꽃이 피어나기를 기다리는 격이니 무작정 일을 벌여 놓지 말아야 할 것이다.

2월 하는 일에 마장이 따를 것이다. 밖은 웃고 안은 찡그리니 처음은 있고 끝맺음의 결과를 보지 못할 것이다. 남의 말을 들으면 도리어 허망한 결과를 맛보게 될 것이다. 차분한 마음으로 먼저 가정이 편하도록 살뜰히 돌봐야 할 것이다.

3월 재효가 공망을 만나니 처궁에 액이 있을 것이다. 허욕으로 재물을 탐내면 얻는 것이 별로 없을 것이다. 소원을 이루기 어렵고 길함보다 흉함이 많으니 욕심 부리지 말고 덕을 쌓는 계기로 삼아야 할 것이다.

4월 늙은 용이 힘이 없어 하늘을 오르기 어렵고, 해가 구름에 가리니 동서를 분간키 어려운 처지이니 시비를 가까이하지 말아야 할 것이다. 시비를 따지면 구설이 따를 것이다. 또한, 목성(木姓)과는 친하게 지내되 김씨와는 멀리해야 할 것이다.

5월 손재가 있으니 화성(火姓)을 멀리해야 할 것이다. 옛것을 버리고 새것을 쫓는 격이니 타향에서 이익이 있을 것이다. 물을 거슬러 배를 저어가니 앞으로 나가기 어렵고, 집에 있으면 흉하니 이사를 하면 길할 것이다.

6월 재물은 들어오나 관재구설을 주의해야 할 것이다. 한 집안이 화평하니 재물이 스스로 들어올 것이요, 오곡이 풍성하니 볏단이 집안에 가득할 것이다. 만일 그렇지 않으면 구설수가 따르니 억지로 구하지 말아야 할 것이다.

7월 만약 이사하지 않으면 하던 일을 바꾸거나 개업을 하게 될 것이다. 초당에 봄이 깊으니 하루가 더디게 가는 것처럼 가정에 근심이 있을 것이다. 다른 사람과 원수지간이 되면 그로 인해 해를 입게 되니 서로 양보하고 이해해야 할 것이다.

8월 재성이 공망을 만나니 실물수를 조심해야 할 것이다. 달이 구름에 들어 그 빛을 보지 못하니 재물을 잃지 않으면 자손에게 근심이 생길 것이다. 인간사 새옹지마라 여기고 욕심을 버리고 지혜롭게 해결해야 할 것이다.

9월 귀인이 도우려 하나 재물은 따르지 않을 것이다. 길성이 문에 비치니 귀인이 다투어 찾아와 만남을 청하고, 힘은 능히 태산을 옮길 만하나 강동을 건너지는 못하는 것이다. 집안사람이 불화하고 질병이 찾아오니 수신제가에 힘써야 할 것이다.

10월 눈앞의 작은 이익을 보다가 나중에 재물을 잃게 될 것이다. 만일 상복을 입지 않으면 자손에게 근심이 있을 것이다. 그러나 사람을 잘 사귀어 두면 그들의 도움을 받을 것이다. 목성(木姓)과 금성(金姓)이 길하여 반드시 도움을 줄 것이다.

11월 옛것이 가고 새것을 쫓으니 들판에 봄이 찾아왔구나. 금을 화로에 넣었으니 큰 그릇이 만들어질 것이다. 날고 싶어도 아직 날개가 없으니 분수를 지키면 늦게야 큰 그릇을 이룰 것이다. 모든 일을 순리대로 행하면 하는 일이 뜻대로 될 것이다.

12월 봉황이 암 기린의 뿔에 둥지를 틀었으니 반드시 높은 지위를 얻을 것이다. 재성이 문 틈으로 엿보고 있으니 이익은 토지에 있을 것이요, 도처에 재물이 있으니 평안하고 태평하게 지낼 것이다.

정지여 鼎之旅

| 운세풀이 |

하는 일이 순조로우니 만사여의하구나. 청룡이 구름을 얻어 조화를 부리니 가 뭄에 반가운 단비가 내리는구나. 하늘과 땅이 조화를 이루니 세상이 화평구나. 올 가을에는 반드시 좋은 일이 있구나. 구름 밖으로 뻗어있는 만 리 길을 순풍에 돛 달고 출항하는 격이니 매사 완벽한 준비로 순조로운 발전을 하는구나. 만일 관록을 얻지 못하더라도 천금을 희롱할 것이요, 남자는 벼슬길에 오르고 여자 는 아이를 얻는 경사를 맞이하겠구나.

1월 금 소반에 과일을 놓고 꽃 탑에서 잔치를 할 것이요, 원수가 은인이 되니 도적이 스 스로 굴복할 것이다. 이름이 사방에 높으니 만인이 우러르고 칭송할 것이다. 더욱 겸 손히 행하며 덕을 쌓아야 할 것이다.

2월 바람이 뜬구름을 거두어가니 달빛이 소요하게 비추고, 임금과 신하가 화합하니 만사 가 대길하고 태평할 것이다. 만일 결혼을 하지 않으면 반드시 귀한 자손을 얻을 것이 다. 또한, 관록이 아니라면 횡재할 것이니 기쁘고 즐거울 것이다.

3월 재물이 타향에 있으니 출행하면 재물을 얻을 것이요, 재물도 있고 권력도 있으니 사 방에 위엄을 떨칠 것이다. 그러나 사람을 잘못 사귀면 손해를 볼 것이다. 박가(朴家) 를 가까이하면 손해가 따를 것이니 멀리해야 할 것이다.

4월 남쪽에는 길함이 있고, 북쪽에는 재물이 있을 것이다. 겉보기에는 가난하지만 속으 로는 알차고 부유할 것이다. 그러나 금성을 가까이하면 손재가 적지 않을 것이다. 미 리 기도하여 액을 막고 덕을 쌓아 선을 베풀어야 할 것이다.

5월 재성이 문에 드니 손으로 천금을 희롱할 것이요, 백 가지 일이 다 길하여 도처에서 재물을 얻을 것이다. 만일 횡재수가 아니면 관록이 몸에 따를 것이다. 굼벵이가 매미가 되듯이 하루아침에 이루어지는 역사가 아니라 그동안 노력한 대가일 것이다.

6월 까치가 뜰 안 나무에서 우니 귀인이 와서 도와줄 것이다. 귀인이 도와주니 기획한 일이 들어맞고, 집안 살림이 흥왕하고 자손에게 경사가 있을 것이다. 남과 더불어 꾀하면 하는 일마다 모두 길할 것이니 동업을 해도 좋을 것이다.

7월 이 달에는 반드시 벼슬을 하게 될 것이요, 뜻밖에 공명을 얻어 영귀함을 자랑하게 될 것이다. 비록 작은 근심은 있으나 잘 해결되어 마침내 형통할 것이다. 하나의 괴로움과 하나의 즐거움이 서로 연마되어 가정에 행복이 찾아올 것이다.

8월 재물과 권리가 있으니 도처에 봄바람이 불어 만물을 소생시키는 것과 같을 것이다. 낚시를 푸른 파도에 던지니 마침내 큰 고기를 낚을 것이요, 재물이 높은 언덕과 산을 이룰 것이니 더는 욕심을 부리지 말아야 할 것이다.

9월 푸른 하늘에 밝은 달이 걸렸으니 경치가 아름답고, 동쪽과 북쪽 두 방향에서 재신이 나를 도와줄 것이다. 소원을 성취하고 재물을 구하는데 여의할 것이니 부지런히 움직여야 할 것이다.

10월 남으로 인하여 재물이 들어오고, 남으로 인하여 재물이 나가는 달이다. 꽃을 옮기고 나무를 접목하니 다른 사람 덕분에 성공할 것이다. 길한 별이 문에 드니 반드시 경사가 있을 것이다. 재물과 복록을 얻으나 더욱 몸을 낮추어야 할 것이다.

11월 용이 밝은 구슬을 얻으니 조화가 무궁할 것이요, 귀인을 만나면 작은 것을 쌓아 큰 것을 이루어 천금을 얻을 것이다. 재물과 곡식이 풍부하니 욕심 부리지 말고, 베풀어 덕을 쌓으면 더욱 이로울 것이다.

12월 황금 닭이 새벽을 알리니 추운 골짜기에 봄이 오는 것이나 남과 더불어 일을 도모하면 허황한 일을 당할 것이다. 남과 다투게 되면 시비와 구설이 따를 것이니 다툼을 피해야 할 것이다. 언행을 조심하고 고집을 부리지 말아야 할 것이다.

353 정지미제 鼎之未濟

| 운세풀이 |

아직 준비가 되지 않은 상태에서 결과를 얻으려 하는구나. 약소국이 강대국 사이에 끼어 있으니 어느 곳에 의지할지 모르네. 나의 의지는 어디 가고 자유를 잃었는고 친한 사람과 함께 도모하면 아무 이익이 없구나. 차라리 혼자 경영하는 일에서 이익이 따르네. 뜻밖에 공명을 얻으니 반드시 훗날에까지 남을 경사가 있구나. 세 번 후회하고 세 번 반성하게 되니 만사를 신중히 처신하고 언행을 조심해야 하네.

1월 흉함이 변하여 길하게 되니 세상사가 태평할 것이다. 집에 있으면 길한 운수이니 외방에 나가지 말아야 할 것이다. 배가 험한 여울을 건너는데 다시 풍파가 일어나니 재물이 소모될 것이다. 그러니 욕심을 버리고 자리를 탐하지 말아야 할 것이다.

2월 해가 서산으로 지고 있는데 갈 길이 멀기만 하니 마음만 바쁜 상황이 될 것이다. 관재수가 두렵고, 손해 보는 운수이니 목성(木姓)을 가까이하지 말아야 할 것이다. 그러나 경거망동하지 말고 근신 자중하면 흉함을 면할 것이다.

3월 시비를 가까이하면 구설을 면하기 어려울 것이다. 재수는 평길하나 질병이 있을까 염려되니 각별히 건강관리에 힘써야 할 것이다. 음력 춘삼월에 꾀하는 일은 반드시 허망함이 따르니 옛것을 지키고 분수를 지켜야 할 것이다.

4월 고진감래할 것이다. 삼 년 동안 병고를 치르고 있던 사람이 우연히 명의를 만나 병을 고칠 것이요, 집에 경사가 있는 운수이니 자손을 얻는 기쁨이 있을 것이다. 쓰라린 고생을 한탄하지 말라. 먼저는 가난하지만, 나중에 부자가 될 것이다.

5월 해가 서산에 지는데 나그네가 길을 잃고 우왕좌왕할 것이나, 복성이 운명에 비치니 길한 경사가 모두 모일 것이다. 친한 사람이 해를 끼칠 것이니 매사를 조심하고 인간 관계를 원만히 해야 할 것이다. 이익은 북쪽에 있을 것이다.

6월 물을 거슬러 올라가는 배처럼 진퇴양난의 처지가 될 것이다. 시시비비가 구름처럼 일어나게 되고, 앞으로 나가면 근심이 있고 뒤로 물러서면 힘이 없을 것이다. 만일 부모에게 근심이 없으면 자손에게 근심이 있으니 주의해야 할 것이다.

7월 뜻밖에 공명을 얻으니 멀고 가까운 곳에 이름을 떨칠 것이요, 자손에게 길함이 있고 재물과 복록이 가득할 것이다. 그러나 중심을 잃고 남의 말만 듣게 되면 구설이 분분하여 심란할 것이다.

8월 식구를 늘리고 재물을 얻을 것이다. 두 사람의 마음이 하나로 모이니, 남으로 인하여 일이 성사될 것이요, 혼인을 하거나 자손을 얻을 것이다. 이익이 출입하는데 있으니 과감히 움직이면 이익을 얻을 것이다.

9월 마음을 바로 하고 심신을 수양하며 덕을 쌓으면 이익이 그 안에서 생길 것이다. 음양이 서로 화합하고 어울렸으니 반드시 좋은 일이 있을 것이다. 모든 일에 성취함이 있으니 일신이 스스로 평안할 것이다.

10월 몸과 마음을 안정하면 이익이 있을 것이다. 마음을 편안히 하고 도를 즐기니 근심이 사라지고 몸과 마음이 평안할 것이요, 급하게 서두르지 않아도 마침내 재물의 이익을 얻을 것이다. 나가면 해를 입을 것이니 옛것을 지켜 안정해야 할 것이다.

11월 횡재수가 있을 것이요, 기회가 자주 오는 것이 아니니 좋은 때를 놓치지 말아야 할 것이다. 수성(水姓)과 친하면 손에서 천금을 희롱하게 될 것이요, 몸도 왕성하고 재물도 왕성하니 모든 일이 순조롭게 이루어질 것이다.

12월 가랑비와 동풍에 백 가지 초목이 소생할 것이요, 재물이 풍족하고 심신이 평안할 것이다. 집안이 안락하니 재록이 스스로 왕성할 것이다. 이 모든 것은 그동안 덕을 쌓은 덕택이니 남에게 베풀기를 계속해야 할 것이다.

361 미제지규 未濟之睽

| 운세풀이 |

하는 일에 어려움이 따르는구나. 남의 잘못을 내가 뒤집어쓰니 허망한 꼴을 대하고 마네. 간사한 토끼가 죽었는데 정작 토끼를 잡은 사냥개를 잡아먹자니 인정이 앞서는구나. 이래저래 허망한 운수로다. 해가 서산에 지니 어두운 강을 어찌 건너갈꼬. 비록 명리는 얻었으나 그로 인하여 구설이 생겨나네. 재수가 있어 재물이 생기나 정작 나가는 곳이 많으니 남에게 베풀어 덕을 쌓아야 하네. 모난 중에도 둥근 것이 있으니 일이 극에 달하면 다시 풀리네.

1월 가신이 발동하니 미리 안택하여 치성으로 액운을 막아야 할 것이다. 해가 서산에 저물었는데 배 타는 것이 불리하니 다른 일을 경영하지 말아야 할 것이다. 비록 노력은 하나 노력한 만큼 성공하지 못하니 이를 알고 마음을 안정해야 할 것이다.

2월 만약 덕을 쌓지 않으면 스스로 몸에 곤욕을 당하는 액운이 있을 것이다. 친한 사람을 잘못 믿었다가는 도리어 피해를 입을 것이다. 마음이 산란해지면 자꾸만 두려운 마음이 생기니 마음을 굳게 모야야 할 것이다.

3월 신상에 근심이 많으니 남을 가까이하지 말아야 할 것이다. 남과 일을 도모하면 음해를 입을 것이다. 흘러간 청춘이 꿈처럼 허망하게 느껴질 것이나 꽃이 아무리 아름다워도 시들지 않는 꽃이 없고 피고 짐을 반복하니 절망하지 말아야 할 것이다.

4월 음양이 불화하니 하는 일을 이루지 못하고, 푸른 산속 가랑비를 맞으며 홀로 처량하게 서 있을 것이다. 서로 화합하기 위해 노력하고, 서쪽과 남쪽 양방향은 출행하지 말아야 할 것이다. 두서없이 조급하게 서두르지 말고 안정해야 이로울 것이다.

5월 실물수가 있으니 도둑을 조심해야 할 것이다. 논밭이 있어도 경작하지 않으면 곳간이 비게 되는 것처럼 노력하지 않으면 수복을 기대할 수 없을 것이다. 집안에 경사가 있으니 이는 반드시 배우자에게 있을 것이다.

6월 자손에게 영화가 있고 재물이 흥왕할 것이다. 동쪽과 서쪽 두 방향으로 가면 이익이 있으니 출행하면 좋을 것이다. 그러나 상갓집에 가게 되면 질병을 얻을 것이니 부득이한 경우가 아니면 출입을 삼가야 할 것이다.

7월 구설로써 이익이 생기고 집안이 안락할 것이다. 그러니 구설을 두려워하지 않아도 될 것이다. 그러나 헛되이 움직이면 후회할 일이 생겨날 것이다. 겉으로는 부유한데 안으로는 비어 있으니 마무리를 잘 지어 실속을 차려야 할 것이다.

8월 나는 새가 날개를 다쳤으니 진퇴하기 어려우나 지혜와 끈기로 현재의 어려움을 극복해야 할 것이다. 물귀신이 문을 엿보고 있으니 물가에는 가지 말고, 남의 잘못으로 누명을 쓰게 될 터이니 마음의 중심을 잘 잡고 미리 대비해야 할 것이다.

9월 급하게 하면 해가 있고 천천히 하면 이익을 볼 것이다. 조급하게 하면 취하기만 하고 살피지 않게 되니 해만 있고 이익이 없을 것이다. 동업을 하게 되면 서로의 마음이 각각 달라 이익이 없을 것이다.

10월 마침내 구름을 헤치고 달이 나오니 천지가 맑고 아름답게 비칠 것이요, 만일 관록이 아니면 자녀를 낳거나 식구를 늘릴 것이다. 그러나 다른 사람의 말만 듣고 행하면 도리어 원수지간이 될 터이니 조심해야 할 것이다.

11월 마음에 정한 바가 없으니 나가고 물러섬을 알지 못할 것이다. 마음을 안정하지 않으면 십 년을 공들여 노력한 것이 하루아침에 허사가 될 것이다. 또한, 북쪽을 가까이하면 손재가 따를 것이다. 서두르지 말고 차분히 때를 기다려야 할 것이다.

12월 분수 밖의 것을 탐내면 복을 받지 못할 것이다. 남의 재물을 탐하면 반드시 허황함을 겪게 될 것이다. 일에 두서가 없으니 마음을 안정하여 차분히 일에 임해야 할 것이다. 또한, 실물수가 있으니 도둑을 조심해야 할 것이다.

미제지진 未濟之晉

괘상수 362

|운세풀이|

만사가 순조롭게 풀리는구나. 안정되어 아무 걱정 없고 평안한 연회석에 군신들이 함께 모이니 만인이 우러르고 만사형통하는구나. 직업이 없던 사람도 새로운 직업을 얻어 가정을 꾸리는구나. 동쪽과 서쪽에서 귀인이 도와주나 금성(金姓)이 해를 끼치니 가까이하지 말아야 하는구나. 꽃과 새가 화창한 봄날을 희롱하는 격이니 항상 여유로움과 즐거움이 따르는구나. 청룡이 기운을 회복하니 조화가 무궁하네. 놀라운 재주를 부려 재물을 취하네.

1월 상서로운 별이 문에 비치니 수복이 스스로 찾아올 것이요, 자녀에게 기쁜 일이 있을 것이다. 경영하는 일이 이롭지 않은 곳이 없고, 모든 일이 길하니 세상일이 한없이 태평할 것이다.

2월 물고기가 변하여 용이 되니 조화가 무궁무진하여 그 변화를 예측하기 어려울 것이다. 뜻밖에 공명하니 이름이 사방에 알려질 것이요, 몸에는 비단 옷을 입고 자손에 경사가 있을 것이다. 재물과 권리가 있으니 사람들이 흠모하고 추앙할 것이다.

3월 해와 달이 빛을 발하니 기쁜 일이 중중할 것이요, 해와 달이 날로 새로우니 재물이 산처럼 쌓일 것이다. 재물이 외방에 있으니 출입하여 재물을 얻어야 할 것이다. 화살이 과녁에 꽂히느냐 마느냐는 사람한테 달렸으니 목표에 집중해야 할 것이다.

4월 구름이 흩어지고 달이 비추어 강산이 새롭게 빛나니 길한 자리를 택하여 주거를 안정하면 풍진이 침노하지 않을 것이다. 재운에는 흠이 없으나 구설수가 두려우니 언행을 삼가고 허욕을 부리지 말아야 할 것이다.

5월 구슬처럼 맑은 숲에 봄이 깊으니 온갖 꽃이 앞 다투어 피어날 것이요, 만일 횡재가 아니면 반드시 경사가 있을 것이다. 의식이 풍족하고 수복이 무궁할 것이요, 재물과 복록이 몸에 따르니 태평한 세계가 날로 번창할 것이다.

6월 목마른 용이 물을 얻었으니 조화가 무쌍할 것이요, 재운이 크게 통하였으니 천금을 부러워하지 않을 것이다. 재물이 외방에 있으니 출행하여 재물을 얻으면 좋을 것이다. 만일 경사스러운 일이 없으면 관록이 몸에 따를 것이다.

7월 운수가 대통하고 이름이 사방에 알려질 것이다. 재물이 흥왕하니 기쁨이 집안에 가득할 것이요, 온 집안이 단란하니 복록이 계속 이어질 것이다. 또한, 이름을 사방에 떨치고 만인이 우러를 것이다.

8월 귀인이 있어 도와주니 자연히 성공할 것이요, 집안이 날로 흥왕할 것이다. 물고기와 용이 파도를 희롱하며 노니는 격이니 하는 일마다 막히지 않고 열리게 될 것이다. 그러나 정성이 부족하면 내 것이 안 되니 열심히 노력해야 할 것이다.

9월 남쪽에 있는 귀인이 나를 도와줄 것이다. 이름이 사방에 전해지니 사람마다 나를 우러르고 따를 것이요, 내게 도움을 주는 귀인이 동쪽과 서쪽에도 있을 것이다. 사람을 대함에 너그럽고 진실하면 크게 이로울 것이다.

10월 달도 차면 기우는 법이니 경거망동하지 말고 몸가짐을 바로 해야 할 것이다. 명리를 반드시 떨치게 되니 천하에서 으뜸이 될 것이다. 신수가 대길하니 재물이 왕성할 것이나 소신을 잃고 남을 지나치게 믿으면 음해가 적지 않을 것이다.

11월 가운이 왕성하니 집안에 경사가 있을 것이요, 재물이 시장에 있으니 쌀과 약재가 좋을 것이다. 그러나 금성(金姓)은 불길하니 거래를 삼가야 할 것이다. 마음을 맑게 하고 욕심을 줄여야 허물이 없어지는 법이니 과욕을 버려야 길할 것이다

12월 상서로운 일이 문에 이르니 집안에 식구가 늘어나는 기쁨이 있을 것이다. 소망하는 일이 여의로우니 얼굴에 기쁨이 가득할 것이다. 신수가 이와 같으니 주어진 것에 만족하고 허욕을 부리지 말아야 할 것이다.

미제지정 未濟之鼎

| 운세풀이 |

문무가 겸전하여 벼슬을 하니 앞뒤와 옆이 다 귀인이구나. 만사가 유순하고 화평하구나. 활시위를 힘껏 당기니 과녁에 적중하네. 뜻한 바를 성취하는 한 해가 되리라. 명예와 재물이 모두 길하니 사방에 이름을 떨치는구나. 관록이 몸에 드니 모든 사람이 우러러보는구나. 혹여 사소한 세상일을 논하다가 큰 것을 잃을까 염려되니 세상일을 논하지 말아야 하네. 대범한 마음으로 매사에 임하면 세상이 내 것이로다.

1월 하늘의 뜻이 중흥한 격이니 아래 백성들이 안락할 것이요, 집안이 화평하고 자손에게 경사가 있을 것이다. 집안 살림을 꾸림에 거리낌이 없고 순조로울 것이요, 그 안락함이 막힘이 없고 기운찰 것이다.

2월 늙은 용이 하늘로 올랐으니 마침내 뜻을 이뤘고, 큰 비를 내려주니 그 은혜가 넓을 것이다. 나를 이끌고 선택해 주는 사람이 있으니 자연 영귀함을 얻을 것이요, 만일 공명을 얻으면 이름을 사해에 떨치게 될 것이다.

3월 상서로운 별이 비치니 재물이 몸에 따를 것이요, 손에서 천금을 희롱하게 될 것이다. 다만, 자기중심을 잃고 다름 사람의 말만 믿으면 길흉이 반반으로 변할 것이다. 재물이 모이기도 하고 흩어지기도 하니 모일 때 잘 지켜야 할 것이다.

4월 동업을 하면 좋을 것이다. 심신이 화평하니 이름이 높고 덕이 가득할 것이요, 다른 사람과 더불어 일을 도모하면 크게 수고롭지 않은 채 얻을 것이다. 뜰에 난초가 스스로 향기로우니 자손에게 경사가 있어 잔치를 벌이게 될 것이다.

다른 사람이 나를 도울 것이다. 화성(火姓)이 와서 도우니 광채가 백배가 될 것이다. 특히 정씨(鄭氏)와 김씨(金氏) 두 성씨가 길할 것이다. 그러나 서쪽이 불리하니 그리 출행하지도 말고, 서쪽 사람에게 일의 내용을 말하지 말아야 할 것이다.

6월 날이 따뜻한 봄날에 만물이 화생하니 몸이 편하고 마음이 안온할 것이요, 모든 일이 만족스럽고 길할 것이다. 그러나 동쪽 방향에는 해로움이 있으니 가까이하지 말아야 할 것이다. 만약 일을 시작했다면 잠시 중단해야 할 것이다.

7월 출행하여 성공을 할 것이다. 성공과 실패가 분분하나 한두 번으로 끝날 문제가 아닐 것이다. 역마가 문에 드니 출타하면 이익을 보게 될 것이다. 도처에 재물이 있으니 심신이 화평하고 기쁜 일을 맞을 것이다.

8월 온 집안사람이 한마음으로 임하니 소망이 여의할 것이요, 금 난초가 스스로 향기를 발하니 자손에게 경사가 있을 것이다. 가화만사성이라, 식구가 늘고 토지가 늘어나니 집안이 날로 번창할 것이다.

9월 이사수가 있으니 이사하면 좋을 것이다. 양지를 향하는 꽃나무는 봄을 얻기 쉽고, 음양이 합하니 만물이 살아나서 숲을 이룰 것이다. 재물과 복록이 따르니 기쁜 빛이 얼굴에 가득할 것이다. 서쪽에 길함이 있으니 터를 옮기면 길할 것이다.

10월 길한 운수가 왕성하니 반드시 좋은 일이 있을 것이다. 우연히 귀인을 만나니 그 사람이 옥과 같아서 신의로써 대하면 큰 재물을 얻을 것이다. 티끌모아 태산을 이룬다는 말대로 성실하게 임하면 반드시 공을 세울 것이다.

11월 공명을 얻으면 사해에 이름을 떨치게 될 것이다. 만일 벼슬을 하지 못하면 부모 궁에 해가 있을 것이니 부지런히 노력해야 할 것이다. 붉은 기운이 서남쪽에 뜨니 반드시 서쪽과 남쪽에 귀인이 있을 것이다.

12월 구름이 가고 비가 내려 초목을 적시니 만물을 길러내고, 흉한 가운데 길함이 있으니 반드시 형통하게 될 것이다. 부부가 화목하고 순조로우니 가정에 기쁨이 가득할 것이다. 남에게 베푸는데 인색하지 말고 착한 일을 하여 음덕을 쌓아야 할 것이다.

대장지항 大壯之恒

| 운세풀이 |

초목이 시들어버리는구나. 나무에 떨어진 혼이 윤회 환생을 하여야 하는데, 그 생사를 분간하기 어렵구나. 올해는 버들가지가 된서리를 만난 격이니 모든 일이 불리하구나. 음양이 서로 화합하지 못하고 다툼이 있으니 소원하는 바를 이루기 어렵네. 만 리 길을 가는 나그네가 갈수록 태산을 만나는구나. 분수를 지키지 못하면 경영하는 일에 실패가 있겠네. 재운이 있다 하여도 마침내 손해를 볼 것이니 처음을 자랑하지 말고 근신하면 가히 액운을 넘기리라.

1월 사나운 호랑이가 함정에 빠졌으니 그 용맹함을 펼칠 수 없고, 꽃이 졌으나 열매가 맺지 아니하니 의지할 데가 없이 외로운 처지가 될 것이다. 게다가 가정이 불안하니 병살이 침노하여 질병이 있을까 염려되니 각별히 건강에 힘써야 할 것이다.

2월 욕심을 부리면 재물을 잃을 것이다. 먼 곳에 있는 것을 탐하다가 가까운 곳에 있는 것을 잃게 되니 허욕을 부리지 말아야 할 것이다. 옆에 있는 사람 때문에 끊이지 않는 횡액을 겪을 것이다. 다른 경영을 하지 말아야 손재수가 없을 것이다.

3월 원행하면 재물을 얻을 것이다. 봄바람이 부는 삼월에 백 가지 꽃이 피어날 것이요, 재물이 서쪽에 있으니 나가면 손에 들어올 것이다. 북방이 불리하니 북쪽을 삼가야 할 것이다. 북쪽으로 가면 길함이 변하여 흉하게 될 것이다.

4월 본래 소망하는 것은 없으나 그 몸이 상할까 염려되고, 일신이 곤고하여 번민이 많을 것이다. 관재수가 두려우니 남과 다투지 말아야 할 것이다. 그러나 고난을 피하지 않고 교훈을 얻는 계기로 삼으면 마침내 재물의 이익을 얻을 것이다.

5월 일에 두서가 없으니 소망을 이루기 어려울 것이다. 할미새가 둥지를 떠나 들판에 있으니 형제가 어려움에 처하고, 집에 작은 근심이 생기니 자손에게 근심이 있을 것이다. 혹여 상을 당하게 될까 두려우니 미리 대비하고 주의해야 할 것이다.

6월 칠 년 큰 가뭄에 초목이 자라지 못하고, 수살이 침노하니 배 타는 것을 조심하고 물을 주의해야 할 것이다. 남자든 여자든 장씨나 이씨는 나에게 해를 끼칠 것이니 사람 사귐에 각별히 주의해야 할 것이다.

7월 다른 사람의 재물이 우연히 내 집에 들어올 것이요, 남과 더불어 일을 성사시키니 이익이 그 가운데 있을 것이다. 미리 정성을 다하여 가신에게 기도하면 몸과 마음이 더욱 편안해질 것이다.

8월 물을 조심해야 할 것이다. 수액(水厄)이 염려되니 아예 물을 멀리해야 할 것이다. 까닭 없는 일로 구설이 몸에 임하니 입을 조심하고 시비를 가까이하지 말아야 할 것이다. 손해는 있으나 이익이 없으니 출행을 삼가고 집안을 지켜야 할 것이다.

9월 구설수를 조심해야 할 것이다. 초목이 가을을 만난 격이니 한 번은 슬프고 한 번은 근심을 할 것이다. 남과 더불어 논쟁을 하면 구설 시비가 따르니 다툼을 피해야 할 것이다. 그러나 정씨와 김씨는 내게 길할 것이니 성심껏 대해야 할 것이다.

10월 색을 가까이 하면 사리가 흔들리고 재화를 겪을 것이다. 만일 여색을 가까이하면 반드시 재앙과 화근이 따르게 될 것이다. 뿐만 아니라 다른 일을 경영하면 재물을 잃게 될 것이다. 분수를 지키고 명상하며 심신을 닦아야 할 것이다.

11월 재성이 문을 엿보고 있으니 몸도 왕성하고 재물도 왕성할 것이다. 사람이 나를 돕고, 재수가 왕성하니 이때를 놓치지 말아야 할 것이다. 다만 마음속에 숨은 근심이 있으나 마음을 나눌 이 하나 없으니 자신을 살피는 계기로 삼아야 할 것이다.

12월 쓴 것이 다하고 달콤함이 찾아올 것이다. 믿음은 있으나 실상이 없어 허황하고, 몸과 마음이 산란하니 뜻하지 않은 액운을 당할 것이다. 그러나 마음을 잘 다스리고 분수를 지키면 흉함이 변하여 길한 것이 될 것이다.

대장지풍 大壯之豊

| 운세풀이 |

뜻이 높고 덕을 베푸니 반드시 몸이 영귀하게 되는구나. 명예도 얻고 재물도 왕성하여 가정이 화평하고 만인에게 이름을 날리네. 장안에서 말을 달리니 봄바람을 가르는구나. 봄바람이 따사로우니 복숭아꽃이 화려하구나. 청정한 물이 강에 가득 흐르니 산 그림자가 강에 비추니 더할 나위 없이 좋구나. 자손을 원하는 집에서는 자식을 볼 것이요, 결혼을 앞둔 규수가 있는 집안에서는 혼담이 오가며 결혼이 성사된다네. 다만 좋은 일이 많으면 다툼도 따르니 분수를 지켜야 하네.

1월 재물과 명예가 따를 것이다. 뜻밖에 공명을 얻으니 이름을 사해에 알릴 것이요, 심신이 편하고 즐거우니 가정에 화목한 기운이 자욱할 것이다. 그뿐만 아니라 도처에 재물이 있으니 대장부가 마침내 뜻을 이루게 될 것이다.

2월 목성(木姓)과 함께 일하면 그 이익이 백 배, 천 배가 될 것이다. 집안사람이 합심하여 일하니 살림이 흥왕할 것이다. 그러나 시비를 가까이하면 혹여 횡액을 당할 수 있으니 다툼과 시비를 멀리해야 할 것이다.

3월 봄 정원의 복숭아와 자두나무가 때를 만나 꽃을 피우고, 봄 언덕의 수양버들이 때를 만나 의기양양하니 재물이 따를 것이다. 재물과 복록이 몸에 따르니 부귀함이 금맥을 찾은 것과 같을 것이다.

4월 집안에 경사가 있을 것이다. 아침에 까치가 남쪽에서 우니 반드시 영귀함이 있을 것이요, 지초와 난초를 보고 기뻐하니 자손에게 영화가 있을 것이다. 다만 물귀신이 문에 비쳤으니 물가에는 가지도 말고, 물을 조심해야 할 것이다.

5월 집안이 편안하고 즐거우니 세상일이 태평할 것이요, 길하고 상서로운 기운이 대문에 임하니 반드시 자손이 귀하게 될 것이다. 그러나 남과 다투게 되면 재물과 명예가 상하게 될 것이니 언행에 숙고해야 할 것이다.

6월 달 밝은 밤 동남쪽에서 귀인이 와서 도와줄 것이요, 재앙이 사라지고 복이 오니 집안이 화평할 것이다. 윗사람과 아랫사람이 서로 화목하니 집안 살림이 저절로 왕성할 것이다. 어려움이 찾아와도 지혜롭게 잘 넘기면 길할 것이다.

7월 뜰 앞의 지초와 난초가 홀로 봄빛을 띠었으니 좋은 인연을 맺을 것이요, 만일 횡재수가 아니면 반드시 자식을 낳거나 식구가 늘어나는 기쁨을 누릴 것이다. 재성이 문에 드니 하루에 천금을 얻어 지니게 될 것이다.

8월 동쪽에 북쪽에 있는 귀인이 뜻밖에 나를 도와줄 것이니 일을 도모하면 좋을 것이다. 구름 밖의 만 리 타향에서 기러기가 날아와 소식을 전해주니 기쁨이 있을 것이다. 혼인을 하게 되거나 재산이 들어오는 즐거움이 있을 것이다.

9월 손재수가 두려우니 원행을 삼가야 할 것이다. 들어와도 곤고하고 나가도 이익이 없으니 분수를 지켜야 무탈할 것이다. 북쪽을 가까이하면 해는 있으나 이익은 없을 것이다. 먼 여행을 떠나는 것은 다음으로 미루어야 할 것이다.

10월 가신이 나를 도와주니 소망이 여의하여 자연히 성공할 것이다. 길한 중에 흉함이 있으니 군자라면 언행을 신중히 할 것이다. 집안에 있으면 근심이 있고, 다른 데 가면 손해가 있을 것이다. 옳은 행동을 해야 바른 운세가 올 것이다.

11월 불전에 기도하면 흉한 것이 변하여 길한 것으로 될 것이요, 재물과 이익이 다 길하니 의식이 넉넉하고 풍족할 것이다. 그러나 들어오면 심란하고, 나가면 길할 것이니 산사를 찾아 정성껏 기도함이 나을 것이다.

12월 몸도 왕성하고 재물도 왕성하니 만사가 태평할 것이요, 분수를 지키고 경거망동하지 않으면 반드시 대길함이 있을 것이다. 다만 목성(木姓)을 가까이하면 오히려 해가 있을 것이다.

대장지귀매 大壯之歸妹

| 운세풀이 |

만인을 구제하는 해구나. 목마른 용이 물을 얻은 격이니 조화가 무궁하구나. 자신의 뜻을 성취하여 부와 명예를 얻는구나. 배고픈 자가 밥을 얻으니 이보다 더 큰 기쁨이 없구나. 가난한 사람은 재물을 얻는 격이요, 신분이 낮은 자는 권세를 얻는 격이로다. 하늘의 이익이 사람에게 미치는 격이니 그 복록이 계속 이어지네. 물려받은 재산이 없는 사람은 반드시 자수성가하여 금의환향하네. 서쪽에서 귀인을 만나게 되네.

1월 길하고 경사스러운 일이 문에 이르니 빈손으로 집안을 일으킬 것이요, 들판에서 저물어가는 봄에 꽃을 찾다가 열매를 얻으니 관록이 몸에 따를 것이다. 만일 이와 같지 않으면 귀한 자식을 낳거나 식구를 늘릴 것이다.

2월 재록이 산처럼 높고 단단하니 높은 곳에서 태평할 것이요, 사방으로 출입하니 이르는 곳마다 재물이 넉넉할 것이다. 운수는 북방에서 왕성할 것이요, 재물은 물과 금에서 생길 것이다. 금방에 이름을 쓰니 이름을 사방에 떨칠 것이다.

3월 재성이 몸에 따르니 뜻밖에 재물을 얻을 것이요, 집안이 화평하니 소원을 이루게 될 것이다. 한 번 물러서지만, 백 번을 응하니 권위가 변함없을 것이요, 북쪽이 길하니 북쪽으로 감이 마땅할 것이다.

4월 어린아이는 희희낙락하고 노인은 부른 배를 두드리고 있으니 운수가 태평할 것이다. 재물도 있고 권세도 많으니 도처에서 봄바람이 불 것이요, 꽃을 찾다가 열매를 얻으니 사방에 위엄을 떨칠 것이다. 또한, 남쪽과 북쪽에 이익이 있을 것이다.

가운이 길함을 만났으니 기쁜 일이 중중할 것이요, 봄 동산에 매화가 하루아침에 피어난 듯한 기상을 보일 것이다. 작게 가고 크게 오니 그 이익을 말로 다 못할 것이요, 이익은 반드시 물과 금에 있을 것이다.

주작이 진흙을 머금고 있으니 독을 만들고 의를 해치나 본래 마음이 정직하니 수복을 가히 얻을 것이다. 집안이 안락하니 하는 일이 모두 여의할 것이다. 그러나 쌀과 과일에 손해가 있으니 이것이 오갈 때 조심해야 할 것이다.

솔 씨앗이 자라나 숲을 이루니 백 가지 새들이 깃들어 기뻐할 것이다. 집안에 있으면 불리하고, 밖에 나가면 편안할 것이다. 다른 사람을 사귀면 손해가 적지 않을 것이니 사귐에 유념해야 할 것이다.

집안사람이 화목하니 집안이 평안할 것이요, 사해에서 여유롭게 유유자적하니 문장의 이름이 멀리 퍼질 것이다. 가도가 점점 왕성해지니 범사가 여의할 것이요, 다행히 귀인을 만나게 되면 생활이 태평하게 될 것이다.

명리가 갖추어져 길하니 구하지 않아도 스스로 풍족할 것이요, 도가 높고 이름이 나니 사방에 떨쳐 듣는 이마다 우러를 것이다. 복록이 중하고 권세가 많으니 대장부가 뜻을 이룰 것이다.

따스한 바람이 불어오니 백 가지 꽃들이 앞 다투어 피어날 것이요, 소망을 이루니 기쁨이 많을 것이다. 몸에 복덕이 임하고, 재복을 두루 갖추었으니 날로 천금을 쌓게 될 것이다. 그러나 병원에 출입할 일이 있으니 건강관리에 힘써야 할 것이다.

신운이 길함을 만나니 가히 공명을 얻을 것이요, 손에 문서를 잡아 희롱하니 풍성한 기운이 집안에 가득할 것이다. 집안에 경사가 있으니 자손에게 경사가 있을 것이다. 다만 화성(火姓)이 불리하니 서로 사귀어 놀지 말아야 할 것이다.

온 들판에 백곡이 풍성하게 영글었으니 곧 풍년을 맞이할 것이요, 세 사람이 마음을 하나로 모으니 재물과 이익이 천금을 이룰 것이다. 만일 서쪽으로 가면 가히 횡재를 하게 될 것이다.

귀매지해 歸妹之解

| 운세풀이 |

덕을 잃고 살아가니 처음에는 재앙이 없는 듯하나 나중에는 반드시 낭패를 보는구나. 간신히 여우와 삵을 피했으나 다시 호랑이 꼬리를 밟는구나. 하는 일에 어려움을 잘 극복하는가 싶더니 뜻하지 않는 어려움이 또다시 닥치는구나. 세상천지가 넓다 하나 이 몸 하나 의지할 데가 없구나. 고생을 해도 얻어지는 것이 없으니 한숨소리만 가련하구나. 천지 음양이 고르지 못하여 밭에 씨앗을 뿌려도 싹이 나지 않으니 답답하네.

1월 강산으로 지나가는 사람이 많은데 우연히 험한 길을 만나고, 집안이 불편하니 스스로 심란함이 있을 것이다. 재물을 구하려 하나 토끼를 바다에서 구하는 격이니 결국 실패하게 될 것이다. 욕심을 버리고 자중해야 할 것이다.

2월 달은 차면 이지러지고 그릇은 차면 넘치는 법이니 신상에 곤고함이 있고 세상일이 뜬구름 같을 것이다. 집안에 질고가 생기니 심신이 산란할 것이다. 친한 사람을 너무 믿으면 믿는 도끼에 발등을 찍히는 꼴이 날 것이다.

3월 신운이 불리하니 원수 같은 사람을 만나게 될 것이다. 시비를 가까이하면 횡액을 면치 못할 것이다. 호랑이가 함정에 빠졌으니 나가려 해도 계책이 없으니 용맹함이 소용없을 것이다. 긍정적인 마음으로 건강을 돌봐야 할 것이다.

4월 뽕나무와 대마가 들을 덮고 풍년이 들었으니 만인이 태평가를 부르며 스스로 편안함을 누릴 것이다. 재성이 몸에 따르니 횡재가 많을 것이다. 그러나 구설수가 따르니 시비를 멀리하고, 다툼이 있는 곳에 가지 말아야 할 것이다.

5월 아랫사람이 윗사람을 이기려고 덤비니 집안이 편안하지 못하고, 일이 여의치 못하니 해로움만 있고 이로움이 없을 것이다. 조급하게 굴면 될 일도 꼬이게 될 터이니 신중하게 살펴야 할 것이다. 주사위를 던졌으면 조급함을 버려야 할 것이다.

6월 길흉이 상반할 것이다. 마음은 있으나 묘책이 없어 두 갈래 길에 서서 의심스러운 일을 겪게 될 것이다. 그러나 운수가 돌아오니 결국 생활의 기반을 잡을 것이다. 재성이 허공에 나타났으니 헛되이 도모하지 말아야 할 것이다.

7월 하는 일이 마음에 맞지 않으니 번민이 쌓일 것이다. 비록 노력은 하나 공이 없고, 질고가 끊이질 않으니 근심 걱정을 하게 될 것이다. 건강을 잃으면 모두 잃는 것임을 명심하고 건강관리에 힘써야 할 것이다.

8월 악살이 침범하는 운수이니 집안에 우환이 끊이지 않을 것이다. 만일 이와 같지 아니하면 상복을 입게 될 것이다. 관재수가 있으니 다툼을 피하고, 시비를 삼가야 할 것이다. 줄줄이 엮어지는 어려움 속에도 긍정적인 마음으로 힘을 내야 할 것이다.

9월 항상 관재수를 조심해야 할 것이다. 관귀가 문에 이르니 집안이 불안하고, 그 힘을 다 헤아리지 못하고 문을 나가면 손해가 따를 것이다. 집을 지키는 것이 상책이고, 토성(土姓)을 멀리해야 할 것이다.

10월 가물던 하늘에 단비가 내리니 새싹이 다시 돋아날 것이요, 요순임금의 태평천하를 누리니 도처에서 재물을 얻을 것이다. 이르는 곳마다 재물이 있으니 식록이 스스로 족할 것이다. 만일 그렇지 아니하면 가정이 불안할 것이다.

11월 이별수와 구설수가 따를 것이다. 구설수가 있으니 도처에서 말을 듣게 될 것이다. 집안이 불안하니 형제가 이별을 하고, 풍파가 그치지 않을 것이다. 운세가 불리하여 손재수와 구설수가 따르니 사람을 조심해야 할 것이다.

12월 근신하는 중에 기쁨이 있을 것이요, 성심으로 노력하면 작은 이익을 가히 얻을 것이다. 그러나 남의 재물을 탐하면 도무지 이익이 없을 것이다. 욕심이 화를 부르는 격이니 바른 길이 아니면 아예 쳐다보지도 말아야 할 것이다.

귀매지진 歸妹之震

| 운세풀이 |

가까운 사람으로부터 피해를 보는구나. 호형호제하는 가까운 동갑내기끼리 서로 다투고 피해를 주네. 편안한 중에 불길함이 있구나. 경영하는데 뜻은 있으나 일을 성취하지 못하네. 지혜도 모자라고 심신도 지쳐 있으니 일을 이루지 못하는구나. 해가 서산으로 넘어가고 날은 어두워지는데, 갈 곳을 아직 정하지 못하고 갈팡질팡하는구나. 운수가 좋지 않으니 좋은 일에도 마(魔)가 끼고, 원행이 이롭지 못하니 답답하더라도 참아야 하네.

1월 구름 밖 만 리 타향에서 의지할 곳 없는 홀몸인데다 가신이 발동했으니 집안이 불안할 것이다. 심신을 수양하고 집안을 잘 다스려야 할 것이다. 집안 운수가 좋지 않으니 근심이 떠나지 않을 것이나 주의하면 큰 탈은 없을 것이다.

2월 매화가 활짝 피니 그 향기가 새롭고 아름다우니 기쁜 일이 있을 것이다. 이익이 서쪽에 있으니 일 마무리를 잘해서 취해야 할 것이다. 그러나 색을 탐하면 반드시 해롭고, 구설을 피할 수 없으니 이성문제에 각별히 조심해야 할 것이다.

3월 재성이 공망을 만나니 재물을 구하려해도 얻지 못할 것이다. 가정에 불화가 있으니 종종 풍파가 생기고 마음이 불안할 것이다. 비록 길운이라고는 하나 얻는 것이 별로 없으니 스스로 마음을 추스르고 정석에 어긋난 행동을 삼가야 할 것이다.

4월 뜻밖에 공명하니 만인이 우러러보고, 복록이 사방에 있으니 태평하게 지낼 것이다. 다만 손재수가 몸에 따르니 금성(金姓)을 가까이하지 말아야 하는 것이다. 좋은 운수가 오니 매사가 힘들고 어려워도 실망하지 말고 끈기 있게 추진해야 할 것이다.

5월 분수를 잘 지켜야 해로움을 면할 것이다. 이상하고 괴이하다고 생각되는 곳에는 가지 말아야 할 것이다. 만일 그곳에 가면 횡액을 당할 것이다. 하는 일이 여의치 않더라도 크게 상심하지 말아야 할 것이다.

6월 시비수와 구설수가 따를 것이다. 물과 불을 조심해야 횡액을 당하지 않을 것이다. 시비수가 있으니 언행을 조심하여 다툼과 시비를 멀리해야 할 것이다. 만약 그렇지 않으면 구설수를 면하지 못할 것이다.

7월 경거망동하면 이별을 할 것이다. 동쪽과 북쪽 양방향에 헛된 이름으로 불리게 될 것이다. 만일 언행을 삼가지 않으면 손재를 하거나 이름이 땅바닥에 떨어질 것이다. 기생집에 가지 말라, 그렇지 않으면 본처와 이별을 하게 될 것이다.

8월 근심은 흩어지고 기쁨이 생길 것이다. 그러나 손재수가 있는 운수이니 범사에 조심해야 할 것이다. 금성(金姓)과 목성(木姓) 두 성씨가 나를 해칠 것이니 언행을 조심하고, 분수를 지켜 허욕을 부리지 말아야 할 것이다.

9월 분수를 지켜 생활해야 할 것이다. 경거망동하면 횡액을 당할 것이다. 나가면 몸이 수고로우나 들어오면 마음이 편안할 것이다. 한 번 슬프고 한 번 근심하니 길흉이 반반일 것이다. 신운이 불리하니 건강을 잘 챙겨야 할 것이다.

10월 마음에 노고가 많으나 마침내 길함이 있을 것이다. 삶의 근본인 농사에 힘쓰면 의식이 스스로 족할 것이다. 동쪽에서 오는 사람은 반드시 원수가 될 것이다. 음침한 장소에 가지 마라. 만일 그렇지 않으면 손재를 면하지 못할 것이다.

11월 음양이 화합하지 않으니 부부지간에 불화가 있을 것이다. 눈에 거슬리고 화가 나더라도 참으며 넓은 아량으로 화목함을 도모해야 할 것이다. 작은 재물이 있으니 구하면 얻을 것이다. 먼저는 흉하고 뒤에는 길할 것이니 참고 견디면 이로울 것이다.

12월 비록 재물이 있으나 얻는 것이 도리어 흉할 것이다. 만일 화성(火姓)을 가까이하면 손재수를 면하기 어려울 것이다. 일에 두서가 없으면 세상일이 뜬구름 같을 것이니 마음을 차분히 하고 일머리를 파악해야 할 것이다.

| 운세풀이 |

세운 뜻이 높고 마음이 바르니 반드시 형통하는구나. 동산에서 꽃들이 화기애 애하니 벌과 나비가 날아와 희롱하는구나. 올해는 운이 왕성하니 반드시 성사 할 일이 있을 것이네. 만약 경사수가 없으면 직업을 바꾸게 되네. 음양이 화합하 니 자식을 보겠네. 작은 것을 쌓아 태산을 이루는 격이니, 뜻한 바를 관철하여 크게 이룰 것이네. 산과 연못이 서로 기운을 통하는 격이니 명산을 찾아 기도하 면 가히 그 뜻을 이루게 되네.

1월 윗사람과 아랫사람이 화목하니 집안이 편안하고 즐거울 것이다. 황룡이 구슬을 희롱 하니 집안에 경사가 있을 것이요, 혼인을 하게 되거나 좋은 연인을 만날 것이다. 만 일 이와 같지 않으면 자녀를 낳을 것이다.

2월 재앙이 사라지고 복이 들어오니 만사가 태평할 것이다. 분수를 지키고 차분히 지내 면 복록이 스스로 올 것이다. 운수가 크게 통하니 소원을 성취하게 될 것이요, 소망 이 여의하니 가히 큰 재물을 얻을 것이다.

3월 큰 재물을 얻거나 혼인을 하게 될 것이다. 한 걸음 두 걸음 하는 사이 연꽃이 저절로 생겨나고, 재성이 몸에 따르니 날로 큰 재물을 얻을 것이다. 사람을 대하고 술을 함 께하니 생계의 이치가 그 가운데 있을 것이다.

4월 작은 것은 가고 큰 것이 오니 티끌 모아 태산을 이룰 것이다. 맨손으로 집안을 일으 키니 자수성가요, 그 부함이 남부럽지 않을 것이다. 그뿐만 아니라 재성이 문에 드니 가히 횡재를 기약할 것이다.

5월 구름이 흩어지고 달이 나타나니 천지가 명랑해져서 앞길을 훤히 내다볼 것이다. 다행히 귀인을 만나면 영롱한 빛깔이 다섯 배나 될 것이다. 매사가 뜻과 같으니 가히 천금을 모으게 될 것이요, 집안이 화평하니 마음 또한 편안할 것이다.

6월 재물과 관록이 따를 것이다. 만일 벼슬을 하지 않으면 자손에게 경사가 있을 것이다. 재물이 따르고 관록이 따르니 만사가 순조로울 것이요, 도처에 재물이 있고 백 가지 일이 모두 길할 것이다.

7월 상서로운 별이 문에 비치니 가정에 경사가 있을 것이다. 복록이 중하고 권세가 있으니 사람이 우러를 것이요, 만일 횡재가 아니면 자손이 부귀하고 영화로울 것이다. 많은 사람을 대하게 되니 가장 먼저 온화한 얼굴로 대해야 할 것이다.

8월 꾀하는 일을 속히 도모하여야 실패가 없을 것이다. 너무 뜸을 들이다 지체하면 도리어 불리할 것이다. 음양이 서로 화합하니 반드시 기쁜 일이 있을 것이다. 그러나 금성(金姓)이 해로우니 사람 사귐에 주의해야 할 것이다.

9월 하늘이 복을 주니 백 가지 일을 다 이루는 행운을 맞이할 것이다. 이익이 목성(木姓)에게 있으니 함께 사귀면 가히 횡재할 것이다. 소망하는 일이 마음먹은 대로 되니 세상 일이 태평할 것이나 행운이 와도 법규를 어기면 도리어 불리할 것이다.

10월 바른 마음으로 수양하고 덕을 쌓으니 복록이 스스로 찾아올 것이다. 옛것을 버리고 새 것을 취하니 일신에 광채가 날 것이요, 남과 화목하니 재물을 구하면 여의할 것이다. 다만 구설수에 올라 비방을 들을지라도 시비를 따지지 말아야 할 것이다.

11월 모든 일이 활짝 열릴 것이요, 뜻밖에 귀인이 나타나 나를 돕고 떠받쳐 줄 것이다. 재물과 복록이 몸에 임하니 뜻밖에 횡재를 하게 될 것이요, 자손에게 경사가 있으니 집안에 화기애애한 기운이 가득할 것이다.

12월 서쪽에 길함이 있으니 반드시 재물을 그쪽에서 얻을 것이다. 마음이 편안하고 즐거우니 모든 일이 구순할 것이다. 그러나 소신을 잃고 다른 사람의 말만 들으면 별로 이익이 없을 것이다.

| 운세풀이 |

좋은 일은 별로 없고 흉한 일만 있구나. 하늘이 무너지고 땅이 꺼지는 것이니 매사가 뒤틀리는구나. 눈 내린 들판에 재차 서리가 뒤덮이니 엎친 데 덮친 격이구나. 문서로 인하여 불리하고 부모 궁에 근심이 있겠네. 뜻은 하늘에 닿으나 그 뜻을 이루지 못하는구나. 땅을 파서 샘물을 구하는 격이니 무엇이든 온 힘을 다하여 노력하면 일시적으로나마 좋은 결과를 볼 수 있네. 무슨 일이든 명산에 기도하여 심신을 안정시킨 연후에 실행해야 하네.

1월 집안에 근심이 있으니 부모상을 당하거나 부모의 병환이 있을 것이다. 집안에 액운이 있어도 남을 원망하지 말고, 미리 대비하여 유념해야 할 것이다. 재물은 말과 글에 있으니 농사에는 피해가 있을 것이다.

2월 눈 위에 씨앗을 뿌리면 그것이 안전하게 살 수는 없듯이 원행하면 불리하니 나가면 마음이 상할 것이다. 차라리 집안에서 하던 일에 노력하는 편이 길할 것이다. 실물수가 있으니 도둑을 조심해야 할 것이다. 신수는 태평하나 재운은 불리할 것이다.

3월 용두사미격이니 처음은 왕성하나 끝이 부진할 것이다. 마귀가 서로 다투어 침노하니 집안에 슬픔이 있겠고, 남쪽의 친한 사람 때문에 우연히 해를 입게 될 것이다. 억지로 구하지 말고 편안한 마음으로 분수를 지켜야 할 것이다.

4월 비록 재운은 있으나 별로 소득이 없을 것이다. 서쪽과 북쪽 두 방향은 반드시 손해가 따르는 방향이 될 것이다. 그러나 미리 액을 막으면 길할 것이다. 몸과 마음을 깨끗이 하고 정성을 들여 기도하면 좋을 것이다.

5월 천지 동남에 비로소 평안을 찾으니 새로운 일을 시작하면 복이 깃들어 비로소 편안함을 얻을 것이다. 먼저는 흉하고 나중은 길한 운수이니 반은 흉하고 반은 길할 것이다. 서쪽의 목성(木姓)이 불리하니 가까이하지 말아야 할 것이다.

6월 밤 꿈이 산란하니 사람을 조심해야 할 것이다. 물속에 뜬 달을 잡으려 하니 빈손을 면하기 어려울 것이다. 그러나 미리 액운을 예방하면 면하게 될 것이다. 친한 친구와 다투면 반드시 피해를 볼 것이다. 분한 마음이 들더라도 참아야 할 것이다.

7월 재운을 말한다면 구하여도 얻지 못할 것이다. 좋은 일에 마장이 찾아와 희롱하니 도모하는 일이 점점 멀어질 것이다. 용이 강물을 잃었으니 조화를 부리지 못하고 좋은 운이 따르지 않아 답답하기만 할 것이다.

8월 달이 구름에 들어 동서를 분간치 못하니 출행을 삼가야 할 것이다. 또한, 손재수가 많으니 심신이 불안할 것이다. 집안이 평안하지 못하니 집안사람들이 각각 떠나게 될 것이다. 행동거지를 조심하고 마음을 다잡아 자신을 지켜야 할 것이다.

9월 모든 액운이 물러가고 복록이 찾아오니 몸과 마음이 안락할 것이다. 남방에 재물이 있으니 가면 얻을 수 있을 것이다. 만일 금성(金姓)을 만나면 뜻밖에 재물을 얻게 될 것이다. 큰 재물은 어려워도 작은 재물은 들어올 것이다.

10월 재물이 동쪽에 있으니 때를 만나면 스스로 얻을 것이요, 신수가 대길하니 집안이 화기애애할 것이다. 적은 물도 쉬지 않고 흘러 바다에 이르니 꾸준히 노력하면 반드시 길할 것이다. 그러나 일을 마무리한 다음에 새로운 일에 도전해야 할 것이다.

11월 재성이 공망을 만났으니 손재수가 적지 않을 것이다. 집안에 상서롭지 못한 기운이 있으니 미리 기도하여 예방해야 할 것이다. 분수에 넘치는 재물을 탐하면 반드시 손해가 따를 것이니 과욕을 부리면 안 될 것이다.

12월 옳지 못한 일을 하면 낭패를 볼 것이다. 만일 비리에 가담하면 재물을 잃고 이름이 땅에 떨어질 것이다. 아니면 구설이 분분할 것이니 집안에서 일어나는 일을 남에게 말하지 말아야 할 것이다. 귀와 지갑은 열고 입은 닫아야 할 것이다.

풍지대장 豊之大壯

| 운세풀이 |

마음이 인자하고 덕을 베푸니 만인에게 신용을 얻는구나. 한가로운 봄 강에 잔
잔한 바람만 불어오니 모든 일이 마음먹은 대로 되는구나. 좁은 연못에 있던 고
기가 드넓은 바다로 나가니 활기가 넘치고 의기양양하구나. 일신이 영귀하고
재물이 따르는구나. 동쪽과 북쪽의 재신(財神, 재물을 관장하는 신)이 나를 도와주
네. 다만 시비에 끼어들면 반드시 관재구설로 이어지니 다툼과 시비를 멀리해
야 낭패를 보지 않네.

1월 운수가 크게 트일 것이다. 물고기와 용이 물을 만난 격이니 의기양양하게 될 것이다.
재성이 몸에 임하니 손에서 천금을 희롱하게 될 것이요, 재물이 풍족하여 가득하니
집안이 태평할 것이다.

2월 동업을 피해야 할 것이다. 친한 사람에게 해를 입을 수 있으니 동업하지 말아야 할
것이다. 이 점만 조심하면 순풍에 돛을 달고 천 리를 갈 것이요, 만일 생남하지 않으
면 관록이 몸에 임할 것이다.

3월 만일 귀인을 만나면 반드시 성공할 것이요, 명예와 이익이 함께하니 사방에 이름을
떨치고 빛날 것이다. 궁에서 쇠북을 치니 부부 금슬이 맑고 향기로울 것이요, 집안에
경사가 있으니 기쁨이 가정에 가득할 것이다.

4월 온 들판에 풍년이 드니 만인이 스스로 즐기고, 재수가 대길하니 구하지 않아도 저절
로 재물이 들어올 것이다. 군자의 도가 오래 가니 작게 가고 크게 오는 것이다. 다만
동쪽으로 오갈 때 관재를 조심해야 할 것이다.

5월 재물과 곡식이 곳간에 가득하니 편안하고 태평한 세월을 보낼 것이다. 목마른 사람이 물을 만난 격이요, 굶주린 사람이 풍년을 만났으니 식록이 진진할 것이다. 다만 주관 없이 다른 사람 말만 들으면 실패수가 있을 것이다.

6월 만일 출행하지 않으면 이사를 하면 길할 것이다. 질병이 있는 가운데 여자로 인하여 재물을 취할 수 있을 것이다. 송사로 다투게 되면 구설로 인하여 불리해질 것이다. 참지 못하고 혈기를 부리면 더 큰 구설에 시달리니 유념해야 할 것이다.

7월 일신도 곤고하고 재물도 얻지 못하니 답답하고 어려움에 봉착하여도 온고지신하여 슬기롭게 대처해야 할 것이다. 호랑이 굴에 들어가지 않으면 호랑이를 잡을 기회조차 얻지 못하는 것이다. 길흉이 상반하나 용기를 잃지 말아야 할 것이다.

8월 꽃 피는 아침과 달 밝은 저녁에 몸이 꽃 사이에서 노닐고 있으니 다행히 귀인을 만나면 생활이 태평할 것이다. 또한 관록이 몸에 따르니 이름을 사방에 떨치게 될 것이다. 자신을 낮추고 남을 높이면 더욱 이로울 것이다.

9월 어두운 길을 가는 사람이 우연히 밝은 등불을 얻게 될 것이요, 흉한 가운데 길함이 있으니 마침내 길함이 찾아올 것이다. 재물이 동쪽에 있으니 우연히 재물이 들어올 것이다. 거친 폭풍우를 잘 견딘 끝에 순풍에 돛을 단 듯이 순조로울 것이다.

10월 봄바람과 가랑비에 풀빛이 청정하니 재물을 구하면 뜻하는 대로 얻을 것이요, 복록이 몸에 임하니 의식이 풍족할 것이다. 다만 구설이 조금 따를 것이니 지갑과 귀는 열어야 하지만, 입은 닫고 있어야 할 것이다.

11월 길성이 문에 들어오니 화기애애한 기운이 문에 들어올 것이다. 쇠를 연철하여 금을 만드니 작은 것을 쌓아 큰 것을 이룰 것이요, 뜻밖에 공명하니 사람들이 우러를 것이다. 이름이 높고 복록이 중하니 복록이 산처럼 쌓일 것이다.

12월 집안사람이 같은 마음으로 함께하니 이익이 그 중에 있을 것이다. 명산을 찾아 기도하면 근심이 흩어지고 기쁨이 생겨날 것이다. 또한, 재물과 복록이 풍족하여 그득하니 일신이 영귀하고, 집안이 태평할 것이다.

풍지진 豊之震

| 운세풀이 |

숨어 있는 재앙을 알지 못하고 경거망동하는구나. 다리 아래 엎드린 격이니 좋지 않은 일을 그 누가 알아채겠는가. 비단 옷을 입고 그믐밤 한밤중에 밤길을 걸어가니 나의 자태를 그 누가 알아주겠는가. 원진살(元嗔煞) 서로 다투고 등을 돌리는 흉살이 발동하니 길함은 없고 흉함만 생겨나는구나. 연못에 물이 마르니 비단 잉어가 윤기를 잃는구나. 하는 일이 뜻대로 되질 않아 힘이 빠지나 명산에 들어가 심신을 안정시킨 연후에 경영하면 순조롭네.

1월 하는 일에 비하여 수고로움만 있을 것이다. 소리는 있으나 형상이 없으니 호소할 곳이 없을 것이다. 봄이 지난 뒤에 꽃을 찾으니 수고로움만 있고 공이 없는 것이다. 목마를 때 우물을 파는 격이니 힘만 들고 소득은 없을 것이다.

2월 혼자 생각하고 꾀한 일을 이루기 어려우니 남을 쉽게 믿고 경솔하게 말하지 말아야 할 것이다. 금성(金姓)을 가까이하면 재물과 명예에 손해가 있으니 조심해야 할 것이다. 신운이 불리하니 매사에 조심하고 또 조심해야 할 것이다.

3월 구설과 관재를 조심해야 할 것이다. 비록 변화가 있으나 이름만 있지 실속은 없을 것이다. 만일 구설수가 아니면 관재수가 있을 것이다. 그러나 두 마리 호랑이가 싸우는 것이니 이기고 지는 것을 알지 못할 것이다.

4월 남쪽에 길함이 있으니 출행하면 이익을 얻게 될 것이다. 일도 있고 꾀도 있으니 벼슬을 하게 될 것이요, 재성이 문에 드니 가히 재물을 얻게 될 것이다. 순풍에 돛을 단 듯이 순조롭게 항해할 것이니 하던 일을 꾸준히 경영해야 할 것이다.

5월
소원을 이루기 어려울 것이다. 문서가 칠살을 띠었으니 까마귀가 백로로 변하는 것이다. 백 가지 일에서 이익이 없으니 구하고자 하여도 얻지 못할 것이다. 본래 재산이 없으니 구하고자 하나 소원을 이루기 어려울 것이다.

6월
바람과 비가 불순하니 초목이 오래 버티지 못하고, 큰마음을 먹은 일에 허망함이 있을 것이다. 호랑이가 북해를 건너가니 풍운이 분주하여, 만일 질병이 아니면 구설수를 면하기 어려울 것이다. 굳은 의지와 끈기가 필요할 것이다.

7월
시운이 불행하니 매사를 이루지 못하고, 매매하는데 손해가 있고 문서가 불리하니 매매를 하지 말아야 할 것이다. 비록 노력은 있으나 수고만 있고 공은 없을 것이다. 구름 뒤에 태양이 빛나고, 비 온 뒤에 땅이 굳으니 실망하지 말아야 할 것이다.

8월
집안에 불평함이 있으니 반드시 위험한 액운이 따를 것이다. 만일 구설이 아니면 질병이 떠나지 않을 것이다. 먼저 송사를 하지 말라, 송사를 피하면 먼저는 흉하나 나중은 길한 운수가 될 것이다.

9월
작은 것을 구하다가 큰 것을 얻으니 반드시 흥할 것이요, 때가 돌아오고 운이 따르니 자연히 성공을 하게 될 것이다. 모든 일이 뜻한 대로 이루어지니 심신이 화평할 것이다. 또한, 재운이 왕성하니 반드시 횡재하게 될 것이다.

10월
십 년을 쌓은 공이 하루아침에 허사가 되는 것처럼 열매를 맺기 어려울 것이다. 다른 사람과 동업을 하면 반드시 실패할 것이다. 만일 이와 같지 않으면 끊이지 않는 구설이 따를 것이다. 그러나 끝까지 초심을 잃지 말아야 할 것이다.

11월
여관의 차가운 등불 아래서 나그네의 마음이 처량하니 밖에 나가지 말아야 해를 당하지 않을 것이다. 문을 닫고 길에 나서면 액을 만날 것이다. 재물을 잃을 수가 있으니 도둑을 조심해야 할 것이나 차라리 보시를 하면 복을 쌓게 될 것이다.

12월
남과 동업하면 이익을 얻을 것이요, 재물의 기운이 양양하니 온화한 기운이 가득할 것이다. 그러나 북쪽에서 오는 손님은 종국에는 해를 끼치고, 수성(水姓)이 해로우니 가까이하지 말아야 할 것이다.

진지예 震之豫

|운세풀이|

욕심을 부리면 낭패를 보겠구나. 양손에 떡을 쥐고 있으니 욕심을 마음껏 부리는구나. 그러나 욕심을 누그러뜨리면 낭패를 면하는구나. 복은 두 번을 연거푸 잡을 수 없고 이익은 독점하기 어려운 법이니, 너무 이기적으로 이익을 챙기다가는 반드시 낭패를 보네. 올해는 허욕을 버려야만 심신이 편안하고 집안이 화평해지는구나. 교만함과 너무 센 자존심을 버려야 다른 사람들로부터 따돌림을 당하지 않는다.

1월 산에 들어가 물고기를 구하는 격이니 하는 일에 허황함이 있을 것이다. 마음에 정한 곳이 없으니 동으로 내닫고 서로 뛰면서 분주할 것이다. 머리는 있고 꼬리가 없으면 매사를 이루지 못하니 완전히 마무리를 잘해야 할 것이다.

2월 마른나무가 가을을 만나니 황폐한 모습으로 흉은 있고 길함은 없을 것이다. 불리함 속에서 가정이 불안하고, 설상가상으로 질병이 침범할 것이다. 일신이 곤고하더라도 운명으로 받아들이고 평온함을 유지해야 할 것이다.

3월 욕심을 부리다 오히려 손해를 볼 것이다. 허욕을 부리면 도리어 손해를 볼 것이니 비리를 탐하지 말아야 할 것이다. 지나친 욕심으로 허망함을 느끼게 될 것이니 욕심을 내려놓고, 정도를 걸어야 할 것이다.

4월 남과 다투지 말아야 할 것이다. 만일 다투지 아니하면 상복을 입게 될 것이다. 그러나 재물이 마음에 있으니 이익이 사방에 있을 것이요, 서쪽과 북쪽 방향에 있는 사람이 나를 도와줄 것이다. 다툼을 피하고 먼저 베풀면 이로울 것이다.

5월 밝은 달빛이 공중에 가득한데 갑자기 구름이 가리니 뜻밖의 일로 어려움이 따를 것이다. 도리에 어긋나는 재물을 조심하고 탐내지 말아야 할 것이다. 경솔함이 남에게 알려지는 격이니 도모하는 일이 이루어지지 않을 것이다.

6월 만약 기도하지 않으면 집안에 질병과 고난이 따를 것이다. 목성(木姓)과 친하면 반드시 재물을 얻을 것이나 관귀가 발동하니 밖으로 나가면 재물을 잃게 될 것이다. 곤고함이 있더라도 절망하지 말고 우선 심신의 피로를 다스려야 할 것이다.

7월 출행함에 조심해야 할 것이다. 근래에 얻은 이름은 모두 헛될 것이다. 꽃이 지고 열매가 없으니 기쁜 일이 하나도 없을 것이다. 위로는 움직이고 아래는 요동치는 격이니 출행을 삼가고, 분수를 지키며 심신을 안정해야 할 것이다.

8월 하는 일에 마장이 따를 것이다. 하는 일에 두서가 없으니 일을 구하나 이루지 못할 것이다. 머리는 있고 꼬리는 없으니 하는 일을 갈무리하지 못할 것이다. 그러나 집을 지키는 신에게 기도하고 치성하면 재앙이 차차 물러날 것이다.

9월 호랑이를 그리려다 개를 그렸으니 큰 뜻을 품었으나 결과는 보잘것없을 것이다. 그러나 고생 끝에 마침내 근심이 흩어지고 기쁨이 생겨날 것이다. 재물이 동쪽에 있으니 그쪽으로 가히 재물을 얻게 될 것이다.

10월 해는 서산에 지는데 돌아가는 손님이 길을 잃어버린 격이니 이 달을 잘 이겨내야 다음 달을 기약할 수 있을 것이다. 깊은 산속, 깊은 계곡에도 반드시 봄이 오게 마련이니 참고 견뎌야 할 것이다. 만일 손재수가 없으면 상복을 입게 될 것이다.

11월 길운이 이미 돌아왔으니 재복이 있을 것이다. 재물이 먼 곳에 있으니 나가서 구하면 가히 얻을 수 있을 것이요, 음양이 서로 화합하니 어려운 일도 속히 이루어질 것이다. 좋은 운수가 오는 때에는 복록이 진진할 것이다.

12월 믿는 도끼에 발등을 찍히게 될 것이다. 남을 믿게 되면 도리어 피해를 입게 될 것이다. 그러나 비리를 탐하지 않으면 이 액운이 스스로 소멸될 것이다. 집에 있으면 길하고, 경거망동하면 피해를 보게 될 것이니 근신 자중해야 할 것이다.

진지귀매 震之歸妹

| 운세풀이 |

경거망동하면 반드시 어려움에 처하니 경거망동을 삼가고 분수를 지켜야 낭패를 보지 않네. 망망대해에 일엽편주 외로이 떠가는데, 폭풍우가 몰아치니 위태하기 그지없도다. 올해의 운수는 위험이 많이 따르고 성공하기 어렵구나. 북쪽을 조심할지니, 이익이 도리어 해가 되는 방향이네. 재물은 동쪽에 있고 목성(木姓)이 나를 도와주네. 만일 주색을 가까이하면 반드시 관재구설수가 따르게 될 것이니 패가망신하지 않도록 주의해야 한다.

1월 신수가 곤고하니 다른 곳에 가도 불리할 것이다. 친한 사람이 시기를 하니 모든 하는 일에 방해를 할 것이다. 만일 가정에 우환이 없으면 부모에게 액운이 따를 것이다. 조금씩 양보하고 이해하는 아량을 베풀어야 할 것이다.

2월 곡식과 옷이 부족하니 추위와 배고픔을 어찌 면할까. 매사를 이루지 못하니 신세를 스스로 탄식하게 될 것이다. 남으로 인해 실패하게 되니 동업을 하지 말아야 할 것이다. 기분이 극과 극이 될 수 있으나 의욕을 잃지 말아야 할 것이다.

3월 근심이 끊이지 않으니 밤에 잠을 이루지 못하게 될 것이다. 집안에 병고가 있어 마음이 편하지 않으니 마음을 달래려고 집을 떠나 밖으로 나가도 이익이 없을 것이다. 차라리 집을 지키며 분수를 지키는 것이 현명할 것이다.

4월 재물이 동쪽에 있으니 우연히 시작한 일에서 재물이 들어올 것이다. 물에서 이익을 찾으면 허망하겠으나 육지에서 재물을 구하면 구하는 대로 얻을 것이다. 그러나 재물을 모으려고 해도 들어온 이득이 적어 모이지는 않을 것이다.

5월 흉함을 피하여 동쪽으로 가나 다시 집안에 근심이 생길 것이다. 성급하게 이루려고 큰 것을 탐하지만, 도리어 적게 얻을 것이다. 적은 것에 만족하며 내실을 다져야 할 것이다. 재물이 흩어질 것이니 차라리 보시함이 이로울 것이다.

6월 달이 구름 사이에 드니 밝은 빛을 찾기 어려울 것이다. 다른 사람의 말을 믿지 말라, 재물로 인하여 마음 상하는 일이 있게 될 것이다. 여색을 가까이하는 것도 좋지 않을 것이다. 만일 이를 어기면 질병을 얻을 것이다.

7월 입을 항아리 뚜껑 닫듯이 무겁게 해야 할 것이다. 경거망동하면 구설수를 면하지 못할 것이다. 주색을 가까이하면 손재수가 있고, 반드시 후회할 일이 생길 것이다. 남과 다투게 되면 송사를 면하기 어려울 것이니 다툼과 시비를 피해야 할 것이다.

8월 깊은 산골짜기에서 길을 잃었으나 그 길을 일러줄 사람이 어디에도 없으니 사람으로 인하여 실망을 하게 될 것이다. 목성(木姓)에게 해로움이 있으니 가까이하면 피해가 있을 것이다. 처궁에 근심이 있으니 미리 불전에 기도해야 할 것이다.

9월 남쪽과 북쪽이 불리하니 출행하면 이익이 없을 것이다. 그러나 서쪽에 재물이 있으니 나가면 조금 얻을 것이다. 공적으로나 사적으로나 남의 일에 간섭하지 말아야 할 것이다. 가신이 발동하는 운수이니 미리 기도하여 액운을 막아야 할 것이다.

10월 높은 곳이나 나뭇가지에 오르려 하지 말라, 위험에 처할 것이다. 만일 손재수가 없으면 처궁에 근심이 생길 것이다. 그러나 쓴 것이 다하면 단 것이 오는 법이니 참고 견딘 덕에 마침내 형통함을 보게 될 것이다.

11월 분수를 지키면 복록이 따를 것이다. 흉귀가 발동하니 물과 불을 조심하고 삼가야 할 것이다. 남쪽과 북쪽 양방향에는 별 소득이 없으니 옛것을 지키며 도리에 어긋남 없이 성실하게 일하면 작은 재물은 얻을 것이다.

12월 백설이 휘날리니 초목이 푸른 잎을 피울 수 없을 것이다. 만일 출행하면 횡액을 당할 것이다. 먼 여행을 삼가고 차 조심을 해야 할 것이다. 소망을 이루기 어려워 마음이 산란할 것이나 겸허히 받아들이면 평온을 되찾을 것이다.

진지풍 震之豊

| 운세풀이 |

하는 일도 없고 근심도 없으니 무사태평하구나. 오뉴월에 한가로이 높은 정자에 누워 있으니 몸과 마음이 여유롭구나. 구름이 흩어지고 광명이 나타나니 경영하는 일이 순조롭구나. 봄 동산의 복숭아꽃과 자두 꽃이 만발하니 온갖 벌과 나비가 날아와 춤을 추는구나. 뜻밖에 성공을 거두니 이름을 사방에 떨치는구나. 하는 일이 뜻대로 이루어지니 천지가 명랑하고 활기가 양양하구나. 다만 향응에 빠지면 질병이 찾아올까 두려우니 색을 삼가야 하네.

1월 도를 닦고 악을 멀리하니 마침내 길한 이익을 볼 것이다. 몸에 질병이 침노할 수 있으니 거처가 불안해지고, 여자의 말을 들으면 별 소득이 없을 것이다. 그러나 고난이 있어도 몸과 마음을 바로 하고 도리를 지키면 마침내 모든 일이 풀릴 것이다.

2월 마음가짐을 바로 하고 분수를 지키며 허욕을 부리지 않으면 하늘이 복을 내릴 것이다. 집에 불안함이 있으니 터를 옮겨 이사를 하면 길할 것이다. 만일 자녀가 태어나지 않으면 관록이 생겨 이름을 떨치게 될 것이다.

3월 다른 사람의 감언이설을 들으면 안 될 것이다. 만일 달콤한 유혹에 넘어가면 크게 후회할 일이 있을 것이다. 그러나 뜻밖에 공명하여 이름을 사방에 크게 떨치고 가산이 넉넉해질 것이다. 비록 재물은 얻으나 더러 구설수가 따를 것이다.

4월 비가 순조롭게 내리니 만물이 스스로 즐거울 것이요, 복락이 풍성하게 내리니 주변의 모든 것이 즐거울 것이다. 가정에 경사가 있는데 이는 자손에게 경사가 있을 것이다. 그러나 만일 여인을 가까이하면 명예에 해를 입으니 유의해야 할 것이다.

5월 집에 있으면 불안한 일이 있으니 이를 피하여 잠시 출행하면 좋을 것이다. 내외가 화합하지 못하고 한 번은 다툴 일이 생길 것이다. 또한, 횡액수도 있으니 크고 작은 일에 침착하게 대하고 매사에 조심해야 할 것이다.

6월 이익을 주는 사람은 토성(土姓)이고 피해를 주는 사람은 목성(木姓)이 될 것이다. 실물수가 있으니 미리 기도하여 막아야 할 것이다. 만일 이와 같지 않으면 해 넘어간 다리 위에서 형제가 이별을 하게 될 것이다.

7월 기쁨 중에 여자로 인하여 근심이 있을 것이다. 화성(火姓)이 이롭지 못하니 가까이하면 피해를 볼 것이다. 복록이 가득하니 근심이 흩어지고 기쁨이 생겨날 것이나 만일 여자를 가까이하면 명예에 손상이 있을 것이다.

8월 비록 재물이 생기나 얻으면 반을 잃게 될 것이다. 재물이 공망이 되고 복록이 숨는 격이니 소망이 별로 없을 것이다. 소신 없이 남의 말만 들으면 불리할 것이다. 특히 목성(木姓)을 믿으면 반드시 허망함을 당하게 될 것이다.

9월 봄의 성곽에 가랑비가 오니 만물이 즐거워할 것이요, 길성이 문에 드니 반드시 경사가 있을 것이다. 길운이 이미 돌아오니 귀인이 와서 도와줄 것이다. 재물이 서쪽과 북쪽에 있으니 가게 되면 많이 얻을 것이다.

10월 가운이 왕성하니 의식이 풍족할 것이요, 사람이 늘고 모든 일이 이루어질 것이다. 문서에 이익이 있고, 귀인이 나를 도와주니 반드시 성공할 것이다. 그러나 실물수가 있어 도적을 조심해야 하나 미리 베풀면 액을 막을 수 있을 것이다.

11월 집안사람이 한마음이 되니 하늘이 감동하여 재물이 스스로 올 것이다. 위는 맑고 아래는 편안하니 재물이 밖에서 들어올 것이다. 그러나 원행하면 구설이 있으니 길흉이 반반일 것이다. 먼 여행은 사고가 날 수 있으니 원행을 삼가야 할 것이다.

12월 백 가지 일을 뜻한 대로 이룰 것이요, 귀인이 와서 도와주니 소망을 성취할 것이다. 우물 안 물고기가 바다로 나가니 그 형상이 태평할 것이다. 재물이 상업에 있으니 그 일로 재물이 흥왕할 것이다.

항지대장 恒之大壯

| 운세풀이 |

신수가 분주하니 동분서주하는구나. 청산에 해가 저무니 나그네의 발걸음이 바쁘구나. 굶주린 호랑이가 먹이를 구하려 헤매고, 토끼를 잡으러 바다로 가는 구나. 관귀가 발동하여 길을 막고 있으니 멀리 가면 불리하구나. 길은 멀고 짐이 무거우니 금방 지치는구나. 흉한 중에 일 년 가운데 음력 삼월, 유월, 구월, 섣달 이 길하구나. 몸과 마음을 깨끗이 하고 정성으로 기도하면 귀인이 찾아와 돕는 구나. 분수를 지키고 노력하면 마침내 좋은 결과를 얻네.

1월 뜻이 높고 마음이 크니 반드시 성공할 것이다. 그러나 목성(木姓)은 삼가 가까이하지 말아야 할 것이다. 구설수가 있으니 명산을 찾아 미리 산신에게 기도하면 면할 수 있을 것이다. 관귀가 발동하므로 원행을 하면 불리할 것이다.

2월 재효가 살을 띠었으니 여자를 가까이 하면 액을 몰고 오므로 크게 해로울 것이다. 만일 이와 같지 않으면 배우자에게 근심이 있을 것이다. 또한 상갓집에 가면 질병을 얻을 수 있으니 부조금만 보내는 게 좋을 것이다.

3월 많은 일들이 허황하니 공연히 일을 벌여 놓고 후회하는 일이 없어야 할 것이다. 동쪽으로 이사를 하면 반드시 형통할 것이다. 남의 말을 듣게 되면 공연히 세월만 허비하게 될 것이니 자기중심을 잃지 말아야 할 것이다.

4월 깊은 밤에 비바람이 몰아치니 동서를 분간하기 어렵고, 집에 불안함이 있으니 마음이 편치 않을 것이다. 그래도 밖으로 나가면 불리하니 마음을 안정하고 집안에서 하던 일에 매진하는 것이 좋을 것이다.

5월 음력 오월의 운수는 말을 하는 데서 재물이 생겨날 것이다. 농사든 장사든 간에 수고로움이 있어야 재물이 생기는 것이다. 가정에 액이 있으니 미리 남쪽에 가서 기도하라. 만일 소복을 입는 일이 있으면 다른 악운을 면하게 될 것이다.

6월 출행하면 불리할 것이다. 수성(水姓)이나 화성(火姓)과 함께 일하면 불리할 것이다. 원행하면 불리하니 길에 나가지 말아야 할 것이다. 남과 다투면 일에 차질이 생기니 자기주장을 내세우기 전에 상대의 마음을 헤아리는 아량을 베풀어야 할 것이다.

7월 밭 갈고 김매는 수고를 하지 않으면 가을에 거둘 것이 없을 것이다. 재물을 구하여도 구하기 어려우나 귀인이 길을 가르쳐 줄 것이니 생계를 계획할 수 있을 것이다. 미리 집안을 편안히 다스려서 만사에 대비해야 할 것이다.

8월 시비를 가까이하지 말라. 만약 송사를 하게 되면 결과를 얻기 어렵고, 하룻밤 광풍에 떨어진 꽃처럼 생각했던 것보다 큰 손해를 볼 것이다. 손재수가 있으니 범사에 침착하게 대처하고, 경솔한 짓은 하지 말아야 할 것이다.

9월 뒷간에 드나들던 쥐가 큰 곡식 창고에 들어가니 어려움 중에 이익이 있을 것이다. 그러나 화성(火姓)을 가까이하면 피해가 있을 것이다. 음력 구월과 시월에는 이익이 토지에 있으니 그에 관련된 일을 하면 좋을 것이다.

10월 고생은 하나 재물을 얻게 될 것이다. 이익이 장사에 있으니 장사를 하면 재물을 얻을 것이다. 그러나 남쪽이 불리하니 그리 가지 말아야 할 것이다. 만일 손재수가 없으면 횡액으로 한 번 놀라게 될 것이나 미리 남에게 베풀면 액을 막을 것이다.

11월 발로 호랑이 꼬리를 밟으니 근심 가운데 기쁨이 생길 것이다. 우연히 귀인을 만나니 영리를 얻게 될 것이요, 서쪽과 북쪽 두 방향에 이익이 있을 것이다. 처음에는 곤고하나 나중에는 길할 것이니 힘들고 어려워도 참고 견디면 기쁨을 맛볼 것이다.

12월 백 가지 일들이 모두 순조롭게 이루어지니 이익이 그 가운데 있을 것이다. 당연히 일에 분망함이 있어 무척 바쁘게 지낼 것이요, 명리를 이루니 축하하는 손님이 문전성시를 이룰 것이다. 다만 횡액수가 있으니 범사에 조심해야 할 것이다.

항지소과 恒之小過

패상수 452

| 운세풀이 |

꿈속에서 어진 사람을 만나 진짜와 가짜를 구별하는구나. 귀인을 만나 성공하니 가는 곳마다 좋은 사람을 만나는구나. 하는 일이 순조롭게 진행이 되어 종래에는 반드시 성공하는구나. 맑은 거울은 거짓이 없으니 하는 일을 항상 공명정대하게 풀어나가면 좋은 결과를 얻겠구나. 올해에는 흉한 일보다 길한 일이 많구나. 머무는 곳에서 이동하거나 변동하는구나. 처음은 곤고하나 후일은 반드시 태평하니 다만 도둑을 조심해야 한다.

1월 맑은 바람이 부는 가운데 밝은 달빛을 받으며 고대광실에 누워 있으니 매사가 순조로울 것이다. 그러나 슬하에 액이 있으니 서쪽을 조심하면 액을 면할 것이다. 만일 이와 같지 않으면 구설이 따를 것이니 미리 대비해야 할 것이다.

2월 티끌에 묻혀 있는 진귀한 옥을 알아보지 못하니 자신에게 무엇이 이로운지 모르고 바쁘게 움직이게 될 것이다. 집안에 불안함이 있으니 재앙과 화가 끊이지 않을 것이다. 그러나 귀인을 만나면 뜻밖에 성공할 것이다.

3월 구름이 걷히고 푸른 하늘이 드러나니 밝은 달이 스스로 새로울 것이요, 흉함이 모두 사라지고 길함이 있을 것이다. 몸과 재물이 왕성하니 금을 쌓고 옥을 쌓을 것이다. 귀성이 문에 비치니 사람으로 인해 바라던 일을 성공하게 될 것이다.

4월 큰 봉황이 날개를 펼치니 구름으로 만 리 길이 열려 길한 운세 가운데 하는 일마다 이익과 기쁨을 있을 것이다. 그러나 시비수가 있으니 남과 다투지 말아야 할 것이다. 만일 이와 같지 않으면 작은 액이 있어 구설이 따를 것이다.

5월 음력 오월과 유월에는 남에게 의뢰하여 재물을 얻게 될 것이다. 사업을 하려면 이익이 토지에 있으니 그쪽으로 움직여야 할 것이다. 재운이 왕성하니 성공함에 의심이 없을 것이요, 내가 바로 성공한 사람이 될 것이다.

6월 만일 여자를 만나면 자신에게 도움을 주어 바라던 것을 이루게 될 것이다. 남과 더불어 남쪽으로 가니 백 가지 일에 길함이 있을 것이요, 작은 것을 쌓아 큰 것을 이루니 재물이 진진할 것이다.

7월 동업으로 성공하게 될 것이다. 남과 동업하면 하는 일은 절반으로 줄어들고, 공은 갑절이 될 것이다. 또한, 집안에 식구가 늘어날 것이니 생남하는 경사가 있을 것이다. 그러나 물가에 횡액이 있으니 물가에는 가지 말아야 할 것이다.

8월 좋은 일과 나쁜 일이 반반이니 만일 남에게 베풀어 은혜를 받을 일이 도리어 원수가 될 것이다. 이성문제를 조심하지 않으면 손재와 구설이 따를 것이다. 남쪽에 좋은 일이 있으니 그리로 가면 이익을 얻을 것이다.

9월 흥진비래라, 즐거운 일이 다하면 슬픈 일이 닥쳐올 것이다. 음력 구월과 시월에는 물과 불로 한번 놀라게 될 것이다. 실물수가 있으니 도적은 가까운 곳에 있을 것이다. 처음은 비록 길함이 있으나 나중은 재앙을 초래할 것이다.

10월 꽃이 떨어지고 잎만 무성하니 좋은 일을 성취하기보다 벌여 놓은 일로 고심하게 될 것이다. 가정이 화평하지 않으니 마음이 불안할 것이다. 비견이 공망을 만나니 형제간에 근심이 있을 것이다. 조금씩 양보하여 서로 우애로이 지내야 할 것이다.

11월 용이 천문을 얻었으니 조화가 무궁무진할 것이요, 동짓달과 섣달에는 경사가 있을 것이다. 귀성이 문에 비치니 귀인이 찾아와 도와주고 때를 만나 성공하게 될 것이요, 소망이 뜻한 대로 이루어지니 날로 천금을 희롱하게 될 것이다.

12월 꽃을 찾다가 우연히 열매를 얻을 것이요, 길성이 몸에 따르니 명리가 구전할 것이다. 귀인이 와서 도우니 때를 만나 성공할 것이다. 그러나 양씨(梁氏)와 이씨(李氏)와 동업하면 불리할 것이다.

항지해 恒之解

| 운세풀이 |

모든 일이 순조롭고 태평하구나. 일이 마음먹은 대로 순조롭게 이루어지고 복록이 진진하구나. 고기가 맑은 연못에서 뛰놀고, 봄 동산에 푸른 소나무가 맑은 이슬을 머금고 있구나. 명예와 이익이 있으니 반드시 이름을 널리 떨치게 되는구나. 실물수가 있으니 도둑을 조심해야 하지만, 미리 베풀어 덕을 쌓으면 액을 막을 수 있네. 이사를 하지 않으면 식구가 늘어나네. 다만 한 집에 두 살림이니 혹여 무슨 일인가 궁금하네.

1월 꽃이 봄 동산에 활짝 피어나니 그 빛깔이 화려할 것이요, 명리가 마음에 맞으니 반드시 기쁜 일이 있을 것이다. 가산이 풍족하니 집안사람이 기뻐할 것이요, 천지사방 하는 일이 백발백중할 것이다. 그러나 마음속에 자신만의 비밀이 있을 것이다.

2월 재물이 배 한가운데 있으니 구하는 대로 얻을 것이요, 재운이 돌아오니 이때를 놓치지 말아야 할 것이다. 옛것을 버리고 새것을 생하는 격이니 백 가지 일들이 뜻한 대로 이루어질 것이다. 고진감래하니 인내하면 달콤한 열매를 맛볼 것이다.

3월 음력 삼월과 사월에는 귀인이 나타나서 집안 문제를 해결해 줄 것이다. 기러기가 갈대를 물고 어둠을 헤치고 밝음으로 날아가고, 황룡이 여의주를 얻었으니 반드시 생남할 것이요, 백 가지 일이 여의하니 반드시 기쁜 일이 생길 것이다.

4월 도처에 재물이 있으니 가는 곳마다 재물을 얻고, 이름을 사해에 떨칠 것이다. 가을 쥐가 곳간을 만나고, 봄새가 꽃과 노니니 모든 것이 풍족하고 만인이 기쁠 것이다. 깊은 산 그윽한 골짜기에 새가 잠을 자려고 숲에 드니 만사가 편안할 것이다.

5월 물고기가 변하여 용이 되니 변화가 무쌍할 것이요, 식구가 늘고 토지를 더하니 한 집 안이 화평할 것이다. 가도가 흥왕하니 더 바랄 나위 없이 행복할 것이다. 귀인이 출입하게 되니 모든 사람에게 너그럽고 겸손하게 대해야 할 것이다.

6월 그동안 덕을 쌓은 공으로 집안에 반드시 경사가 있을 것이요, 집에 길함이 있으니 자손에 영화가 있을 것이다. 서쪽에 길함이 있으니 그리 가면 좋은 일이 생기고 우연한 일로 횡재할 것이다. 또한 토지에 이익이 있을 것이다.

7월 재물이 상업에 있으니 장사를 하면 성공할 것이다. 그러나 처자에게 근심이 있으니 미리 기도하여 예방해야 할 것이다. 운은 좋으나 좋은 일에는 마가 따르는 법이니 범사에 주의해야 할 것이다.

8월 남과 다투게 되면 송사가 일어나 불리하게 될 것이다. 하던 일을 접고 다른 일을 경영하면 좋지 않을 것이다. 옛것을 지키고 열심히 노력하면 만일 횡재수가 아니면 관록이 몸에 따를 것이요, 일신이 평안할 것이다.

9월 물고기가 큰 바다에서 노닐고 있으니 세상일이 태평하고 재물이 흥왕할 것이다. 백가지 일들이 순조롭게 이루어지니 많은 사람들이 공경하고 우러를 것이다. 신수가 대길하니 소원하는 바가 뜻한 대로 이루어질 것이다.

10월 복숭아꽃이 이미 떨어졌으니 그 열매를 가히 얻을 수 있을 것이요, 꽃이 지고 열매를 맺듯 경영하는 일이 뜻대로 이루어져 좋은 결실을 맺을 것이다. 다만 토성(土姓)을 가까이하면 불리하고, 목성(木姓)이 해로우니 거래를 하지 말아야 할 것이다.

11월 분수를 지키고 도리를 지키면 마침내 복록이 찾아올 것이다. 신운이 크게 통하니 하는 바가 모두 길한 것이요, 마음을 정하고 안정을 하면 기쁜 일이 스스로 있을 것이다. 또한, 밝은 창가에 귀인이 찾아와서 도와줄 것이다.

12월 서쪽과 남쪽 양방향에 재물이 왕성하니 그리 가면 반드시 이익을 얻을 것이다. 만일 벼슬을 하지 않으면 자손에게 경사가 있을 것이요, 두 곳에서 마음이 같으니 도모하는 일을 가히 이루게 될 것이다.

해지귀매 解之歸妹

| 운세풀이 |

액운을 피했다가 다시 액운을 만나는구나. 경거망동하면 액운을 당하게 되리라. 잘못을 피하려다가 도리어 원수를 만나는 격이구나. 일은 많은데 공이 없으니 헛수고만 하는구나. 이성을 탐하면 반드시 액을 당하니 이성을 탐하지 말아야 하네. 성급하게 서두르면 경영하는 일이 꼬이게 되니 찬찬히 순리대로 일을 처리해야 하네. 아무리 사이가 나쁜 형제지간도 어려울 때는 형제밖에 없구나. 어려운 순간에 형제의 도움을 받으리라.

1월 기도하여 액운을 막아야 할 것이다. 비록 재물이 생기나 얻은 것의 반은 나갈 것이다. 집안에 상서롭지 못한 기운이 있으니 미리 기도하여 예방해야 할 것이다. 원행을 하지 말라, 움직이면 피해가 있을 것이다.

2월 누각에 올라 별을 따는 격이요, 물속에 비친 달을 움켜쥐려는 것이니 경영하는 일을 이루지 못할 것이다. 요괴가 흉해를 만드는 격이니 도모하는 일이 이루어지지 않을 것이다. 말을 타고 산에 오르니 길은 있으나 험악하니 애로가 많을 것이다.

3월 구름이 빛을 가리고 있으니 날이 흐린 것처럼 횡액수가 있으니 매사에 조심해야 할 것이다. 마음속의 일을 다른 사람에게 털어놓지 말아야 흉함을 면할 것이다. 시비를 가까이하면 구설수를 면하기 어려울 것이다.

4월 관귀가 발동하고, 재앙과 액운이 층층첩첩 생겨나는 운수이니, 이로써 볼진대 남과의 거래에서도 불리하고 배신감에 마음을 상하게 될 것이다. 남쪽에는 해로움이 있으니 출행하지 말아야 할 것이다.

5월 식구가 늘고 토지가 늘어나니 가정에 기쁨이 가득할 것이요, 몸과 재물이 왕성하니 마음이 화평할 것이다. 모래를 일어 금을 얻는 운수이나 자기중심을 잃고 남의 말만 곧이곧대로 믿으면 하는 일에서 허황함을 맛볼 것이다.

6월 오뉴월에는 일은 많으나 이루는 것은 없을 것이다. 나그네는 길을 잃고, 전투하는 병사는 칼을 잃었으니 하는 일을 이루지 못하고 세상일이 꿈만 같을 것이다. 문을 나서서 걷고자 하나 횡액이 뒤따르니 차를 조심하고 범사에 유의해야 할 것이다.

7월 돌을 쪼아 옥을 찾으니 성실히 노력하고 공들인 결과로 얻게 될 것이요, 소망을 다 이루니 반드시 재물이 왕성할 것이다. 바람이 뜬 구름을 물리치니 달빛이 점점 밝아질 것이나 문서로 인하여 결국에는 구설을 듣게 될 것이다.

8월 흉한 중에 길함이 있으니 먼저는 곤고하나 나중에는 길할 것이요, 근심 중에 기쁨을 바라볼 것이다. 청산에 날이 저물어 가는데 길손이 길을 잃었으니 만일 다툼이 있으면 반드시 낭패를 볼 것이다. 남과 시비하거나 다투지 말아야 할 것이다.

9월 음력 구월과 시월에는 정성껏 기도하면 길하게 될 것이다. 배우자나 자녀에게 질병이 침노하여 집안이 근심이 생길까 두려우니 살뜰히 살피고 대비해야 해야 할 것이다. 만일 동쪽으로 원행하면 금성(金姓)이 귀인이 되어 나를 도와줄 것이다.

10월 남의 말을 지나치게 믿으면 음해가 따를 것이다. 의욕만 가지고 일을 벌이면 머리도 없고 꼬리도 없으니 이루기 어려울 것이다. 일에는 정한 이치가 있으니 두서없이 서두르지 말고 분수를 지키고 때를 기다렸다가 바르게 처리해야 할 것이다.

11월 동짓달과 섣달에는 출행함이 해로울 것이다. 실물수가 있으니 도둑을 조심해야 하나 미리 남에게 베풀면 액을 피할 것이다. 만일 분수를 지키지 않고 경솔하게 행동하면 뜻밖에 길에서 원수를 만나니 범사에 신중해야 할 것이다.

12월 비와 바람이 어지러우니 세상사가 나를 괴롭힐 것이다. 재물을 구하려 이리저리 애를 써보나 오히려 구설만 침노할 것이다. 그러나 남쪽이 길하니 남쪽으로 가는 것이 마땅할 것이다.

해지예 解之豫

|운세풀이|

악한 일을 버리고 착한 일을 하게 되는구나. 신수가 길하니 액운이 사라지고 재수가 대길하구나. 만 리 하늘에 구름 한 점 없으니 큰 바다가 푸르고 푸르구나. 근심 걱정이 없으니 편안한 마음으로 도를 지키네. 집안에 액운이 사라지고 웃음꽃이 피어나는구나. 만일 시비를 가까이한다면 구설수가 따를 것이니 남과 다투지 말아야 하네. 귀인이 나를 도우니 아무리 험난한 길도 편안히 가는구나. 본디 착한 마음으로 세상을 살아가니 만인이 칭송하네.

1월 정월과 이월에는 비로소 재복을 얻을 것이요, 물고기와 용이 물을 얻었으니 즐거움이 도도할 것이다. 근심이 가고 기쁨이 오니 편안히 지낼 것이요, 하늘이 스스로 도와주니 만사가 길하여 불리함이 없을 것이다.

2월 봉황이 아침 햇살을 맞아 힘차게 노래하니 재복을 얻을 것이요, 재물이 몸에 따르니 부유하기가 황금으로 골짜기를 이룬 것 같을 것이다. 재복이 이와 같으니 근심 걱정이 없고 기쁜 나날이 이어질 것이다.

3월 봄바람 가랑비에 버들가지가 푸르니 여기저기서 좋은 일이 있어 만사여의할 것이요, 천 가지 복록을 누리니 뜻밖에 재물이 나날이 집으로 들어올 것이다. 신수가 크게 상서로우니 도처에서 재물을 얻게 될 것이다.

4월 음양이 화합하니 만물이 화생하듯이 즐거울 것이요, 다른 사람의 재물인데도 우연히 집안에 들어와 나에게 이익을 줄 것이다. 그러나 이성문제를 조심해야 할 것이다. 이를 어기고 경솔하게 행동하면 구설이 따라 괴로울 것이다.

5월 물을 거슬러 배를 저어가니 도리에 어긋나는 행동을 하면 풍파가 따를 것이다. 그러나 신상에 근심이 없으니 먼저는 곤고하나 나중은 태평할 것이다. 길하고 이로운 일이 많으니 복록이 가볍지 않을 것이요, 가는 곳마다 재물을 이룰 것이다.

6월 머리에 계화꽃을 꽂으니 공명을 얻어 맑은 이름을 널리 떨칠 것이요, 사해에서 어질다는 칭송을 받을 것이다. 소망이 여의하니 대장부가 뜻을 이룰 것이요, 집에 경사가 있으니 어진 소리가 스스로 들려올 것이다.

7월 물고기와 용이 물을 얻었으니 새로운 활기를 띨 것이요, 신운이 대길하니 도처에서 재물을 얻을 것이다. 동쪽과 서쪽 두 방향이 길한 방향이요, 소원을 성취하게 될 것이다. 승승장구할수록 언행을 더욱 겸손히 하고, 남에게 베풀어야 할 것이다.

8월 군자는 녹을 얻고 소인은 재물을 얻을 것이요, 귀인이 나를 도우니 반드시 일에 성사됨이 있을 것이다. 뜻밖에 성공하게 될 것이요, 권세도 있고 재물도 따를 것이다. 만일 교만함을 버리고 겸손하면 좋은 일이 더할 것이다.

9월 이익과 재물이 사방에 있으니 도처에서 봄바람이 불 듯 기분 좋은 일이 있을 것이다. 몸이 남쪽을 왕래하면 백 가지 일이 대길할 것이다. 그러나 만일 이성문제가 생기면 구설이 따를 것이니 몸가짐을 바로 해야 할 것이다.

10월 이익과 재물이 외방에 있으니 집에 있는 것보다 문밖을 나서 원행하면 이익을 얻을 것이다. 동쪽과 남쪽 양방향에서 귀인이 나를 도와줄 것이다. 몸이 외방으로 나가면 녹이 중하고 권리가 높을 것이니 좋은 기회를 놓치지 말아야 할 것이다.

11월 동짓달과 섣달에는 반드시 경사가 있을 것이다. 만일 관록이 아니면 배우자에게 근심이 생길 것이다. 명예와 이익이 아울러 길하니 도처에서 이익을 얻을 것이다. 그러나 현무가 관귀를 띠었으니 실물수를 조심해야 할 것이다.

12월 우물 안 고기가 바다로 나가 의기가 양양하니 신수가 왕성하고 재수가 왕성할 것이다. 재물을 구함에 여의할 것이요, 도모하는 일이 순조롭게 이루어질 것이다. 길한 운세가 나를 감싸니 세상 사람들이 나를 높이 부르며 스스로 머리를 숙일 것이다.

해지항 解之恒

| 운세풀이 |

처음은 찡그리나 나중에는 활짝 웃는구나. 옥토끼가 동쪽 산등성이에 오르니 맑은 공기를 들이마시는구나. 액운이 사라지고 온갖 좋은 일들이 때를 기다리는구나. 귀인이 스스로 찾아와 나를 도우니 만사가 순조롭게 풀리네. 모든 경영하는 일들이 마음먹은 대로 진행되니 집안이 화평하도다. 재성이 나를 비추니 재물이 날마다 새롭도다. 이익이 남쪽과 북쪽에 있으나 이 방향에서 얻은 이익은 곧 나가는구나. 서쪽이 길한 방향이니 서쪽에 기쁨이 있겠네.

1월 재물과 경사가 따를 것이다. 달 밝은 동창에 아름다운 여인이 옥구슬을 희롱하니 만일 혼인을 하지 않으면 자손에게 경사가 있을 것이다. 재물이 높은 언덕과 산과 같이 쌓이니 의기양양할 것이다.

2월 달 밝은 높은 누각에 풍류 가락이 높이 울리니 복락이 풍만한 가운데 화색이 만면하여 부유함을 즐길 것이다. 재운이 왕성하고 큰 이익을 얻을 것인데 이익이 땅에 있을 것이다. 만일 이와 같지 않으면 자손에게 경사가 있을 것이다.

3월 음력 삼월과 사월에는 먼 길을 가지 말아야 할 것이다. 집에 있는 것이 길하고 출행하면 흉할 것이다. 경거망동하면 불리할 것이니 분수를 지켜야 할 것이다. 특히, 남쪽이 불리하니 그쪽으로 출행하지 말아야 할 것이다.

4월 버들가지 위에 꾀꼬리가 앉았으니 아름다운 정경이요, 하는 일마다 황금을 얻을 것이다. 동쪽 동산에서 복숭아가 꽃이 떨어지고 열매를 맺으니 재물이 풍족하고 생활이 태평할 것이다. 제비가 참새 둥지에 들었으니 이사함이 마땅할 것이다.

티끌 모아 산을 이루는 격이니 집안 살림이 흥왕할 것이다. 만일 언행을 삼가지 않으면 구설을 면하기 어려울 것이다. 만일 수성(水姓)을 가까이하면 실패수가 따를 것이니 사람 사귐에 유념해야 할 것이다.

6월 먼 곳에 근심거리가 없으면 가까운 곳에 근심이 있을 것이다. 물에 가까이 가지 말라, 친한 사람이 도리어 해를 끼칠 것이다. 만일 다투지 않으면 송사가 있을 것이니 차분히 대비해야 할 것이다.

7월 재운이 따를 것이요, 이익이 사방에 있으니 도처에서 재물을 얻을 것이다. 작은 것을 쌓아 큰 것을 이루는 격이니 점차 형통할 것이다. 비록 재물은 생기나 질병이 두려우니 각별히 건강에 주의해야 할 것이다.

8월 과욕이 나를 망치니 분수를 지켜야 할 것이다. 성사됨은 하늘의 뜻이니 억지로 한다고 구할 수 없을 것이다. 동쪽과 서쪽 양방향에 반드시 길함이 있을 것이다. 일에는 정해진 분수가 있는 법이니, 분수 밖의 재물을 탐하지 말아야 할 것이다.

9월 길에 나가는 운수가 아니니 나가면 손재가 많을 것이다. 쓸데없는 일로 돌아다니거나 먼 여행을 삼가야 할 것이다. 높은 산의 백옥도 반드시 주인이 있는 법이니 청풍명월의 주인이 될 것이요, 이후에는 반드시 재물의 왕성함이 있을 것이다.

10월 신속히 일을 처리하면 이익을 볼 것이요, 몸가짐을 바로 하고 분수를 지키면 재해가 침범할 수 없을 것이다. 발 빠른 사람이 먼저 얻는 법이니 빠른 판단이 귀한 달이다. 재물이 서쪽에 있으니 나가면 능히 얻을 수 있을 것이다.

11월 목마른 용이 물을 얻고, 굶주린 사람이 풍년을 만났으니 몸과 마음이 모두 편안하고 모든 일이 형통할 것이다. 부지런히 노력하면 재물과 이익이 스스로 찾아올 것이다. 동짓달과 섣달에는 생남할 길운이 있으니 마음에 기쁨이 가득할 것이다.

12월 흉이 변화여 복락으로 바뀌니 근심이 흩어지고 기쁨이 생겨날 것이다. 만일 횡재가 아니면 토지에 길함이 있을 것이다. 만일 자손을 얻지 못하면 도리어 상복을 입게 됨을 염두에 두고 있어야 할 것이다.

소축지손小畜之巽

| 운세풀이 |

비를 기다리는데 구름은 있으나 비는 내리지 않는구나. 좋은 운수는 더디게 나타나네. 돌 위에다 연꽃을 심고, 손가락으로 쇠를 깎으려 하니 경영하는 일을 성취하기 대단히 어렵구나. 수고로운 뒤에는 반드시 공로가 있으니 참고 때를 기다려야 하네. 화중지병이라, 그림의 떡으로 주린 배를 채우려 하니 하는 일마다 만족하지 만족스럽지 못하구나. 명산을 찾아 기도하면 종래에는 흉함이 길한 것으로 변하네.

1월 실패수가 있을 것이다. 정월과 이월에는 부모에게 해가 있을 것이다. 우환과 질병이 연달아 침노하는 것이다. 집에 질병이 있고 하는 일 다 실패가 따를 것이니 마음을 비우고 집안을 살펴야 할 것이다.

2월 동업을 하면 좋을 것이다. 다른 사람의 잘못으로 인하여 관재구설에 오를 것이다. 움직이면 후회할 일이 있고, 분수를 지키고 자중하면 길할 것이다. 다른 사람과 동업을 하면 이익이 있을 것이다.

3월 시비수를 조심해야 할 것이다. 뜻이 높고 덕이 중한 운수이니 복록이 스스로 찾아드는 것이다. 비록 재물은 왕성하다 하나 질병이 있을까 두려운 것이다. 이것이 길다 저것이 짧다 하여 다른 사람과 시비를 하지 말아야 할 것이다.

4월 언행을 삼가야 할 것이다. 양손에 떡을 들고 어느 것을 먹을까 고민하는 것이다. 집안사람이 불화하니 근심이 떠나질 않는 것이다. 입을 봉하고 말조심하면 바람이 잦아들고 물결이 잔잔해질 것이다.

5월 고진감래할 것이다. 음력 오월과 유월에는 재앙이 사라지고 복록이 들어오는 것이다. 침상에서의 계략은 두 사람만이 아는 것이니 말조심을 해야 하는 것이다. 만일 이와 같은 상황이 없으면 반드시 혼인을 하게 되는 것이다.

6월 관재수와 손재수를 주의해야 할 것이다. 백호가 관귀를 띠니 심상찮은 기운이 가득하다. 손재수가 있으니 화성(火姓)을 멀리해야 할 것이다. 재성이 공망이 되고 복록이 끊어지는 것이니 손재수가 가히 두려운 것이다.

7월 역시 관재수와 손재수를 주의해야 할 것이다. 비록 노력은 하나 수고만 있을 뿐 공이 없는 것이다. 만일 상복을 입지 않으면 재물의 이익을 기약해 볼 수 있을 것이다. 만일 질병이 없으면 구설이 두려운 것이다.

8월 흉한 것이 길한 것으로 변할 것이다. 흉한 것이 도리어 길한 것이 되니 백 가지 하는 일이 순조롭게 이루어질 것이다. 작은 일을 참아내지 못하면 큰 계략을 어지럽게 할 것이다. 참고 견디면 필시 좋은 일이 있을 것이다.

9월 때를 기다려 움직여야 할 것이다. 바위 위의 한 그루 외로운 소나무요, 푸른 바다의 좁쌀처럼 힘이 없는 운수이니 조급하게 서두르지 말고 때를 기다려야 할 것이다. 밤 꿈이 산란하니 마음속에 얻어지는 것이 없는 것이다.

10월 차가운 나무에 꽃이 피었으니 그 뿌리와 가지가 아직 연약한 상태로 시기상조한 것이다. 먼저 그 터에 제사하면 가히 이러한 액운을 면하게 될 것이다. 위아래가 서로 거슬리니 성사되기를 바라기 전에 서로 화합해야 할 것이다.

11월 마침내 길한 운수가 찾아오니 만사여의하고, 이익이 한가운데 있을 것이다. 청풍명월에 한가로이 앉아 거문고를 타는 것이요, 재수가 왕성하니 반드시 재물을 얻게 될 것이다.

12월 태평한 가운데 액운이 침범하게 될 것이다. 일신이 안락하니 세상사가 태평한 것이다. 초상집에 가지 말라, 불리한 일이 벌어지는 것이다. 상중에 충을 만난 격이니 동쪽을 가까이하지 말아야 하는 것이다.

소축지가인 小畜之家人

| 운세풀이 |

세운 뜻을 달성하기 어렵구나. 연못의 물이 마르니 연못 속 물고기가 살아날 방도가 없구나. 불나비가 등불을 보고 달려드니, 위험을 모르고 함정에 뛰어드는구나. 분수를 지키지 못하고 경거망동하면 반드시 액운을 면치 못하네. 어두운 밤길에서 길을 찾으려 하나 어디가 어딘지 모르는구나. 노력하여도 일신만 고단하니 세상사가 허무하도다. 시비를 가까이하면 송사가 두려우니 시비를 멀리해야 하네.

1월 구설수가 따를 것이다. 가을 찬 서리에 풀들이 시들어버리는 운수인 것이다. 시비를 가까이하면 송사가 불리할 것이다. 잘 닫힌 병뚜껑처럼 굳게 입을 닫고 말조심해야 구설을 면할 수 있을 것이다.

2월 바다에 들어가 금을 구하니 금을 얻지 못하는 것처럼 뜻한 바를 이루지 못할 것이다. 서강이 메말랐으니 물고기를 얻지 못하는 것이다. 몸에 질병이 찾아드니 마음이 어지럽고 괴로울 것이다.

3월 꽃이 지고 봄이 없으니 나비가 방황하는 것처럼 하는 일이 불리할 것이다. 신운이 불리하니 벗어나고자 하여도 벗어나지 못하는 것이다. 금성(金姓)이 불리하니 사귐에 주의해야 할 것이다.

4월 귀인이 나를 도와줄 것이다. 몸이 북쪽에 가서 놀면 귀인을 만나 도움을 받을 것이다. 동쪽과 북쪽 양방향에서 귀인이 나를 도와줄 것이다. 다만, 강을 건널 낮이 없으니 이롭지 못한 방향으로 출행을 삼가야 할 것이다.

5월 이사수가 있을 것이다. 화염이 곤륜산에서 일어나니 옥돌이 함께 타버리는 것이요, 경영하는 일에서 재물의 이익을 얻지 못하게 될 것이다. 제비가 참새 둥지에 드는 격이니 변동이 있고 이사를 하게 될 것이다.

6월 노력에 비하여 소득이 없을 것이다. 만일 처에게 우환이 없으면 부부간에 다툼이 있을 것이다. 도로에서 낭패를 보게 되는데 사람들이 모두 입을 가리게 되는 것이다. 비록 수고로우나 소득을 얻기 어려운 것이다.

7월 고생 끝에 기쁨을 맛볼 것이다. 이 달의 운수는 어려움을 극복하고 다시 살아나는 것이다. 만일 귀인을 만난다면 늦게라도 빛을 볼 것이다. 토지나 재물이 비록 왕성하나 빼앗으려는 사람이 많을 것이니 유념할 것이다.

8월 분수를 지켜야 이로울 것이다. 동풍 가랑비에 버들가지가 청정한 것이요, 비단을 바른 창에 달 밝으니 몸이 꽃밭에서 취한 것이다. 봄에 밭 갈고 여름에 김매야 가을에 거둘 수 있으니, 분수를 지켜 일을 해야 할 것이다.

9월 근신하고 출타하지 말아야 길할 것이다. 이 달의 운수는 근심 중에 기쁨이 있을 것이다. 만일 질병이 생기지 않으면 자손에게 근심이 있을 것이다. 집에 있으면 길하나 다른 곳에 가면 불리할 것이다.

10월 고생 끝에 즐거움이 찾아올 것이다. 강 위의 푸른 복숭아가 비로소 열매를 맺은 것이요, 재물이 왕성한 시기이니 이때를 놓치지 말아야 하는 것이다. 몸과 재물이 왕성한 운수이니 생활이 풍족할 것이다.

11월 실패수가 있을 것이다. 금옥이 만당하니 사람마다 찾아와서 치하하는 것이다. 남쪽과 북쪽이 불리하니 유념할 것이다. 자기주심을 가지고 남의 말을 곧이곧대로 듣지 않으면 하는 일에 성사가 있을 것이다.

12월 분수를 지키면 이익을 얻을 것이다. 때를 기다려 활동한다면 작은 재물은 가히 얻을 수 있을 것이다. 재물과 복록이 겸하여 온전하니 만인이 우러러보게 되는 것이다. 집을 지키면 길하나 움직이면 불리할 것이다.

| 운세풀이 |

만사가 미더우니 운수가 형통하는구나. 꾀꼬리가 버들가지에 올라앉아 노래하니 세상사가 즐겁도다. 가뭄에 단비를 만났으니 초목이 푸르고 화창하네. 때를 만나 덕을 베푸니 만인이 나를 따르고 하는 일이 순조롭도다. 적은 재물도 크게 불어나니 기쁨이 두 배로다. 깊어가는 가을에 쥐가 곡식이 가득한 창고에 들었구나. 역마가 발동하니 혹여 물 건너 원행할 일이 생긴다. 종래에는 천하가 태평하니 이름이 세상에 널리 퍼지겠구나.

1월 이사수가 있을 것이다. 전화위복되는 운수이니 얼굴에 기쁜 빛이 가득할 것이다. 사람의 환심을 얻을 것이요, 무슨 일이든 이루지 못할 것이 없을 것이다. 터를 옮기고 업을 바꾸면 횡재할 것이다.

2월 혼자 힘으로 집안을 일으키고 재물을 모을 것이다. 쥐가 창고에 들었으니 의식이 스스로 풍족할 것이요, 우연한 기회에 재물을 얻으니 생계가 스스로 풍족할 것이다. 천금이 스스로 오는 격이니 맨손으로 집안을 일으키는 것이다.

3월 실물수를 조심해야 할 것이다. 도처에 재물이 있으니 원행하여 재물을 얻는 것이다. 실물수가 가히 염려되니 도적을 조심해야 할 것이다. 명예와 이익이 마음에 맞으니 사람들이 우러러볼 것이다.

4월 분수를 지켜야 마땅할 것이다. 먼저 중심을 얻을 것이요, 사람들이 나의 뜻을 따르게 될 것이다. 바른 마음으로 수도를 한다면 복록이 스스로 올 것이다. 뜻 막기를 굳건한 성같이 하고 편안하게 분수를 지켜야 할 것이다.

5월 경거망동을 삼가야 길할 것이다. 음력 오월과 유월에는 고요하게 지내면 대길할 것이다. 이 달은 운수는 즐거움이 극에 달하여 슬픔이 생겨나는 것이다. 몸가짐을 안정하면 길하나 망령되이 행동하면 피해가 있을 것이다.

6월 소원을 이루게 될 것이다. 낙양성 동쪽의 물이 동해로 흐르는 것이요, 이름이 사방에 전하는 운수이니 만인이 우러르게 될 것이다. 화성(火姓)과 금성(金姓)과 함께하면 이로움이 있을 것이다.

7월 친구를 조심해야 할 것이다. 음력 칠월과 팔월에는 혹여 구설이 있을까 염려되는 것이다. 마음속에 품은 일을 남에게 말하지 말아야 피해가 없을 것이다. 할 일을 잊고 친구를 가까이하면 재물을 손해 보고 마음이 심란해질 것이다.

8월 욕심을 부리지 말고 소견을 넓히면 반드시 재물을 얻을 것이다. 우물 속에서 하늘을 보는 격이니 소견이 넓지 못한 것이다. 다른 경영을 하면 반드시 손해를 보게 될 것이다. 소견을 넓히면 동남쪽과 서북쪽에서 만금을 가히 얻을 것이다.

9월 귀인이 나를 도와줄 것이다. 부정한 운이 가고 태평한 운이 오니 손에서 천금을 희롱하게 될 것이다. 무릇 하는 일마다 길하지 않은 것이 없을 것이다. 동쪽에서 오는 손님이 반드시 나를 도와줄 것이다.

10월 재물을 얻게 될 것이다. 수시로 변통되는 운수이니 하는 일을 뜻대로 이룰 것이다. 길신이 도와주니 하는 일마다 성취될 것이요, 몸이 귀하고 이름이 높은 운수이니 재물과 비단이 상자에 가득할 것이다.

11월 자손에게 경사가 있을 것이다. 꾀꼬리가 버들가지에 깃드니 가지마다 황금빛으로 빛나는 것이다. 만일 관록이 아니면 자손에게 경사가 있을 것이다. 만일 벼슬을 하지 않으면 횡재할 것이다.

12월 고진감래하게 될 것이다. 이 달의 운수는 편안한 가운데 위험이 있을 것이나 이후로부터는 하는 일마다 저절로 형통할 것이다. 입신양명하니 이름을 사방에 널리 떨치게 될 것이다.

중부지환 中孚之渙

| 운세풀이 |

남에게 어려움을 당하여 심신이 고달프구나. 특히 도둑과 실물수를 조심해야 하네. 전쟁에서 패배한 장수가 면목 없이 강을 건너 회군하는 것이니 경영하는 일에 실패가 있을 수 있구나. 집안 또한 불안하여 집안사람들과 다툼이 생기겠 구나. 용이 여의주를 잃은 격이니 경영하는 일에 지장이 많구나. 나무를 심어도 뿌리가 약하니 열매를 얻기 어렵네. 재물도 흩어지고 사람도 내 곁을 떠나니 의 지할 것이 없구나. 명산을 찾아 기도하면 재수를 얻으리라.

1월 마음이 안정되지 않고 산란할 것이다. 하는 일에 처음과 끝이 없으니 마음이 산란한 것이다. 마음이 삼의 줄기처럼 어지럽게 얽혀 있어서 하는 일에도 두서가 없을 것이 다. 도모하는 일을 이루지 못하니 분분히 자리를 옮기게 될 것이다.

2월 갑작스런 일을 조심해야 할 것이다. 친한 사람이 도리어 원수가 되는 격이니 친구를 조심해야 한다. 남쪽으로 가지 말라, 재물을 탕진할까 염려된다. 신수가 불리하니 횡 액을 조심해야 할 것이다.

3월 질병을 조심해야 할 것이다. 이 달의 운수는 병살이 와서 침노하는 운수이니 질병을 조심해야 하는 것이다. 동서로 바쁘게 움직이나 소득은 별로 없을 것이다. 만일 상복 을 입어보지 않으면 질병이 가히 두려운 것이다.

4월 집안에 근심이 있을 것이다. 가을 풀이 찬 서리를 만난 격이니 수심을 풀지 못하는 것이다. 하는 일에 반복되는 일이 많은 격이니 다른 사람을 조심해야 하는 것이다. 처궁에 근심이 있으니 미리 조왕신께 기도하여야 하는 것이다.

5월 분수를 지키고 원행을 삼가야 할 것이다. 허황한 일을 삼가고, 경거망동하지 말아야 하는 것이다. 동쪽이 불리하니 손재가 있을까 걱정스럽다. 동쪽을 가까이하면 불리할 것이다.

6월 고생 끝에 낙이 올 것이다. 처음에는 꽃이 다 떨어진 곳에 수풀만 우거지고 보이지 않는 손해가 천금을 이룰 것이다. 그러나 조각달이 다시 둥근 달이 되는 것처럼 결국 형통함이 있을 것이다.

7월 작은 재물을 얻게 될 것이다. 이 달의 운수는 망망대해에서 사방에 풍파를 만난 것이다. 비록 노력함이 없으나 작은 이익을 얻을 것이요, 마음과 힘을 기울이지 않아도 작은 재물을 가히 얻어 볼 수 있을 것이다.

8월 시비를 멀리해야 할 것이다. 착함을 좇고 악을 멀리하니 반드시 길한 일이 있을 것이요, 백 가지 일 가운데 참는 것이 가장 으뜸인 것이다. 마음에 주장한 바가 없으니 도모하는 일을 이루지 못할 것이다.

9월 이별수가 있을 것이다. 이 달의 운수는 재앙이 점점 사라지는 것이요, 동쪽으로 분주하고 서쪽으로 달리는 격이니 바쁜 나날을 보낼 것이다. 또한, 손재수가 있고 집안사람이 이별할 일이 있을 것이다.

10월 다른 사람으로 인하여 어려움을 겪을 것이다. 해로운 자가 이익을 주는 것이니 헛된 가운데 결실이 있는 것이다. 눈앞의 이익으로 인하여 그 피해를 몇 십 배로 보는 것이다. 의지할 데가 없는 것이니 신세를 스스로 한탄하는 것이다.

11월 남의 말을 믿지 말아야 할 것이다. 감언이설을 믿으면 은혜가 도리어 원수가 될 것이다. 하는 일이 멀고멀어서 손재가 많을 것이다. 일을 하는데 꾀로써 하니 그 꾀가 이치에 맞지 않는 것이다. 마음가짐을 바르게 하고 성심을 다해야 한다.

12월 실물수를 조심해야 할 것이다. 성패가 많은 운수이니 주의하여 일을 해야 하는 것이다. 도적이 가까이 있는 격이니 사람을 믿지 말아야 피해가 없을 것이다. 분수에 넘치는 것을 탐하면 공연히 마음만 상하게 될 것이다.

522 중부지익 中孚之益

| 운세풀이 |

올해는 크게 발전하는구나. 복숭아와 자두가 때를 만났으니 그 빛깔이 영롱하구나. 비단길에 꽃을 뿌리니 그 영화가 무궁무진하구나. 구름이 걷히고 밝은 달이 나오니 마음에 있던 해묵은 감정을 깨끗이 씻어버리네. 권세가 날로 높아지고 재물이 중중하니 만인이 찾아와 칭송하네. 동쪽에서 재물을 구하면 반드시 이익이 있겠구나. 음양이 화합하니 집안이 화평하고 하는 일이 모두 순조롭네.

1월 소원을 이루게 될 것이다. 금을 쌓고 옥을 쌓으니 석숭 못지않은 부자가 될 것이다. 하는 일마다 형통하니 의기가 양양한 것이요, 마음을 정직하게 하면 하는 일마다 여의할 것이다.

2월 귀인이 도울 것이다. 동쪽이나 남쪽에서 귀인이 나를 돕는 것이다. 하늘이 스스로 도우니 운이 좋고 상서로우니 불리함이 없을 것이다. 재물의 이익을 이루니 반드시 성공할 것이다.

3월 참고 인내하면 즐거움이 오는 것이다. 벼슬이 높고 재물이 많으니 이름을 사해에 떨치는 것이다. 구름이 흩어지고 달이 나오니 경색이 가히 아름다울 것이요, 좋은 운이 돌아오니 만사가 여의할 것이다.

4월 집안에 경사가 있을 것이다. 집에 경사가 있으니 재물의 이익을 능히 얻을 수 있을 것이다. 벼슬이고 재물이고 귀인이 곁에 있어 도와줄 것이다. 또한, 처궁에 기쁨이 있으니 처로 인하여 경사로운 일이 있을 것이다.

5월 다른 사람의 감언이설에 넘어가면 손해를 볼 것이다. 경영하여도 재물을 얻기 어려울 것이다. 서쪽에서 오는 사람이 반드시 재물에 손해를 끼칠 것이니, 미리 기도하여 방지하면 이러한 액운을 막을 수 있을 것이다.

6월 소원을 이루게 될 것이다. 뜻밖에 공명하니, 이름이 사방에 떨쳐질 것이다. 우레와 비가 한 번 지나가니 만물이 생겨나고 소생하는 것이다. 만일 벼슬을 하지 않으면 아들을 얻게 될 것이다.

7월 명예를 얻게 될 것이다. 봄날에 초목이 비를 만나니 그 빛의 푸름이 갑절이나 되는 것이다. 공명이나 재물이 소망하는 뜻대로 이루어질 것이다. 다만, 손재수가 있으니 토성(土姓)을 멀리해야 할 것이다.

8월 재앙과 화난이 오히려 복이 될 것이다. 화성(火姓)이 와서 도와주니 전화위복하는 것이다. 재앙이 가고 복록이 오니 천신이 나를 돕는 것이다. 길성이 몸에 따르니 만사가 대길할 것이다.

9월 재물을 얻을 것이다. 밝은 달 아래 높은 누각에 기쁜 노랫가락이 높이 들리는 것이요, 재물을 얻게 될 것이다. 북서쪽과 북북서에 재물이 있을 것이다. 경영하는 일이 반드시 성공할 것이다.

10월 구설수가 따를 것이다. 노인은 배를 두드리고 동자는 희희낙락하는 것이요, 천지가 서로 응하는 격이니 소원이 여의할 것이다. 재수는 흠이 없으나 약간의 구설수는 따를 것이다.

11월 분수를 지키면 재물이 흩어지지 않을 것이다. 봄이 돌아와 날이 따뜻하니 초목이 무성한 것이요, 길성이 몸에 따르니 기쁜 일이 중중한 것이다. 비록 재물은 왕성하나 분수에 넘치는 허욕을 부리면 도모하는 일이 이루어지지 않을 것이다.

12월 향응이 많을 것이다. 쥐가 쌀 곳간에 들어간 격이니 식록이 풍부한 것이요, 동쪽으로 가고 서쪽으로 가도 재물과 복록이 차고 넘칠 것이다. 다만, 수성(水姓)이 불리하니 주고받는 일을 하지 말아야 할 것이다.

중부지소축 中孚之小畜

| 운세풀이 |

하고자 하는 일이 뜻대로 되지 않아 불만이 많아지는구나. 사나운 호랑이 두 마리가 서로 싸우니 지켜보는 사람이 더 두렵네. 내가 경영하는 일로 인하여 남이 피해를 볼까 걱정이 되는구나. 흉함이 많고 길함이 적으니 이 일을 어찌할꼬. 이성을 가까이하면 반드시 낭패를 보는구나. 경영하는 일도 두서가 없이 갈팡질팡하네. 명산을 찾아가 지극정성으로 기도하고 마음을 가라앉히면 귀인이 나타나 스스로 도움을 주네.

1월 주색을 조심해야 할 것이다. 구름이 바람 따라 모이고 흩어지니 덧없고 무상한 것이다. 험한 길을 순조롭게 가기는 하나 헛걸음이 될 것이다. 술과 여자를 가까이하면 재물의 손해를 면치 못할 것이다.

2월 일을 해도 소득이 별로 없을 것이다. 나그네 가는 길이 해는 저무는데 돌아가는 발걸음이 바쁘기만 한 것과 같다. 사소한 일로 놀라는 일이 많을 것이다. 재수를 말한다면 얻어서 반은 잃는 것이다.

3월 사기를 당할 수도 있을 것이다. 분수 밖의 일을 하게 되면 오히려 손해를 볼 것이다. 하는 일마다 불리하니 마음이 어수선하고, 좋은 운수가 떠나가는 격이니 사방에서 사기를 당할 수 있을 것이다.

4월 음양이 고르지 못한 운수이니 도모하는 일을 이루기 어려울 것이다. 남과 다툼이 있으면 몸을 상하게 되고, 구설을 면치 못할 것이다. 언행을 삼가고 참고 견디어 시비를 멀리하고 다툼을 피해야 할 것이다.

5월 언행을 삼가지 않으면 송사와 시비가 따를 것이다. 물을 거슬러 배를 저어 올라가는 격이니 수고만 있고 공이 없는 것이다. 또한, 남의 초상집에 가면 질병을 얻을 수 있으니 부조만 하고 출행을 삼가야 할 것이다.

6월 먼저는 길하고 나중은 흉한 운수이니, 좋은 때라고 하여 경거망동하면 가지고 있는 재물이 불리할 것이다. 무리하게 행동하면 눈앞에서 횡액을 당할 것이니 돌다리도 두드려 보는 심정으로 신중해야 할 것이다.

7월 복록은 왕성하나 소득은 많지 않을 것이다. 손재수가 발동하니 이럴 때는 움켜쥐려 하지 말고, 남에게 먼저 베풀고 보시하면 능히 손재를 막을 수 있을 뿐만 아니라 복덕을 쌓을 것이다.

8월 홀로 도는 외로운 달이 쓸쓸하게 사방을 비추니 어려움이 좀처럼 해소되지 않을 것이다. 이익이 없는 일을 삼가여 간섭하지 말아야 할 것이다. 하는 일에 허황함이 있으니 칠성에게 기도하여야 하는 것이다.

9월 고생 끝에 마침내 기쁨을 맛볼 것이다. 오색구름이 뭉게뭉게 피어오르니 경사가 중중할 것이다. 비록 재수는 좋으나 신수는 불리하여 목성(木姓)을 가까이하면 내가 하는 일에 불리함이 있을 것이다.

10월 도처에 재물이 있고, 이름이 사방에 높으니 재물을 얻게 될 것이다. 몸이 외방에 가서 노는 것이요, 재물이 왕성할 것이다. 재앙은 사라지고 복록이 흥하니 기쁘기 한량없을 것이다.

11월 질병을 얻어 근심이 생기는 운수이니 미리 액운을 막아야 할 것이다. 옛 일을 지키면 재앙이 없을 것이니 다른 일을 시작하지 않아야 할 것이다. 남과 시비하게 되면 반드시 구설이 뒤따를 것이다.

12월 손재수가 있을 것이다. 우레는 있는데 비가 오지 않으니 하늘의 뜻을 어찌 측량하겠는가. 실물수가 있는 운수이니 도적을 조심해야 하는 것이다. 만일 화성(火姓)을 가까이하면 손재가 적지 않을 것이다.

가인지점家人之漸

| 운세풀이 |

이무기 머리에 뿔이 돋아나니 용으로 변하여 하늘로 승천하는구나. 미약하던 운수가 길성을 얻어 승승장구하는구나. 뜻밖에 성공을 거두고 관록이 몸에 따르니 재물과 영예를 얻는구나. 물을 구하기 위해 샘을 파니 뜻밖에 약수를 얻는구나. 음양이 화합하니 하는 일마다 길하구나. 처음은 곤고하나 나중에는 크게 얻으니 고진감래하리라. 가세가 늘지 않으면 식구가 늘어나는구나. 올해는 성공하기에 가장 좋으니 기회를 잡아 일에 매진해야 하네.

1월 집에 있자니 근심이 있어 피해 밖에 나가도 괴로움이 생길 것이다. 고진감래하니 힘들더라도 참고 노력해야 할 것이다. 쇠가 연로에 들어가는 격이니 마침내 큰 그릇을 만들 것이다. 마음이 정직하고 바른 행동을 하면 그 만큼 복을 받을 것이다.

2월 아침에 변하고 저녁에 고치는 조변석개를 하면 하는 일을 이루기 어려울 것이다. 돌 위에 나무를 심으면 그 뿌리가 안착하기 어려운 것이다. 하는 일이 마음과 같지 않으니 심신이 산란할 것이니 주어진 것에 만족해야 해야 할 것이다.

3월 대인은 길하나 소인은 흉할 것이니 사물을 넓은 마음으로 대해야 할 것이다. 밖은 부유하나 안은 빈곤하니 허울만 좋은 개살구 격이다. 사람을 가리어 사귀고 지혜와 겸손으로 지내면 좋을 것이다.

4월 구름이 걷히고 해와 달이 다시 빛나니 근심이 사라지고 바라던 일이 이루어질 것이다. 정성을 다하면 쇠도 뚫고 돌도 뚫는 기적이 일어나는 법이다. 정성스런 마음으로 구하면 이루지 못할 것이 없을 것이다.

5월 어려울 때마다 귀인이 와서 도와주니 성공하는데 의심이 없을 것이다. 금옥이 만당한 운수이니 얻는 대로 부귀를 이룩할 것이다. 먼저는 곤란하나 나중은 길한 운수이니 근심이 흩어지고 기쁨이 생겨날 것이다.

6월 비록 분한 마음이 있어도 참고 넘기면 덕이 되어 돌아올 것이다. 서두르면 도달하지 못하는 격이니 안정하여 때를 기다려야 할 것이다. 만일 다투지 아니하면 구설수가 있을 것이다. 언행을 무겁게 하고 신중히 처신해야 할 것이다.

7월 이지러진 달이 둥글게 변하는 격이니 매사가 뜻한 대로 이루어질 것이다. 가문 하늘에 비가 오니 만물이 회생하는 것이요, 모든 것이 다 새롭게 일어날 것이다. 동쪽에서 온 귀인이 뜻밖에 도와주니 일이 순조롭게 풀릴 것이다.

8월 산골짜기마다 봄이 오니 백화가 다투어 피어나고, 꽃이 봄 수풀에 피어나 더욱 아름다운 격이니 신수가 평길하고 재수가 흥왕할 것이다. 착한 것을 취하고 악한 것을 멀리하니 복록이 스스로 찾아오는 것이다.

9월 길한 사람을 하늘이 돕는 격이니 마침내 크게 형통할 것이다. 창밖에 노란 국화가 때를 만나 만발하였으니 어렵던 일이 드디어 호조를 띨 것이다. 재물과 복록이 온전히 갖추어지고 금옥이 만당하니 기쁨이 만면할 것이다.

10월 청룡이 물을 얻으니 온갖 조화가 무궁할 것이요, 경영하는 일은 반드시 성공할 것이다. 다만 여색을 가까이하지 말라, 그렇지 않으면 재물을 잃고 이름이 땅에 떨어질 것이다. 각별히 이성문제에 조심해야 할 것이다.

11월 매사에 마가 도사리고 있으니 경거망동하지 말아야 할 것이다. 송사에 참여하면 불리할 것이다. 어려움을 참고 견디지 못하면 다시 고난이 닥치겠으니 매사에 신중하고 인내해야 할 것이다. 크게 벌이지 말고 하던 일에 최선을 다해야 할 것이다.

12월 동쪽에서 오는 손님이 우연히 해를 끼칠까 염려되니 미리 조심해야 할 것이다. 자기 소신 없이 남의 말만 믿으면 도리어 아름답지 못한 결과를 가져올 것이다. 이 달의 운수는 이익이 별로 없으니 냉철한 지혜가 필요할 것이다.

가인지소축家人之小畜

|운세풀이|

처음은 곤고하나 나중에는 장애가 사라지는구나. 보고도 먹지 못하니 그림 속의 떡이로구나. 물결치는 대로 배를 띄우니 편안한지 위태한지 분간하지 못하네. 비록 재물이 생기나 손에 쥐어지지 않고, 시작은 있으나 그 결과를 얻지 못하니 허망하구나. 금강산에 들어 신선을 구하나 신선이 옆에 있어도 보지 못하는구나. 매사에 막힘이 많으니 일을 크게 벌이기보다 축소하는 게 좋네. 욕심을 버리고 명산에서 기도하면 나중엔 어려움이 사라지리라.

1월 달을 등지고 어둠을 향해 섰구나. 무단한 일로 구설수에 오르니 공연한 일에 끼어들지 말고 언행을 삼가야 할 것이다. 좋은 기회가 올 때까지 관조하는 자세로 일에 임하면 좋을 것이다. 재물이 들어와도 곧 나갈 것이니 마음을 다잡아야 할 것이다.

2월 날려 하나 날지 못하고 심신만 수고로울 뿐이다. 중심을 잃고 남의 말을 들으면 반드시 그 피해가 있을 것이다. 하는 일마다 마장이 따르니 마음이 번거롭고 뜻이 산란할 것이다. 건강마저 잃지 않도록 건강관리에 힘써야 할 것이다.

3월 집에 들어오면 마음이 산란하나 다른 곳으로 나가면 마음이 한가할 것이다. 우물은 깊은데 두레박줄이 짧으니 재물을 얻기 어려울 것이다. 매사에 막힘이 있으니 억지로 하려 말고 심신을 닦으며 마음을 안정해야 할 것이다.

4월 유월염천지절에 구름은 끼었으나 비가 오지 않으니 마음만 괴롭고 산란할 것이다. 가문 때 비를 기다리니 맑은 바람이 비를 쫓듯이 일이 여의치 않을 것이다. 힘겹게 떠도는 인생이 자유를 얻지 못하니 안타까울 뿐이다.

5월 음력 오월과 유월에는 횡액을 조심해야 할 것이다. 불전에 기도하면 횡액을 면하게 될 것이다. 쓸쓸한 비바람에 꽃이 떨어지듯이 먼저는 길하나 나중은 흉하여 재물을 모으기 어려울 것이다.

6월 이 달의 운수는 길흉이 상반할 것이다. 사람 사귐을 조심해야 할 것이다. 금성(金姓)을 가까이하면 도리어 해를 입을 것이다. 화성(火姓)을 가까이하면 성공과 실패가 많으니 사람을 가리어 사귀면 좋을 것이다.

7월 재물은 들어오나 구설이 따를 것이다. 작은 것이 가고 큰 것이 오는 격이니 재물을 집안에 가득 쌓을 것이다. 화성(火姓)이 와서 도와주니 천금을 얻을 것이다. 만일 구설수가 아니면 자손에게 근심이 있을 것이다.

8월 수살이 운명에 비치니 배 타는 것을 삼가야 할 것이다. 해가 강 위에서 저무니 물가에 가면 반드시 해가 있을 것이다. 물가에 가지 말아야 하며 항상 물을 조심해야 할 것이다. 동쪽은 불리하나 서쪽은 길할 것이다.

9월 음력 구월과 시월에는 원행함이 불리하니 먼 여행을 삼가야 할 것이다. 시운이 불리하니 하는 일이 마음처럼 이루어지지 않을 것이다. 신수가 이와 같으니 세상사가 뜬구름 같은 것이다. 마음을 안정하고 인내하며 때를 기다려야 할 것이다.

10월 고생 끝에 즐거움을 맛볼 것이다. 이 달의 운수는 열매를 얻는 것이요, 동쪽 고개에 달이 나오니 작은 빛이 다시 새로울 것이다. 소망이 여의하니 근심 가운데 기쁨이 있을 것이요, 하는 일마다 형통할 것이다.

11월 분주히 뛰어다녀도 소득이 없으니 욕심을 부리면 마음만 상할 것이다. 해는 저물고 갈 길은 머니 발걸음이 황망한 것이다. 산길에서 말을 달리니 길이 험하여 앞으로 나가지 못하는 것처럼 되는 일이 없을 것이다. 인내심을 가져야 할 것이다.

12월 산길과 물길로 갈 길이 천리이니 험난함이 많을 것이다. 돌 위에 나무를 심는 격이니 수고로우나 공이 없을 것이다. 이 달의 운수는 횡액을 조심해야 하니 멀리 떠나기를 삼가고, 건강관리에 힘써야 할 것이다.

가인지익家人之益

|운세풀이|

한 손으로 활을 당기니 쏘아도 과녁을 명중시키지 못하는구나. 비록 뜻은 있으나 성사되기 어렵구나. 밑 빠진 독에 물을 부으니 독을 채우기 어렵고 이익이 없구나. 경영하는 일이 어긋나니 혼란스럽네. 귀한 사람이 명예를 잃으니 천한 사람으로 변하는구나. 올해는 이사를 하지 않으면 직업을 바꾸어 보게 되는구나. 적으면 적은 대로 많으면 많은 대로 만족해야 하네. 올해는 반드시 물과 불을 조심하고 사람 사귐에 주의해야 하네.

1월 바다에서 토끼를 잡으려 하는 운수이니 아무런 이득이 없을 것이다. 동쪽과 북쪽 양 방향은 손재수가 따르니 피하는 게 좋을 것이다. 얕은 물에서 배를 행하니 수고만 있고 공은 없을 것이다. 매사에 계획을 잘 세워 밀고나가야 할 것이다.

2월 해와 달이 밝지 못하니 앞길에 험난함이 있을 것이다. 송곳으로 재를 헤치는 격이니 한갓 심력만 허비할 것이다. 상하가 불화하니 가정에 불평이 있을 것이다. 넓은 아량으로 이해하고 보살피면 집안의 우환을 막을 수 있을 것이다.

3월 관재구설 송사를 주의해야 할 것이다. 백호가 재성을 극하니 처궁에 액운이 있을 것이다. 논쟁하거나 다투면 송사가 끊이지 않겠으니 시비에 끼어들지 않도록 주의해야 할 것이다. 장사에 재물이 있으니 상업을 경영하면 가히 천금을 얻을 것이다.

4월 날려고 하나 날지 못하니 하는 일마다 이롭지 못할 것이다. 다른 일을 경영하면 손재를 면치 못하니 하던 일에 충실해야 할 것이다. 동쪽과 북쪽이 불리하니 길함이 변하여 흉함으로 바뀔 것이다. 각별히 금전거래에 주의해야 할 것이다.

5월 늙은 용이 여의주를 얻었으니 좋은 일이 있어도 성공하기 어렵고 시일이 걸릴 것이다. 뜻이 있어도 열에 여덟아홉은 이루지 못할 것이다. 한 집에 두 성씨가 뜻이 맞지 않으니 욕심을 버려야 할 것이다. 그러면 재물을 얻거나 생남할 것이다.

6월 옛것을 그대로 지켜나가니 하는 일에 허실함이 없고 편안할 것이다. 재물이 남쪽에 있으니 이를 알고 구하고자 노력하면 많이 얻을 것이다. 이 달에는 공적인 일이 불리하니 관청 일을 삼가야 할 것이다.

7월 해가 음지에 드는 격이니 먼저는 흉하나 나중은 반드시 길할 것이다. 비가 봄풀에 내리니 근심이 흩어지고 기쁨이 생겨날 것이다. 몸과 마음을 깨끗이 하고 천지신명께 치성 드리면 수복이 면면할 것이다.

8월 인정에 끌리기보다 냉철한 결단력으로 과감히 단행하면 소망이 뜻대로 이루어질 것이다. 마음가짐을 바로 하고 착한 일을 행하여 덕을 쌓으면 재물과 이익을 얻을 것이다. 이 달에는 횡재할 수가 있거나 이사하면 좋을 것이다.

9월 풀이 강가에 푸른데 때 맞춰 단비가 내리니 일이 순조롭게 진행되고 가끔 좋은 일이 있을 것이다. 다만 수귀가 문을 엿보고 있으니 물가에 가까이 가지 말아야 할 것이다. 만일 출행하지 않으면 도리어 손재가 있으니 문 밖을 나서야 할 것이다.

10월 어두운 밤에 배를 타는 것이 위험하듯이 앞일이 막막한데 조급하게 헤쳐 나가려 하면 불리할 것이다. 액운이 시각에 달렸으니 마땅히 동쪽으로 가야 할 것이다. 나루터에 닿았으나 배가 없으니 새로운 일을 시작하기보다 근신 자중해야 할 것이다.

11월 곤고한 나무가 자라지 못하니 비와 이슬의 은혜가 없는 것이다. 사람의 마음을 알 수 없으니 친한 사람을 조심해야 할 것이다. 매사에 신중하지 않다가 뜻밖에 화를 당할 것이다. 매사에 신중히 처신하고 친한 사람과 금전거래를 삼가야 할 것이다.

12월 마음을 바꾸고 집안일에 충실하면 불행했던 일이 좋은 일로 바뀔 것이다. 좋은 기회를 잃지 않으면 가히 가산이 윤택해질 것이다. 쓴 것이 가고 단 것이 오는 것은 하늘이 정한 것이요, 옛것에 얽매어 망설이지 말고 새로움을 찾으면 좋을 것이다.

익지관益之觀

| 운세풀이 |

움직이면 길하고 움직이지 않으면 흉하구나. 무슨 일이든지 지체하고 망설이면 낭패를 보는구나. 할 일을 미루지 말고 속히 처리해야 낭패를 면하네. 삼십육계의 계책 중에서 달아나는 것이 상책인 격이니 움직이지 않고 버티면 버틸수록 손해가 커지네. 가무는 하늘에 비를 바라나 다시 해가 중천에 떠오르는구나. 자손을 얻지 않으면 식구가 늘어나 숟가락을 더하니 가정사가 곤고해지는구나. 서두르는 것이 좋다고 하지만, 억지로 구하면 낭패를 보네.

1월 하늘이 복을 주지 않으면 억지로 구하여도 얻지 못하는 것이다. 남의 말을 듣지 말라, 말은 옳으나 그 속은 아닌 것이다. 떨어지는 눈썹에 액운이 있는 격이니 모든 일에 신중에 신중을 기해야 할 것이다.

2월 출행하면 길할 것이다. 깨끗한 길에서 향화 촌을 묻지 말아야 하는 것이다. 터가 발동하니 도리어 움직이면 형벌이 있을 것이다. 집안에 있으면 불안하나 나가면 성공할 것이다.

3월 이미 험한 길을 지났으나 다시 태산을 만나게 되는 운수가 될 것이다. 비록 헛된 이름은 있으나 소득은 별로 없을 것이다. 집안에 있으면 마음만 상할 것이나 출행하면 길할 것이다.

4월 이 달에는 출행하면 불리할 것이다. 바른 길을 밟지 않고 오히려 굽은 길을 가면 구사일생하게 될 것이다. 북쪽이 불리하니 가까이 가면 해가 있을 것이다. 북쪽 사람을 가까이하지 말라, 그 피해가 적지 않을 것이다.

5월
횡재수가 있을 것이다. 꿈에서의 재물은 오래가지 못하는 재물이니 헛된 꿈을 꾸지 말아야 하는 것이다. 망상이 생겨나 허욕을 부리면 한갓 심신만 상하게 될 것이다. 재성이 몸에 따르니 반드시 횡재하게 될 것이다.

6월
어려운 가운데 이익이 있을 것이다. 뱀이 용의 굴에 드는 것이니 승부를 이미 판단할 수 있는 것이다. 굶주린 자가 밥을 얻는 격이나 젓가락이 없으니 이를 어찌 할까. 앉아서 지키려 하면 곤란할 것이요, 출행하면 이익이 있을 것이다.

7월
출행하여 재물을 얻게 될 것이다. 윗사람과 아랫사람이 서로 화순하니 기쁨이 가정에 가득할 것이요, 만일 자손을 얻지 않으면 녹을 얻을 것이다. 집에 있으면 이익이 없고 타향에 이익이 있으니 출행하면 재물을 얻게 될 것이다.

8월
겨울에는 갖옷을 입고, 여름에는 베옷을 입는 것은 당연한 이치이니 일 년이 하루 같이 지나는 세월 같구나. 서쪽은 불길하니 출행하지 말아야 할 것이다. 비록 재물의 이익은 있으나 별로 신기할 것도 없고, 인생무상을 느끼게 될 것이다.

9월
운수는 평범하나 말조심을 해야 구설수를 면할 것이다. 신수는 평길하나 손재수가 있을 것이다. 사방 중에서 북쪽이 가장 길한 방향이 될 것이다. 남과 다투게 되면 구설수가 따를까 두려우니 항상 말을 조심해야 할 것이다.

10월
물을 조심을 해야 할 것이다. 수신께 정성을 드리면 가히 수액을 면할 것이다. 몸도 왕성하고 재물도 왕성하니 그 복록은 하늘에서 허락한 것이다. 들어오면 마음이 상하고, 나가면 성공할 것이다.

11월
횡재수가 있을 것이요, 좋은 때를 만나니 천금이 스스로 올 것이다. 만일 횡재를 하지 않으면 자손에게 경사가 있는 것이다. 소를 팔아 밭을 사는 격이니 집안 살림이 점 융성할 것이다.

12월
경거망동을 삼가야 할 것이다. 푸른 산 그림자 속에 한 무리의 새들이 서로 즐겁게 노니는 운수. 경거망동을 삼가야 하니 움직이면 후회할 일이 생겨날 것이다. 동쪽이 불리하니 동쪽으로 가게 되면 해를 입을 것이다.

익지중부益之中孚

| 운세풀이 |

남을 비방하거나 피해를 주면 관재구설이 뒤따라오네. 독한 마음을 먹고 남을 해치기로 작정하니 세상 무서운 줄 모르는구나. 남을 해치게 되면 반드시 관재수가 따르니 마음가짐을 바르게 하고 먼저 베풀어야 액을 막을 수 있네. 이리저리 헤매어도 정작 내 것이 없으니 천지에 의지처가 하나도 없구나. 적막한 여관에 나그네가 처량하도다. 만약에 몸에 병이 없으면 구설이 따를 수이니 명산을 찾아 기도하여 관재구설을 면하도록 하라.

1월 마음가짐을 바르게 하여 사람을 해치는 생각은 아예 염두에 두지 말아야 할 것이다. 몸가짐을 바르게 하지 못하여 죄짓는 일에 발을 디딜까 염려가 되는 것이다. 만일 몸에 병이 없으면 부모에게 근심이 있을 것이다.

2월 주색을 멀리해야 할 것이다. 망령되게 움직이면 해가 있고, 분수를 지키면 길할 것이다. 만일 몸에 병이 없으면 관재구설을 겪게 될 것이다. 주색을 가까이하면 그 손해가 적지 않을 것이니 주색을 삼가고 몸가짐을 바르게 해야 할 것이다.

3월 노력은 하나 소득이 없을 것이다. 우레가 백 리를 놀라게 하니 소리는 있어도 형상은 없이 어려움을 겪게 되는 것이다. 구름과 비가 하늘에 가득하니 해와 달을 보지 못하니, 이는 마음을 무쇠와 돌멩이처럼 강하게 먹은들 어쩔 수 없는 것이다.

4월 주색을 멀리해야 할 것이다. 집을 산자락에 지으니 사람으로서 편안함을 알게 될 것이다. 주색을 가까이하지 않으면 백 가지 일들이 순조롭게 이루어질 것이다. 서쪽이 이롭지 않으니 서쪽으로는 출행하지 말아야 할 것이다.

5월 이 달의 운수는 기쁨과 두려움이 상반할 것이다. 작은 것을 구하다 큰 것을 얻는 격이니 재운이 점점 오고 있는 것이다. 만일 횡재함이 없으면 길한 것이 변하여 흉하게 될 것이다.

6월 선행을 하면 복이 반드시 복이 올 것이다. 의리를 지켜 옛 은혜를 잊지 말아야 할 것이며, 은혜를 원수로 갚는 일이 없어야 할 것이다. 시비를 가까이하면 불리한 일이 생길 것이니 항상 언행을 조심해야 할 것이다.

7월 이 달의 운수는 겁살이 침범하여 재물을 파하는 것이다. 발을 저는 말이 길을 가는 것이요, 걷고 싶어도 가지 못하는 것이다. 수성(水姓)이 피해를 주니 사기수를 조심하고, 거래를 하지 말아야 할 것이다.

8월 사람을 조심해야 할 것이다. 음력 오월에 서리가 내리는 격이니 초목이 견디기 어려운 것이다. 새로운 사람이 비록 좋기는 하나 옛 정만 같지 못한 것이다. 서쪽 사람과 친하면 반드시 실패수가 따를 것이다.

9월 고생 끝에 기쁨이 찾아올 것이다. 천상의 복숭아가 드디어 천년의 열매를 맺는 것이요, 먼저는 흉하고 나중은 길하여 만사가 여의할 것이다. 주색을 가까이하면 해는 있고 이익은 없을 것이니 주색을 멀리해야 할 것이다.

10월 이사수가 있을 것이다. 비록 재수는 길하지만, 신수는 불리하니 동쪽과 서쪽으로 떠나서 살면 가히 이 액운을 면하게 될 것이다. 원행하는 것은 불리하니 집에 있느니만 못할 것이다.

11월 도모하는 일을 삼가지 않으면 피해를 면하기 어려울 것이다. 만일 질병이 없으면 자손에게 우환이 있을 것이다. 마음과 일이 같지 않으니 겉과 속이 다른 일을 하게 될 것이다. 경망한 행동을 삼가고 몸가짐을 바르게 해야 할 것이다.

12월 고생 끝에 즐거움이 찾아올 것이다. 부부가 딴 생각을 하고 참되지 않으면 집안이 불안할 것이다. 늦게나마 좋은 운을 얻으니 재복을 가히 받을 것이요, 만일 물가에 가면 반드시 재물이 생기게 될 것이다.

익지가인益之家人

| 운세풀이 |

비록 재물은 따르나 집안에 근심이 생기는구나. 신수가 불리하니 병마를 조심해야 하네. 앞으로 살아갈 길이 멀고 험하니 선을 취하고 악을 멀리하여 인생에 걸림돌이 없게 해야 하네. 먼저는 얻고 나중은 잃는 것이니 노력한 대가를 얻지 못하는구나. 옛것을 버리고 새것을 취하는 것이니 조업을 지키기 어렵구나. 새로운 것을 탐하기보다는 옛것을 지키는 편이 유익하네. 명산에 올라 조상님 전에 공을 들이면 가히 액운을 면하게 되리라.

1월 이직과 이사수가 있을 것이다. 정월과 이월에는 직업을 바꾸게 될 것이다. 역마가 문에 이르니 바쁘게 뛰어다니게 될 것이요, 옛것을 놓고 새것을 쫓으니 이익이 타향에 있는 것이다.

2월 구설수와 손재수를 주의해야 할 것이다. 조상에게 물려받은 가업은 인연이 없으니 자수성가하게 될 것이다. 수성(水姓)인 사람은 도움보다 피해를 줄 것이니 사람 사귐에 유념해야 한다. 만일 주색을 가까이하면 손재수와 구설수가 따를 것이다.

3월 범사가 불리하니 모든 일에 신중하고 주의해야 하는 것이다. 월하노인의 인연으로 우연히 좋아하는 사람을 만나게 될 것이다. 친구 간에 의가 상할 수 있으니 친한 벗이라도 조심해야 할 것이다.

4월 고진감래 할 것이다. 한마음으로 성실하게 임하면 성공이 눈앞에 있을 것이다. 집에 있으면 심란하고 원행하면 길할 것이요, 티끌 모아 태산을 이루는 격이니 절대적인 노력이 성공을 이루어낼 것이다.

5월 욕심을 버려야 평안할 것이다. 꾀꼬리가 버들가지에 깃드는 격이니 일신이 스스로 편안한 것이요, 쑥대가 삼밭에 나는 격이니 남으로 인하여 일이 이루어지는 것이다. 다만, 남의 재물을 탐하게 되면 적게 얻고 크게 잃을 것이다.

6월 쓴 것이 다하면 단 것이 오니, 고생 끝에 즐거움이 올 것이다. 구설수가 있는 운수이니 관재수도 가히 두려운 것이다. 앞길에 험난함이 있으나 수신제가하여 극복하게 될 것이다. 재수가 서쪽에 왕성하니 천금을 희롱하게 될 것이다.

7월 경망한 행동을 삼가고 근신해야 할 것이다. 초목이 가을을 만났으니 한 번은 슬프고, 한 번은 근심하게 될 것이다. 물건의 주인이 서로 다르니 이치에 어긋나는 일을 조심해야 할 것이다. 재물이 몸에 따르지 않으니 억지로 구하지 말 것이다.

8월 귀인의 도움을 받을 것이다. 물과 뭍에서 동시에 경영을 하니 손에서 천금을 희롱할 것이다. 몸이 왕성하고 재물이 왕성하니 가히 천금을 얻을 것이다. 목성(木姓)은 친하게 지내나 금성(金姓)은 멀리해야 할 것이다.

9월 분수를 지켜야 할 것이다. 가을 산에 오르니 송죽이 푸르나 송죽의 절개는 엄동설한에나 아는 것이다. 시운이 불리하니 옛것을 지키고 분수를 지켜야 하는 것이다. 수성(水姓)이 불리하니 가까이하지 말아야 할 것이다.

10월 주색에 빠져 유락하다 보면 집으로 돌아갈 기약이 묘연할 것이다. 주색을 멀리해야 할 것이다. 주색을 가까이하면 손재수가 따를 것이다. 편안한 가운데 위험이 있으니 몸가짐을 옥같이 깨끗하고 바르게 해야 할 것이다.

11월 구설수를 조심해야 할 것이다. 구설이 아니면, 사람에게 해를 입게 될 것이다. 만일 남으로부터 해가 없으면 구설수가 따를 것이다. 길이 아니면 가지를 말고, 도리가 어긋나는 일을 탐하지 말라, 그렇지 않으면 도리어 허황한 꼴이 될 것이다.

12월 착한 일을 쌓은 집에는 반드시 남아도는 경사가 있는 것이다. 심산유곡에 저녁이 되니 새가 보금자리를 찾아 수풀에 깃들이는 것이다. 집안을 바로잡아 잘 다스리면 뜻밖에 성공을 할 것이요, 평안함을 찾을 것이다.

551 손지소축 巽之小畜

|운세풀이|

시기가 아니니 진행하고자 하나 잘되지 않는구나. 작은 일은 속히 이루어지나 큰 소원은 시일이 걸리네. 스스로 바른길을 회복하니 상하가 서로 화합하는구나. 지성이면 감천이니 경거망동하지 말고 때를 기다려야 하네. 새로운 일을 계획하기보다 옛것을 그대로 지키면 실패를 막을 수 있네. 자손이 아니면 손아랫사람에게 근심이 있네. 요사한 기운이 집안에 침범하니 가족 중에 질병에 걸리는 사람이 있네. 북쪽에 귀인이 있으니 그곳에서 액운을 물리치는 방법을 알아내야 하네. 집안에 불안함이 가득하니 명산에서 칠성님께 기도하면 가히 액운을 면하네.

1월 건강에 유의해야 할 것이다. 오래 가물고 비가 오지 않으니 초목이 자라지 못하는 것이다. 심신이 쇠퇴하고 흩어져 지나친 불신과 부정적인 망상이 많을 것이니 마음을 바르게 하고 자신을 위한 시간을 할애하여 건강에 유의해야 할 것이다.

2월 재물이 들어올 것이다. 작은 것으로 큰 것을 바꾸는 격이니 재운이 형통하는 것이다. 재성이 문에 들어오니 우연히 재물을 얻을 것이다. 만일 치성을 드리지 않으면 인구가 불리할 것이다. 지성이면 감천이니 무슨 일에든 정성을 다해야 할 것이다.

3월 귀인이 도와줄 것이나 친한 벗을 삼가지 않으면 은혜가 도리어 원수가 될 것이다. 서쪽과 남쪽 양방향에 귀인이 있어 나를 도와줄 것이다. 도모하는 일이 불리하니 성급하게 서두르지 말고 안정하면 길할 것이다.

4월 기도하여 액운을 막아야 할 것이다. 길하고 좋은 날을 가려 치성을 드려 도액(액막이)해야 하는 것이다. 만일 서쪽이나 북쪽으로 가면 질병이 침노할 것이다. 성심으로 구하면 작은 이익을 가히 얻을 수 있을 것이다.

5월 변화가 심한 시기이나 어려운 상황이 끝나면 좋은 일이 있을 것이다. 처음은 곤고하나 나중은 태평한 것이다. 동쪽과 남쪽을 향하지 말라, 횡액을 만날까 두려운 것이다. 만일 질병이 없으면 자손에 우환이 있을 것이다.

6월 육친이 무덕하여 도처에 해가 있고 가정이 불안할 것이다. 가운이 불리하니 가정에 불안함이 있는 것이다. 부모님이나 슬하 자녀에게 불리한 일이 생길 수 있으니 가정을 3 하면 안 될 것이다. 도액을 하면 흉한 것이 길한 것으로 변할 것이다.

7월 관재수를 조심해야 할 것이다. 구설을 겨우 면하였지만, 관재수를 만나는 것이다. 집에 우환이 있으니 옥황상제께 치성을 드려 액운을 면해야 하는 것이다. 동쪽에 있는 귀인이 반드시 나를 도와줄 것이다.

8월 시비수를 조심해야 할 것이다. 뜻 막기를 성벽처럼 튼튼히 하고 시비에 참여하지 말아야 할 것이다. 분수를 지키고 차분히 안거하면 흉함이 변하여 길함이 될 것이다. 아랫사람이 윗사람을 꺾고 오를 수 있으니 북쪽 사람을 조심해야 할 것이다.

9월 날이 저무는데 눈 속을 날던 새가 집을 잃었으니 구설수를 조심해야 할 것이다. 만일 관록이 있어 출세하지 않으면 처궁에 기쁨이 있을 것이다. 높은 지위에 올라 영귀한 사람이 되거나 구설수가 분분할 것이다.

10월 목성(木姓)이 와서 도우니 우연히 횡재하여 재물을 얻을 것이다. 음력 구월과 시월에는 반드시 재물이 왕성할 것이다. 마침내 모든 액운이 소멸하니 일이 소망하는 대로 저절로 풀릴 것이다.

11월 눈이 가득한 창가에 차가운 매화가 홀로 서 있는 것이다. 손재수가 염려되니 수성(水姓)을 조심해야 할 것이다. 타인에게 일을 미루지 말고 직접 행동하면 적게나마 재물을 얻을 수 있을 것이다.

12월 이 달에는 여러 차례 어려운 일을 넘기고 겨우 살아남는 구사일생의 운수가 될 것이다. 별로 신기함이 없으니 근신 자중하여 수양하는 계기로 삼아야 할 것이다. 실물수가 두려우니 미리 기도하여 액운을 막아야 하는 것이다.

손지점巽之漸

| 운세풀이 |

앞길이 순조롭구나. 심신이 편안하고 한가로우니 만사가 태평하네. 네 신선이 한가로이 바둑을 두고 있으니 세상 근심거리가 조금도 없구나. 복숭아꽃이 가득하니 벌 나비가 날아드는구나. 스스로 도를 구하니 세상사가 담백한 하도다. 뜻밖의 횡재를 하니 집안이 화기애애하네. 동쪽에서 이익을 구하니 귀인이 스스로 찾아와 도움을 주네. 재수도 있고 우환도 따르니 길흉이 서로 교차하는구나. 욕심을 버리면 바로 그 자리가 신선이로다.

1월 달이 오동나무를 밝게 비추니 봉황이 새끼를 낳는 것이요, 꽃 수풀이 깊은 곳에서 술을 마시며 스스로 즐기는 것이다. 금 술잔에 맛좋은 술이요, 옥 소반에 좋은 안주가 있으니 즐거움이 가득할 것이다.

2월 봄 깊은 산창에서 사람들과 더불어 즐거이 담소하니 여유로울 것이요, 순풍에 돛을 단 격이니 전도양양할 것이다. 몸이 타향에서 노는 격이니 모든 사람이 나를 우러르고 공경할 것이다.

3월 복숭아가 때를 만나 꽃이 화사하고 열매를 맺었으니 먹음직한 것이요, 물고기와 용이 물을 얻었으니 기운이 넘치고 막힘이 없을 것이다. 만일 관록이 아니면 반드시 생남할 것이다.

4월 비록 재물은 있으나 혹여 작은 작은 근심이 있을까 두렵구나. 때가 오고 운이 오는 격이니 자연히 성공하게 될 것이다. 정성이 지극하면 하늘도 감동할 것이니 성심으로 일을 구하면 반드시 성공할 것이다.

5월
이별수를 조심해야 할 것이다. 이 달의 운수는 실물수가 있는 것이다. 만일 이와 같지 않으면 손재수를 면하기 어려운 것이다. 집안이 불길하니 집안사람과 이별수가 있는 것이다.

6월
경치를 찾아 산에 오르니 꽃이 웃고 나비가 춤추는 것이요, 맑은 샘물인 옥수와 향기로운 지란에 봄빛이 항상 머물고 있으니 소원을 성취하게 될 것이다. 재물 복이 몸에 따르니 금옥이 가득할 것이다.

7월
분수를 지키면 길할 것이다. 길성이 몸에 따르니 도처에 영화가 있는 것이다. 옛것을 지키고 경거망동을 삼가면 이익이 그 가운데 있을 것이다. 높은 데 올라보니 바다가 삼천리나 넓어 보이는 것이다.

8월
구름 밖 만 리에서 뜻을 얻어 고향에 돌아오는 것이요, 높은 산 흐르는 물에 그 소리가 맑고 거침이 없으니 길함이 가득할 것이다. 다만, 음력 칠월과 팔월에는 길한 가운데 근심이 있으나 자신의 직관과 소신을 믿고 잘 헤쳐 나가야 할 것이다.

9월
분수를 지키면 길할 것이다. 옛 업을 지키고 새 공을 탐하지 말아야 하는 것이다. 본성이 정직하니 반드시 길한 상서로움을 받을 것이다. 분수를 지키고 도를 즐기니 봄바람이 집안에 가득할 것이다.

10월
재복을 완전하게 갖추게 될 것이다. 푸른 풀밭 붉은 가장자리에서 소 두 마리가 서로 다투고 있으니 재물과 복록이 겸전하고, 만인이 우러르게 될 것이다. 이제야 좋은 운을 만나니 만사가 순조롭게 이루어질 것이다.

11월
짐승이 산속에 드는 격이요, 물고기가 물속에 드니 편안할 것이다. 일신이 스스로 편하니 많은 사람이 흠모하고 우러르는 것이다. 노인은 배를 두드리고 아이는 즐거운 웃음을 지으니 명예가 따를 것이다.

12월
때맞춰 단비가 내리니 백곡이 풍요한 것이요, 신수가 크게 통하니 하는 일마다 여의할 것이다. 매사가 순조롭게 이루어지고, 출행하면 이익을 얻는 격이니 소원을 이루게 될 것이다.

손지환 巽之渙

| 운세풀이 |

광명이 부드럽게 비추니 복록과 재물이 가득하고 자손을 얻으며 집안이 화락하구나. 청풍명월을 벗 삼아 미인과 대작하니 이 어찌 기쁘지 않으리오. 운수가 대길하니 반드시 영화가 따르는구나. 즐거움에 근심도 잊어버리니 신선이 따로 없도다. 봄빛이 다시 찾아오니 복숭아꽃이 활짝 피었구나. 부부가 화합하니 자손도 영귀하고 집안이 화기애애하네. 서쪽에 있으니 귀인의 말에 귀를 기울여야 하네.

1월 황금 연못에 물이 따뜻하니 원앙이 즐거이 물속을 들고나는 것이요, 재앙이 소멸하고 복록이 찾아들 것이다. 횡재수가 있으니 뜻밖에 재물을 얻게 될 것이다. 수성(水姓)은 나를 이롭게 하나 토성(土姓)은 불리할 것이다.

2월 집안에 경사가 있을 것이요, 재물이 남쪽에 있으니 출행하면 가히 얻을 것이다. 향기로운 지초와 난초가 무성하니 자손에게 경사가 있을 것이다. 미혼자는 혼인할 것이요, 혼인한 사람은 귀한 아들을 얻을 것이다.

3월 재운이 좋을 것이요, 여러 사람이 나를 도와주니 복록이 산과 같을 것이다. 일월이 명랑하니 반드시 하는 일에 경사가 있을 것이다. 재성이 명궁에 들었으니 재물이 샘처럼 솟아날 것이다.

4월 내외가 화합하는 격이니 만사가 여의할 것이다. 길신이 명궁에 비치니 어렵고 힘겨웠던 일이 바뀌어 오히려 복이 되는 전화위복하게 것이다. 주변에 사람이 왕성하게 따를 것이요, 이익이 전답에 있을 것이다.

5월 횡재수가 있을 것이요, 말을 타고 사방으로 달리니 가는 곳마다 경사가 있을 것이다. 술을 마시고 소리 높여 노래하니 한껏 취흥이 올라 즐겁기 그지없는 것이다. 우연히 서쪽으로 가니 뜻밖의 횡재를 하게 될 것이다.

6월 구설수가 있을 것이다. 길한 가운데 흉함이 있으니 한 번은 다툼이 있을 것이다. 흉살이 조용히 동하니 질책 당하는 액이 조금 있을 것이다. 목성(木姓)을 조심하지 않으면 구설이 따를 것이니 사귐에 신중해야 할 것이다.

7월 자손에게 경사가 있을 것이다. 청조가 믿음을 전하니 우연히 좋은 인연을 맺게 될 것이요, 봉황이 상서로움을 가져오니 자손에 영귀함이 있을 것이다. 가운이 이와 같으니 집안에 기쁨이 가득할 것이다.

8월 귀인이 와서 도우니 산처럼 복록이 높을 것이다. 귀인이 와서 도와주나 화성(火姓)은 해를 끼칠 것이다. 사귐에 유념하여 목성(木姓)과 친하게 지내면 뜻밖에 성공을 하게 될 것이다.

9월 횡재수가 있을 것이요, 문을 나서면 공이 있을 것이다. 만일 관록을 쥐게 되지 아니면, 반드시 횡재하게 될 것이다. 몸이 왕성하고 재물이 풍부하니 기쁜 일이 중중할 것이다.

10월 귀인이 나를 도와줄 것이요, 만일 생산하지 않으면 원행을 할 것이다. 백곡이 풍성하니 마음 또한 풍요로울 것이다. 뜻밖의 귀인이 우연히 와서 나를 도와줄 것이다. 뜻하는 대로 이룰 것이니 소신대로 추진해도 좋을 것이다.

11월 신수가 태평할 것이요, 때를 맞추어 좋은 비가 내리니 곳곳이 뽕나무와 대마 밭으로 가득할 것이다. 신수가 태평하니 도처에 봄바람이 불 것이다. 마음의 본성이 물과 같으니 어찌 관액을 근심하겠는가.

12월 재물이 따르나 사람을 조심해야 할 것이다. 비 온 뒤에 달이 나오는 격이니 경색이 다시 새로운 것이다. 재물과 복록을 모두 갖추었으니 집안이 화평할 것이다. 다만, 김씨와 이씨 두 성을 멀리하여 친하지 말아야 할 것이다.

환지중부 渙之中孚

| 운세풀이 |

매사가 풀리지 않고 재물이 흩어지는구나. 현무 구진이 발동하니 뜻하지 않은 관재수와 실물수가 있을 것이네. 돌연 바람이 서북쪽에서 불어닥치니 날아간 모자를 찾지 못하는구나. 서북쪽에서 바람이 불어오니 이른 봄과 늦가을에 액운이 있겠네. 경거망동하면 손재를 보는 운수이니 주의해야 하네. 남이 나를 어렵게 하는 것이니 지나치게 남의 말을 듣지 말고 소신을 지켜야 하네. 십년공부를 하였으나 써 먹어 보지도 못하고 허송세월만 보내는구나.

1월 헛된 이름뿐이고 실속이 없을 것이다. 눈이 봄 산에 가득하니 초목이 생하지 못하니 이름만 있고 실속이 없는 것이다. 하는 일에 두서가 없으니 소망을 이루기 어렵고 경영하는 일이 허사가 될 것이다.

2월 시중에 호랑이가 있다고 전함은 오해하여 잘못된 사실을 전하는 것이다. 범사에 거슬림이 많으니 수심을 면하기 어려울 것이다. 눈앞이 불리하니 결국에는 손재수가 따를 것이다.

3월 물을 조심해야 할 것이다. 두 마음이 같지 아니하니 이별수가 따를 것이다. 까닭 없이 구설이 분분할 것이다. 물을 조심하여 물가에 가지 말아야 할 것이나 한 번은 놀라게 될 것이다.

4월 하는 일에 막힘이 많을 것이다. 따뜻한 바람이 불고 눈 위에 비치는 달빛이 아름답다 하여 높은 곳에 오르지 말아야 할 것이다. 하는 일에 실마리가 없으니 근심과 곤고함이 따를 것이다. 처궁이 불리하니 미리 도액하면 가히 액운을 면할 것이다.

5월 동업을 피해야 할 것이다. 신운이 불길하니 까닭 없는 구설이 따를 것이다. 착한 마음으로 공을 들여도 덕이 없으니 남을 탓한들 소용이 없을 것이다. 남과 동업하면 실패할 것이니 동업을 피해야 할 것이다.

6월 어려움이 다하면 좋은 소식이 있을 것이다. 날려 하나 날개가 없으니 보물 솥에 발이 꺾이는 것이니 재물이 궁하다고 한탄하지 말라. 처음은 곤고하나 나중엔 형통 할 것이다. 재물이 있어도 건강을 잃으면 소용없으니 건강에 유념해야 할 것이다.

7월 비록 묘한 계교는 있으나 맞지 않으니 어찌할 바를 모를 것이다. 노심초사하여 경영한 것이 바람을 잡고 그림자를 잡은 것과 같을 것이다. 부모에게 근심이 있으나 미리 치성하면 가히 그 액운을 면할 수 있을 것이다.

8월 종로에서 뺨 맞고 한강에서 화풀이하는 격이다. 만일 주색을 가까이하면 뜻하지 않은 변화가 있을 것이다. 김씨가 마시고 이씨가 취하는 격이니 사람을 사귐에 조심해야 할 것이다.

9월 건강을 잘 지켜야 할 것이다. 혹여 신액이 있을까 두려우니 범사에 조심해야 할 것이다. 만일 횡액이 아니면 집안에 풍파가 있을까 염려되니 명산을 찾아 기도하여 미리 도액하면 횡액을 면할 수 있을 것이다.

10월 여름의 메마른 풀이 비를 만나니 기운이 좋아질 것이다. 가운이 이미 돌아왔으니 전답에 이익이 있을 것이다. 정성을 다해 집터에 기도하면 복록이 스스로 와서 복되고 영화로울 것이다.

11월 창밖의 푸른 복숭아가 홀로 봄빛을 띤 것이니 근심과 손재수가 있어 보인다. 비록 재물은 있으나 혹여 작은 근심이 있을 것이다. 손재수가 있으니 오히려 친한 사람을 조심해야 할 것이다.

12월 원행을 삼가야 할 것이다. 망령되게 이동하지 말고, 차분하게 안정하면 길할 것이다. 재산상 손해가 있을까 두려우니 주고받는 일을 하지 말아야 할 것이다. 특히, 동쪽과 남쪽 두 방향은 출행하기 마땅치 않으니 삼가야 할 것이다.

환지관 渙之觀

| 운세풀이 |

급하게 서두르지 말고 매사에 천천히 임하면 순조롭고 행운이 따르는구나. 모든 일을 능히 감당하니 우환이 사라지고 반드시 만족하는구나. 어려움을 극복하니 만인이 우러르네. 본분을 망각하고 분수 이외의 것을 구한다면 낭패를 보겠네. 분수를 지켜 구하고자 한다면 반드시 복록이 따르고 재물도 손에 쥐게 되네. 해는 중천에서 비추고 창고에는 금은보화가 가득하구나. 다만 역마가 동하니 앉은 자리가 불편하도다. 올해는 이사를 하면 이익을 얻네.

1월 녹음 깊은 곳에 꾀꼬리가 아름답게 지저귀니 재물이 따를 것이다. 백곡이 풍성하고 넉넉하니 배 불리 먹고 배를 두드리는 것이요, 마음을 바로 하고 선을 쌓으니 재복이 진진할 것이다.

2월 자손에게 경사가 있을 것이다. 이제 길운을 만났으니 소원을 성취하게 될 것이다. 재물과 복록이 흥왕하니 좁쌀이 묵고 돈궤가 썩는 것이요, 집에 경사가 있으니 자손에 영화가 있을 것이다.

3월 임금이 밝고 신하가 어지니 가히 태평함을 기약하는 것이요, 옛것을 지켜 안정을 찾으면 흉한 것이 변하여 길한 것이 될 것이다. 그러나 손재수가 염려되니 서쪽으로 가지 말라, 공연히 재물을 잃게 될 것이다.

4월 귀인이 와서 도와주니 재물의 이익을 가히 얻을 것이다. 서쪽의 재물이 우연히 집에 들어오는 것이요, 명리가 온전하니 편안한 곳에서 태평하게 지내게 될 것이다. 평소 남에게 베풀어 덕을 쌓고 복을 지어야 할 것이다.

5월 원하는 재물을 얻을 것이다. 재물이 언덕과 산 같으니 더 이상 바랄 것이 없을 것이다. 재물이 중앙에 있으니 멀지도 가깝지도 않게 있는 것이니 부지런히 움직이면 반드시 얻을 것이다. 다만, 화성(火姓)을 가까이하면 손재가 적지 않을 것이다.

6월 재물이 들어올 것이나 만일 재물이 생기지 않으면 새로 혼인을 하게 될 것이다. 재성이 문에 비치니 도처에 재물이 있는 것이다. 몸에 좋은 운수가 크게 통하니 나가서 이롭지 않음이 없을 것이다.

7월 원하는 바를 성취하게 될 것이다. 산 깊고 숲이 우거지니 뭇 새가 번성하는 것이다. 가운이 흥왕하니 복록이 진진할 것이다. 다만, 남쪽이 불리하니 공연히 손재가 있을까 두려운 것이다.

8월 성공하여 세상에 이름을 떨치게 될 것이다. 때가 오고 운이 합하니 물고기가 용문에 뛰어 오르는 것이요, 소망이 여의하니 금과 옥이 가득할 것이다. 가운이 대길하니 우연히 재물을 얻을 것이다.

9월 만일 횡재수가 없으면 자손에게 영화가 있을 것이다. 이름이 공문에 걸려 있으니 가히 액운을 면하는 것이다. 다만, 남방이 불리하여 몸가짐을 바로 하고 언행을 조심하지 않으면 구설수가 따를 것이다.

10월 사람으로 인하여 울고 웃을 것이다. 모든 근심은 흩어지고 기쁨이 생겨나는 것이요, 귀인을 만나게 되면 관록이 몸에 따르게 될 것이다. 화성(火姓)을 가까이하지 말라, 실패수가 있을까 두려운 것이다.

11월 고진감래라, 어려운 상황이 지나가면 반드시 좋은 소식이 있을 것이다. 질병이 있으면 약을 쓰면 바로 나을 것이요, 가물어 시들던 풀이 비를 만나니 그 빛깔이 다시 푸르게 될 것이다. 뜻밖에 성공을 하니 의기양양할 것이다.

12월 벼슬을 하게 될 것이다. 마당에 핀 매화가 이슬을 머금고 웃고자 하는 것이요, 만일 관록이 아니면 결혼을 하게 될 것이다. 농사를 지으면 이익을 얻을 것이요, 벼슬을 하면 녹을 얻을 것이다.

환지손 渙之巽

| 운세풀이 |

올해는 손재가 따르니 도둑을 조심해야 하는구나. 나는 새가 날개가 부러지니 날고자 하나 날지 못하는구나. 재성이 공망을 만났으니 재물을 얻기 힘드네. 된 서리가 강에 내리니 물고기와 용이 움츠려드는구나. 내가 재주를 부리려 해도 여건이 따라주지 않으니 답답하구나. 남과 이것이 길다 저것이 길다하며 사소한 시비도 하지 말아야 하네. 만일 시비가 있으면 반드시 관재수가 따르니 주의해야 하네. 경거망동치 않고 명산에 들어가 마음 수양을 한다면 가히 액운을 물리치리라.

1월 외로운 배가 바람을 만나니 안정될지 위태할지, 앞날을 예측하기 어려울 것이다. 비록 재물은 있으나 얻어서 모으기 어려울 것이다. 남과 더불어 도모하면 하는 일에 청원이 많이 생길 것이다.

2월 봄눈이 산에 가득하니 초목이 싹을 틔우고 자라지 못하는 것이요, 잡고 놓지를 못하는 격이니 해만 있고 이익이 없을 것이다. 재운이 공망을 만났으니 재물을 구려하나 불리하고, 재물이 따르지 않을 것이다.

3월 심산유곡에 길을 알려줄 사람이 누가 있겠는가. 수고로움만 있고 이득이 없는 것이다. 비록 노력과 고생은 있으나 노고에 비하여 공이 없는 것이다. 구하여도 얻지 못하니 안타깝구나.

4월 분수를 지켜야 평안할 것이다. 자손에 근심스런 병이 있으니 약을 써도 낫지 않을 것이다. 차분히 분수를 지켜야 재해가 침범하지 않는 것이다. 재물이 남쪽에 있으니 나가면 가히 얻을 것이다.

5월 먼 길을 떠나게 될 것이다. 두 가지 고집스러움이 재앙이 되니 병마가 끊임없이 침범하는 것이다. 아내의 질병이 불리하니 몸과 마음이 어지럽고 어수선할 것이다. 집에 있으면 마음이 상하니 원행을 떠나게 되는 것이다.

6월 원행을 함으로써 가정을 지킬 것이다. 만 리 원정길의 쓰라린 고통은 견디기 어려운 것이다. 이 달의 운수는 길함이 적으니 집을 떠나 천리 타향에서 집을 생각하고 그리워하는 것이다.

7월 상복을 입게 될 것이다. 만일 남과 다툼이 없으면 상처할 것이다. 청산 위에 상주의 의복을 입은 처지가 되는 것이다. 믿는 도끼에 발을 찍히는 격이니 남의 말을 믿지 말아야 할 것이다.

8월 구설수를 조심해야 할 것이다. 남의 재물을 탐하면 도리어 손재를 하게 될 것이니 허욕을 부리지 말아야 할 것이다. 옛일을 생각하니 하룻밤 꿈과 같은 인생이로다. 아무것도 아닌 일로 구설이 분분할 것이니 항상 침착해야 할 것이다.

9월 봄의 얼음을 디딤과 같고, 호랑이 꼬리를 밟음과 같이 위험이 곳곳에 있으니 주의해야 할 것이다. 신상에 곤고함이 있는 운수이니 한탄한들 무슨 소용이겠는가. 재물을 구하는 것이 불리하니 분수를 지켜 집안에 있어야 할 것이다.

10월 몸가짐을 바르게 하고 기도하면 액운을 면할 것이다. 발로 호랑이 꼬리를 밟았으니 신상이 위태로운 것이다. 심신이 안녕치 못하니 질병이 침노하지 못하게 건강을 잘 돌봐야 할 것이다. 미리 액운을 막으면 가히 이 운수를 면하게 될 것이다.

11월 차분히 기도하고 출행하지 말아야 할 것이다. 무단히 손재수가 있으니 친구의 말을 믿지 말아야 하는 것이다. 산신께 기도하면 액운이 소멸하고 복이 찾아올 것이다. 동쪽과 남쪽 두 방향은 불리하니 출행을 삼가야 할 것이다.

12월 하룻밤 광풍에 꽃잎이 눈처럼 우수수 떨어지는 것이니 관재수를 조심해야 할 것이다. 빈 산 달 밝은 밤에 잔나비 소리만 처량하니 격이니 움직이면 손재를 볼 것이다. 말과 행동을 조심하고, 몸과 마음을 수양해야 할 것이다.

수지정需之井

| 운세풀이 |

뜻밖의 일을 당하여 마음이 불안하구나. 평지에서 풍랑을 만났으니 어찌할 바를 모르는구나. 용두사미라, 용을 그리려다 뱀을 그린 것이니 경영하는 일에서 결과를 얻지 못하는구나. 비견겁재(比肩劫財, 재물을 빼앗아가는 살)가 발동하니 재물을 파하기 쉽네. 음력 사월과 오월 중에는 적게나마 재물이 들어오네. 일이 마음대로 되지 않으니 마음이 심란하네. 경거망동하여 구설수가 발생하기 쉬우니 명산에 올라 참선하여 마음을 다스리라.

1월 하는 일에 힘과 기량이 모자랄 것이다. 음지에 있는 무덤이요, 달빛이 어두우니 장사가 방황하는 것이다. 세상사에 거슬림이 많고, 도처에 상함이 있을 것이다. 험한 길로 말을 달리니 기운이 부족하여 나가지 못하는 것이다.

2월 분수를 지켜야 길할 것이다. 이미 험한 길을 지났건만 다시 태산을 만난 것이다. 손재수와 구설이 연달아 끊이지 않게 일어날 것이니, 분수를 지키면 길하고 분별없이 망령되이 행동하면 흉할 것이다.

3월 구설수가 따를 것이다. 토성(土姓)을 가까이하면 일에 허망함이 많을 것이다. 우연한 일로 인하여 구설을 면하기 어려운 것이다. 명산에 치성을 드리면 혹여 액운을 면함이 있을 것이다.

4월 지나친 욕심을 삼가야 할 것이다. 뜻밖에 재물을 허비하게 되는 운수이니 어디 하나 상하지 않은 곳이 없을 것이다. 만일 구설이 아니면 몸에 병이 들까 두려우니 헛된 욕심을 부리지 말아야 할 것이다.

5월 바람이 뜬구름을 쓸어버리는 격이니 해와 달이 명랑할 것이나 망령되이 행동하면 형벌을 받게 될 것이니 조심해야 하는 것이다. 들어온 만큼 나갈 것이니, 하여간 재운을 얻고도 잃어버리는 것이다.

6월 주색을 멀리해야 할 것이다. 하루아침 광풍에 떨어지는 꽃잎이 어지러우니, 하는 일에 마음이 가지 않을 것이다. 술과 다른 여자를 가까이하면 불의의 운수가 될 것이니 몸가짐을 바로 해야 할 것이다.

7월 어려움 끝에 좋은 일이 있을 것이다. 재앙이 사라지고 복이 흥하니 일신이 편안하고 한가로울 것이나 실물수가 있으니 도둑을 조심해야 할 것이다. 만일 관록을 얻지 않으면 횡재하게 될 것이다.

8월 말을 조심하고 몸가짐을 바로 해야 할 것이다. 집안에 경사가 있으니 자손에게 경사가 있을 것이다. 재물의 근원이 깊지 못하니 밖에서 재물을 구하지 말아야 할 것이다. 말이나 행동을 삼가고 조심하면 해를 입지 않을 것이다.

9월 하는 일을 바꾸게 될 것이다. 길신이 명국에 드니 작은 성공을 가히 기약해 볼 수 있을 것이다. 재물이 북쪽에 있으며 수산물이 가장 좋은 업종이 될 것이다. 만일 목성(木姓)을 가까이하면 실패수가 따르니 사람 사귐에 유념해야 할 것이다.

10월 다른 사람과 다투지 말아야 할 것이다. 흉함을 피하여 남쪽으로 가나 다시 흉화를 만나게 될 것이다. 백화가 난만한데 홀연 광풍이 일어나는 것이다. 두 사람이 다투게 되면 승부를 판단할 수 없으니 다툼을 피해야 할 것이다.

11월 재물이 들어올 것이다. 달이 동쪽 산마루에 나오니 사방이 밝은 것이요, 흉함은 적고 길함이 많으니 하늘이 돕는 것이다. 재운이 왕성하여 재물이 생길 것이니 소신껏 일을 추진해야 할 것이다.

12월 구설수를 주의해야 할 것이다. 푸른 강이 달을 머금으니 경치가 새로운 것이다. 큰 재물은 얻기 어렵지만, 적은 재물은 가히 얻을 것이다. 주색을 가까이하면 손재수와 구설수가 따르니 주색을 멀리해야 할 것이다.

수지기제 需之旣濟

| 운세풀이 |

만사가 길하여 모든 사람과 화합하는구나. 청산에 난초를 심어 기쁜데 어찌 다시 옮겨 심으랴. 좋은 터를 잡고 안정하니 더 이상 바랄 게 없네. 직장이 안정되고 하는 일이 순조롭구나. 응달에도 봄이 오니 백화가 앞을 다투어 피어나네. 낚싯대가 없이 손으로 황금잉어를 잡아 올리는 것이니 의기가 충천하여 경영하는 일에 추진력이 생기는구나. 재물도 얻고 이름도 널리 알리네.

1월 귀인을 만나게 될 것이다. 때를 따르는 풀과 나무의 꽃과 잎이 무성할 것이요, 귀인이 동쪽에서 와서 우연히 힘을 보태줄 것이다. 동쪽에서 재물이 왕성하니 날로 천금을 취하게 될 것이다.

2월 상서로움이 가득할 것이다. 운수가 크게 통하니 의식이 스스로 족하여 웃음이 끊이지 않을 것이다. 신수가 대길하고 가도가 흥왕할 것이요, 흉함은 적고 길함은 많을 것이다.

3월 우물에서 숭늉 찾듯이 성급하게 덤비지 말고 차분하게 자중해야 할 것이다. 가신이 발동하니 집안에 불평함이 있을 것이다. 복덕이 충을 만나니 근심 중에 기쁨을 바라는 것이다. 자손에게 근심이 있으니 미리 도액하여 넘겨야 할 것이다.

4월 기도하여 근심을 떨쳐버려야 할 것이다. 바위 위의 외로운 소나무요, 울타리 아래 노란 국화가 피었으니 이 달의 운수는 근심과 즐거움이 서로 반반인 것이다. 명산대천에 기도하면 길한 운수가 될 것이다.

5월 작은 이익이 있을 것이다. 봄이 되어 뒤뜰의 푸른 복숭아가 스스로 개화하는 것이요, 길한 사람을 하늘이 도우니 스스로 복이 오는 것이다. 성심으로 구하면 작은 이익은 가히 얻게 될 것이다.

6월 시비수를 조심해야 할 것이다. 송사가 두려우니 남과 다투지 말아야 할 것이다. 분수를 지키고 차분히 자중해야 재앙이 침노하지 않을 것이다. 길성이 나를 도우니 수복이 면면히 이어질 것이다.

7월 근신 자중해야 할 것이다. 별이 아름다운 것은 어둠을 뚫고 찬란히 빛나기 때문이다. 낮에 뜨는 별은 무용지물이니 만일 삼가지 않으면 반드시 일을 그르치게 될 것이다. 봉황이 대나무 숲을 잃었으니 일신이 고독하고 의지할 곳이 없을 것이다.

8월 재물이 들어올 것이다. 작은 것을 쌓아 큰 것을 이루는 격이니 가히 천금을 얻을 것이다. 재수가 흥왕하니 혼자 힘으로 집안을 일으키고 재물을 모을 것이다. 금옥이 가득하니 복록이 끊이지 않을 것이다.

9월 기도하고 근신하여야 할 것이다. 먼저는 곤고하나 나중에는 왕성할 것이니 중심을 잃지 말고 자중하며 때를 기다려야 할 것이다. 또한, 처궁에 액운이 있으니 미리 기도하여 막아야 할 것이다.

10월 횡재수가 있을 것이다. 피와 기장이 있으니 농가에 즐거움이 있는 것이요, 하늘은 단비를 내리고 땅에는 물맛 좋은 샘이 있는 것이다. 횡재가 있는 운수이니 천금을 손에 쥘 것이다.

11월 비리를 탐하지 말라, 도리어 허황함이 있을 것이다. 나가면 몸이 수고롭고 들어오면 마음이 편안할 것이다. 손재수가 있어 두려우나 호랑이에게 물려가도 정신을 똑바로 차려야 손재를 줄일 수 있으니 친구 사귐에 유념해야 할 것이다.

12월 귀인이 찾아와서 도움을 줄 것이다. 꽃이 피고 열매 맺는 격이니 길한 일이 여러가지 생길 것이다. 귀성이 문에 비치니 귀인이 나를 도와줄 것이요, 만일 관록이 아니면 반드시 생남하게 될 것이다.

수지절需之節

| 운세풀이 |

인연이 있으면 귀인을 만나 관록을 얻는구나. 올해는 군자는 관록을 얻으나 소
인은 허물을 짓네. 집안이 화목하니 만사가 태평하구나. 백호살이 자식 궁에 임
하니 슬하에 액운이 있구나. 평소에 몸과 마음을 닦고 덕을 베풀어 쌓은 덕에 재
물이 왕성하네. 시험 보는 사람은 합격할 운수요, 사업하는 사람은 재물을 얻을
운수요, 자식을 원하는 사람은 자식을 얻을 운수요, 결혼 못한 사람은 결혼을 하
게 되는 운수로구나.

1월 작은 것으로 큰 것을 얻게 될 것이다. 칠월 개똥벌레의 빛이 십 리를 비추는 것이요,
가는 것 없이 크게 오는 격이니 이름이 사방에 전해질 것이다. 평소에 덕을 쌓은 인
연으로 재산이 흥왕해질 것이다.

2월 집안에 경사가 있을 것이다. 귀인이 와서 도우니 뜻밖에 성공을 하게 될 것이다. 만
일 관록이 아니면 자손에게 경사가 있을 것이요, 집에 경사가 있으니 많은 사람이 칭
찬하고 축하할 것이다.

3월 작은 것으로 큰 것을 이루게 될 것이다. 단비가 때때로 내리니 백 가지 풀이 무성한
것이요, 작게 가고 크게 오는 격이니 스스로 영광이 있는 것이다. 남의 말만 듣고 움
직였다가는 어려움을 만나게 될 것이니 다른 사람을 조심해야 할 것이다.

4월 용을 타고 하늘로 오르니 구름이 가고 비가 오는 것이요, 처음은 비록 곤고하나 나중
은 안락함을 얻게 될 것이다. 봄 동산의 자두나무와 복숭아나무에 벌 나비가 향기를
찾는 것이요, 어려움을 잘 견디면 반드시 좋은 일이 있을 것이다.

5월 남산에서 사냥을 하니 활을 한 번 쏘아 다섯을 맞추는 것이요, 재물이 언덕과 산과 같을 것이다. 돈이 있고 곡식도 있으니 몸과 마음이 편하고 여유로울 것이다. 남에게 베풀어 덕을 쌓기에 좋은 기회가 될 것이다.

6월 깊은 숲속 푸른 잎이 우거진 나무와 수풀이 번성하였으니 재물과 복록이 있을 것이나 신상에 해가 있을 것이다. 구설이 두려우니 시비를 가까이하지 말고, 입을 병뚜껑처럼 굳게 닫아야 할 것이다.

7월 취하고 버림을 살피지 않으면 이익과 피해를 끊고 맺음을 해야 하는 것이다. 동쪽과 남쪽 두 방향에서 귀인이 와서 도와줄 것이다. 대장부가 뜻을 얻으니 가는 곳마다 봄바람이 부는 것처럼 귀인의 도움을 받을 것이다.

8월 뜻밖에 성공을 하니 이름을 사해에 떨치게 될 것이다. 만일 관록이 아니면 자손에게 경사가 있을 것이요, 이름이 두루 퍼지니 만인이 찾아와 축하할 것이다. 도움을 받았던 지인들에게 말 한마디에 천 냥 빚을 갚을 기회가 온 것이다.

9월 심신이 물러나 흩어지니 항상 두려움이 많을 것이다. 각별히 건강에 유념해야 할 것이다. 재성이 몸에 따르니 횡재할 것이요, 이익이 금성(金姓)에 있으니 그가 우연히 와서 도와줄 것이다.

10월 몸도 왕성하고 재물도 왕성하니 하는 일마다 여의할 것이다. 매사가 뜻한 대로 이루어지니 그 가운데 이익을 볼 것이다. 나는 곰이 꿈에 들었으니 자손을 얻게 될 것이다.

11월 집안사람이 합심하니 가정이 화목하고 하늘의 복을 받을 것이다. 집안이 화평하니 기쁜 일이 중중한 것이다. 재물이 스스로 밖에서 들어오는 격이요, 이 달에 가장 큰 이익이 있을 것이다.

12월 용이 아름다운 구슬을 얻었으니 조화가 무쌍할 것이요, 작은 것으로 큰 것을 바꾸는 광명이 있을 것이다. 일확천금하여 하루아침에 부귀하니 만인이 우러러 인사하고 축하할 것이다.

절지감節之坎

| 운세풀이 |

험한 길을 고독하게 걸어가는구나. 삼고초려를 하여 보아도 제갈공명을 만나기 어려우니 나의 정성이 부족하구나. 만사를 지극정성으로 하여도 일이 성사될까 말까 하네. 집안에 있어도 불안하고 밖에 나가도 이득이 없으니 마음만 허망하네. 일이 될듯하면서 되지 않으니 속만 태우네. 잘 빚은 술과 맛있는 안주를 보고도 침만 삼키고 있으니 일을 하여 본들 남 좋은 일만 시키는 꼴이 되고 마네. 경거망동하지 말고 인내하며 참고 기다려야 하네.

1월 하는 일이 힘겨울 것이다. 비록 양원(한나라 양효왕이 문인을 데리고 놀던 곳)이 좋으나 고향만 못한 것이다. 비리가 있는 재물을 탐하지 말아야 할 것이다. 양지가 음지 되고 음지가 양지 되는 것은 인지상정이니 지금 처한 자리가 불안해도 체념하지 말고 기다리면 때가 올 것이다.

2월 비가 오지 않아 오랫동안 가무니 초목이 자라지 못하는 것이다. 험한 중에 순행하니 성심으로 일하면 신이 감동할 것이다. 남과 동업을 하면 별로 이익이 없으니 동업을 하지 말아야 할 것이다.

3월 잠깐 웃고 잠깐 찌푸리니 마음속이 편하지 못한 것이다. 현무가 발동하여 출행하면 불리할 것이니 원행을 삼가야 할 것이다. 사고무친 외로운 신세이니 어디 의지할 곳이 없는 없으나 마음을 평온하게 가지면 모든 것이 순조로울 것이다.

4월 얕은 물에 배를 띄우니 나가고자 해도 나가지 못하는 것이다. 동쪽으로 가지 말라, 반드시 손해가 있는 것이다. 재물이 뜬구름 같아 얻고 모으기 어려우나 재운도 새옹지마이니 침묵과 인내가 기회를 가져올 것이다.

5월 하는 일에 공이 없다고 한탄하지 말라. 성사되고 안 되고는 하늘에 있으나 일을 도모하는 것은 사람에게 달려 있는 것이다. 농부는 날이 가물거나 비가 오거나 밭 갈기를 게을리 하지 않아야 하는 것이다. 결실이 적다고 손을 놓으면 안 될 것이다.

6월 처음은 있고 끝이 없으니 하는 일에 허황함이 있을 것이다. 허황한 일을 삼가여 하지 말아야 할 것이다. 현명한 사람이 될 것이냐, 우매한 사람이 될 것이냐는 본인 하기에 달려 있다. 옛것을 버리고 새것을 취하면 모든 일이 여의할 것이다.

7월 신비한 용이 세력을 잃으니 미꾸라지가 희롱하고, 진눈깨비가 추적추적 내리니 나는 새의 그림자가 끊어진 것이다. 집에 있으면 평안하고 나가면 해가 있으니 차분히 자중해야 할 것이다.

8월 남의 말을 믿지 말아야 할 것이다. 목성(木姓)이 불리하니 그의 말만 믿고 따르지 말아야 할 것이다. 아니다 싶을 때는 두려워하지 말고 잠시 멈추어서 여가를 즐기며 힘을 모아야 할 것이다.

9월 대대로 이어서 내려오는 직업과는 거리가 멀고, 자수성가하여 자기 혼자 힘으로 집안을 일으키게 될 것이다. 재운이 왕성하니 하루에 천금을 이룰 것이요, 복성이 몸에 따르니 출입하면 광명이 있을 것이다.

10월 가정에 불화가 있을 것이다. 집안사람의 마음이 각각이니 집안에 불평함이 있는 것이다. 재앙이 집안에 있으니 타인을 원망하지 말아야 할 것이다. 수신제가하여 안정하면 길함이 있으나 경망하게 움직이면 손재가 있을 것이다.

11월 인내는 쓰고 열매는 단 것처럼 먼저는 곤고하나 나중은 태평할 것이다. 목마른 용이 물을 얻으니 기쁜 일이 겹겹이 일어날 것이요, 만일 관록이 아니면 자손에게 경사가 있을 것이다.

12월 믿는 사람에게 해로움이 있으니 사람을 고용함에 주의해야 할 것이다. 금언을 듣지 않으면 후회막급한 일이 있을 것이다. 또한, 도둑이 길 위에 있으니 실물수를 조심해야 할 것이다.

절지둔 節之屯

| 운세풀이 |

험한 고비를 간신히 넘기나 다시 근심이 찾아오는구나. 물고기가 낚싯바늘의 유혹을 피했는데, 쳐놓은 그물은 보지 못하는구나. 어려움이 계속해서 밀려오네. 가까운 벗을 삼가해야 나중에 낭패를 보지 않네. 봄은 왔으나 봄풀이 아직 눈 속에 있어 그 자태를 드러내지 못하는구나. 비록 나의 재주가 뛰어나나 그 재주로 인하여 낭패를 보기 쉬우니 자기 꾀에 자기가 넘어가네. 경거망동을 삼가하면 화를 면할 수 있네.

1월 사방에 길이 없으니 나가지도 물러서지도 못하는 것이다. 공이 있어도 상이 없으니 한갓 심력만 허비할 것이다. 동쪽과 서쪽 두 방향은 불리하니 출행하지 말아야 할 것이다. 답답하고 어려움에 봉착하여도 온고지신하여 지혜롭게 대처해야 할 것이다.

2월 공짜를 바라지 말아야 할 것이다. 맑은 하늘에 달이 없으니 무미건조하니 이 달에는 재물의 이익을 논하지 말아야 할 것이다. 복록이 다시 오지 않으니 이치 아닌 것을 바라지 말아야 할 것이다.

3월 비 오는 밤길을 걸어가니 어렵고 고단함이 적지 않을 것이다. 넘어졌으면 좌절하지 말고 오뚝이처럼 우뚝 일어나라. 참고 견디면 훗날 성공을 만드는 일부가 될 것이다. 다른 사람을 들이면 손재가 적지 않으니 유념해야 할 것이다.

4월 물 조심을 해야 하는 것이다. 나에게 이익을 줄 사람은 적고 나에게 해를 줄 사람은 많은 것이다. 물가에 가까이 가지 말라 횡액이 가히 염려되는 것이다. 박씨와 이씨 두 성씨를 가까이하면 피해가 있는 것이다.

5월 두문불출하여 근신 자중해야 할 것이다. 집에 있으면 길하나 바깥으로 돌면 해가 있을 것이다. 하는 일이 와해되니 손재가 적지 않을 것이다. 친구 따라 강남 간다고 무조건 친구 말만 들으면 공연히 손해를 보게 될 것이다.

6월 새가 둥지를 태우니 즐거움이 극에 달해 슬픔이 생기게 될 것이다. 사람으로 인하여 불리하니 구하는 일에 허망함이 있을 것이다. 친한 사람을 믿으면 피해가 따를 것이니 중심을 잃지 말고 자기 소신껏 해야 할 것이다.

7월 음력 칠월과 팔월에는 질병을 주의해야 할 것이다. 만일 관록이 없으면 몸에 근심이 생길 것이다. 구설수가 두려우니 남과 다투지 말라. 도리에 어긋나는 행동을 하면 몸과 마음이 곤고해지니 언행을 조심하고 다툼을 피해야 할 것이다.

8월 게가 앞과 뒤를 살피다가 게 구멍을 잃어버리니 밖에 나가면 이익이 없고 집을 지키면 길할 것이다. 도모하는 일을 이루기 어려우니 구하는 재물에 이익이 없을 것이다. 최선을 다했다면 결과에 너무 연연하지 말고 어수선한 마음을 가라앉혀야 할 것이다.

9월 횡액을 조심해야 할 것이다. 하는 일에 두서가 없으니 성사시키기 어려울 것이다. 이익이 남쪽에 있으니 적게나마 재물을 얻을 것이다. 만일 그렇지 않으면 뜻밖의 횡액을 당할 것이니 건강을 잃지 않도록 유념해야 할 것이다.

10월 옥을 안고 구슬을 품었으나 이를 알아주는 사람이 없고, 재물이 생기나 적게 얻고 크게 나가니 움켜쥐려고 애쓰지 말아야 할 것이다. 어려움이 다하면 좋은 소식이 올 것이니 한탄하지 말고 인내해야 할 것이다.

11월 비가 순조롭게 오고 바람이 고르게 부니 온갖 생물이 잘 자랄 것이요, 금을 쌓고 옥을 쌓으니 부러울 것이 없을 것이다. 높은 누각에 앉아 밝은 달을 벗 삼아 술을 마시니 스스로 즐거움에 겨울 것이다.

12월 고진감래하니, 먼저는 가난하나 나중은 부유하여 지난 일이 꿈만 같을 것이다. 일신이 영화로우니 사람들이 우러러볼 것이다. 다만, 믿는 도끼에 발등을 찍히게 되니 친구 사이에 속내를 말하지 말아야 할 것이다.

절지수 節之需

|운세풀이|

용이 여의주를 얻으니 조화가 무궁하고 기쁜 일이 가득하구나. 도리를 다하고 때를 기다리면 반드시 좋은 결과가 생기네. 내 몸을 운명에 맡기니 정승판서가 부럽지 않구나. 집안에 있어도 화목하고 출행을 하여도 이익이 생기네. 어디를 가나 환영받으니 세상만사가 태평하네. 그러나 남과 다투거나 분수에 맞지 않는 일을 하면 반드시 낭패를 볼 것이다. 귀인이 동쪽에 있으니 동쪽으로 가면 이익이 있겠구나.

1월 마음이 어질고 덕을 쌓으니 복록이 스스로 올 것이요, 귀인이 와서 도와주니 재물과 복록을 능히 얻게 될 것이다. 기회는 자주 오는 것이 아니니 잘 잡아 힘껏 움직이면 좋은 일이 많을 것이다. 재성이 문에 드니 뜻밖에 재물을 얻게 될 것이다.

2월 큰 봉황이 날개를 떨치니 만 리 구름길이 열리는 것이요, 도모하는 일에 성과가 있을 것이다. 만일 관록이 아니면 가히 천금을 얻게 될 것이나 출행하면 불리할 것이다. 온고지신하여 지혜롭게 처신해야 할 것이다.

3월 서쪽과 남쪽 두 방향에 왕성한 재물이 있을 것이다. 귀인이 와서 도와주니 뜻밖에 큰 재물을 얻게 될 것이다. 사람과 더불어 누각에 올라 술과 안주가 풍족한 여흥을 즐기니 더 바랄 나위가 없을 것이다.

4월 밖에 나가면 재물을 얻을 것이다. 재운이 크게 통하니 손에서 천금을 희롱할 것이요, 한번 문밖을 나가면 소원을 성취하게 될 것이다. 동쪽과 남쪽 두 방향이 가장 길한 방향이니 출행하면 도모하는 일에 성과가 있을 것이다.

명리가 함께 길하니 수복이 끊이지 않고 이어질 것이요, 운이 도래하고 때가 되니 앞길이 양양할 것이다. 계획했던 일이 성사되고 순조로움이 너른 바다에 돛단배가 유유히 흐르는 것과 같다. 남과 함께 동업을 하면 이익이 대단히 많을 것이다.

6월 해가 하늘 높이 떠서 아름답게 비추니 금옥이 만당한 것이나, 만일 이와 같지 않으면 명예에 손상을 입을 것이다. 만일 비리를 탐하면 명예를 더럽히고 잃고 말 것이니 도리에 어긋나는 일을 도모하지 말아야 할 것이다.

7월 냇물의 가는 물줄기기 흐르고 모여서 바다를 이루듯 작은 것이 쌓여 큰 것을 이루게 될 것이다. 이익이 사방에 있으니 도처에서 봄바람이 부는 것이요, 이름을 금방에 거니 만인이 우러르게 될 것이다.

8월 재성이 왕성함을 만나니 손에서 천금을 희롱하게 될 것이다. 먼저는 곤고하고 나중은 태평한 운수이니 이익이 그 중에 있을 것이다. 가운이 크게 상서로우니 만사여의하고, 마음이 편하니 웃을 일만 남은 것이다.

9월 지혜와 재주가 있으니 뜻밖에 성공을 거두게 될 것이다. 문을 고쳐 달게 되니 만인이 우러러볼 것이다. 가화만사성이라, 집안이 화목하면 모든 일이 잘 된다는 말이 있듯이 집안사람이 서로 화합하니 백 가지 일이 순조로운 것이다.

10월 신수가 꽉 막히어 벗어나고자 하나 곤고함만 따를 뿐이다. 동료의 감언이설에 귀 기울이지 말라. 달콤한 유혹에 빠져서 손해를 볼 것이다. 특히 화성(火姓)을 가까이하면 겉은 친하나 속은 다른 생각을 하고 있을 것이다.

11월 한 사람의 영화로움이 만인에게 미치는 것이요, 고귀한 벗이 자리에 가득하니 향기로운 술을 나누게 될 것이다. 슬하의 자손이 흥왕하여 자식이 잘되니 가정이 평안하고 기쁨을 누리게 될 것이다.

12월 만 리 밖에서 성공을 하니 대장부가 뜻을 이루게 될 것이다. 이로 인해 마음이 들뜨기 쉬우니 명상으로 차분히 다스려야 할 것이다. 분수를 지키고 경거망동하지 않으면 우연히 복록이 들어올 것이요, 벼슬길이 열릴 것이다.

기제지건 既濟之蹇

| 운세풀이 |

좋은 시절이 지나갔지만 다시 좋은 시절이 찾아오는구나. 계수나무에 꽃이 지니 다시 봄을 기다리네. 만약에 경사가 아니면 이사를 하여 이익을 보는구나. 서쪽과 남쪽에서는 친구를 얻을 것이나, 동쪽과 북쪽에서는 친구를 잃는구나. 분수를 지키지 않고 경거망동하면 어려움이 따르네. 차분히 자중하고 때를 기다리면 반드시 좋은 기회가 찾아오니 동업할 수 있는 기회가 있구나. 지와 덕을 펼치면 주위로부터 인정을 받고 행운도 따른다.

1월 물이 말라 돌이 드러나서 물고기와 용이 자취를 감추니 어려움이 따를 것이다. 길함보다는 흉함이 많을 것이다. 매사에 거슬림이 많으니 심신이 산란한 것이다. 깊이 생각하여 멀리까지 성찰하는 준비가 필요할 것이다.

2월 구름과 안개가 공중에 가득하여 해와 달을 볼 수 없으니 앞길을 예측하기 어려울 것이다. 만일 관재수가 아니면 손재수가 있을 것이다. 일에는 때가 있으니 일에 임하면 순발력을 발휘하여 서둘러 처리해야 할 것이다.

3월 중무소주라, 마음속에 일정한 줏대가 없으니 하는 일에 걸림이 많을 것이다. 주색을 가까이하면 몸에 불리함이 있을 것이다. 부귀는 하늘에 있고, 궁하고 통하고는 사람에 달려 있으니 근면과 성실로 노력하면 결국 통하게 될 것이다.

4월 다른 사람의 감언이설에 귀 기울이지 말아야 할 것이다. 달콤한 유혹에는 진실함이 없는 것이다. 강산에 해가 저무는데 갈 길이 멀어 마음만 급하다. 인생사 새옹지마이니 곤고하다 하여 괴로워하지 말아야 할 것이다.

5월 작은 것을 탐내다 큰 것을 잃게 되니 허욕을 부리지 말고 분수를 지켜야 할 것이다. 만일 부모에게 근심이 없으면 자손에게 액운이 있을 것이다. 실물수가 있을까 두려우니 도둑을 조심해야 할 것이다.

6월 출행하면 불리하고 집에 있으면 길할 것이다. 재성이 공망을 만나니 빈 것이 가고 빈 것이 오는 것이다. 원행함이 불리하니 손해는 있으나 이익은 없을 것이다. 현재 위치에서 자중하고 멀리 보는 혜안의 자세가 중요할 것이다.

7월 칠년 큰 가뭄에 기쁜 단비를 만나니 고진감래하여 어려움 끝에 즐거움이 따를 것이다. 목마른 사람이 물을 얻는 운수요, 배고픈 사람이 밥을 얻는 것이다. 재물의 운수에는 흠이 없으나 몸이 근심이 따를까 염려되니 건강을 유념해야 할 것이다.

8월 정직하게 사람을 대해야 할 것이다. 교묘하고 간사하게 남을 속이면 도리어 그 해를 받을 것이다. 집안사람이 화합하니 집안이 화기애애하고 만사가 형통할 것이다. 이익이 서쪽과 남쪽에 있으니 때를 기다려 취해야 할 것이다.

9월 다른 재물을 탐하지 말아야 손재수를 면하게 될 것이다. 화성(火姓)을 가까이하면 구설수가 따를 것이다. 인생사 새옹지마이니 곤고하다 하여 불평하지 말아야 할 것이다. 처음은 곤고하나 나중은 길한 운수이니 마침내 형통함을 보게 될 것이다.

10월 낮은 데서 높은 데로 오르는 격이니 작은 것을 쌓아 큰 것을 이루게 될 것이다. 세월이 흐르는 물과 같으나 허송세월하면 빛과 같이 빠르게 지나갈 것이다. 시간을 헛되이 보내지 말아야 할 것이다.

11월 들판에 심은 곡식에 비가 꿀처럼 내리니 봄꽃이 가지런히 피어날 것이요, 우연히 재물을 얻으니 가세가 점점 태평해질 것이다. 한 집안의 재물이 풍성하고 넉넉하니 식구가 늘어날 것이다.

12월 기쁨과 근심이 서로 반반이니 먼저는 길하나 나중은 흉한 것이다. 양씨, 박씨, 권씨, 이씨는 공연히 나에게 피해를 줄 것이니 사귐에 주의해야 할 것이다. 흐르는 물이 썩지 않듯이 꾸준함이 중요하니 오늘 할 일을 내일로 미루지 말아야 할 것이다.

기제지수 既濟之需

| 운세풀이 |

재운은 길하나 질병이나 몸이 다칠까 염려되는구나. 분수를 지키면 길하나 경거망동하면 낭패를 본다. 사마귀가 수레바퀴와 싸우려고 달려드는 격이니 분수를 모르고 과분한 일을 추진하면 낭패를 보거나 심하면 몸도 다친다. 재물을 잃으면 적게 잃는 것이요, 명예를 잃으면 많이 잃는 것이요, 건강을 잃으면 전부를 잃는 것이다. 가뭄이 오래 지속되어 산천의 초목이 메말라 가니 내 의욕만 가지고 일에 임한다면 어려움을 당하네. 주변 상황을 잘 살펴서 능력에 맞는 일을 하면 뒤탈이 없다.

1월 발로 호랑이 꼬리를 밟은 격이요, 텅 빈 계곡에 메아리만 있는 것이다. 병살이 침노하여 질고가 끊이지 않으니 질병을 조심해야 할 것이다. 다른 재물을 탐하면 손해를 볼 것이니 허욕을 부리지 말아야 할 것이다.

2월 쇠잔한 꽃이 서리를 만나니 자연히 떨어지고 말 것이다. 인정에 얽매이지 않으면 범사가 여의할 것이다. 갓 쓰고 자전거를 탄다면 상황에 전혀 어울리지 않는 법이다. 망령되이 행동하면 실패할 수 있으니 경거망동을 삼가야 할 것이다.

3월 관재수를 조심해야 할 것이다. 요귀가 문을 엿보고 있으니 질병이 침노할 것이다. 터주 신께 치성을 드리면 재앙이 사라지고 복이 올 것이다. 동료의 감언이설에 귀 기울이지 말라. 남의 말을 들으면 혹여 관재수가 있을까 두려운 것이다.

4월 인생이 술 취함과 같고 꿈과 같으니 하는 일이 명확하지 않을 것이다. 길에 나가지 말라, 혹여 횡액이 있을까 두려운 것이다. 돌다리도 두드려 본 뒤에 건너가듯이 매사에 조심해야 할 것이다.

5월 분수를 지켜야 할 것이다. 비록 도모하는 일이 있으나 맞지 않으니 어찌할까. 움직이면 잃는 것이 있으니 옛것을 지키는 것이 상책이다. 처궁에 액운이 있으니 미리 기도하여 액운을 막아야 할 것이다.

6월 다른 사람에게 베풀되 진실하게 해야 할 것이다. 목성(木姓)을 가까이하면 피해가 있을 것이나 스스로 지은 업보로 받아들이고 남 탓을 하면 안 될 것이다. 겸허히 수용하고 마음가짐을 바로 하면 좋은 때를 맞을 것이다.

7월 원행을 하여도 별로 소득이 없을 것이다. 양을 얻고 소를 잃은 격이니 원행하면 심신만 곤고해질 것이다. 어려움이 다하면 즐거움이 찾아올 것이다. 재운이 형통하니 억지로 구하면 얻을 수 있을 것이다.

8월 도처에 불리함이 있으니 옛것을 지키고, 다른 일을 경영하지 말아야 할 것이다. 만일 혼인하지 않으면 반드시 자식을 얻게 될 것이다. 손재수가 있을까 두려우니 주색을 가까이하지 말아야 할 것이다.

9월 질병과 액운을 막아내는 치성을 해야 할 것이다. 매사를 이루지 못하고 질병을 얻게 될까 두려운 것이다. 심산유곡에서 마음만 처량한 것이나 간절히 기도하면 신액을 면하게 될 것이다.

10월 바다에서 금을 구하는 격이요, 깊은 바다에서 토끼를 구하는 것이니 재물의 이익을 논할 수 없을 것이다. 억지로 재물을 구하려 하지 말고, 여유를 가지고 심신을 수양하며 좋은 때를 기다려야 할 것이다.

11월 수고로우나 노력에 비하여 공이 없을 것이다. 머리만 있고 꼬리가 없는 격이니 하는 일마다 이루어지지 않을 것이다. 일에는 순서가 있으니 처음이 없는 끝은 없고, 과정이 없는 결과는 없는 것이다. 마음을 차분히 하고 최선을 다해야 할 것이다.

12월 머리를 어느 쪽으로 내놓을까 하나 어느 한 곳 의지처가 없을 것이다. 목성(木姓)이 해가 있으니 가까이하면 피해가 있을 것이다. 심씨(沈씨)와는 동업을 삼가야 할 것이다. 낙담하지 말고 한 고비 넘기면 구름 뒤에 해가 다시 뜰 것이다.

기제지둔 旣濟之屯

633

| 운세풀이 |

행하는 일이 올바르지 않으면 마음 상하는 일이 뒤따르는구나. 일가친척이 불화하고 재물이 흩어지네. 가까운 친척끼리 서로 다투니 의지할 곳 없구나. 노력은 많이 하나 그 결과를 얻지 못하네. 경영하는 일이 더디니 나아가려 해도 나아가지 못하고 발만 동동 구르고 있구나. 재성이 공망을 맞으니 재물을 모아도 밑 빠진 독에 물 붓기구나. 북쪽에 손재수가 있으니 이 방향을 피해야 하네. 명산을 찾아 기도하면 몸 다치는 것만은 막을 수 있네.

1월 가을 풀이 서리를 만나니 슬픈 마음을 견디기 어려울 것이다. 만일 손재수가 없으면 처궁이 불리한 것이다. 북쪽이 이롭지 못하니 가까이 가지 말아야 할 것이다. 세상의 모든 일이 마음먹기에 달렸으니 마음가짐을 바로 하고 노력해야 할 것이다.

2월 관재수와 구설수가 끊이지 않을 것이다. 초가을에 서리를 만난 격이니 하는 일에 흩어짐이 많을 것이다. 몸과 마음을 안정하고 조급함을 버려야 할 것이다. 도모하는 일이 있다면 잘 살피어 행하는 것이 길할 것이다.

3월 가을바람에 잎이 떨어지고 다시 광풍을 만나니 이사를 하거나 원행하면 길할 것이다. 다른 사람의 일로 뜻밖에 어려움을 겪게 될 것이다. 중심을 잃지 말고 자신의 원칙을 지켜나가면 모든 일에 체면을 세우는 길이 될 것이다.

4월 밤길에 등불을 잃으니 앞길이 캄캄할 것이나 귀인이 도와줄 것이다. 말을 조심하지 않으면 뜻밖에 불행이 찾아올 것이니 깊이 생각한 뒤에 말을 해야 할 것이다. 자기 힘으로 재물을 만드나 모르는 사이에 도와주는 사람이 있을 것이다.

5월 시비를 가까이하면 구설을 면하기 어려우니 다툼을 피해야 할 것이다. 실물수가 있으니 출입을 삼가고 경거망동하지 말아야 할 것이다. 닭 벼슬만 생각하지 말고 용꼬리도 생각한다면 잘못되는 일이 없을 것이다.

6월 날이 저물었는데 산길에 들어섰으니 막힘이 많을 것이다. 밤낮으로 생각을 하니 번뇌가 많고 마음이 어지러울 것이다. 인생은 좁으나 넓으나 각자 한계가 있으니 그 속에서 돌아야 하는 것이다. 인간관계를 돈독하게 하면 후에 길함이 있을 것이다.

7월 시비수를 조심해야 할 것이다. 가신이 발동하니 예방하면 그 액운을 면할 것이다. 사람들과 다투면 재물을 잃고 명예나 위신이 떨어질 것이다. 관재송사가 두려우니 시비를 가까이하지 말아야 할 것이다.

8월 도모하는 일이 불리하니 근심과 고통이 끊이지 않을 것이다. 천리 타향에서 집안의 믿음을 얻지 못하니 마음이 어지러울 것이다. 시기가 적절하지 않으니 조급함을 버리고 안정하면 일이 풀리고 좋은 소식이 들려올 것이다.

9월 관재수를 조심해야 할 것이다. 마음에 분함이 있더라도 참는 것이 상책이다. 관액이 따를까 두려우니 남과 다투지 말아야 할 것이다. 언행을 조심하고 차분히 자중하면 훗날을 기약할 수 있을 것이다.

10월 옛 인연을 만나니 귀인이 도움을 줄 것이다. 허욕을 부리면 낭패할 수 있으니 마음을 비워야 할 것이다. 순리에 어긋나는 행동은 내 발을 내가 찍는 격이니 도모하는 일이 있다면 순리대로 해야 할 것이다. 만일 관록이 아니면 자손을 얻게 될 것이다.

11월 어려움이 다하고 좋은 일이 찾아와서 뜻밖에 성공하고 산업이 흥왕할 것이다. 액운이 사라지니 자연히 재물을 얻게 되는 것이다. 마침내 길운을 만나니 편안함을 넘어 태평함을 맞이할 것이다.

12월 모래를 일어 금을 보는 격이요, 돌을 쪼아 옥을 얻는 것이니 분수를 지키면 길할 것이다. 분수에 맞는 욕심은 발전하는 계기가 되나 과한 욕심은 곤고함만 더할 뿐이다. 과한 욕심을 버리고 분수를 지키면 길할 것이다.

둔지비 屯之比

| 운세풀이 |

덕을 베풀고 신용을 지키니 종래에는 이득이 따르는구나. 마음이 겸손하고 베 푸는 인정이 많으니 항상 안락하구나. 몸가짐을 바로 하고 언행을 신중히 하면 반드시 좋은 일이 따르네. 아랫사람과 윗사람에게 근심이 있으니 집안이 편안 하지 않구나. 혹여 관재수가 없으면 구설수가 따르니 덕을 베풀고 신용을 지켜 서 훗날을 기약해야 하네. 산천초목에 봄이 찾아오니 서서히 봄빛을 띄는구나. 조급하게 서두르지 않으면 반드시 좋은 기회가 찾아오리라.

1월 욕심이 과하면 집에 있어도 이익이 없고, 나가도 갈 길을 몰라 방황하게 될 것이다. 밤낮으로 허황한 일을 생각하지 말고, 올바른 법도를 따르면 행운이 따를 것이다. 수 복을 구비하였으니 하늘이 길한 사람을 돕는 것이다.

2월 물속의 용이 하늘로 오르는 격이니 천하가 문명을 얻을 것이다. 귀인이 와서 도와주 니 하는 일마다 여의할 것이다. 분수를 지키면 편안하고, 조급하게 움직이면 피해가 있을 것이다. 심신을 다스리는 것도 길운으로 가는 지름길이다.

3월 모든 일에는 순서가 있는데, 하는 일에 두서가 없으니 도모하는 일을 이루지 못할 것 이다. 가까운 곳에 숨은 원수가 있으나 알아채지 못할 것이다. 공문에 이름을 걸면 이러한 액을 면할 수 있을 것이다.

4월 소나무가 산줄기에서 홀로 푸르고 푸르니 스스로 재물을 취하게 될 것이다. 배에 금 은보화를 가득 실으니 뱃사람 모두 즐거울 것이요, 재복이 산과 같으니 집안사람 모 두 즐겁고 평안할 것이다.

5월 한가로이 높은 집에 앉아서 심신이 평안한 격이니 근신하면 평안할 것이다. 출행하면 불리하니 차분히 자중해야 할 것이다. 다른 일을 경영하면 손재수가 따를 것이니 문어발식으로 일을 벌이지 말고, 지금 하는 일에 최선을 다해야 할 것이다.

6월 봄바람이 온화하니 만물이 스스로 날 것이요, 재물이 들어오고 금옥이 만당하니 자손에게 경사가 있을 것이다. 뿌린 대로 거두려면 순리대로 해야 할 것이다. 좋은 날을 잡아 치성을 드리면 길할 것이다.

7월 나가면 후회할 일이 생기고 들어오면 마음이 편안할 것이다. 마음속에 있는 후회를 남에게 말하지 말고, 말을 조심해야 할 것이다. 참선을 하거나 기도하여 심신을 편안히 다스리는 것도 길운으로 가는 지름길이다.

8월 양으로 소를 바꾸는 격이니 작게 가고 크게 올 것이다. 재성이 밝게 비치니 수고하지 않고도 얻는 것이다. 다만, 시비를 가까이하면 관재수를 면키 어려울 것이다. 자존심을 세우기보다 너그러이 포용하고 귀를 기울여야 할 것이다.

9월 목마른 용이 물을 얻은 격이요, 굶주린 호랑이가 먹이를 얻은 것이다. 운수가 형통하니 애써 구하지 않아도 쉽게 얻게 될 것이다. 마음이 들떠서 언행을 삼가지 않으면 구설이 따를 것이니 마음을 안정하고 겸손한 자세를 유지해야 할 것이다.

10월 처음에는 곤고할 것이나 나중에는 편안할 것이다. 인생사 새옹지마이니 곤고하다 불평하지 말라. 당근과 채찍은 동시에 주어지지 않는다. 인내하며 성실히 임하면 반드시 길할 것이다. 동쪽과 서쪽 두 방향은 불리하니 피해야 할 것이다.

11월 물고기와 용이 물을 만나 조화가 무쌍하니 원하는 바를 성취할 것이다. 얼음이 풀리고 봄날 연못에서 물고기가 즐겁게 헤엄치니 꼬리까지 양양할 것이다. 순풍에 돛을 단 듯 순조롭게 진행되나 옳지 못한 행동은 운세를 기울게 할 것이다.

12월 평소 분수를 지킨 덕에 반드시 좋은 일이 있을 것이다. 재록이 왕성하여 다른 사람 덕분에 성공하게 될 것이다. 낮에 뜨는 별은 아무리 아름다워도 존재와 가치가 무용지물이니 분수를 지키는 것이 가장 좋을 것이다.

둔지절 屯之節

| 운세풀이 |

구하려 하나 구하지 못하고, 이익보다 어려움이 따르는구나. 토끼를 잡으려고 바다에 그물을 치고, 물고기를 잡으려고 나무 위에서 올무를 놓았구나. 좋은 시기가 오지 않았는데도 마음만 급하여 일을 서두르니 이루어지는 것이 하나도 없네. 남쪽과 북쪽으로 출행하면 낭패를 보겠네. 외나무다리에서 간신히 원수를 피하였더니 다시 사나운 호랑이를 만나는구나. 박씨(朴氏)와 송씨(宋氏)가 해를 끼칠 것이요, 남의 말만 들으면 일을 그르치네.

1월
음양이 불합하니 세월이 공을 이루지 못하는구나. 얻고도 오히려 잃으니 재물을 얻지 못할 것이다. 하는 일에 두서가 없으니 한갓 심력만 허비하는 것이다. 모든 일에는 순서가 있는 법이다. 마음을 안정하고 서두르지 말아야 할 것이다.

2월
남과 다투게 되면 재물로 인하여 마음 상할 일이 생길 것이다. 남쪽에서 북쪽으로 가니 다시 남쪽으로 감만 못하다. 만일 물건을 잃지 않으면 밖에 나가서 실패할 것이다. 다툼을 피하고 언행을 조심해야 할 것이다.

3월
하는 일이 여의치 않은 것이다. 게를 잡아 물에 놓아주는 격이니 세상 일이 꿈만 같은 것이다. 하는 일이 여의치 않으니 재물을 얻지 못하는 것이다. 하는 일이 마음에 어그러지니 재복을 이루기 어려운 것이다.

4월
길에 나가면 낭패하고 돌아올 것이니 주의해야 할 것이다. 망령되이 허욕이 생기니 한갓 심력만 허비하게 될 것이다. 금성(金姓)을 가까이하면 이해관계로 마음을 상하게 될 것이다.

5월 깊은 우물물을 길어 올리려 하나 두레박줄이 짧아 수고롭고 공이 없을 것이다. 자손에게 근심이 있으니 미리 도액해야 할 것이다. 급하게 하고자 하나 이루는 것이 없고 교묘하게 하고자 하여도 소용이 없을 것이다.

6월 움직이면 후회할 일이 있고 집에 있으면 항상 편안할 것이다. 비록 헛된 이름은 있으나 빈손을 면하지 못할 것이다. 구설이 있을까 두려우니 목성(木姓)을 가까이하지 말아야 할 것이다.

7월 마른 나무에 꽃이 피니 길하고 상서로운 일을 가히 알게 될 것이다. 곤고함을 한탄하지 말라, 먼저는 가난하고 나중은 부유한 것이다. 다른 경영을 도모하지 말라, 한갓 마음만 상하게 될 것이다.

8월 고생 끝에 낙이 올 것이다. 좋은 비가 때를 아니 초목이 무성한 것이요, 가는 물줄기가 바다로 돌아가는 격이니 티끌모아 태산을 이룰 것이다. 토성(土姓)이 나를 도우나 그 생색냄이 다섯 배는 될 것이다.

9월 질병이 있을 것이다. 가운이 불리하니 질병을 조심해야 하는 것이다. 명산을 찾아 기도하면 가히 질병을 면하게 될 것이다. 초면인 사람과 삼가 동행을 하지 말아야 할 것이다.

10월 육친이 무덕한 운수이니 사면초가로 아무에게도 도움을 받지 못하고 외롭고 곤란한 지경을 당하게 될 것이다. 꽃이 지고 봄이 없는 계절이니 벌과 나비가 오지 않는 것이다. 손재수가 있을까 두려우니 동쪽을 가까이하지 말아야 할 것이다.

11월 분수를 지켜야 할 것이다. 하는 일에 복잡함이 있으니 도무지 이익이 없을 것이다. 범사가 허황한 격이니 한갓 심력만 허비하는 것이다. 헛된 욕심을 부리지 말라, 도리어 허황함이 있을 것이다.

12월 고진감래할 것이니, 먼저는 흉하나 나중을 길할 것이요, 하는 일이 여의할 것이다. 천만 뜻밖으로 금성(金姓)이 와서 도와줄 것이요, 분수를 지키고 집에 머물면 곤고한 액운을 면하게 될 것이다.

둔지기제 屯之旣濟

| 운세풀이 |

밤길을 가는 사람이 광명을 만나는구나. 고진감래라, 고생이 다하면 반드시 기쁨이 올 것이니 현재의 고생을 조금 더 참아야 하네. 어두운 밤길을 가는 사람이 우연히 등불을 얻은 격이니 고생 끝에 낙이 찾아오는구나. 가난한 사람이 우연히 재물을 얻는구나. 남쪽에 이익이 있네. 친한 벗이 나를 속이니 한번은 낭패를 볼 수도 있네. 종래에는 관록이 따르고 재물이 따르니 만사가 여의하고 집안이 화평하네.

1월 봄 동산에 복숭아와 자두나무의 꽃이 지고 열매를 맺을 것이요, 동쪽이나 서쪽에서 백 가지 일이 대통할 것이다. 귀인이 찾아와 나를 도와주니 정월과 이월에는 가까운 사람이 도와줄 것이다.

2월 봄바람에 말을 타고 장안의 네거리를 구름을 가르며 달리는 것이요, 상서로운 별이 문에 비치니 귀인이 와서 도와줄 것이다. 신령한 까치가 기쁨을 알리니 귀인이 방문하는 것이다. 이 달 역시 귀인의 도움을 받을 것이다.

3월 봄바람에 눈이 녹으니 초목이 무성할 것이요, 벼슬을 하게 될 것이다. 반가운 소식에 여행운도 따를 것이다. 재효가 발동하니 출행하면 길함을 얻을 것이다. 만일 관록이 아니면 자손에 영화가 있을 것이다.

4월 질병을 조심해야 할 것이다. 흙 다루는 일을 하지 말라, 몸에 병이 들까 두려운 것이다. 어둠의 터널을 지나니 빛을 보게 될 것이다. 수복이 온전하니 만인이 우러러볼 것이요, 신상에 근심이 없으니 무사태평할 것이다.

5월
뜻밖에 영귀하니 많은 사람이 공경하고 우러러볼 것이다. 신이 돕는 바가 있으니 백 가지 일들이 순조롭게 이루어질 것이나, 만일 액운을 예방하지 않으면 손재수를 면하기 어려울 것이다.

6월
비가 순조롭고 바람이 고르니 한 해의 하는 일이 크게 오르게 될 것이다. 재운이 이미 돌아왔으니 자수성가하게 될 것이요, 정성을 게을리 하지 않으니 빈손으로 집안을 일으키게 될 것이다.

7월
문서에 길함이 있으니 관록이 몸에 따를 것이요, 재물이 들어올 것이다. 복성이 비치니 다른 재물이 문에 들어오는 것이다. 천신이 스스로 도우니 백 가지 일에 길한 이익이 있을 것이다.

8월
아랫사람과 윗사람이 서로 화합하니 환성이 이웃에 통할 것이다. 만일 혼인 경사가 아니면 자손에게 경사가 있을 것이다. 귀인이 와서 도우니 이름을 이루고 이익을 가지게 되는 것이다.

9월
명예를 지키는 행위가 재운도 불러들일 수 있을 것이다. 의외로 공명을 얻으니 이름을 사해에 떨치게 될 것이다. 의식이 풍족할 것이요, 백사가 여의로우니 세상 하는 일이 태평할 것이다.

10월
강남 춘삼월에 들꽃이 앞 다투어 피어나니 태평할 것이다. 두 사람이 서로 친하여 한 마음이 되니 반드시 기쁜 일이 있을 것이다. 마음이 어질고 덕을 쌓으니 모든 사람이 칭찬할 것이다.

11월
빈 계곡에 봄이 찾아와 곳곳이 꽃이 만발한 산이요, 동풍세우에 풀색이 청정하니 운세가 상승할 것이다. 사람마다 찾아와 축하하니 마차와 차가 줄을 이룰 것이다. 적덕누선하면 오래도록 그 공이 남을 것이다.

12월
몸도 왕성하고 재물도 왕성하니 반드시 경사가 있을 것이다. 도처에 재물이 있으니 출행하면 가히 얻을 수 있을 것이다. 다만, 관재수를 조심해야 할 것이다. 남과 다투면 관액이 있을까 두려우니 다툼을 피하고 언행을 조심해야 할 것이다.

정지수 井之需

|운세풀이|

심신을 안정하고 때를 기다리면 반드시 출세를 하는구나. 새장에 갇혔던 새가 문을 열고 하늘로 날아오르는 격이니 경영하는 일이 활로를 찾고 재물을 모으네. 우물 속의 물고기가 바다로 나가니 사업이 흥왕하고 이름을 사방에 알리는구나. 구름이 걷히고 달과 별이 나오니 어두운 밤에도 광명을 얻는구나. 다만, 상복을 입어 볼 수도 있고, 그렇지 않으면 집안에 근심이 있겠네. 명산을 찾아 기도하면 가히 근심을 면하리라.

1월 이 달에는 재물을 얻게 될 것이다. 호랑이 꼬리를 밟음과 같으니 편함 가운데 위태함을 막아야 할 것이다. 만일 관록이 아니면 반드시 재물을 얻을 것이요, 토성(土姓)과 친하면 재물의 이익이 크게 통할 것이다.

2월 귀인이 나를 돕는 격이니 먼저는 곤고하나 나중은 태평할 것이다. 만일 다른 이성을 가까이하면 신상에 피해가 있을 것이다. 천신이 나를 도우니 반드시 경사가 있을 것이다.

3월 귀인이 있어 나를 도와줄 것이다. 신수가 태평하니 많은 사람이 우러러볼 것이요, 허망한 중에 실속이 있는 격이니 손에서 천금을 희롱할 것이다. 재물이 서쪽에 있으며 귀인의 도움을 받을 것이다.

4월 부부가 화합하니 집안이 온화하고 화목할 것이다. 재수에 흠집이 없으나 작은 구설이 따를 것이다. 언행을 조심하여 내게 허물이 없으면 구설수는 저절로 물러날 것이다. 혹여 질병이 있을까 두려우니 미리 조왕신께 기도하면 액을 면할 것이다.

5월 봉황이 새끼를 낳고 기린이 상서로움을 알리니 소망이 여의할 것이요, 만사가 순조롭게 이루어질 것이다. 다만, 다른 이성을 가까이하지 말고, 술을 마시지 말아야 할 것이다. 주색을 가까이 하면 반드시 몸에 이롭지 못한 일이 생길 것이다.

6월 녹음이 우거지니 누각에 올라 즐기는 것이요, 세상 풍파에 흔들리다 마침내 부귀를 편하게 누리는 것이다. 씨앗 시절이 없는 열매는 없다. 평소 덕을 쌓으면 반드시 공이 따를 것이다. 마음이 어질고 덕행이 높으니 날로 복록이 더할 것이다.

7월 소가 푸른 풀밭에서 졸고 있는 격이니 식록이 천 가지나 될 것이다. 뜻밖에 성공을 거두니 가정에 기쁨이 가득할 것이요, 자손에게 영화가 있을 것이다. 자손에 자손이 차례로 영귀함을 얻게 될 것이다.

8월 이 달에는 운수가 대통할 것이다. 사람 수도 늘어나고 금옥이 가득할 것이다. 사나운 호랑이가 바위를 등지니 광명이 크게 통할 것이요, 매사가 여의로우니 가산이 흥왕할 것이다.

9월 신수가 대길하니 백 가지 일이 여의할 것이다. 소망이 여의하니 근심이 흩어지고 기쁨이 생겨날 것이다. 근신 자중하여 몸을 옥과 같이 유지하면 능히 횡액과 화를 면하게 될 것이다.

10월 뜰 앞의 매화가 때를 만나 꽃이 만발하니 집안이 화평할 것이다. 부부가 화합하고 순하니 한 집안이 화평한 것이다. 서로 존중하고 뜻을 한마음으로 이루면 하늘이 길인을 도와서 수고하지 않아도 얻게 될 것이다.

11월 기쁨 가운데 슬픔이 있을 것이다. 옥 같이 맑은 연못에 바람이 없으니 원앙이 한가로이 오르내린다. 만일 횡재가 아니면 관록이 몸에 따를 것이다. 미리 치성을 드리면 혹여 있을 처궁의 액을 면하게 될 것이다.

12월 궁에서 쇠북을 치고 거문고와 비파를 타니 그 소리가 맑고 아름답다. 재운이 왕성하니 큰 재물이 문에 들어올 것이다. 박씨, 오씨, 권씨와 친하게 되면 피해가 있을 것이니 유념해야 할 것이다.

정지건 井之蹇

|운세풀이|

엄동설한 눈 속에서 홀로 매화가 봄을 기다리는구나. 의지할 곳이 없는 외로운 홀몸이지만, 결국 마음을 안정하고 재물을 취하네. 삼년 가뭄에 단비가 내리니 산천초목이 푸르게 되는구나. 비록 고난과 역경은 있으나 마음을 안정하니 하는 일이 서서히 순조롭게 이루어지네. 우연히 귀인을 만나니 공명을 얻고 재물도 얻는구나. 역마가 발동하니 밖에 나가 공명을 구하는 격이요, 밖에서 재물을 얻는구나.

1월
봄이 화사하고 날이 따뜻하여 백 가지 꽃들이 흐드러지게 피어 가득하니 집안이 화목할 것이다. 길신이 도우니 재운이 점점 통할 것이다. 집안사람이 화합하니 온화하고 좋은 기운이 문에 이르는 것이다.

2월
허욕을 부리지 않고 분수를 지키며 정직하게 살아가는구나. 낚시를 호수에 던져 금고기를 낚을 것이요, 귀인이 와서 도우니 반드시 성공할 것이다. 마음을 정직하게 먹으니 하늘이 스스로 돕는 자를 돕는 것이다.

3월
어려움을 만나도 정신을 집중하니 어떤 어려운 일이라도 성취할 수 있는 것이다. 횡재수가 있으니 동쪽과 북쪽을 출입하다 우연히 횡재하게 될 것이다. 만일 재물이 생기지 않으면 자손에게 영화가 있을 것이다.

4월
눈앞의 곤고함은 견디기 어려우나 인내심을 가져야 할 것이다. 목성(木姓)을 가까이하면 횡액이 침범하거나, 불리함이 있으니 사람 사귐에 유념해야 할 것이다. 비록 곤고하나 마음을 가다듬고 인내하면 반드시 좋은 운이 찾아올 것이다.

5월 하늘에서 단비가 내리고 땅에서 맑은 샘물이 솟아나는구나. 농사일이나 상업이나 힘써 행하면 길할 것이다. 노력이라는 땀방울이 없으면 결실이 없는 것이다. 이익이 타향에 있으니 출행하면 반드시 이익을 보게 될 것이다.

6월 물을 조심을 해야 할 것이다. 한 번 뜻을 얻었다고 그곳에 다시 가면 좋지 않을 것이다. 집에 있으면 길하나 나가면 흉할 것이다. 물가에 가지 말라, 한 번은 놀랄 일이 있을 것이다.

7월 동쪽 정원에 있는 붉은 복숭아가 꽃이 지고 열매를 맺으니 재운이 왕성하여 재록이 몸에 따를 것이다. 다만, 목성(木姓)을 가까이하면 손재가 있을 것이니 유념해야 할 것이다. 나무만 보지 말고 숲을 보는 지혜가 필요한 때이다.

8월 밭을 갈아서 먹을 것을 얻고 우물을 파서 물을 얻는 것이니 노력한 만큼 재물이 들어올 것이다. 높은 누각에서 청아한 소리가 울리니 가정에 기쁨이 가득할 것이다. 신수가 태평하니 재물이 언덕과 산처럼 쌓일 것이다.

9월 천년을 움츠리고 있던 복숭아가 비로소 그 열매를 맺을 것이요, 넓고 큰 바다의 푸른 물결 속에 낚시를 던지니 마침내 수많은 물고기를 얻게 될 것이다. 문서에 재물이 있는 격이요, 문필에 빛이 있는 것이다.

10월 뗏목을 타고 바다를 건너는데 구름이 흩어지고 달이 밝으니 일신이 영귀하여 사람들이 우러러볼 것이다. 재록이 흥왕하니 도모하는 일이 순조롭게 이루어질 것이다. 순풍에 돛을 단 듯 순조롭게 진행되는 가운데 옳지 못한 행동을 삼가야 할 것이다.

11월 모래를 일어 금을 찾아내니 백 가지 도모하는 일들이 뜻대로 진행될 것이다. 고진감래하는 운수이니 곤고함이 다하면 반드시 형통하게 될 것이다. 허욕을 갖지 않으면 일신이 스스로 편안할 것이니 허욕을 부리지 말아야 할 것이다.

12월 하늘이 비를 내리니 만물이 새로움을 머금을 것이다. 비 오는 날에 우산과 장화를 준비하듯 적재적소에 필요한 준비를 해야 할 것이다. 귀인이 와서 도우니 앞길이 좋을 것이다. 남과 함께 일을 도모하면 능히 천금을 얻을 것이다.

| 운세풀이 |

출입함에 위험이 따르니 마음이 불안하구나. 좋은 시절은 어디 가고 마음만 허망하네. 성공한 사람이 저 멀리 지나가니 앞서 세운 공이 아깝구나. 지난날의 부귀영화는 간 데 없고 한숨소리만 남아 있으니 경영하는 일이 부질없어 보이네. 나그네가 묵는 여관의 등불만 처량하구나. 그 누가 나그네의 마음을 알아주랴. 혹여 동쪽으로 이사를 한다면 적은 재물이나마 취할 수 있네. 명산을 찾아 기도하여 허망한 마음을 달래고 마음을 다잡아야 하네.

1월 구설수를 조심해야 할 것이다. 동쪽과 북쪽 두 방향은 반드시 길함과 이익이 있을 것이다. 친한 사람을 믿지 말라, 은혜가 도리어 원수가 될 것이다. 구설이 따를까 두려우니 언행을 조심하고 시비를 가까이하면 안 될 것이다.

2월 봉황이 날개를 드리우고 밝은 곳과 어두운 곳을 드나드니 관재구설수를 조심해야 할 것이다. 동쪽을 가까이하지 말라, 하는 일에 허황함이 있을 것이다. 만일 구설수가 아니면 관재수가 따르니 각별히 언행을 삼가야 할 것이다.

3월 검은 구름이 공중에 가득하니 해와 달을 보지 못할 것이요, 뜻과 같지 않은 것이 십중팔구일 것이다. 구설이 서로 형극하니 하는 일에 마음이 합하지 못하게 될 것이다. 언행을 삼가고 구설수를 조심해야 할 것이다.

4월 꽃이 지니 봄빛이 머물지 않는구나. 처와 자손이 모두 불미하니 가정이 불편할 것이다. 주작이 발동하니 구설수를 조심해야 할 것이다. 심신을 수양하고 가정을 잘 살펴 다스려야 할 것이다.

5월 하늘의 바른 도리를 순순히 따라가니 새로운 일을 좇게 될 것이다. 화성(火姓)과 친하게 되면 하는 일이 순조롭게 이루어질 것이다. 다만, 무엇이든 녹여내는 불귀신이 침범하니 자나 깨나 앉으나 서나 불조심해야 할 것이다.

6월 육친이 무덕한 운수이니 은혜가 도리어 원수가 될 것이다. 양면성을 지닌 상황을 잘 파악해야 할 것이다. 직책에서 물러나지 말라, 도리어 해가 있을 것이다. 목성(木姓)과 친하지 말라, 끊임없이 구설이 따를 것이다.

7월 힘없는 늙은 용이 하늘에 오르니 이익이 없을 것이다. 두문불출하여도 하는 일 없이 비방을 듣게 될 것이다. 만일 질병이 없으면 자손에게 액운이 있을 것이다. 심신이 곤고해지면 해결할 수 있는 일도 꼬이게 되니 몸과 마음을 평안히 하라.

8월 비바람이 몰아치는 가을바람이 세 겹으로 둘러싸는구나. 실패수가 있어 하는 일에 실패하더라도 심신을 다잡아 흩어지지 않게 해야 할 것이다. 이제야 길운을 맞으니 흉한 것이 변하여 길하게 될 것이다.

9월 고진감래라, 고생 끝에 마침내 즐거움이 찾아들 것이다. 집안에 있으면 길하니 우연히 재물을 얻을 것이다. 해와 달이 서로 바라보니 그 빛이 창성할 것이요, 마침내 때가 오고 운수가 도래하니 자연히 형통할 것이다.

10월 돌 속에 감춰진 옥도 언젠가 세상에 나올 것이다. 토성(土姓)이 불리하니 그 사람은 길한 것을 흉한 것으로 변화시킬 것이다. 분수를 지키고 언행을 삼가 경거망동하지 않으면 능히 일신을 보전하게 될 것이다.

11월 곤궁함과 질병이 계속해서 이어질 것이다. 천신에게 기도하면 능히 이 액운을 면할 것이다. 화성(火姓)을 가까이하면 구설이 분분할 것이다. 설사 구설이 따른다 해도 상대하지 말라, 손뼉도 마주쳐야 소리가 나는 법이다.

12월 만일 질병이 없으면 자손에게 액운이 있을까 염려되는구나. 옛것을 지켜 안정하면 길할 것이다. 경거망동하면 액운이 있을 것이나 운수가 길한 때를 만나니 질병이 날로 물러날 것이다.

감지절 坎之節

|운세풀이|

부귀영화가 따르는구나. 구중궁궐의 계수나무를 꺾어 머리에 꽂으니 관록이 몸에 임하고 재물이 스스로 들어오니 부귀영화가 함께하네. 혹독한 겨울이 지나고 다시 봄이 오니 만물이 회생하는구나. 귀인이 스스로 찾아와 도와주니 만사형통하네. 자손을 바라는 사람은 자식을 얻고, 시험을 치르는 사람은 합격하고, 결혼하고자 하는 사람은 반드시 좋은 배필을 만나 혼인하는구나. 다만 남과 다투게 되면 송사가 발생할 수도 있으니 주의해야 하네.

1월 용이 밝은 여의주를 얻은 격이니 반드시 공명을 얻을 것이다. 복록이 중하고 권세가 높으니 출세하여 이름을 세상에 떨치게 될 것이요, 재수가 대길하니 우연히 재물을 얻게 될 것이다.

2월 고진감래하니 먼저 군자는 덕이 적을 운수요, 관록을 먹는 사람은 불리할 것이나 나중엔 길신이 명궁에 비치니 도처에 이익이 있을 것이다. 재수가 대길하니 대장부다운 의기가 넘칠 것이다.

3월 만족할 줄 알면 욕됨이 없을 것이요, 편안히 분수를 지키면 마음이 한가로울 것이다. 남쪽에 길함이 있으니 출행하면 재물을 얻을 것이다. 재물과 이익이 모두 길하니 기쁜 빛이 얼굴에 가득할 것이다.

4월 사람을 조심해야 할 것이다. 서로 다투지 말라, 손해와 불리함만 있을 뿐이다. 물에 잠긴 용이 여의주를 얻으니 변화가 무상한 것이다. 만일 목성(木姓)을 가까이하면 공연히 해가 있을 것이다.

5월 장안의 길 위에서 대장부가 뜻을 얻으니 무역하여 돈을 벌게 될 것이다. 수성(水姓)을 가까이하지 말라, 공연히 피해가 있을 것이다. 무역을 해서 있는 것을 없는 곳으로 옮기니 그 이익이 백배는 될 것이다.

6월 항상 귀인이 나를 도와주니 이익이 그 가운데 있을 것이다. 목마른 사람이 마실 것을 얻고 굶주린 사람이 밥을 얻을 것이다. 신수가 평길하니 재물과 복록이 다방면에서 이어질 것이다.

7월 재록은 풍만하나 혹여 작은 근심이 있을까 두렵다. 여가선용과 기분 전환에 도움이 되는 취미생활로 재정립하는 시간을 가져야 할 것이다. 자손에게 근심이 있으나 이사하면 대길할 것이다. 근심 중에 기쁨이 생길 것이다.

8월 집에 있으면 길하고 나가면 피해가 있을 것이다. 만일 관록이 아니면 자손을 얻을 것이다. 호사다마라, 좋은 일에 마장이 따를까 두려우니 범사에 조심해야 할 것이다. 나무만 보지 말고 숲을 보는 지혜를 발휘하여 매사에 신중해야 할 것이다.

9월 하는 일이 마음과 같지 않으니 심신이 엉킨 삼대처럼 복잡할 것이다. 수액이 두려우니 물가에 가지 말아야 할 것이다. 하는 일마다 마장이 많으니 법과 질서에 어긋나는 행동을 삼가고 조심하는 것이 상책이다.

10월 마침내 근심이 흩어지고 기쁨이 생겨날 것이다. 항상 귀인이 도와주는 운세이니 가히 큰 재물을 얻게 될 것이다. 복록이 무궁하나 천리 길도 한 걸음부터이니 차근차근 풀어나가면 이름을 얻고 이익을 이루어 낼 것이다.

11월 마음을 비우고 분수를 지키면 문제도 해결되고 재수도 길할 것이다. 허욕을 탐하여 부당한 이익을 도모하지 말아야 할 것이다. 뜻밖에 성공을 거두니 재물과 비단이 진진할 것이다. 북쪽을 향하지 말라, 노고는 있으나 공이 없는 방향의 것이다.

12월 이 달의 운수는 반드시 경사스러움이 있으니 뜻밖에 재물을 얻을 것이다. 험로 가운데 순행을 하니 재운이 왕성할 것이요, 만일 금성(金姓)을 만나면 뜻밖에 재물이 생길 것이다.

감지비坎之比

| 운세풀이 |

길함과 영화로움이 함께하는구나. 봄바람이 살랑살랑 부는 복숭아꽃 향기 가득한 동산에 내 몸이 들어 있으니 신선이 따로 없구나. 부부가 화합하고 자손이 번성하니 만사가 태평하네. 동서남북 사방팔방을 둘러보아도 어느 한 곳 이롭지 않은 곳이 없구나. 어디를 가도 환영받으니 만사가 마음먹은 대로 이루어지네. 관록과 재물이 중중하니 세상사가 남부럽지 않구나. 인덕을 쌓고 착한 일을 많이 할 수 있는 좋은 때를 만났네.

1월 길 떠나 구름 밖 만 리로 향하는데 순풍에 돛을 달았구나. 처음은 비록 곤고하나 결국은 태평함을 볼 것이다. 가화만사성이니 집안이 편하면 만사가 여의한 것이다. 부부가 화목하고 집안이 화평하니 자손이 영귀할 것이다.

2월 동업하면 길할 것이요, 재물이 풍족한 격이니 생활이 스스로 만족스러울 것이다. 남과 더불어 도모하면 백 가지 일이 길할 것이다. 운세가 양면성을 띠고 있으니 만일 관록이 아니면 몸에 근심이 있을 것이다.

3월 소원을 이루는구나. 뜰에 있는 나무에 까치가 둥지를 트니 상서로운 일이 문에 이른 것이다. 봄 정원의 복숭아와 자두나무에 벌 나비가 와서 기뻐하니 소망이 여의할 것이요, 도모하는 일이 순조롭게 이루어질 것이다.

4월 목마른 용이 물을 얻은 격이니 자수성가하게 될 것이다. 뿌린 대로 거두려면 순리대로 행해야 하고, 순리를 따르면 길운도 곧장 올 것이다. 뜻지 않은 일로 문 밖의 재물이 들어오게 될 것이요, 정성이 지극하니 액운이 점점 사라져 갈 것이다.

5월 때가 오고 운수가 다다르니 물고기가 용문에서 뛰노는구나. 작게 가고 크게 오니 능히 천금을 이룰 것이다. 높은 누각에 한가로이 앉아 있으니 몸에 근심이 없고 평안할 것이다.

6월 창 앞에 노란 국화가 때를 만나 활짝 피어났으니 지금은 숨고르기를 하고 때를 기다려야 할 것이다. 비록 지혜는 있으나 때를 기다림만 못한 것이다. 바깥은 부유하고 안은 가난하니 일시적으로 곤고함이 있을 것이다.

7월 달 없는 밤 삼경에 친한 벗이 어질지 못하니 만일 질병이 아니면 자손에게 근심이 있을 것이다. 비록 지혜와 꾀는 있으나 때를 기다려 행해야 할 것이다. 물이 깊어야 큰 배를 띄울 수 있으니 배를 띄울 물이 깊어질 때까지 기다려야 할 것이다.

8월 근신 자중해야 할 것이다. 만일 관록이 아니면 도리어 재화가 따를 것이다. 초승달이 몸을 비추니 상복을 입게 될 것이다. 상갓집 근처에 가지 말고 산신과 불전에 기도하여 심신을 닦아야 할 것이다.

9월 이 달 역시 근신 자중해야 할 것이다. 물을 거슬러 배를 저어가니 하는 일이 여의치 않을 것이다. 흉한 중에 길함이 있으니 죽을 곳에서 살길을 찾는 것이다. 신상에 액운이 있으니 언행을 삼가고 모든 일에 신중해야 할 것이다.

10월 답답하고 어려움에 봉착하여도 온고지신하여 슬기롭게 대처하니 마침내 고진감래하여 형통하게 될 것이다. 동쪽 하늘에서 해가 떠오르니 천문이 활짝 열릴 것이요, 신운이 대통하니 경사스러운 일이 중중할 것이다.

11월 우물 속에 있던 물고기가 큰 바다에서 노니니 그 모습이 활발하고 꼬리마저 양양한 기운이 넘치는구나. 귀인이 와서 도와주니 자연히 성공할 것이다. 다만, 구설수가 두려우니 남과 시비하거나 다투지 말아야 할 것이다.

12월 가뭄이 오래되어 비가 오지 않으니 초목이 점점 메말라가지만, 마침내 전화위복하여 재앙이 굴러 복으로 변하니 초목이 아름다울 것이다. 흉함보다 길함이 많은 운세이니 인덕을 쌓고 남에게 베풀면 상서로움이 더욱 오래갈 것이다.

감지정坎之井

| 운세풀이 |

심신이 안정되고 복록을 누리는구나. 구월 단풍이 피었다 금방 지는 모란꽃보다 나은 격이니 때를 기다리면 반드시 부귀영화를 계속 누리게 되네. 이사수가 있으니 만일 이사를 하지 않으면 물 건너 출행하겠네. 재물은 여유로우나 경영하는 일은 마음처럼 순조롭지 못하구나. 처음은 곤고하나 나중은 순조로울 운수이니 크게 상심하지 않아도 되네. 설령 나보다 못한 사람이 질책하더라도 충언이라 여기며 겸손한 마음으로 받아들이면 낭패가 없겠다.

1월 먼저는 어렵고 나중은 어려움이 물러나는 격이니 일신이 안락할 것이다. 재복이 모두 온전하니 집안이 화평할 것이다. 만일 배우자에게 근심이 없으면 부부가 불순하니 몸가짐을 바로 하여 가정을 안락하게 해야 할 것이다.

2월 향기로운 풀이 자라는 제방에 소와 양이 무리를 이룰 것이요, 길신이 도움을 베푸니 만사가 여의할 것이다. 마음이 곧지 못하고 다른 이성을 가까이하면 길함이 바뀌어 흉함으로 변할 것이니 주색을 삼가야 할 것이다.

3월 가물었던 대지에 단비가 내리고, 굶주리던 사람이 풍년을 만났으니 식록이 풍부할 것이다. 귀인이 와서 나를 도와주니 손에서 천금을 희롱할 것이다. 이익이 대지에 있으니 매매하는 것으로 이익을 볼 것이다.

4월 뒷간에 살던 늙은 쥐가 달려와 큰 창고에 들어오니 질병을 조심해야 할 것이다. 만일 내 몸에 병이 없으면 배우자에게 질병이 있을 것이다. 그러나 꽃이 피고 열매를 맺으니 자손에게 경사가 있을 것이다.

5월
때를 만나서 행운의 열쇠를 쥐고 움직이니 빠르게 성공할 것이다. 이름이 멀리 퍼지니 만인이 우러를 것이다. 요행을 바라지 않고 순리를 따르며 본성이 충직하니 부귀를 겸전하게 되는 것이다.

6월
집안에 있으면 근심이 있으나 나가면 길할 것이다. 알맞은 그릇에 적절한 내용물이 담기게 되는 것이니 허욕을 부리지 말라. 좋은 운이 다가와도 도리에 빗나가는 행동을 하면 도리어 해를 받을 것이다.

7월
뿌린 씨앗이 열매를 맺을 것이니 때를 기다려야 할 것이다. 수시로 변통하여 좋은 운을 기다려야 하는 것이다. 가운이 왕성하니 가히 천금을 얻을 것이요, 한가로이 높은 집에 누워 심신이 스스로 편안할 것이다.

8월
가을 국화와 봄 복숭아꽃은 각각 그 때가 있는 법이다. 숨을 고르고 때를 기다리면 내게 관록이 있거나 자손에게 영화가 있을 것이다. 다만, 사람 사귐에 조심해야 할 것이다. 금성(金姓)을 가까이하면 불미함이 있을 것이다.

9월
매사가 순조롭게 이루어지니 이익이 그 중에 있을 것이다. 봄에 밭을 갈고 여름에 김을 매니 이익이 일하는 과정에 있는 것이다. 허황한 일을 삼가고 이치에 어긋나는 일을 행하지 말아야 할 것이다.

10월
정성이 이르는 곳에서 쇠와 돌도 뚫는 힘이 생기는 것이다. 이익이 남쪽에 있으나 억지로 구한 뒤에 얻을 것이다. 도모하는 일이 사람에게 있으니 늦게나마 성취할 것이요, 고진감래할 것이다.

11월
귀인이 와서 도우니 반드시 재물이 왕성할 것이다. 작은 것을 쌓아 큰 것을 이루는 운수이니 부러울 것이 없을 것이다. 도모하는 일이 많아 분주하나 마음을 편안히 하고 심신을 다스리는 것 또한 길운으로 가는 지름길이 될 것이다.

12월
역마살이 문에 이르니 한 번은 원행을 하게 될 것이다. 매사를 조급하게 서두르지 말라. 신중함이 필수이니 급하게 하다 보면 후회하고 뉘우칠 일이 있을 것이다. 먼저는 어렵고 나중은 왕성한 격이니 어찌 아름답지 않겠는가.

| 운세풀이 |

메마른 초목이 단비를 만나 꽃을 피우는구나. 봄에 꽃다운 꽃을 찾다가 우연히 활짝 피어나는 꽃을 보는구나. 좋은 일이 문 앞에 다다르니 일신이 태평하네. 재물도 따르고 권세도 따르니 만사가 형통하네. 우연히 귀인이 스스로 찾아와 도와주니 재물과 복록이 진진하네. 봄바람에 제비가 지저귀니 그 새끼들이 화합하는구나. 남녀 간의 화합이 좋으니 결혼하지 않은 사람은 삶의 반쪽인 좋은 배필을 만나고, 결혼한 사람은 가족이 생기는 소식을 듣네.

1월 가뭄 끝에 메마른 초목이 단비를 만나 생기를 얻어 푸르러지니 어려운 때에 좋은 사람과 기회를 얻어 일을 쉽게 이룰 것이다. 재물이 흥왕하고 자손에게 영화가 있을 것이요, 평소 덕을 쌓았기에 하늘이 도우니 반드시 크게 형통할 것이다.

2월 토끼를 잡으려다 사슴을 잡으니 작은 소망을 이루려다 더 만족스러운 것을 얻으니 구하는 바가 가히 넘칠 것이다. 경영하는 일은 모두 성공할 것이요, 때를 만나 일이 형통하고 덕을 쌓으니 몸소 큰 경사로움을 맞이할 것이다.

3월 천마가 무리에 나서니 적은 것으로써 큰 무리의 항복을 받는구나. 어려운 일이 생기더라도 도와줄 사람이 많으니 다시 흥성할 것이다. 이익이 농사짓는 땅에 있으니 성실하게 일하면 반드시 큰 이로움을 얻을 것이요, 뜻한 대로 성공할 것이다.

4월 재물과 몸이 모두 왕성하니 한 집안이 두루 화평할 것이다. 길운이 장차 도래하니 비록 곤고하여도 근심하지 말아야 할 것이다. 만일 몸에 병이 아니면 자손에게 액운이 있을까 두려우니 각별히 주의해야 할 것이다.

5월 귀인이 와서 도우니 반드시 기쁜 일이 있을 것이다. 출입하는 데에 이익이 있으니 반드시 횡재하게 될 것이다. 다만 처궁이 불리하니 아내에게 근심이 생기는 것을 주의해야 할 것이다. 사소한 다툼을 조심하고 아량을 베풀어야 할 것이다.

6월 꽃이 지고 열매를 맺듯이 자손에게 영귀함이 있을 것이다. 벼슬이 높고 권세가 중하니 이름을 사해에 떨치게 될 것이다. 평소에 착한 일을 하고 덕을 쌓으니 재화를 만나지 않을 것이다. 다만 구설수가 있으니 신상에 관해 함부로 말하지 말라.

7월 길성이 문에 비치니 반드시 좋은 일이 있을 것이요, 하는 일마다 여의할 것이다. 부부가 화순하니 가정에 기쁨이 가득할 것이요, 잠시 어렵다가 다행히 귀인을 만나니 도모하는 일이 뜻대로 될 것이다.

8월 심신이 안락하며 청하지 않아도 도와줄 사람과 귀인이 스스로 찾아올 것이다. 춘삼월 봄바람에 온갖 꽃이 피어나니 매사에 안 되는 일이 없을 것이나 손재수가 있으니 친구를 너무 믿지 말아야 할 것이다.

9월 때가 오고 운수가 형통하니 만사가 여의할 것이다. 만일 재물이 생기지 않으면 부부는 자녀를 얻는 경사가 있겠으며 미혼자는 배우자를 만나 혼인하게 될 것이다. 혹여 질병이 있으면 목성(木姓)이 주는 약을 쓰면 효과가 좋을 것이다.

10월 몸이 명산에 드는 격이니 눈앞에 별천지가 펼쳐질 것이다. 구설이 있을까 두려우니 수성(水姓)을 가까이하지 말아야 것이다. 집안에 있으면 심란하나 남쪽이 이로우니 마땅히 남쪽으로 가야 할 것이다. 일에 열중하면 길할 것이다.

11월 용이 얕은 물에 있는 격이니 만물이 비로소 생겨나는 것이요, 순풍에 돛 단 듯이 매사를 순조롭게 이룰 것이다. 가도가 흥왕하니 오래도록 편안하고 태평하게 지낼 것이다. 작은 것을 구하고자 노력하는데 오히려 큰 것을 얻을 것이다.

12월 유월 염천지절에 단비를 만나니 기쁜 일과 좋은 일이 자주 생길 것이다. 재물을 천만이나 얻었으니 일신이 편안하고 한가로울 것이다. 매사에 힘든 일이 없고 식록이 풍부하며 그동안 노력한 일들을 인정받게 될 것이다.

대축지분 大畜之賁

| 운세풀이 |

용이 여의주를 얻지 못하여 승천하지 못하니 아직 때가 오지 않았구나. 이무기가 용처럼 은비늘을 가졌으나 사슴뿔을 얻지 못하여 용이 되지 못하였구나. 인내하며 때를 기다리면 마침내 좋은 일이 돌아오네. 간난신고 끝에 다행히 귀인을 만나 일을 성취하나 그 결과에 만족하지 못하네. 적은 물이 졸졸 흘러 마침내 바다에 이르듯 작은 일이라도 성심껏 하면 큰 이익이 있네. 만일 부귀영화를 누리지 못하면 도리어 관재와 구설을 만나니 각별히 주의해야 하네. 명산을 찾아 진심으로 기도하면 일부는 성취하리라.

1월 아직 봄빛이 도래하지 아니하니 초목이 나지 않아 일에 번창함이 없을 것이다. 동쪽이 이롭지 못하니 가지 않는 것이 유리할 것이다. 남의 감언이설을 믿지 말라, 떼돈을 벌 수 있다는 달콤한 말에 속아 일이 어긋날까 두렵다.

2월 욕심을 버리고 구하면 얻게 될 것이나 교묘한 욕심을 부리면 쓸모없는 것이 될 것이다. 애를 써도 기회를 잡지 못하여 어려운 일이 있으나 귀인이 나타나 도와주니 마침내 뜻한 대로 성취할 것이다. 성심으로 노력하면 반드시 성취하게 될 것이다.

3월 터주신이 발동하니 이사하면 길하고 좋은 일이 있을 것이다. 동쪽 사람은 해롭고 서쪽 사람은 이로우니 사람을 가리어 사귀어야 할 것이다. 목성(木姓)을 가까이하면 반드시 피해를 당하게 될 것이다.

4월 경영하는 일이 이루어질 듯하나 시기상조라 이루지 못할 것이다. 만사 중에서 참는 것이 상책이다. 천 번이든 만 번이든 참는 것이 미덕이니 그로 인해 좋은 일이 있겠고 재난과 화가 저절로 사라질 것이다.

5월 헛된 욕심을 버려야 할 것이다. 다른 사람에게 피해를 끼치고 이익을 취한다면 도리어 그 해로움을 받을 것이다. 달이 구름 사이로 들어갔으니 좋지 않은 일이 생길까 두렵다. 이성문제에 각별히 조심하고, 범사에 조심해야 할 것이다.

6월 사람을 가까이하면 해로움이 있으니 새로운 사람을 사귐에 주의하고 함께 일할 사람을 잘 골라야 할 것이다. 목성(木姓)이 불리하니 가까이하면 피해가 있을 것이다. 수성(水姓)은 길하나 토성(土姓)은 불리할 것이다. 심신을 안정해야 할 것이다.

7월 역시 사람을 조심해야 할 것이다. 시운이 불리하니 나를 해치는 사람이 끊이질 않는 것이다. 재운이 공망을 만났으니 이익을 취하려 하나 불리할 것이다. 집에 있으면 심란한 일이 있을 것이나 문밖을 나서면 한가로울 것이다.

8월 고진감래하니 마침내 길운이 들어 기쁜 일이 생길 것이다. 호랑이 굴에 들어가야 호랑이 새끼를 얻는 것이다. 만일 횡재가 아니면 혼인을 하게 될 것이다. 금이 풀무 속에 들어 결국 큰 그릇을 만들어내듯이 재물도 많고 집안도 태평할 것이다.

9월 집안사람이 불화하여 심신이 평안하지 못할 것이다. 동분서주 바쁘게 움직이나 그 공은 없을 것이다. 감언이설을 들으면 피해만 있고 이익은 없을 것이다. 구설과 다툼이 있으니 자기 신상을 함부로 말하지 말고, 남 험담도 하지 말아야 할 것이다.

10월 다른 사람으로 인해 성공하니 반드시 명리가 따를 것이다. 달 밝은 사창에 한가롭게 지내며 즐기는 격이다. 신명이 도우니 백사가 여의할 것이다. 다만 망신수와 구설수가 있으니 이성문제를 각별히 조심하고 입을 무겁게 해야 할 것이다.

11월 모든 일에 도모하는 바가 없으니 뜻대로 이루지 못할 것이다. 일에 나아감과 물러섬을 알지 못하니 마음은 어수선하고 일은 어긋남이 많은 것이다. 관성이 길함을 띠니 매사에 신중을 기하면 영화가 중중할 것이다.

12월 앉아서 담소하는 중에는 뽕나무와 거북이를 삼가야 하듯이 공연히 세상일에 뛰어들면 이로움이 없을 것이다. 시비를 멀리하라, 구설과 소송으로 다투는 일이 있을까 두렵다. 그것만 잘 넘기면 이후에는 경사만 남아 있을 것이다.

| 운세풀이 |

용이 똬리를 틀고 호랑이가 좌정하니 풍운이 모여드는구나. 바람과 구름이 모이니 재물과 명예를 얻을 운수구나. 내가 자리를 잡고 앉으니 천리타향에서도 친구가 찾아오네. 심신이 안정되니 경영하는 일에 박차를 가하여 백배, 천배, 만배의 성과를 거두네. 경영하는 일은 반드시 성사하네. 재수가 몸에 따르니 재물 구하기가 어렵지 않네. 비록 겉으로는 초라하나 안으로는 풍족하네. 집안사람이 화평하니 가정이 화목하도다. 한걸음 한걸음을 차분히 내딛으니 일에 실패가 없네.

1월 우물을 파니 물이 나오고 흙을 쌓아 산을 이루듯이 하늘 일에 성실히 임하면 결국에는 좋은 일이 있을 것이다. 귀인이 와서 도우니 발신할 때가 있을 것이다. 창 앞에 매화가 때를 만나 아름답게 피어나니 매사가 순조로울 것이다.

2월 동쪽 정원에 복숭아와 자두나무를 옮겨 심으니 숲을 이루듯 하고자 하는 일이 뜻대로 이루어질 것이다. 만일 재물을 얻지 못하면 미혼자는 반드시 혼인할 일이 있을 것이다. 다만 주색을 가까이하면 재물의 손해를 보고 이름이 땅에 떨어질 것이다.

3월 공명운이 있으니 만일 이름을 떨치지 못하면 반드시 재물을 얻을 것이다. 길한 사람은 하늘이 도우니 재물이 스스로 하늘에서 올 것이요, 횡재를 가히 기약해 보는 것이다. 운명에 권위가 있으니 도처에서 봄바람이 부는 것이다.

4월 영지와 난초가 무성하게 자라니 부부가 화목하고 연인 사이가 순탄하며 자손이 진진할 것이다. 가운이 왕성하니 액운이 스스로 물러갈 것이다. 자손과 부모에 반드시 길한 경사가 있을 것이다.

5월 음력 오월과 유월에는 모든 일이 뜻한 대로 이룩될 것이다. 재물도 있고 경사도 있으니 사람들이 치하할 것이요, 뜻밖에 성공을 하니 공명을 얻게 될 것이다. 봄 뜨락에 핀 꽃을 벌과 나비가 탐하니 이성 간에 좋은 일이 있을 것이다.

6월 가정이 화평하니 복록이 스스로 찾아들 것이다. 만일 자식을 얻지 않으면 반드시 재물을 얻을 것이다. 새로운 일에 뛰어들면 이익이 생길 것이다. 이사수가 있어 땅을 택하여 옮겨 사니 복록이 무궁할 것이다.

7월 눈 속에서 죽순을 구하니 하늘이 낸 효자의 명이로다. 부모에게 근심이 있을 것이나 자식이 극진히 봉양하면 쉽게 물리치게 될 것이다. 금성(金姓)을 가까이하지 말라, 사람을 가리어 사귀지 않으면 손재를 면하기 어려울 것이다.

8월 호랑이 꼬리를 밟은 것과 같으니 편한 중에 위태함을 막아야 할 것이다. 봉황이 상서로움을 주니 늦은 때에 광명이 깃들 것이다. 만일 관록이 아니면 자손에게 영화로움이 생겨 기쁨을 누리게 될 것이다.

9월 동쪽에 있는 귀인이 우연히 와서 도우니 복록이 가볍지 않을 것이다. 남쪽에 길함이 있으니 가면 이로움을 얻을 것이다. 처음에는 큰 재물을 얻으나 손재 또한 있으니 그 양이 반반이다. 믿는 도끼에 발등 찍히는 격이니 속마음을 말하지 말라.

10월 양지를 향한 꽃나무는 봄을 맞이하기 쉬운 것이다. 멀리 떠날 일이 있으나 길함이 있고 사방에 해가 없을 것이다. 구름 밖 만 리로 순풍에 돛을 단 것이요, 매사가 순조롭게 진행될 것이다. 생각지 못한 곳에서 재물이 들어올 것이다.

11월 동짓달과 섣달에는 반드시 경사가 있을 것이다. 만일 바다에서 물건을 거래하면 반드시 재물을 얻을 것이다. 금을 쌓고 옥을 쌓으니 금곡을 부러워하지 않는 것이다. 지성껏 노력하면 결국에는 길함이 있을 것이다.

12월 춘풍삼월에 방초가 가히 아름다우니 소가 먹을 풀을 얻을 것이요, 식록이 무궁무진할 것이다. 농업을 근본으로 다스리면 의식이 스스로 족할 것이요, 자손에게 경사가 있을 것이다. 기다리던 곳에서 반가운 소식이 들려올 것이다.

|운세풀이|

음양이 화합하니 만물이 되살아나는구나. 이름이 높고 권리가 있으니 차차 형통하는구나. 남녀가 화합하니 귀자를 얻을 것이요, 결혼할 사람은 좋은 혼처를 만나네. 다만 서둘지 않으면 놓치기 쉬우니 순발력을 발휘하여 속히 처리해야 하네. 역마성이 문 앞에 드니 출행하여 문 밖에서 성공하네. 굶주린 사람이 밥을 얻고, 메마른 나무가 단비를 만났으니 재운도 왕성하고 신수도 왕성하여 만사가 태평하리라. 처음은 비록 어려움이 따르나 나중은 반드시 성취하니 고진감래하네.

1월 산 그림자가 강에 비치니 물고기가 산에서 노니는 풍경이구나. 음양이 화합하니 만일 관록이 아니면 혼인을 하게 될 것이다. 도모하는 일이 순조롭게 이루어지니 의기가 양양하나 구설수가 있으니 분수를 지키고 언행을 조심해야 할 것이다.

2월 벼슬 운이 있어 직장을 얻거나 승진을 할 것이다. 그로 인하여 재물을 얻으니 한 집안에 화목한 기운이 넘칠 것이다. 고생 끝에 낙이 찾아오니 매사가 나아지고 갈수록 아름다운 풍경일 것이다. 귀인이 와서 도우니 하루아침에 크게 통할 것이다.

3월 다른 사람과 함께 일을 하면 도리어 허황하기만 하고 이루어지는 것이 없을 것이다. 소망하는 일 역시 낭패를 볼 것이니 신중해야 할 것이다. 아무리 애를 써도 공이 없으니 한탄만 하지 말고 심신을 닦고 자중하며 내일을 기약해야 할 것이다.

4월 길성이 문에 비치니 반드시 성공할 것이다. 작은 것을 쌓아 큰 것을 이루니 재물이 왕성할 것이다. 티끌 모아 태산을 이루니 작은 것도 귀하게 여기고 소중히 아끼면 재물이 더욱 풍족할 것이다. 다만 가까운 사람과 금전거래를 하면 안 될 것이다.

5월 순풍에 돛을 달았으니 빠르게 날아가는 새와 같구나. 범사를 늦추지 말고 빠르게 도모해야 할 것이다. 더디고 지체하면 오히려 불리할 것이다. 그러면 꾀꼬리가 버들가지에서 노래하니 신수와 재물이 왕성할 것이다.

6월 여행길에 나서면 해로움만 있을 뿐 이로움이 없을 것이다. 질병이 가히 두려운 것이다. 풍년이 들어 백곡이 무르익으니 만인이 배를 두드리고 태평할 것이다. 재물이 저절로 들어오고 사람이 늘 것이나 각별히 건강관리에 신경 써야 할 것이다.

7월 고진감래하는 것이다. 인내하고 때를 기다리면 자연히 형통하는 것이다. 가정이 안락하니 만사가 태평한 것이다. 근심도 없고 염려함도 없으니 땅위의 신선이로다.

8월 가정이 안락하니 만사가 태평할 것이다. 재운이 왕성하니 우연히 재물을 얻을 것이요, 매사가 뜻한 대로 순조롭게 이루어질 것이다. 다만 도둑을 조심해야 할 것이다. 실물수가 있으니 서쪽에서 오는 나그네가 내 재물을 탐낼 것이다.

9월 빈 골짜기에 봄이 돌아오니 어렵던 일이 풀리고 순조롭게 풀릴 것이다. 만일 목성(木姓)을 만나면 일에 큰 도움을 주어 생색이 다섯 배나 될 것이다. 동쪽이 불리하니 가지 말아야 할 것이다. 뜻하지 않은 곤욕을 치르게 될 것이다.

10월 높은 산 소나무가 그 빛이 청정하니 하는 일이 순조롭고 번창할 것이다. 뜻밖에 아내와 자손에게 근심이 생기나 마음 상하지 말라. 가정에 우환이 따르더라도 마음을 안정하고 언행을 조심하면 저절로 해결될 것이다.

11월 꽃 피고 열매 맺으니 길한 일이 중중할 것이다. 식구를 더하고 재산도 늘어나니 집안의 운세가 중흥할 것이요, 매사가 순탄할 것이다. 다만 실물수가 있으니 도둑을 조심해야 하나 이럴 때 남에게 베풀면 오히려 실물수를 면하게 되는 것이다.

12월 신상에 근심 걱정이 없고 태평하고 안락하니 신선이 따로 없구나. 계획성 있게 일을 추진하니 하는 일이 뜻대로 이루어질 것이요, 수복을 겸전하니 이름을 사방에 떨치게 될 것이다. 다만 초상집에 직접 가기보다 부조금만 보내야 할 것이다.

손지이 損之頤

| 운세풀이 |

일중불결 호사다마라, 모든 일이 처음엔 잘 진행이 되는 것 같으나 결말이 나지 않는구나. 해가 서산에 지는데 아직도 결말을 얻지 못하고 좋은 일에 마가 많구나. 길한 가운데 좋지 않은 일이 있으니 끈기와 인내가 필요하네. 적게 얻고 많이 잃으니 분수를 지켜 있는 것만이라도 지켜야 하네. 관귀(官鬼)가 발동을 하니 관록을 얻기 어렵고, 벼슬하는 사람은 직위를 유지하기 어렵네. 올해는 결실을 맺기 어려우니 새로운 일을 시작하거나 다른 일을 경영하지 말아야 하네.

1월 일을 행하려 하나 이루어지지 않으니 공연히 수고하고 공이 없을 것이다. 뜻은 있으나 이루지 못하니 심신만 상하는구나. 가까운 사람을 너무 믿으면 뜻하지 않은 재물을 잃게 될 것이다. 마음을 안정하고 언행을 각별히 조심해야 할 것이다.

2월 한가한 곳을 찾아 살면 풍파가 생기지 않을 것이다. 심신을 깨끗이 하고 지성으로 상제님께 기도하면 하는 일에 반드시 성공할 것이다. 다만 구설수가 있으니 다툼을 피하고, 가정 일이나 신상에 대해 함부로 남에게 말하지 말아야 할 것이다.

3월 사슴을 피하려다가 호랑이를 만났으니 도리어 좋지 않은 일을 당하게 될 것이다. 집안에 상서롭지 못한 일이 있으니 미리 기도하여 막아야 할 것이다. 가까운 사람을 너무 믿으면 해로움이 있으나 만일 수성(水姓)을 만나면 이로움이 있을 것이다.

4월 바쁘게 움직이니 여가가 없고 인간만사를 돌볼 겨를이 없을 정도로 분주할 것이다. 작은 것을 구하다가 큰 것을 잃으니 망연자실 하늘을 보고 크게 웃는구나. 초상집에 가면 질병을 얻게 되니 직접 문상하기보다 부조금만 보내는 것이 좋을 것이다.

5월 함께 일하는 사람 모두가 각각이 다른 마음을 갖고 있으니 뜻한 대로 이루기 어려울 것이다. 북쪽에는 해로움이 있으니 출입을 하지 말아야 할 것이다. 고진감래하니 처음에 곤고하다 하여 한탄하지 말고 인내하면 늦은 때에 빛을 발할 것이다.

6월 범이 쇠잔한 산에 드니 여우와 삵이 침노하는구나. 한번 기쁘고 한번 슬픈 일이 생기니 길흉이 반반이다. 만일 횡재함이 없으면 반드시 자녀를 얻을 것이다. 재물을 잃거나 구설이 있겠으니 목성(木姓)을 가까이하지 말아야 할 것이다.

7월 술집에 가서 술 마시기를 즐기면 반드시 재물을 잃게 될 것이다. 매사에 이루어짐이 없으니 도처에서 손해를 볼 것이다. 서쪽 사람을 가까이 말라, 말은 달콤하나 배에 칼을 숨기고 있으니 일을 크게 그르칠 것이다.

8월 동분서주 바쁘게 뛰어다니는 운수이니 분명 분주한 달이 될 것이다. 구설이 있을까 두려우니 각별히 시비에 끼어들지 말아야 할 것이다. 그 점만 주의하면 길할 것이다. 우연히 생긴 재물이 집안에 들어올 것이요, 멀리서 반가운 소식이 올 것이다.

9월 작은 풀이 봄을 만났고 연꽃이 가을을 만난 격이니 모든 것이 제때에 들어맞으니 일이 순조롭게 진행될 것이다. 만일 경사가 있지 않으면 손으로 천금을 희롱하듯 많은 이익을 얻을 것이다. 다만 마무리하지 못한 일 때문에 마음이 심란할 것이다.

10월 마신이 희롱하니 되는 일이 없어 마음만 상하고 이리저리 방황하게 될 것이다. 가정이 불안하니 다시 풍파가 있을 것이다. 사람 사귐에 조심하지 않으면 재물을 잃고 구설이 따를 것이다. 특히 목성(木姓)을 가까이하면 안 될 것이다.

11월 문을 나서면 불리하니 오히려 집에 있는 것만 못할 것이다. 공연히 남의 일에 끼어들거나 다투지 말라, 반드시 손실이 따를 것이다. 뜻밖에 질병에 걸리거나 물건을 잃을 수 있으니 각별히 조심해야 할 것이다.

12월 옛것을 버리고 과감히 새것을 좇으니 반드시 길한 일이 있을 것이다. 의심하고 예측하며 소극적으로 하면 오히려 일을 그르칠 수 있으나 적극적으로 움직이면 이득이 많을 것이다. 큰 재물은 얻기 어려우나 적은 재물은 쉽게 얻을 것이다.

손지대축 損之大畜

| 운세풀이 |

큰 고비를 넘겼으나 다시 작은 위험이 기다리니 갈수록 태산이구나. 한 번 큰 파
도를 피했으나 다시 강을 건너야 하는구나. 고난 뒤에 또 고난이 뒤따르니 어려
움이 끊이지 않는구나. 비록 큰 곤란을 겪으나 성심껏 노력하면 어진 사람을 만
나는구나. 목성(木姓)과 함께 경영하게 되면 큰 낭패를 보네. 다행히 집안에 현모
양처가 지키고 있으니 큰 화를 면하네. 우연히 귀인이 도와주니 어려운 고비를
넘기네. 복덕이 숨어 있으나 작은 재물은 들어오네.

1월 몸은 동쪽에서 왕성하고 재물은 남쪽에서 왕성할 것이다. 고진감래하니 처음의 곤고
함을 한탄하지 말라, 결국 형통함을 보게 될 것이다. 흉한 중에 길함이 있으니 잃는
것이 있으나 후에 그것이 유익함을 가져올 것이다.

2월 근면해야 할 것이다. 돌을 쪼아 옥을 보고 우물을 파서 물을 얻으니 부지런히 일해야
할 것이다. 그렇지 않으면 성공이 아니라 도리어 손재수가 있을 것이다. 부지런히 일
하면 날이 따뜻하고 바람이 서로 응하니 문득 꽃 피는 것을 보게 될 것이다.

3월 음력 삼월과 사월 두 달은 기쁨과 근심이 섞여 서로 반반이나 특히 관재수를 조심해
야 할 것이다. 시비가 있으면 관액이 있을까 두려우니 각별히 주의해야 할 것이다.
시비를 멀리하고 언행을 조심하여 다툼을 피해야 할 것이다.

4월 기쁨 가운데 근심이 있으니 한 번은 눈물을 흘릴 것이다. 다행히 새로운 인연을 만나
니 추운 골짜기에 봄이 돌아오니 나무가 다시 살아나는 것이다. 다만 시비와 구설수
가 있을까 두려우니 절대로 다른 사람과 다투지 말아야 할 것이다.

5월 서쪽 사람을 가까이하지 말아야 한다. 공연히 재물로 인하여 마음이 상할 것이다. 만일 그렇지 않으면 반드시 구설이 있을 것이다. 입을 병뚜껑처럼 굳게 닫고 매사에 신중해야 할 것이다. 뜻밖에 동쪽에서 귀인이 나타나 나를 도와줄 것이다.

6월 헛된 욕심을 버리고 근신 자중해야 할 것이다. 연못에 바람이 불어 원앙이 서로를 잃고 흩어지니 사람 사귐에 각별히 조심해야 할 것이다. 화성(火姓)을 조심하지 않으면 공연히 비방을 들을 것이다. 남쪽 방향으로 가지 말라, 횡액이 있을까 두렵다.

7월 만일 귀인을 만나면 뜻밖에 성공할 것이다. 사람 사귐에 유념하라, 해로움만 있고 이익이 없을 것이다. 만일 재물을 잃지 않으면 가축에게 해로움이 있을 것이다. 매사가 잘되어 가는 것 같다가 막힘이 있으니 큰 계획보다 축소함이 좋을 것이다.

8월 동업으로 이익이 있을 것이니 파리가 말꼬리에 붙어 하루에 천리를 가는 것이다. 재물과 이익이 항상 있고 이름이 사방에 떨쳐질 것이다. 재물이 풍부하고 몸이 편안하니 더는 바랄 것 없이 좋을 것이다.

9월 귀인을 얻지 못하였으니 하는 일에 끝맺음이 없고 미결됨이 많을 것이다. 서쪽은 불리하니 가까이하지 말라, 재물로써 마음을 상하게 될 것이다. 결단하고자 하나 단호히 결단하지 못하니 마음만 상하는 것이다.

10월 얽혔던 일들이 풀리고 재물이 들어올 것이요, 식구가 늘어날 것이다. 육룡이 아침 하늘에 오르니 만인이 우러를 것이요, 집안에 경사가 있으니 자손을 얻을 것이다. 다만, 주색을 가까이하면 횡액과 망신을 당하니 각별히 주의해야 할 것이다.

11월 청산의 송백은 항상 그 절개를 지키노니 유혹에 넘어가지 않으면 좋을 것이다. 성심으로 부지런하게 고단함을 이겨내면 반드시 성공할 것이다. 분수에 넘치는 일을 삼가고, 한마음으로 노력하면 중하순에 반드시 큰 공을 이루어 성공할 것이다.

12월 바위 위 푸른 솔이 우거져 향기롭고 푸르게 빛나는구나. 비록 고난이 심하나 성심껏 노력하면 마침내 운수가 형통하여 어진 사람을 서로 만나게 될 것이다. 금년의 운수는 상업이 불리하니 기다렸다가 마음을 정해야 할 것이다.

분지간 賁之艮

| 운세풀이 |

만사형통하는구나. 앞길이 훤히 열리고 부귀 복록이 날로 새로우니 경영하는
일이 마음먹은 대로 잘 되는구나. 길성이 몸에 비추고, 물고기가 용문에 이르니
반드시 관록을 얻겠네. 시험 보는 사람은 합격할 운수요, 결혼할 사람은 좋은 혼
처를 만나는 격이요, 자식을 원하는 사람은 자녀를 얻을 운이요, 사업하는 사람
은 재물이 중중하네. 다만 음력 삼월, 유월, 구월, 동짓달은 구설수가 따르리니
명산에서 기도하면 가히 액운을 면하네.

1월 봄이 고국에 돌아오니 백화가 난만할 것이요, 가정이 평안할 것이다. 천 가지 복록을
누리는 격이니 만사가 여의할 것이요, 가정에 경사가 있고 소망이 뜻과 같이 이루어
질 것이다. 다만 과음, 과식을 삼가고 건강에 유념해야 할 것이다.

2월 길신이 운명에 드니 근심이 흩어지고 기쁨이 생길 것이다. 동쪽과 남쪽 두 방향에서
귀인이 와서 도와줄 것이다. 하늘이 스스로 도우니 길하지 않은 것이 없을 것이나 충
돌수가 있으니 각별히 차 조심을 해야 할 것이다.

3월 물고기가 변하여 용이 되니 조화를 예측하기 어려울 것이요, 관록을 얻거나 아니면 장
삿길에 나섰다가 재물을 얻을 것이다. 재운이 형통하니 날로 많은 이득을 얻을 것이
다. 하루아침에 공명을 얻어 이름을 사방에 떨치고 금옥이 만당할 것이다.

4월 손재수가 있으나 몸과 마음을 닦고 성심으로 치성한 뒤 움직이면 허물이 없을 것이
다. 만일 횡재함이 없으면 길함이 변하여 흉함이 될 것이다. 금성(金姓)으로 인해 피
해가 있어 큰 손해를 볼 것이니 사람 사귐에 주의해야 할 것이다.

5월 집을 지키면 길하고 원행하면 불리할 것이다. 귀인이 와서 도우니 손으로 문권을 희롱하게 될 것이다. 동쪽과 남쪽 두 방향으로 출행하면 불리하니 가지 않는 게 좋을 것이다. 새로운 일을 하기보다 옛것을 지키고 각별히 말조심하면 길할 것이다.

6월 백 개의 하천이 바다로 돌아가는 격이니 작은 것을 모아 큰 것을 이루게 될 것이다. 뜻밖의 귀인이 우연히 와서 힘써 도와줄 것이다. 이때 새 사업을 시작하면 좋으나 그렇지 않으면 한때 곤란하고 괴로운 일을 겪을 것이다.

7월 다른 사람과 비밀을 지켜야 길할 것이다. 두 사람이 이득을 놓고 심하게 다투게 되나 승부를 알 수 없을 것이다. 두 마리 새가 둥지를 놓고 다투는 격이니 누가 승부를 알겠는가. 비밀로 해야 할 일이 생기니 입을 무겁게 해야 할 것이다.

8월 주색을 조심해야 할 것이다. 만일 여자를 가까이하면 구설을 면하지 못하니 주의해야 할 것이다. 만일 관록이 아니면 자손을 얻는 경사가 있을 것이다. 사람 사귐에 주의해야 할 것이다. 화성(火姓)을 가까이하지 말라, 반드시 손해가 있을 것이다.

9월 꽃이 지고 봄이 가니 벌과 나비가 찾아오지 않는다. 뜻한 대로 되지 않고 구하려 해도 얻지 못할 것이다. 분수를 지키고 욕심을 버려야 할 것이다. 질병이 가히 염려되니 미리 도액하여 면하라. 만일 경거망동하면 후회하고 유익함이 없을 것이다.

10월 지루한 장마가 하루아침에 청명해질 것이니 먼저는 흉하고 나중은 길하여 복록이 스스로 찾아올 것이다. 만일 이사가 아니면 한 차례 원행할 일이 있을 것이다. 먼 여행은 사고가 날 수 있으나 이사운이 대길하니 이사하면 좋을 것이다.

11월 뜻밖에 재물이 집안으로 굴러 들어올 것이다. 입신양명하고 복록이 이어질 것이나 입단속을 해야 할 것이다. 만일 구설수가 아니면 혹여 관재수가 있을 것이니 시비에 끼어들지 않도록 각별히 언행을 조심해야 할 것이다.

12월 신운이 조금 비색하여 혹시 신상이 위태로울지 모르니 매사에 신중히 처신하고 언행을 조심해야 할 것이다. 친한 사람을 믿으면 은혜가 도리어 원수가 될 것이니 금전거래를 하지 않도록 주의해야 할 것이다.

732 분지대축 賁之大畜

| 운세풀이 |

천둥 한 소리에 만인이 놀라고 사나운 호랑이가 바위 위에 올라 포효하니 산천
초목이 떠는구나. 공명을 얻어 입신양명하고 재성이 몸이 비추니 날로 재물이
늘어나네. 물속에 있던 옥이 세상 밖으로 나오니 만인이 탐을 내니 가히 공명을
이루고 관록이 중중하구나. 몸이 귀히 되는 운수이니 경거망동하지 말고 행동
거지를 진지하게 하여야 뒤탈이 생기지 않네. 뛰어난 장인이 옥을 다듬어 아름
다운 그릇을 만드니 세상이 나를 모두 칭송하며 우러르네.

1월 근심 걱정이 다 가고 마침내 복이 찾아와 모든 일이 형통하게 될 것이다. 힘들어도
끈기 있게 밀고 나가면 막혔던 일이 풀리고 재물을 얻을 것이다. 남쪽에 있는 사람이
우연히 와서 도와줄 것이다. 다만 목성(木性)을 가까이하면 손재가 있을 것이다.

2월 조급히 하려 하면 못 미치고 기교를 부려 비리를 탐하면 오히려 쓸모없이 될 것이다.
비리를 탐하지 말고 바른 일만 행하면 반드시 큰 재물을 얻을 것이다. 이사할 운이
있으니 만일 이사하면 반드시 길한 일이 있을 것이다.

3월 다른 사람과 더불어 일을 도모하면 반드시 불리할 것이니 동업하지 말아야 할 것이
다. 복성이 명궁에 비치니 길성이 모두 모일 것이다. 재물이 서쪽에 있으니 억지로
구하면 조금은 얻을 것이다. 사람 사귐에 주의하고 언행을 조심해야 할 것이다.

4월 작은 욕심을 버리면 큰 것을 얻을 것이다. 동편 언덕과 서편 언덕에 향기로운 풀이 연
기처럼 피어날 것이니 재물을 애써 구하지 않아도 저절로 들어올 것이다. 손재수가 있
으니 북쪽으로 가지 말라. 입을 무겁게 하고 원행을 삼가야 할 것이다.

5월 집안에 큰 액운이 닥쳐오겠으니 미리 몸과 마음을 깨끗이 하고 치성하여 액운을 막는 데 힘써야 할 것이다. 재물을 얻기 어려운 격이니 유명무실할 것이다. 주위의 친한 사람을 경계하고 언행을 조심하라. 길한 중에 흉함이 있을 것이다.

6월 분수를 지켜야 할 것이다. 물에 비친 국화와 달을 잡으려고 하니 빈손을 면하기 어려운 것이다. 경거망동하지 말라, 도모하는 일이 불리한 것이다. 얻고 잃음이 때가 있으니 분수를 지킴이 상책이다.

7월 흉함이 다 가고 복이 오니 집안에 화평함이 있을 것이다. 자손에게 영화가 있으니 자손에게 경사가 있을 것이요, 금옥이 만당할 것이다. 집에 있으면 이익이 없으니 문을 나서 밖에 나가 구해야 할 것이다. 반가운 소식이 올 것이다.

8월 횡액을 조심하고 사람 사귐에 조심해야 할 것이다. 화성(火姓)을 가까이 말라, 의외의 피해를 입을 것이다. 횡액수가 있으나 기도하면 가히 면할 수 있을 것이다. 이 달의 운수는 흉함이 많고 길함이 적으니 움직이지 말고 침착해야 할 것이다.

9월 가문 때에 초목이 단비를 만나니 기뻐하는구나. 밝은 달 숲속에 우연히 아름다운 여인을 만나니 새로운 인연을 만나게 될 것이다. 작게 구하여 크게 얻으니 집안에 기쁨이 가득할 것이다. 다만 친한 사람의 감언이설을 듣지 말아야 할 것이다.

10월 길운이 몸에 따르니 귀인을 만나서 반드시 공명을 얻을 것이다. 낚시를 바다에 드리우니 은빛 고기를 낚을 것이다. 만일 직장을 얻지 않으면 반드시 재물을 얻을 것이다. 재물이 길 가운데 있으니 출행하여 힘써 일하면 쉽게 얻을 것이다.

11월 옛것을 지키고 안정하는 것이 좋을 것이다. 경거망동하면 낭패함이 있을 것이니 주의해야 할 것이다. 구설이나 관재수가 있으니 언행을 삼가야 할 것이다. 먼저는 잃고 나중은 얻는 것이니 하는 일에 안전함이 있을 것이다.

12월 매사가 뜻대로 되고 고생 끝에 낙이 올 것이다. 고진감래라, 고통을 겪은 뒤에 일이 순조롭게 진행될 것이다. 손재수가 있고 이름에 손상이 가는 운수이니 친한 사람과 여색을 조심하고 범사에 조심해야 할 것이다.

분지이 賁之頤

| 운세풀이 |

신변에 변화가 많구나. 고기가 변하여 용이 되니 그 변화가 무궁하구나. 공부하는 사람은 관록을 얻고, 사업 경영하는 사람은 재물을 크게 얻고, 자식을 원하는 사람은 자손을 얻고, 결혼하고자 하는 사람은 좋은 배필을 만나네. 맑은 물이 강에 가득하니 큰 고기는 깊은 물에 노니는구나. 오랜 기다림 끝에 비로소 때를 만나니 부귀영화가 몸에 따르네. 용이 구름을 타고 호랑이가 바람을 타고 조화를 부리니 세상 권세와 재물이 내 손안에 들어오네.

1월 청룡이 여의주를 얻어 하늘에 오르니 반드시 큰 경사가 있을 것이다. 작게 가고 크게 오니 스스로 영광이 있을 것이다. 머리에 계화를 꽂으니 관문을 출입하게 될 것이요, 어려운 시험에 합격하거나 높은 자리에 승진하게 될 것이다.

2월 신수가 대길하고 재운 또한 왕성할 것이다. 스스로 낮은 곳에서 높은 곳에 올라가니 작은 것을 쌓아 큰 것을 이룰 것이다. 꽃이 지고 열매를 맺듯이 반드시 자녀를 낳게 될 것이다. 항상 귀인이 와서 도우니 일이 번창하고 재물을 쌓을 것이다.

3월 뜻밖에 성공하니 집안이 두루 평안하고 가도가 흥왕할 것이다. 한 번 불러 백 명이 대답하는 것이니 이름이 사해에 떨쳐질 것이요, 도가 높고 이름이 이로우니 이름을 사방에 떨치는 것이다. 다만 송사수가 있으니 금전거래를 삼가야 할 것이다.

4월 사물이 극에 달하면 변하는 법이니 처음은 천하지만 나중은 귀하게 될 것이다. 다투어 소송하지 말라, 구설수로 불리할 것이다. 토성(土姓)이 불리하니 삼가 가까이하지 말아야 할 것이다. 눈에 거슬리고 화가 나도 참고 또 참아야 할 것이다.

5월 동쪽 뜨락의 푸른 복숭아가 봄을 만나 기쁜 격이니 좋은 일이 있을 것이다. 좋은 비가 때 맞춰 내리니 오곡이 가득하고 식록이 무궁할 것이다. 재성이 몸에 따르니 경영하는 일이 뜻대로 되고 이익 또한 크게 얻을 것이다.

6월 봉황이 천 길을 날아오르는 기상이 있으니 반드시 경사가 있을 것이다. 집안사람이 화목하니 소원을 성취할 것이요, 운수가 형통하니 모든 일이 순조롭게 이루어질 것이다. 가정에 경사가 있거나 좋은 소식이 올 것이다.

7월 천신이 나를 도우니 수복이 끊이지 않을 것이다. 부귀하나 베풀지 않으면 비단 옷을 입고 밤길을 걷는 것과 같다. 남에게 베풀면 더욱 길할 것이다. 동쪽과 서쪽 두 방향에 반드시 기쁜 일이 있을 것이요, 새로운 일을 시작해도 좋을 것이다.

8월 재물도 있고 권세와 이득이 있으니 도처에 봄바람이 부는 것이다. 우물 속 물고기가 바다로 나가니 의기가 양양하고 일에 활기를 얻을 것이다. 신수가 대길하나 혹여 처에게 우환이 있을 것이니 그 점만 주의하면 대길할 것이다.

9월 만일 시험에 합격하거나 취직하지 않으면 자손에게 영화가 있을 것이다. 공문에 인연이 있으니 성심으로 구하면 공명을 얻고 집안이 귀하게 될 것이다. 다만 조객이 몸에 침범하니 각별히 조심하면 면할 것이다.

10월 입신양명하는 운세이니 하는 일이 뜻대로 이루어질 것이다. 사람들이 추켜세우니 관록을 가히 바라는 것이다. 좋은 밭에서 백곡이 열매 맺듯이 좋은 기회를 잘 잡아 큰 이득을 얻을 것이요, 가도가 왕성하고 사람마다 칭송하고 우러러볼 것이다.

11월 수산물과 관계하여 물과 뭍에서 경영하면 손에서 천금을 희롱하게 될 것이다. 그러나 때를 놓치면 도리어 손해를 볼 것이니 기회를 잡아야 할 것이다. 재성이 길함을 만나니 가히 큰 재물을 얻을 것이다.

12월 창 앞의 붉은 꽃이 때를 만나 활짝 피니 지위가 상승할 것이다. 비단 옷과 옥 허리띠를 두르니 금궐에 절을 하는 것이다. 십년 근고하니 하루의 영화로다. 어렵더라도 참고 견디면 재물과 복록이 왕성하고 자손에게 영화가 있을 것이다.

이지박頤之剝

| 운세풀이 |

출행하여 공을 세우는구나. 태어나고 자란 곳이 아닌 타 지역이나 타국에서 이익을 보네. 여섯 마리가 끄는 마차에 올라타니 대장부가 뜻을 펼치는구나. 큰 바다로 나가 순풍에 돛을 다니 먼 이국땅에서 공명을 얻네. 천희성(天喜星, 하늘로부터 부여받는 복록)이 비추니 길경사가 틀림없는 운수로다. 달도 차면 기우는 법이요, 호박잎도 서리를 맞으면 시드는 법이니, 부귀공명이 아무리 좋다 하여도 오래가지 않는 법이로다. 부귀공명을 얻으면 반드시 수신하고 적덕하여 훗날을 기약해야 하네.

1월 봄바람 가는 비에 복숭아꽃이 웃는 격이요, 봄기운이 화사하고 날이 따뜻하니 만물이 비로소 생겨날 것이다. 비로소 좋은 기회를 만나니 하는 일이 순탄할 것이다. 홀연히 은인을 만나면 재물이 들어와 집안에 가득할 것이다.

2월 꽃이 피어 봄을 희롱하니 가히 공명을 얻어 이름을 떨칠 것이다. 손에 기쁜 소식을 잡고 있으니 좋은 인연을 만나 반드시 연인이 될 것이다. 만일 취직이나 승진이 아니면 자손에게 경사가 있을 것이다.

3월 먼저는 어려우나 나중은 태평하고 모든 일이 쉽게 풀릴 것이다. 근면하게 어려움을 참고 견디니 우연히 성공을 거두는 것이다. 재물이 서쪽에 있으니 구하려 하면 가히 얻을 것이다. 생각지 못한 곳에서 재물이 들어오거나 반가운 소식이 올 것이다.

4월 목마른 용이 물을 마시니 기쁜 일이 계속 될 것이다. 조상 대대로 내려오는 조업과는 인연이 없으니 혼자 힘으로 집안을 일으켜 자수성가할 것이다. 만사태평하고 집안에 두루 경사가 미치니 자녀를 얻거나 식구수가 늘 것이다.

5월 원행하여 재물을 얻을 것이다. 옛것을 버리고 새것을 따르니 이익이 타향에 있는 것이다. 가운이 크게 통하니 하는 일마다 형통할 것이요, 착한 마음으로 범사를 행하면 반드시 성공할 것이다.

6월 하늘이 돕고 신이 도우니 반드시 성사될 것이요, 운수가 형통할 것이다. 작게 가고 크게 오니 그 영광을 비할 데가 없다. 도모하는 일이 순탄하게 진행될 것이나 망설이다 늦추면 불리할 것이다. 순발력을 발휘하여 매사를 신속히 해야 할 것이다.

7월 봉황이 새끼를 데리고 가니 그 소리가 온화하고 즐겁게 들리는구나. 만일 관록을 얻어 승진하거나 취직을 하지 않으면 자손에게 부귀영화가 있을 것이다. 집안이 화평할 것이요, 구름이 하늘 위에 있고 계화가 피려 하니 벼슬을 할 것이다.

8월 평소 남에게 많이 베풀어 덕을 쌓음이 산과 같으니 큰 복이 스스로 찾아올 것이다. 십 년 동안 부지런하게 힘쓰니 마침내 금의환향하는 것이다. 부귀가 겸전하니 재물과 복록이 진진하고 기쁜 일이 많을 것이다.

9월 뛰어난 장인이 옥을 쪼아 다듬어 좋은 그릇을 얻으니 막혔던 일이 풀리고 재물을 얻을 것이다. 동쪽과 남쪽이 크게 이로우니 출행하면 뜻하지 않은 재물을 얻게 될 것이다. 착한 일을 일 삼고 악한 일을 피하니 항상 복록이 있을 것이다.

10월 금관옥대를 하고 임금의 은혜를 얻으니 시험을 치르면 큰 점수로 합격할 것이다. 복록이 천 가지를 이루니 하는 일마다 여의할 것이요, 신수가 대길하니 공명이 먼 곳까지 퍼져 이름을 널리 떨칠 것이다.

11월 양으로써 소를 바꾸니 그 이익의 득실을 가히 알게 될 것이다. 도모하는 일이 사람에게 달려 있으니 느긋하게 기다리면 늦게 성취하여 얻을 것이다. 몸이 꽃 사이에 있으니 나비가 향기를 탐하듯이 재물을 애써 구하지 않아도 저절로 들어올 것이다.

12월 단비가 때를 맞춰 내리니 백곡이 풍등할 것이요, 좋은 기회를 놓치지 않고 잡으면 뜻한 대로 이루게 될 것이다. 길신이 도움을 베푸니 소원을 성취할 것이요, 다른 사람으로 인하여 일이 성사되니 반드시 집안을 일으킬 것이다.

이지손 頤之損

| 운세풀이 |

영귀함이 때를 알아 움직이는구나. 내 몸에 길성이 비추니 이익이 따르는구나. 강에서 물고기를 구하니 배에 물고기가 가득하네. 하는 일마다 때를 아니 마음이 여유롭네. 땅을 파서 금을 얻는 격이니 처음은 고단하나 나중은 태평한 운수구나. 부모 형제가 서로 화목하고 아랫사람과 윗사람이 마음을 합하니 세상에 안 되는 일이 없네. 세상이치가 티끌 모아 태산을 이루는 것이니 일확천금의 허황한 꿈만 꾸지 않는다면 반드시 관록과 재물을 얻네.

1월 길성이 몸에 따르니 귀인이 도울 것이요, 신수가 대길하니 재록이 왕성할 것이다. 서쪽과 남쪽에 길한 운이 있으니 재물을 구할 것 같으면 마땅히 서쪽과 남쪽으로 가야 할 것이다. 일 마무리를 잘하고 번창함에 힘쓰면 큰 기쁨을 더할 것이다.

2월 봄바람이 훈훈하니 이르는 곳마다 꽃이 만발할 것이요, 몸이 가는 곳마다 좋은 일이 생길 것이다. 먼저는 손해가 있으나 나중은 이익이 있으니 고진감래하는 것이다. 재물과 곡식이 곳간에 가득하니 태평하고 편안하게 지낼 것이다.

3월 신령한 까치가 기쁨을 보답하니 귀인이 와서 도울 것이다. 꽃이 뜰 안에서 웃고 벌과 나비가 와서 기뻐하니 하는 일도 잘 되고 재물도 얻어 만사가 안락할 것이다. 다만 구설이 두려우니 가까이 지내는 사람을 경계함이 자신에게 이로울 것이다.

4월 재성이 나를 도우니 반드시 큰 재물을 얻을 것이요, 이득 또한 있을 것이다. 혹여 질병이나 구설이 있을지 모르니 길한 날 좋은 때에 미리 먼저 도액하면 그 수를 면할 것이다. 금풍이 이미 돌아와 황금 국화가 가득 피었으니 횡재수가 따를 것이다.

5월 구름이 흩어지고 천지가 맑아지니 일신에 영화로움이 찬란히 빛나고 이름이 높아질 것이다. 남쪽이 이로우니 남쪽으로 가면 가히 큰 재물을 얻을 것이다. 기회가 좋으므로 마음먹은 대로 만사가 이루어질 것이다.

6월 질병이 생길지 모르니 미리 액을 막으면 가히 막을 수 있을 것이다. 주색을 가까이하지 말라, 명예와 재물을 잃게 될 것이다. 사람 사귐에 조심하라, 목성(木姓)을 가까이하면 재물을 잃고 깜짝 놀랄 일이 있을 것이다.

7월 귀인이 서로 도와주니 하는 일이 순탄하고 재물을 얻어 산같이 쌓을 것이다. 모든 일이 뜻한 대로 이루어지고 재운도 따르니 재물이 무궁무진할 것이다. 착한 일을 베풀고 덕을 쌓으면 반드시 집안에 경사가 날 것이다.

8월 청룡이 하늘에 오르니 그 조화가 무궁할 것이다. 영화와 부귀를 함께 얻고 운수 또한 대길할 것이다. 고진감래하니 힘들고 고단하다고 한탄하지 말라, 하루아침에 크게 형통하여 더할 나위 없을 것이다. 복록이 몸에 임하니 세상이 태평할 것이다.

9월 인품이 온화하고 덕을 쌓으니 하늘이 알고 반드시 복을 내려줄 것이다. 재물이 농업에 왕성하니 일에 전심전력하면 얻을 것이요, 서쪽이 이로우니 나가서 구하면 얻을 것이다. 큰 경사는 없으나 순탄하게 복과 재물을 누릴 것이다.

10월 용이 맑은 구슬을 얻은 격이니 하는 일마다 뜻한 대로 이룰 것이다. 사람을 사귀는데 가려야 할 것이다. 목성(木姓)을 가까이 말라, 재물을 잃고 놀랄 일이 있을 것이다. 남의 감언이설을 듣지 말라, 달콤한 유혹에 넘어가면 하는 일이 어긋날 것이다.

11월 미혼자는 혼인할 것이요, 부부는 귀한 자식을 얻을 것이다. 남의 재물을 탐하지 말라, 반드시 허황함이 있을 것이다. 겁살이 침범하니 실물수를 조심해야 할 것이다. 바깥의 재물을 탐내지 말고 분수를 지키며 사는 것이 상책이다.

12월 다른 사람으로 인하여 일이 이루어질 것이요, 재물과 이득을 얻을 것이다. 만일 하고 있는 일을 바꾸면 새로운 업을 얻기 어려우니 지금 하는 일을 그대로 하는 것이 좋을 것이다. 목성(木姓)과 일을 도모하면 실패할 것이다.

이지분 頤之賁

| 운세풀이 |

먼저는 길하고 나중은 흉하구나. 자기 자신으로 인하여 피해를 보는구나. 자기 꾀에 자기가 넘어가네. 이른 아침에 길을 나서는데 집안에서 상복을 입는구나. 만약 구설이 아니면 집안에 근심이 있네. 음력 정월, 이월, 삼월은 좋지 않구나. 남을 속이려다 오히려 낭패를 보는 운수이니 절대로 남을 속이려하거나 기만하지 말아야 하네. 간신히 재물을 얻었으나 다시 손에서 재물이 떠나는구나. 명산을 찾아 기도하면 자기 자신은 지킬 수 있네.

1월 청산에 돌아가는 나그네가 길을 잃고 방황하니 하는 일에 진전이 없고 뜻한 대로 이루어지지 않아 이리저리 헤맬 것이다. 내가 하고 싶지 않은 것을 남에게 베풀지 말아야 할 것이다. 관재나 구설이 두려우니 시비에 끼어들지 말아야 할 것이다.

2월 날고자 하나 날지 못하고 뜻이 고통스럽고 마음이 심란할 것이다. 운수가 불길하니 옛것을 지키고 안정을 취해야 할 것이다. 시운이 불리하니 분수를 지키며 마음을 안정하고 옛것을 지켜야 할 것이다.

3월 비밀로 해야 하는 일을 다른 사람에게 말하면 불리하게 될 것이니 언행을 무겁게 해야 할 것이다. 세 사람이 가는데 그 중 한 사람이 어질지 못하다. 사람을 사귀는 것이 도리어 헛될 것이다. 비밀로 해야 할 일이 생기니 각별히 언행을 삼가라.

4월 몸이 외지에 있어 어느 때 고향으로 돌아갈지 모르는구나. 몸을 삼가고 분수를 지키지 않으면 공연히 화를 당할 것이다. 그러나 재성이 몸에 따르니 마침내 재물을 얻을 것이다. 고진감래하니 참고 끈기 있게 추진하면 이익을 얻을 것이다.

5월 다른 사람의 말을 들으면 손해를 면하기 어려우니 냉철함을 잃지 말아야 할 것이다. 파랑새가 믿음을 전하니 연인과 인연을 맺을 것이나 편안한 중에 액운이 있으니 모든 일에 조심하여 신중히 처신해야 할 것이다.

6월 가까운 것을 두고 욕심을 부려 먼 데 것을 찾으려다 모두 잃게 될 것이니 분수를 지켜야 할 것이다. 재효가 공망을 만나니 공연히 분주하기만 하고 집안에 우환이 있을 것이다. 만일 손재하지 않으면 상처할 것이나 수신 적덕하면 막을 것이다.

7월 서쪽과 북쪽 두 방향은 해롭기만 하고 이익이 없으니 출행하지 말아야 할 것이다. 자손에게 우환이 있을까 두려우니 잘 살펴야 할 것이다. 사방 가운데에 동쪽과 남쪽에 길함이 있으니 새로운 일을 시작하면 길할 것이다.

8월 근신 자중해야 할 것이다. 진짜와 가짜를 측량하기 어려우니 매사에 의심이 지나쳐 일을 전하기 어려운 것이다. 물귀신이 문을 엿보니 강물을 건너지 말아야 하는 것이다. 착한 일을 베풀고 악한 일을 멀리하며 건강관리에 힘써야 할 것이다.

9월 역시 근신해야 할 것이다. 악귀가 해를 만드니 도모하는 일을 이루기 어려울 것이다. 남을 위하여 도모하지 말라, 도리어 그 피해를 받을 것이다. 심신이 산란하니 세상 하는 일이 꿈과 같을 것이다. 마음을 차분히 하고 집안을 돌봐야 할 것이다.

10월 해가 서쪽 하늘에 저물고 산새가 길을 잃었구나. 마음 깊은 곳에 근심이 가득하니 항상 우울함을 품게 될 것이다. 실물수가 있으니 도적을 조심해야 할 것이다. 움직이면 피해가 있으니 집에 있는 것이 도리어 나을 것이다.

11월 운수가 불리하니 수고로움을 면하기 어려울 것이다. 혹여 그렇지 아니하면 구설수를 면하기 어려울 것이다. 주위의 친한 사람도 우연히 나에게 해를 끼칠 수 있으니 주의하고 언행을 삼가 조심해야 할 것이다.

12월 낙상수를 조심해야 할 것이다. 수신제가하면 화가 굴러 복으로 변하할 것이다. 집 짓는 것은 매우 불리하니 삼가는 게 좋을 것이다. 높은 데 오르지 말라, 떨어져 상처 입을까 염려된다. 소욕지족이라, 적은 것에 만족할 줄 알아야 할 것이다.

고지대축 蠱之大畜

|운세풀이|

이리저리 분주히 뛰어다니나 얻는 것이 별로 없구나. 사흘 밤낮을 가야 하는 길을 하루아침에 내닫으니 심신이 고달프네. 백척간두에 있다가 간신히 살길을 찾는구나. 음력 섣달에나 약간의 재물을 얻는구나. 소를 잃고 양을 얻은 격이니 크게 잃고 적게 얻는구나. 활에 다친 새가 굽은 나무에 또 놀라는구나. 한번 입을 피해로 공연히 다른 일도 겁을 내는구나. 매사가 힘드니 끈기와 인내가 필요하네. 생활이 곤란하다가 늦게야 형편이 조금 피네.

1월 속히 하려고 하나 이루지 못하고 나루터에 다다르나 배가 없는 것이다. 분수 밖의 일을 하면 불리하니 욕심을 버리고 분수를 지켜야 할 것이다. 이룰 듯하면서 이루지 못하니 답답할 뿐이다. 마음을 안정하고 건강에 힘써야 할 것이다.

2월 마음과 같이 이루기 어려울 것이다. 깊은 곳의 물을 뜨려 하나 줄이 짧아 마음만 타들어가는 것이다. 동쪽과 남쪽 두 방향으로 출행하면 불리할 것이다. 만일 재물을 구하고자 한다면 마땅히 서쪽으로 가서 구하면 얻게 될 것이다.

3월 각별히 언행을 조심해야 할 것이다. 말을 삼가야 하니 망언은 해가 될 것이다. 관재수가 가히 염려되니 시비에 참여하지 말아야 할 것이다. 사람 사귐에 주의해야 할 것이다. 손재수를 면하기 어려우니 금성(金姓)을 가까이하지 말아야 할 것이다.

4월 물고기와 용이 물을 만나니 반드시 경사가 있을 것이다. 만일 관록이 아니면 횡재할 것이다. 백 가지 일들이 여의하니 도처에 이익이 있을 것이다. 이제야 운세를 얻었으니 모든 일이 뜻대로 될 것이다.

5월 신수가 대길하니 기쁜 일이 쌓이고 또 쌓일 것이다. 길한 사람을 하늘이 도와주니 쉽게 얻을 것이다. 분수를 지키면 한가로움이 더하고 태평할 것이요, 도 닦는 맛도 점점 아름다워질 것이다.

6월 이익을 탐내는 것이 지나치면 후회 막급한 일이 생길 것이다. 동분서주하여도 별로 소득이 없을 것이다. 주색을 가까이하면 불리한 일이 생길 것이니 삼가 주의해야 할 것이다. 가까운 사람과 금전거래를 하지 말아야 할 것이다.

7월 가야 할 길은 만 리 먼 길인데 갈수록 태산이구나. 고진감래하는 것이요, 무너진 집을 재건하니 늦게야 빛이 나듯 늦게라도 뜻을 이룰 것이다. 착한 일을 많이 하고 악한 일을 멀리하니 신상에 이로움이 있을 것이다.

8월 세월이 흐르는 물과 같으니 도모하는 일을 신속히 행해야 할 것이다. 재물이 남쪽에 있으니 가서 구하면 얻을 것이다. 주색을 가까이하면 재물에 이로움이 없으니 삼가는 것이 좋을 것이다. 큰 재물은 어려워도 작은 재물은 들어올 것이다.

9월 하는 일마다 형통하여 신수가 왕성할 것이요, 이익이 서쪽에 있으니 출행하면 얻을 것이다. 아내에게 근심이 있으니 미리 액을 넘기면 면할 것이다. 봄바람이 이르는 곳에서 만물이 회생하니 만사가 태평할 것이다.

10월 직장을 얻거나 승진하지 않으면 재산이 늘어 집안에 기쁨이 가득할 것이다. 귀인이 와서 서로 도우니 재물과 복록이 진진하여 많은 이익을 얻을 것이다. 옛것을 버리고 과감히 새것을 따르니 작은 것을 쌓아 큰 것을 이루게 될 것이다.

11월 고통과 어려움을 참고 지내온 덕에 마침내 성공할 것이다. 만사 중에 참는 것이 상책이다. 원행이 불리하니 먼 여행을 삼가고 가급적 집안에 머물러 있으면 길할 것이다. 허욕을 부리면 불리하니 마음가짐을 바로 하고 분수를 지켜야 할 것이다.

12월 이제야 재앙과 어려움이 사라지고 복이 오니 집안이 화목할 것이다. 양으로 소를 바꾸는 격이니 작게 가고 크게 올 것이다. 몸도 왕성하고 재물도 왕성하여 즐거움이 그 안에 있으나 주색을 가까이하면 재물을 잃게 될 것이다.

고지간 蠱之艮

| 운세풀이 |

어두운 밤길에 광명을 얻는구나. 적덕지가(積德之家)는 필유여경(必有餘慶)이라, 평상시 덕을 많이 쌓으니 그 결과 많은 일이 성취되고 집안이 화목하구나. 용이 구름을 얻고 호랑이가 바람을 얻으니 앉아서 대군을 지휘하는구나. 운수가 대길하니 하는 일마다 성취하네. 처음은 가난하고 나중은 부귀하니 마음이 넉넉하고 몸이 건강하구나. 좋은 기회를 포착하여 움직이니 그 공로가 갑절이네. 귀인이 와서 도우니 손에서 천금을 희롱하리라.

1월 운수가 대길하니 백 가지 일들이 순조롭게 이루어질 것이다. 하는 일에 신속함이 귀중하니 좋은 기회를 놓치지 말아야 할 것이다. 만일 관록이 아니면 자손을 얻을 것이요, 재성이 몸에 따르니 구하는 재물을 뜻과 같이 얻게 될 것이다.

2월 큰 나무와 썩은 나무에 다시 새싹이 돋아나니 상하가 서로 화합하고 저절로 좋은 일이 생길 것이다. 사업이 성취되고 재물이 진진할 것이다. 백 가지 일들에 흠이 없으나 화재를 조심해야 할 것이다. 자나 깨나 불조심하면 만사태평할 것이다.

3월 가정에 근심이 있으니 혹여 자손에게 근심거리가 있을 것이다. 길한 날 좋은 때를 골라 가신에게 치성하고 착한 일을 많이 하고 마음에 덕을 쌓으면 면할 것이다. 만일 사람을 골라 가까이 두고자 한다면 금성(金姓)을 가진 사람이 가장 길할 것이다.

4월 들판에 봄이 찾아와 초목이 다시 생기를 되찾으니 어렵던 날들이 지나고 생활에 생기를 찾을 것이다. 기러기가 남쪽으로 날아가니 그 그림자가 쓸쓸하구나. 북쪽이 불리하니 가지 말아야 할 것이다. 손재수가 있을 것이다. 원행을 삼가야 할 것이다.

5월 뜻밖에 공명을 얻으니 이름을 사방에 떨칠 것이다. 이로움이 타향에 있으니 멀리 떠나면 재물을 얻게 될 것이다. 재물이 풍부하니 많은 사람이 나를 공경할 것이다. 다만 물건의 주인이 각각 다르니 비리를 탐하지 말아야 할 것이다.

6월 물고기가 깊은 연못에 잠겨 있으니 낚시하는 사람이 무엇을 바라리오. 헛된 세월을 보낸 듯하나 그 안에 이득이 있으니 재록이 흥성할 것이다. 귀인이 와서 도우니 반드시 성공할 것이다. 그러나 너무 급하게 도모하면 오히려 해가 될 것이다.

7월 운수가 대통하니 모든 일이 뜻대로 이루어질 것이다. 근심이 흩어지고 기쁨이 생기니 일신이 편안하고 한가로울 것이다. 만일 관록이 아니면 자손에 영화로움이 있어 집안을 빛낼 것이다. 다만 보증을 서거나 사람을 소개하는 일을 삼가야 할 것이다.

8월 고생 끝에 낙이 올 것이다. 곤고함이 다하면 형통하는 것은 인생사 이치이다. 뜻밖에 공명하니 도처에 권세와 이득이 있을 것이요, 많은 사람이 우러러볼 것이다. 동쪽이 이로우니 동쪽을 출입하면 하는 일마다 영광이 있을 것이다.

9월 운명에 권위가 있으니 허리에 황금 띠를 두른 격이다. 높은 자리에 앉게 되고 이름을 사방에 떨칠 것이다. 가뭄에 단비가 내려 초목을 적시는 것이요, 물고기가 푸른 바다에서 노닐며 의기가 양양하니 하는 일이 뜻한 대로 다 이루어질 것이다.

10월 꽃 피고 달이 밝으니 수복이 끊이지 않고 생길 것이다. 맑은 달빛을 움켜쥐니 하는 일마다 뜻대로 이루어지고 신수가 대길하여 좋은 일이 빈번히 생길 것이다. 애써 구하지 않아도 재물이 저절로 들어올 것이니 베풀어 덕을 쌓기 좋은 때이다.

11월 하루아침에 거센 바람이 꽃잎이 다 떨어지니 갑작스레 뒤바뀐 상황으로 잃는 것이 많을 것이다. 자녀에게 근심이 있으니 미리 도액하면 가히 면할 것이다. 친한 사람으로 인해 실패할 수 있으니 경계해야 할 것이다.

12월 가뭄에 단비가 촉촉이 내려 초목을 적셔주니 좋은 소식이 올 것이다. 재물이 밖에 있으니 출입하여 힘써 구하면 가히 얻을 것이다. 얻는 것은 적으나 쓰일 곳이 많으니 좋은 마음으로 받아들이면 그로 인해 좋은 소식이 있을 것이다.

고지몽 蠱之蒙

| 운세풀이 |

밖에서는 길한 것만 있고 흉한 것이 없으니 앉은 자리가 편안하구나. 큰마음 먹고 긴 강을 건너려고 뛰어드니 깊지도 않고 얕지도 않아 건너기 적당하구나. 달은 기울고 차오르며 황하는 맑았다가 흐렸다하는 것이니 길흉이 반반이구나. 아무리 좋은 일만 있다 하여도 근심이 없을 수 있으랴. 가정이 화목하나 형제자매 사이에 우환이 있구나. 올해는 집을 짓지 말아야 하네. 밖은 평화로워 보이지만 집안에는 근심이 있네. 부귀는 하늘의 뜻이로다.

1월 깊은 물에 잠긴 용을 쓰지 못함은 때가 이르지 않았기 때문이리라. 사람 사귐에 조심해야 할 것이다. 목성(木姓)을 가까이하면 불리할 것이다. 뜻 막기를 성과 같이 하고 입 단속하기를 병뚜껑 닫는 것처럼 해야 구설수를 막을 것이다.

2월 험한 길은 이미 지났으니 앞길이 순탄하게 풀릴 것이다. 비록 고단함은 있겠으나 하는 일은 반드시 이루어질 것이다. 다행히 귀인을 만나니 가히 큰 재물을 얻을 것이다. 힘들고 어려워도 참고 끈기 있게 추진하면 막혔던 일들이 풀릴 것이다.

3월 주작이 발동하니 반드시 구설수가 있을 것이다. 말과 행동을 신중히 하는 것이 좋을 것이다. 다른 사람의 감언이설을 듣지 말라. 달콤한 유혹에 넘어가면 은인이 도리어 원수가 될 것이다. 그것만 조심하면 만사가 뜻대로 이루어질 것이다.

4월 마음이 흥하고 일에 합이 드니 모든 일을 뜻대로 이룰 것이다. 때가 오고 운이 합하니 가히 천금을 모을 것이다. 동산에 꽃이 피니 벌과 나비가 향기를 탐하니 신수와 재물이 왕성할 것이요, 경영에 참여하면 커다란 이익을 얻을 것이다.

5월
게를 잡았다 놓아주는 격이니 얻는 것이 있으나 반대로 잃는 것도 있을 것이다. 세상 일이 뜬구름 같고 공연히 마음만 상할 것이다. 재물 재수를 보면 처음은 길하고 나중은 흉할 것이다. 심신이 불안한 가운데 구설이 있으니 조심해야 할 것이다.

6월
집안에 있으면 길하고 출행하면 해가 있을 것이다. 물을 거슬러 배를 저어가니 수고롭기만 하고 공이 없을 것이다. 동쪽은 불리하니 출행하지 말아야 할 것이다. 마음을 안정하고 몸가짐을 바로 하여 언행을 신중히 해야 할 것이다.

7월
바깥 재물에 욕심을 내어 탐하면 도리어 재물을 잃을 것이니 분수를 지키는 것이 좋을 것이다. 하는 일에 허망함이 많으니 결국 공도 효과도 없을 것이다. 재물은 북쪽이 왕성하고 일은 서쪽이 이로울 것이다. 집을 짓지 말라, 불리할 것이다.

8월
혹여 질병이 있으나 즉시 물러나니 큰 걱정은 없을 것이다. 집안에 우환이 있으니 신명께 치성을 드리면 가히 이 액운을 면할 것이다. 서쪽 사람을 삼가는 것이 좋을 것이다. 허울만 있고 실속이 없을 것이다. 가족의 건강관리에 힘써야 할 것이다.

9월
길운이 돌아오니 하는 일마다 여의하고 집안이 태평할 것이다. 헛된 욕심을 가지고 남의 재물을 탐내면 오히려 재물을 잃을 것이다. 허욕을 버리고 분수를 지켜야 할 것이다. 그러나 순조로운 물살에 항해하니 매사가 순조롭게 진행될 것이다.

10월
장사 길에 재물을 얻으니 이는 미곡으로 꼭 필요한 것이다. 직장에 좋은 일이 있을지 모르니 퇴직하지 않는 게 좋을 것이다. 처음은 비록 곤고하나 마침내 길한 이익을 볼 것이요, 가만히 있으면 이익이 없으나 움직이면 많은 이익을 얻을 것이다.

11월
모든 일에 신중하게 행해야 할 것이다. 혹여 재화가 있을까 두렵다. 만일 삼가지 않으면 좋지 않은 일이 생길 것이다. 비록 재물을 얻으나 몸에 병을 얻을까 두려우니 각별히 건강관리에 힘써야 할 것이다.

12월
봄 나무에 꽃이 피고 잎이 무성하니 어려운 일이 지나가고 하는 일이 순조로울 것이다. 서쪽에서 오는 사람이 이로우니 잘 사귀면 이익을 얻을 것이다. 재수가 형통하니 흉한 가운데 좋은 일이 있을 것이다.

몽지손 蒙之損

| 운세풀이 |

먼저는 얻고 나중은 잃으니 결국 아무런 이익이 없구나. 한 사람으로 인해 여러 사람이 피해를 보는구나. 모든 일을 조심하지 않으면 재앙을 면하기 어렵구나. 경거망동하지 말아야 낭패를 면하네. 또한 실물수가 따르니 도둑을 조심해야 하네. 밖에서는 이익을 구할 수 없으니 차라리 집안에서 근신하며 처신하는 것이 낫네. 갈매기와 백로가 물장구를 일으키니 원앙이 흩어지는구나. 남에게 해를 주면 도리어 자기에게 돌아오네.

1월 뜻은 있으나 이루지 못하니 공연히 마음만 상하고 심란할 것이다. 집안에 우환이 있어 큰 불운을 겪지 않으면 자손에게 액이 있을 것이다. 수성(水姓)을 가까이하면 손재하거나 관재에 휘말릴 것이니 사람 사귐에 각별히 조심해야 할 것이다.

2월 물에 잠긴 용이 세력을 잃으니 미꾸라지가 희롱하는구나. 집안사람이 화목하지 못하고 불화를 일으키면 풍파를 겪을 것이다. 물가에 가면 손재수가 있으니 물가에 가지 말아야 할 것이다. 비록 일을 구하나 빈손이니 안타까울 뿐이다.

3월 시운이 불리하니 수고함은 있으나 돌아오는 공과 이득은 없을 것이다. 도모하는 일이 의심스러우면 가는 길이 의심스러울 것이다. 또한, 남에게 피해를 입을 것이니 이를 피하려면 북쪽으로 가야 할 것이다. 심신을 닦으며 언행을 삼가야 할 것이다.

4월 운세가 불길하나 심신을 맑게 하고 덕을 쌓으면 길할 것이다. 경솔한 말을 하면 불리하니 입조심해야 할 것이다. 눈에 거슬리고 화가 나더라도 참고 또 참아야 할 것이다. 작은 일을 참지 못하면 큰 계획을 이룰 수 없을 것이다.

5월 이사수가 있으니 이사하면 길할 것이다. 만일 이사하지 않으면 근심과 고통을 면하기 어려울 것이다. 순리로 행하면 하는 일이 가히 여의할 것이요, 가신께 치성을 드리면 마침내 형통함이 있을 것이다.

6월 쌓인 눈이 아직 없어지지 않아 꽃 소식이 멀기만 하니 하는 일이 마음에 들지 않고 순탄하지 않아서 항상 번민하게 될 것이다. 먼저는 잃고 마음 상하나 나중에 얻게 되니 반드시 횡재할 것이다.

7월 길에 나서면 질병이 있을까 두려우니 건강에 각별히 유의해야 할 것이다. 다른 사람을 믿으면 졸지에 액운을 만날 수 있으니 매사를 주의하여 처신해야 할 것이다. 사람 사귐을 조심하고 가정에 충실하면 해로움을 면할 것이다.

8월 하는 일에 두서가 없으니 마음이 삼대와 같이 어지러울 것이다. 그러나 근신하고 안정하면 반드시 성공할 것이다. 더딤 가운데 길함이 있으니 조급함을 버리고 차분하고 침착하게 행해야 할 것이다. 결단하기 어려울 때는 분수에 맞는 것을 택하라.

9월 다른 사람과 함께 동업을 하면 피해가 적지 않으니 주의해야 할 것이다. 남쪽에 길함이 있으니 출행하면 이득을 얻을 것이다. 초상집에 가면 질병이 생기거나 불리한 일이 있을 것이다. 초상집을 가까이 말고 부조금만 보내는 것이 좋을 것이다.

10월 실물수가 있느니 물건을 잘 숨기고 도둑을 조심해야 할 것이다. 가까운 사람이 불리할지 모르니 친한 사람을 가까이하지 않는 게 좋을 것이다. 밝은 곳에 나갔다 어두운 곳에 드는 격이니 하는 일마다 지체됨이 많을 것이다.

11월 몸이 길 위에 있으니 노고를 견디기 어려울 것이다. 가까운 사람과 어울리면 불리할 것이니 친한 벗을 조심하라. 은혜가 도리어 원수가 될 것이다. 시운이 아직 당도하지 않았으니 일을 도모하기에 불리할 것이다.

12월 말을 가려하여 구설수를 조심해야 할 것이다. 주작이 모르는 사이에 동하니 구설이 가히 두려운 것이다. 일을 하려면 남쪽과 북쪽이 이로울 것이다. 근심과 기쁨이 서로 반반이니 재물도 잃고 사람도 떠날 것이나 재물도 얻고 인정도 받을 것이다.

| 운세풀이 |

때에 맞추어 길한 일이 벌어지니 도처에서 영화가 따르는구나. 귀인을 만나 공영을 떨치며, 남과 함께 경영하여 도처에서 활약하며 이익을 얻는구나. 운수가 길하니 하늘에서 도와 마침내 만사형통하는구나. 단비가 내리고 바람이 고르게 부니 만물이 순조롭게 성장하는구나. 가마솥에다 음식을 만듦에 장작불이 힘 있게 타니 다섯 가지 맛이 고루 나네. 얽히고설켰던 일들이 하나씩 풀리며 몸과 마음에 안정을 찾네.

1월 허한 중에 실함이 있으니 거짓을 버리고 진실을 이룰 것이다. 가히 공명을 얻으니 관록이 몸에 임하여 지위가 높아질 것이요, 재성이 길함을 만났으니 재물이 진진할 것이다. 매사가 순조롭게 진행되고 반가운 소식이 들려올 것이다.

2월 명리가 모두 길하니 이름을 사방에 떨치고 재물을 크게 얻을 것이다. 귀인을 만나게 되고 도모하는 일이 여의하니 자수성가할 것이요, 좋은 벗이 집에 가득하니 술과 안주가 풍만하고 모든 것이 안락할 것이다.

3월 큰 재물을 얻을 것이니 눈앞의 작은 이익을 탐하지 말아야 할 것이다. 일신이 영귀한 운수이니 소망이 뜻과 같이 이루어 소원 성취하게 될 것이다. 서쪽과 북쪽이 이롭고 재물이 왕성하니 그곳으로 출입하면 반드시 구하는 대로 얻을 것이다.

4월 동쪽 정원의 붉은 복숭아가 꽃이 떨어지고 열매를 맺으니 귀한 자녀를 얻거나 식구 수가 늘어날 것이다. 그렇지 않으면 횡재함이 있을 것이다. 다만 분수를 지켜 처신하는 것이 좋을 것이다. 허황한 일은 삼가고 행하지 말아야 할 것이다.

호랑이를 그리는데 가죽은 그려도 뼈는 그리기 어려우니 몸이 고달플 것이다. 그러나 고생한 보람이 있을 것이니 고단함을 한탄하지 말아야 할 것이다. 먼저는 흉하나 뒤에는 길할 것이다. 서쪽과 북쪽의 귀인이 우연히 와서 나를 도와줄 것이다.

구설이 많고 관재수가 가히 두려우니 무조건 근신 자중해야 할 것이다. 다툼을 피하고 이성문제에 각별히 조심해야 할 것이다. 화와 복의 이치는 미묘하여 발견하기 어려운 것이다. 모든 사람이 칭찬할 일이 있으나 이름만 있고 실속이 없을 것이다.

이 달에는 모든 재앙이 사라지고 복이 올 것이다. 먼저는 곤고하나 나중은 길하니 가히 큰 재물을 얻을 것이다. 경영하는 일은 그림 속의 닭이 새벽을 알림과 같으니 힘들어도 참고 끈기 있게 추진하면 반드시 형통하게 될 것이다.

연못에 있던 고기가 바다에 나가니 의기가 양양하니 신수와 재물이 모두 왕성할 것이다. 몸이 편안하고 마음이 태평하니 백 가지 일들이 여의할 것이요, 재물과 비단이 집안에 가득하니 한 집안이 화평할 것이다.

재물의 샘이 양양하니 화기가 집안에 가득할 것이다. 재물이 풍만하니 가도가 중흥하는 것이다. 다만 관귀가 몰래 동하니 출행하면 피해가 있는 것이다. 각별히 차를 조심해야 할 것이다. 이것만 주의하면 재물도 흥하고 반가운 소식이 올 것이다.

신상에 근심이 없으니 편한 곳에서 태평할 것이다. 다만 관재수가 있어 관청과의 관계가 이롭지 못하니 조심해야 할 것이다. 또한 술집에 가지 말라, 횡액수로 인하여 사고를 당하거나 해로운 일을 당하니 각별히 주의해야 할 것이다.

봄바람에 만물이 다시 생기를 찾으니 길운이 다시 찾아와 하는 일과 가정이 두루 평탄할 것이다. 만일 직장을 얻거나 자손을 얻을 것이다. 만일 이와 같지 않으면 이사수가 있어 다른 곳으로 이사하게 될 것이다.

흉한 가운데 길한 일이 생기니 나쁜 일이 도리어 좋은 일로 변하여 전화위복할 것이다. 사람을 잘못 사귀면 반드시 해로움이 따를 것이니 각별히 주의해야 할 것이다. 또한, 남쪽은 해로우니 가지 말아야 할 것이다.

몽지고 蒙之蠱

| 운세풀이 |

나는 용이 하늘에 있으니 덕과 위엄을 갖춘 큰 인물을 만나야 형통하는구나. 올해는 크게 이익을 보는구나. 음력 칠월과 팔월에 좋은 기회가 오니니 놓치지 않아야 하네. 올해는 사람으로 인하여 일이 성취되는 것이니 겉모습만 가지고 사람을 판단하지 말아야 좋은 결과를 얻을 수 있네. 가을 청명한 하늘에 해가 중천에 걸린 격이니 세상 모든 것들이 빛을 발하는구나. 올해는 고목 회춘하는 형국이기도 하니 어려운 고비를 넘기고 반드시 성공하는구나.

1월 관록과 재물을 얻는 격이니 장사하면 이익을 얻을 것이다. 뜻하지 않은 때에 귀인이 와서 도와줄 것이다. 다른 사람의 힘을 얻어 하는 일은 절반이나 공은 갑절이 될 것이다. 재물은 반드시 서쪽에 있으니 그리로 가서 구하면 얻을 것이다.

2월 작은 것을 쌓아 큰 것을 이루는 격이니 먼저는 가난하고 나중은 부유할 것이다. 황제의 은혜를 스스로 얻어 관록이 따르니 윗사람이 은혜를 베풀어 지위가 한층 높아질 것이다. 밖에는 이슬이 쌓여 있고 안에는 영화가 있으니 집안이 안락할 것이다.

3월 재운이 왕성하니 재물이 많이 들어올 이 기회를 잃지 말아야 할 것이다. 황금과 비단이 집안에 가득하니 기쁨이 가득할 것이다. 만일 횡재가 아니면 자손에게 영화가 있을 것이다. 다만, 이성문제를 각별히 조심해야 망신을 당하지 않을 것이다.

4월 구름이 걷히고 비가 개어 북두성이 하늘에 가득하니 재물도 풍성하고 권세도 있어 많은 사람이 우러를 것이다. 재물이 남쪽에 있으니 가서 구하면 반드시 큰 재물을 얻을 것이다. 이익이 먼 곳에 있고 박씨와 김씨를 사귀면 길할 것이다.

5월 가운이 왕성하니 기쁜 일이 중중할 것이다. 평소에 마음에 덕을 쌓고 착한 일을 많이 행하였으니 반드시 경사가 더 생길 것이다. 길신이 돕는 격이니 만사여의할 것이요, 성품이 정이 많으니 귀인이 와서 도와줄 것이다.

6월 지아비가 노래 부르고 지어미가 뒤를 다르니 가도가 흥왕할 것이다. 치성을 드려 액운을 막아야 할 것이다. 신액이 가히 두려우니 신명께 정성으로 기도해야 할 것이다. 일신과 가정에 근심이 있으니 몸과 마음을 깨끗이 하고 주의해야 할 것이다.

7월 복록이 중하고 이름이 높으니 만인이 우러러볼 것이다. 동쪽에서 귀인이 스스로 와서 도우니 이름을 이루고 이익이 따를 것이다. 집에 있으면 불안한 일이 생기고 밖에 나가면 마음이 편안할 것이다.

8월 많은 황금을 가지고 막내가 금의환향하는 것이다. 이익이 문서에 있으니 문서와 관계하면 손에서 천금을 희롱하게 될 것이다. 해가 중천에 있어 만물이 빛나니 하는 일이 뜻대로 이루어질 것이요, 재물 또한 여의할 것이다.

9월 재물은 있으나 얻기 어려우나 근신하고 안정하면 길할 것이다. 새로운 일을 시작하지 않는 것이 좋으며, 경영에 참여하지 말아야 할 것이다. 만일 이와 같지 아니하면 혹여 자손에게 근심이 있을 것이다. 동쪽과 남쪽이 불리하니 출행하지 말라.

10월 재물을 처음에는 얻으나 나중에는 잃을 것이다. 그러나 길한 운수가 점점 돌아오니 문을 나서서 출행하면 가히 얻을 수 있을 것이다. 동업을 하면 길할 것이니 다른 사람과 더불어 도모하면 그 이익이 열 배나 될 것이다.

11월 위엄을 사방에 떨치고 높은 지위에 오를 것이요, 반드시 재물의 이익을 얻을 것이다. 몸과 마음을 깨끗이 하고 불전에 기도하면 반드시 경사가 있을 것이다. 귀인이 와서 도우니 얽히고설킨 일들이 하나씩 풀리고 만사가 여의할 것이다.

12월 순풍에 돛을 다니 천 리가 지척이요, 일신이 영귀하니 세상 일이 태평할 것이다. 이름이 높고 사방에 떨치며 재물이 왕성하니 모든 사람이 우러를 것이다. 다만 친한 사람을 조심하지 않으면 하는 일에 불리함이 있을 것이다.

| 운세풀이 |

임금과 신하가 화합하니 백성이 평안하구나. 만사가 형통하는구나. 하늘에 일
월이 밝게 비추니 소망을 이루고 재물과 영예를 얻는구나. 모든 재앙이 사라지
고 복록과 권세가 무궁하구나. 호랑이가 바위 위에 우뚝 서서 세상을 호령하고,
신검이 화하여 청룡이 되는구나. 재산이 늘어나고 명예와 지위가 높아지며, 식
구가 늘어나네. 혼기를 앞둔 사람은 좋은 배필을 만나 결혼하는구나. 구하는 것
은 속히 구해지며 재앙은 봄눈 녹듯이 일시에 사라지네.

1월 도모하는 일이 쉽게 풀리니 이익을 얻고 큰 재물을 얻을 것이다. 머리에 계화를 꽂으
니 뜻을 얻어 양양한 것이다. 복록이 함께 흥하고 자손이 영귀할 것이요, 재앙이 소
멸하고 복이 흥하니 하는 일마다 여의할 것이다.

2월 용이 밝은 구슬을 얻으니 조화를 예측할 수 없을 정도로 아름다울 것이다. 길성이 비
치니 이롭지 않은 곳이 없을 것이요, 시운이 흥왕하니 반드시 성공할 것이다. 다만
송사수가 있으니 보증을 서는 일은 하지 말아야 할 것이다.

3월 황룡이 물에서 노는 것처럼 좋은 운세 속에서 일을 펼치게 될 것이다. 관성이 길함을
띠니 영화가 중중할 것이요, 뜻밖에 공명을 얻어 영화로우니 이래저래 기쁠 것이다.
동쪽과 남쪽에 길함이 있으니 기쁜 소식이 올 것이다.

4월 하는 일마다 여의하니 논밭을 널리 장만할 것이다. 도처에서 나를 도우는 손길이 있
어 발걸음이 닿는 곳마다 부귀영화가 따를 것이다. 만일 관록이 아니면 자손에게 경
사가 있을 것이요, 작은 것을 구하다 큰 것을 얻으니 반드시 부귀할 것이다.

5월 가산이 흥왕한 가운데 사업이 번창하고 심신이 안락할 것이다. 몸가짐을 바르게 하고 근신해야 할 것이다. 만일 삼가지 않고 유흥을 따르면 반드시 구설이 있을 것이다. 목성(木姓)이 해하려고 벼르고 있으니 각별히 주의해야 할 것이다.

6월 신수가 왕성하니 하는 일마다 이루어질 것이다. 산에 들어가 토끼를 구하여 얻으니 모든 일을 가히 이룰 것이요, 이익이 논밭에 있을 것이다. 다만 신수는 왕성하나 망신당할 수 있으니 이성문제를 각별히 조심해야 할 것이다.

7월 근심을 동풍에 깨끗하게 날려버리니 복숭아와 자두가 앞 다투어 피어날 것이요, 도처에 도모하는 일이 많아 분주할 것이다. 만일 이와 같지 아니하면 허송세월만 할 것이다. 서쪽의 사람을 가까이하면 재물을 잃게 될 것이다.

8월 만일 생남하지 않으면 반드시 횡재하여 재물이 들어올 것이다. 길한 사람은 하늘이 도와 마침내 형통하는 것이다. 재물이 북쪽에 있으니 마땅히 북쪽으로 가야할 것이다. 무작정 남의 말만 믿고 행하면 손재가 있으니 중심을 잃지 말아야 할 것이다.

9월 재물이 길 위에 있으니 나가면 바깥의 재물을 가히 얻을 것이다. 초목이 비를 만났으니 근심이 사라지고 기쁨이 가득할 것이다. 하는 일마다 순조롭게 풀리니 재물이 스스로 찾아올 것이요, 만사가 태평할 것이다.

10월 동풍 가랑비에 온 산에 꽃이 가득하니 뜻밖에 나를 돕는 사람을 만나 소망하던 뜻을 이룰 것이다. 가문 싹이 비를 만나고 소가 풍요로운 풀 속에서 졸고 있으니 많은 것을 얻을 것이다. 초상집에 가지 말라, 돌아오는 길에 액운을 맞을 것이다.

11월 마른 사람이 물을 얻은 격이요, 굶주린 사람이 풍년을 만났으니 길신이 나를 도와 만사가 길할 것이다. 그러나 가까운 사람을 조심해야 할 것이다. 토성(土姓)과 친하게 지내면 구설을 면하기 어려울 것이다.

12월 길성이 항상 비추니 반드시 경사가 있어 기쁠 것이요, 우연히 귀인을 만나 일을 소망하는 대로 이루고 많은 재물을 얻을 것이다. 다만 먼 곳에 가면 질병이 가히 두려우니 먼 여행을 삼가야 할 것이다.

태지명이 泰之明夷

| 운세풀이 |

모든 일이 순조롭게 이루어지고 운수가 대통하는구나. 물에 들어가도 빠지지 않고 불에 들어가도 데지 않는구나. 아무리 어려운 상황이라도 저절로 극복되고 마음먹은 일들이 순조롭게 이루어지네. 도처에 길함이 있으니 출입하여 재물을 얻는구나. 횡재수가 몸에 들어오니 재물이 크게 들어오네. 다만 이성을 탐하게 되면 낭패를 보게 되니 색을 멀리해야 하네. 어물 장사하는 사람이라면 북쪽에서 이익을 구하면 좋은 결과를 얻겠네.

1월 도처에 피해가 없으니 신수가 태평할 것이요, 안전한 곳에서 경영을 할 것이다. 들에 봄이 저무니 꽃을 찾다가 열매를 얻는 것이다. 흉함이 변하여 길함이 될 것이다. 조급하게 서두르지 말고 차분하게 찬찬히 하면 성사될 것이다.

2월 동풍 가랑비에 초목이 무성하니 순조로운 성공을 할 것이다. 농사로써 다스림의 근본을 삼으니 흉년에도 굶주리지 않을 것이다. 몸과 마음이 평탄한 가운데 그동안 벌인 일을 마무리할 것이요, 재물이 사방에 있어 문을 나서니 크게 얻을 것이다.

3월 많은 사람이 나를 도와주니 반드시 성공할 것이다. 혼자 힘으로 어려운 일을 협력자가 나타나 도와줄 것이나 잘 살펴야 할 것이다. 중심이 단단하니 무슨 일인들 이루지 못하겠는가. 반드시 성공할 것이요, 가정에 경사가 있을 것이다.

4월 하늘이 돕고 땅이 도우니 만사가 여의할 것이다. 문호를 바꾸고 고치니 만인이 우러러볼 것이다. 그러나 가까운 사람을 조심하지 않으면 그 피해가 클 것이다. 특히 목성(木姓)이 불리하다. 뜻밖에 횡재를 하니 많은 사람이 부러워할 것이다.

5월 봄바람이 이미 지났는데 꽃을 찾으니 의미 없고 어리석구나. 좋은 운세가 지나고 액이 닥치니 조심해야 할 것이다. 비리가 있는 물건은 결코 탐하지 말아야 하고, 중심이 단단하지 못하여 막힘이 많으니 중심을 잘 잡고 공을 들여야 것이다.

6월 길가에 집을 짓을 지었으니 갈팡질팡하며 이룰 날이 없을 것이다. 길한 사람이 도리어 피해를 주는 격이니 좋은 일에 마장이 많은 것이다. 하는 일에 결말을 맺지 못하니 스스로 그 곤란함을 떠안고 다른 사람의 잘못을 짊어질 것이다.

7월 연못이 말라 물이 없으니 연못 속의 물고기가 곤란함을 겪으니 하는 일마다 마장이 많을 것이다. 모든 일에 조심함이 상책이며 불전에 정성껏 기도하면 액을 면할 것이다. 동쪽과 서쪽에 길함이 있을 것이다.

8월 바람이 화순하고 날이 따뜻하니 온갖 꽃이 앞 다투어 피어나는구나. 장사를 하면 이익이 있을 것이다. 남쪽에서 귀인이 우연히 와서 나를 도우니 재물을 얻을 것이다. 그러나 옛것을 버리고 새로운 일을 꾀하면 큰 재물은 얻기 어려울 것이다.

9월 집에 있으면 이익이 없고 밖에 나가면 길하니 밖에서 재물을 얻을 것이다. 한가로운 곳에 재물이 있으니 산 좋고 물 좋은 곳에서 이익을 볼 것이다. 크게 움직이되 허욕을 부려 분수 밖의 것을 바라면 복은 다시 오지 않을 것이다.

10월 재물이 멀리 있으니 원행하여 구하면 가히 얻을 것이나 얻고 잃는 것이 반반일 것이다. 요귀가 몰래 움직이니 질병이 떠나지 않을 것이다. 망신수가 있으니 이성문제에 각별히 주의해야 할 것이다. 건강관리에 힘쓰며 주색을 멀리해야 할 것이다.

11월 신수가 태평하고 한 집안이 평안할 것이다. 재물이 왕성하고 복이 흥왕하니 식구와 가산이 늘어날 것이다. 다만 친한 사람을 조심하라, 적잖은 피해가 있을 것이다. 주변의 잘 아는 사람이나 소개를 받은 사람과 금전거래를 하지 않는 게 상책이다.

12월 도리를 지키고 가정에 머무르니 한 집안이 화평할 것이다. 한 사람에게 경사가 있어 만인이 행복을 누리니 자손에게 영귀함이 있을 것이다. 큰 재물은 바라기 어려우나 적게나마 가히 재물을 얻을 것이다.

태지임 泰之臨

| 운세풀이 |

길함이 있으니 반드시 만사형통하는구나. 흉한 방위는 피하고 길한 방위는 마땅히 따라야 하거늘 좋은 방위를 찾아 가면 반드시 길하리라. 길한 방위를 찾아 이사를 하거나 자리를 옮기면 가정이 대를 이어 편하네. 재물이 북쪽 방향에 있으니 가면 얻으리라. 옛것을 지키기보다 이사하여 집을 옮기면 길하네. 재물과 곡식이 창고에 가득하니 부족함 없이 풍요한 생활을 누리네. 비록 복록이 진진하나 부지런히 힘쓰지 않으면 수와 복을 어찌 기약하랴.

1월 참함을 유지하고 악을 멀리하나 흉한 사람이 가까이 있구나. 나감과 물러남을 아니 가히 재화와 액운을 면할 것이다. 마음을 차분히 하고 때를 기다려야 할 것이다. 조급함을 버리고 때를 기다려 움직이면 마침내 길한 이익을 얻을 것이다.

2월 편안한 가운데 위태함이 있으니 분수를 지켜야 할 것이다. 화성(火姓)을 잘 사귀면 내가 하는 일에 길함이 있을 것이다. 허욕을 부리면 도리어 손재하게 되니 분수를 지켜야 할 것이다. 서쪽으로 가면 재물을 얻고 기쁜 일을 맛볼 것이다.

3월 재물이 동쪽에 있으니 나가서 구하면 많이 얻을 것이다. 만일 이사하지 아니하면 원행하면 길할 것이다. 비록 재물을 얻으나 구설이 조금 있을 것이다. 놀음판에 끼어들면 근심이 클 것이니 절대로 도박을 하지 말아야 할 것이다.

4월 목마른 용이 물을 얻은 격이니 기쁜 일이 생기고 또 생길 것이지만, 만일 태만에 빠져 부지런하지 않으면 도리어 성공하지 못할 것이다. 직업을 바꾸거나 다른 경영을 꾀하면 기대만큼 거두지도 못하고 실패하게 될 것이다.

5월 하던 일을 바꾸지 말라, 반드시 허황함이 있으니 목전의 이익만 보고 직업을 바꾸지 말아야 할 것이다. 남모르는 손재가 많으니 범사에 주의하고 친한 사람과 금전거래를 하지 말아야 할 것이다. 주색을 가까이하면 반드시 큰 피해를 당할 것이다.

6월 하는 일에 변화가 있을 것이다. 때에 따라 변통하니 재물을 모으고 몸이 편안할 것이다. 재물도 있고 권세도 있으나 마음이 어질고 지혜로우니 어진 소리가 이웃에 통하여 나를 칭송할 것이다. 때를 기다려 움직이면 길하여 불리함이 없을 것이다.

7월 만일 길한 땅으로 이사를 하면 길운이 생겨 반드시 이득이 있을 것이다. 위아래가 화목하니 봄바람이 집안에 가득하여 화평할 것이다. 동쪽에 길함이 있으니 그리로 가면 구하는 것을 반드시 얻을 것이다.

8월 좋은 땅으로 이사하여 거처를 옮기면 복록이 이어질 것이다. 남쪽에 피해가 있으니 출행하면 불리할 것이다. 음력 칠월과 팔월은 먼저는 곤고하나 나중은 길하니 힘들고 어려워도 잘 참고 꾸준히 노력하면 반드시 고진감래할 것이다.

9월 귀인이 와서 도우니 재물과 복록이 스스로 들어오고 가산이 넉넉해질 것이다. 목성(木姓)은 불길하나 화성(火姓)은 길하니 화성과 함께하면 이득이 많을 것이다. 경영하는 일이 순조롭게 이루어지니 재물을 산처럼 쌓을 것이다.

10월 동쪽과 남쪽이 불리하니 그곳으로 출행하거나 일을 하지 말아야 할 것이다. 이것만 주의하면 재물의 이익이 흥하고 심신이 편안할 것이다. 몸도 왕성하고 재물도 왕성하니 만사가 태평할 것이나 이럴 때일수록 몸가짐을 바로 해야 할 것이다.

11월 나루터에 이르러 강을 건너려 하나 배가 없으니 혼자 일을 이루려 해도 힘들고 외로울 뿐이다. 그러나 인내하며 기다리면 밝은 날이 올지니 밝은 달 창가에 좋은 벗이 와서 나를 찾을 것이다. 다만 주색을 가까이하면 반드시 재물을 잃을 것이다.

12월 작은 것으로써 큰 것을 바꾸는 격이니 잃고 얻음을 가히 짐작할 수 있을 것이다. 귀인이 항상 도우니 영화로 빛나며 나의 몸이 귀해질 것이다. 다만 이성문제에 조심하지 않으면 패가망신하고 하던 일도 무너지게 될 것이다.

임지사 臨之師

|운세풀이|

마음이 바르고 깨끗하여 모든 일을 꿰뚫어 보니 만사가 형통하는구나. 용을 타고 호랑이를 올라타니 세상사가 내 손안에 있구나. 우물을 파서 물을 얻는 격이니 처음은 수고로우나 나중에는 크게 얻네. 고목이 봄을 만났으니 그 화려함이 천리를 비치는구나. 어느 자리에 있건 자신의 능력이 빛을 발하여 공명을 얻는구나. 다만 남과 다투게 되면 관재수가 따르니 삼가야 하네. 길운이 들어 관록이 몸에 따르나 주색을 가까이 하면 모든 것이 허사가 되네.

1월 재앙이 사라지고 복이 흥하니 집안에 화기가 가득할 것이요, 집안사람이 화합하니 복록이 스스로 올 것이다. 귀인이 와서 도우니 재물의 이익을 얻을 것이다. 백 가지 곡식이 풍족하니 남에게 넉넉히 베풀면 많은 사람이 함께 영화로울 것이다.

2월 날아가는 복이 우연히 집으로 들어오니 집안에 기쁨이 넘칠 것이다. 도처에 길함이 있으니 이곳저곳에서 큰 재물이 들어올 것이요, 따뜻한 봄바람에 내 둘레가 온통 꽃밭처럼 화창할 것이다.

3월 십 년 동안 부지런히 노력한 결과 마침내 금의환향하니 일신이 영귀해지고 재물과 복록이 흥왕할 것이다. 임금의 은혜를 스스로 받는 격이니 반드시 관록이 있을 것이요, 높은 자리에서 많은 이들을 다스리게 될 것이다.

4월 운수가 흥왕하니 음모하는 일도 길함이 있을 것이다. 옛 인연이 있어 우연히 와서 도와줄 것이다. 허욕을 부리지 말고 분수를 지켜야 할 것이다. 뜬 구름 같은 재물을 탐하면 작은 것을 구하려다 큰 것을 잃게 될 것이다.

5월 집에 있으면 불리하니 문을 나가 어디로 향할까나. 남모르는 괴로움이 있어 집을 나서지만, 어느 한 곳 갈 곳이 없을 것이다. 운수가 불리하여 하는 일이 지체될 것이다. 관재수가 있으니 근신 자중하여 남과 다투지 말아야 할 것이다.

6월 길운이 점점 돌아오니 하는 일마다 성취하게 될 것이다. 착한 사람은 복을 받고 음란한 사람은 화를 부르니 이것이 하늘의 이치이다. 물고기가 푸른 바다에서 노니니 의기가 양양하여 매사가 순조롭게 진행되고 반가운 소식과 재물이 들어올 것이다.

7월 나루터에 배가 없어 강을 건널 수 없으니 몸에 근심이 따르고 한숨을 쉬게 될 것이다. 가까운 사람을 조심하고 이사를 하면 좋은데 여의치 않으면 먼 곳으로 잠시 여행을 떠나면 액을 면할 것이다. 구설수가 있으니 금성(金姓)을 조심해야 할 것이다.

8월 형제지간에 우환이 있거나 집안에 우환이 있을 것이다. 마음속에 근심이 가득하니 항상 울화를 품을 것이다. 집안에 초상이 날까 염려되니 건강관리에 힘쓰며 집안사람을 다정하게 돌봐야 할 것이다.

9월 재앙이 물러가고 운수가 대통하니 고통에서 해방되고 집안이 평안할 것이다. 사람이 늘고 논밭을 넓히게 될 것이요, 얽히고설켰던 일이 풀리고 심신이 안정될 것이다. 금성(金姓)과 마음을 합하면 하는 일이 모두 여의할 것이다.

10월 경영하는 일이 반드시 성사될 것이니 도중에 포기하지 말아야 할 것이다. 귀인이 나를 도우니 재물의 이익을 가히 얻을 것이다. 밖으로 나가면 재록이 따를 것이니 특히 동쪽으로 행하면 범사가 여의할 것이다.

11월 연못의 물고기가 바다로 나가니 활기가 양양할 것이요, 날아가는 용이 하늘에 있으니 구름이 걷히고 복락의 비가 내릴 것이다. 길성이 몸에 비추니 관록을 얻을 것이다. 직업을 바꾸거나 새로운 일을 시작하면 재복이 풍족해질 것이다.

12월 집을 지키는 것은 이익이 없으나 출타하면 이익이 있을 것이다. 주색을 가까이하지 않으면 범사를 이룰 것이나 주색을 가까이하면 그간의 노력이 수포로 돌아갈 것이다. 마음을 굳게 하고 덕을 닦으니 마침내 허물이 없어질 것이다.

임지복 臨之復

| 운세풀이 |

봄꽃이 활짝 피었구나. 운수가 대통하니 반드시 광명을 보리라. 삼양(三陽)이 기운을 같이하니 만물이 생생하고 빛이 나는구나. 하는 일이 순조롭고 활기차니 복록이 집안에 가득하구나. 구름이 걷히고 달이 나오니 마침내 기쁜 일이 생기네. 적게 주고 크게 받으니 적은 것으로 큰일을 이루는구나. 올해는 재효를 만나니 반드시 재물이 왕성하겠네. 땅과 물을 오가며 경영하니 사방의 천금을 모두 희롱하네. 너그러이 베풀어 덕을 쌓으며 훗날을 기약하네.

1월 위아래가 화합하니 재물을 얻거나 몸이 영귀해져 태평할 것이다. 몸이 편안하고 마음이 평안하니 백 가지 일들이 모두 길할 것이요, 운수가 대길하니 만사형통하여 하는 일마다 뜻대로 이룰 것이다.

2월 푸른 풀과 풀 향기가 꽃 핀 때보다 나은 격이니 성심으로 일하면 반드시 성사할 것이다. 작은 것을 구하다가 큰 것을 얻는 격이니 반드시 형통할 것이다. 새로운 식구가 늘어날 것이요, 씨앗은 하나인데 그 열매는 수십이니 모든 일을 이룰 것이다.

3월 다행히 귀인을 만나니 복록이 중하고 이름이 높을 것이다. 목성(木姓)과 함께하면 큰 재물을 얻을 것이다. 자손에게 영화가 있어 기쁜 일이 생기고 재물이 흥왕할 것이다. 다만 토성(土姓)을 가까이하면 재물을 잃거나 관재수에 휘말릴 것이다.

4월 가운이 대길하므로 모든 일이 저절로 이루어질 것이다. 봄바람이 온화하여 도처에 꽃이 피어나니 운세가 좋고 신수가 태평하며 가산을 늘려 집안사람들이 편안하게 훈훈함을 누릴 것이다. 서쪽과 남쪽에 재물이 있으니 출행하면 횡재할 것이다.

| 5월 | 눈 속에서 죽순을 얻으니 하늘이 내린 효자로다. 꽃을 찾다가 열매를 얻는 격이니 사해에 이름을 떨칠 것이요, 가도가 흥왕할 것이다. 신령이 나를 도우니 복록이 왕성할 것이다. 착한 마음으로 남에게 베풀면 더욱 풍만할 것이다. |

| 6월 | 가을 국화와 봄 봉숭아가 각기 때를 만나 꽃을 피우고 열매를 맺으니 마침내 때가 오고 운이 합하여 벌이는 일마다 성사함이 있을 것이다. 만일 관록이 아니면 자손에게 영화가 있을 것이다. 그렇지 않으면 농업이나 상업에서 이득을 얻을 것이다. |

| 7월 | 이름이 널리 알려지고 몸이 왕성하니 한가한 곳에서 재물을 구할 것이다. 음양이 화합하니 사방에 봄이 돌아와 복락이 들어올 것이다. 다만 자손에게 액운이 있을까 두려우니 범사에 조심해야 할 것이다. |

| 8월 | 모래를 일어 금을 얻으니 하찮은 일에 임해도 그 이익이 크고 빛날 것이다. 옛것을 지키고 마음을 안정하면 재해가 침범하지 않을 것이다. 축하객이 문에 드니 집안에 화기가 가득할 것이나 경사가 있지 않으면 구설이 따르니 유념해야 할 것이다. |

| 9월 | 위아래가 서로 친하니 가도가 중흥하여 집안사람이 평안할 것이다. 비가 순조롭고 바람이 고르니 하늘이 복락을 내려 살림이 족하고 사람도 많을 것이다. 다만 수성(水姓)을 조심하지 않으면 손재가 따를 것이다. |

| 10월 | 역시 손재수를 조심해야 할 것이다. 보옥이 돌에서 나와 따뜻하고 윤택하니 가히 사랑스럽도다. 작은 것으로 큰 것을 바꾸는 격이니 하는 일마다 능히 이룰 것이다. 중심을 잃고 다른 사람의 달콤한 유혹에 넘어가면 손재가 따를 것이다. |

| 11월 | 서산에 해가 지고 새가 수풀 둥지에 드니 모든 일이 순탄하게 진행될 것이요, 집안이 평안할 것이다. 이름을 공문에 거는 격이니 몸이 높은 벼슬에 오를 것이요, 고목이 봄을 만나니 가문 싹이 비를 만나 기쁨이 가득할 것이다. |

| 12월 | 재앙이 가고 복이 오니 화가 변하여 복이 될 것이다. 천한 사람이 관록을 얻고 굶주린 사람이 풍년을 만나니 반드시 천복을 받을 것이요, 재물을 심히 많이 모을 것이다. 이익이 서쪽에 있고 피해는 동쪽에 있을 것이다. |

임지태 臨之泰

| 운세풀이 |

큰 뜻을 품고 최선을 다하니 종래에는 복록을 얻는구나. 만추에 서리가 내리니 낙엽의 기운이 뿌리로 돌아가는구나. 객지에서 고생하던 나그네가 성공을 하여 고향으로 되돌아오는구나. 고난과 역경을 딛고 마침내 성공하고, 뜻밖에 재물을 얻어 부귀와 복록을 누리는구나. 다만 경거망동하면 구설과 관재수를 면하기 어려우니 언행을 조심하고 겸손하고 너그러운 마음으로 다툼을 피해야 하네. 길함이 극에 달하면 흉함으로 변하니 정도를 지켜야 하네.

1월 천신이 나를 도우니 기쁜 일이 끊이지 않을 것이다. 백 가지 일이 흠이 없으나 자나 깨나 불을 조심해야 할 것이다. 가까운 사람이 나를 해하니 조심할 것이다. 특히 금성(金姓)을 가까이하면 해함이 있을 것이다.

2월 귀인이 와서 도우니 이익이 그 가운데 있을 것이요, 선한 사람은 친하게 지내고 악한 사람은 멀리해야 할 것이다. 가문 하늘에 마른 싹이 비를 만나니 재록이 풍만한 가운데 집안사람이 화평할 것이다. 교만하지 말고 겸손하면 더욱 길할 것이다.

3월 곡식에 이로운 비가 내리니 오곡에 꽃이 피어 결실을 준비하는구나. 신운이 크게 통하니 모든 일이 여의할 것이요, 재물이 풍만할 것이다. 한 집안이 태평하니 백 가지 일이 순조롭게 진행될 것이다.

4월 재성이 나를 따르니 재물도 왕성하고 몸도 왕성하여 금의환향할 것이다. 그러나 사람 사귐을 조심해야 할 것이다. 금성(金姓)을 조심하라, 손해는 있고 이익은 없을 것이다. 마음을 차분히 하고 깊이 바라보면 우물 속 조약돌도 보일 것이다.

5월 길성이 나를 도우니 반드시 집안을 일으킬 것이다. 평소 착한 일을 행하며 덕을 쌓으니 우연히 횡재하여 풍족할 것이다. 다만 길한 중에 흉함이 있으니 상복을 입을까 두렵다. 명산을 찾아 정성껏 기도하면 액을 면할 것이다.

6월 백 가지 일이 길하여 날로 천금을 이룰 것이나 종종 근심이 있을 것이다. 친한 사람과 한 번은 다투겠고 아내나 자손에게 액운이 있을 것이다. 가정을 살뜰히 살펴야 할 것이요, 명산대천에 미리 기도하여 액을 막아야 할 것이다.

7월 집안사람들이 한마음으로 뭉치니 도모하는 일을 모두 이룰 것이다. 재물이 하늘에서 오니 반드시 좋은 일이 있을 것이요, 재물이 들어올 것이다. 사람을 잘못 사귀면 해로우니 각별히 목성(木姓)과 금성(金姓)을 조심해야 할 것이다.

8월 새벽녘 까치가 기쁨을 알리니 귀인이 문에 임하는 것이다. 혼자서 일을 꾀하기보다 귀인의 도움을 받으면 이익이 두 배가 될 것이다. 만일 횡재하지 않으면 자손에게 영화가 있을 것이요, 길신이 도움을 주니 기쁜 일이 중중할 것이다.

9월 생각지도 않았던 일에서 뜻밖에 재물을 얻으니 논밭을 늘리게 될 것이다. 재물과 복록을 겸전하니 만인이 우러러볼 것이다. 그러나 관귀가 길을 지키고 있으니 원행하면 흉할 것이다. 경거망동하지 말고 먼 여행을 삼가야 할 것이다.

10월 봄 동산의 풀이 날로 푸름을 더하니 하는 일이 순조로운 것이요, 순한 물살에 배를 띄우니 모든 일이 흔들리지 않고 순풍에 돛을 단 듯 이루어질 것이다. 이익이 밖에 있으니 집안에 머물지 말고 움직이면 재물을 얻을 것이다.

11월 금관 옥대로 황제의 은혜를 입으니 만일 귀인을 만나면 관록이 몸에 임할 것이다. 뜻밖에 성공하여 널리 이름을 떨치게 될 것이다. 군자는 복록을 얻고 소인은 허물만 있을 뿐이니 재물만 탐하지 말고 덕을 쌓아야 할 것이다.

12월 봉황이 아침 햇살에 우니 태평한 기상이 있을 것이다. 만일 재물을 얻지 아니하면 생남하니 이래저래 기쁨이 늘 것이다. 다만 집안에 우환이 있을까 두렵다. 부모께 근심이 없으면 자손에게 액운이 있으니 집안을 자상하게 돌보아야 할 것이다.

| 운세풀이 |

명산 들어가 도를 닦으니 진실한 본성을 깨닫는구나. 봉황이 오동에 깃드니 길
경사가 집안에 가득하구나. 좋은 인연을 찾아 혼인하면 복락이 내려 더욱 길하
리라. 남을 해치고자 하면 좋은 일도 나쁜 일로 변하니 부정한 마음을 버리고 정
도를 걸어야 하네. 비록 뗏목을 타고 망망대해에 나왔으나 상서로운 순풍이 목
적지까지 이끌어주는구나. 사람들이 힘을 합하여 나를 도우니 소원 성취하고,
집안사람이 화목하니 태평성대를 이루네.

1월 길에 나가 수레를 얻으니 날로 만 리를 갈 것이요, 모든 일이 여의하니 마침내 큰 이
익을 볼 것이다. 매사가 순조롭고 진행되고 반가운 소식이 들려올 것이다. 재수는 대
길하나 혹여 구설이 있을 것이니 각별히 언행을 조심해야 할 것이다.

2월 한 집안이 태평하니 백 가지 일이 순조롭게 이루어질 것이요, 분수를 지켜 편안히 지
내면 뜻대로 형통할 것이다. 남산의 네 노인이 꿈에 금강산에 들어가니 애쓰지 않아
도 저절로 이루어질 것이다. 마음가짐을 바로 하고 차분히 지내야 할 것이다.

3월 남산의 붉은 복숭아가 홀로 붉은빛을 띠었으니 내가 하는 일이 잘 해결되고 빛나게
될 것이다. 동쪽과 남쪽 두 방향으로 이사하면 길할 것이다. 다만 시비를 가까이하지
말라, 구설이 있을 것이다. 도리에 어긋난 말과 행동을 삼가야 할 것이다.

4월 동업하면 이익이 있을 것이다. 차가운 골짜기에 봄이 돌아오니 도처에 길함이 있을
것이요, 한마음으로 일에 전력을 다하면 반드시 성공할 것이다. 남과 더불어 동업하
면 반드시 이익이 있을 것이다.

5월 쥐가 겨울 곳간에 드나드니 의식이 풍족할 것이요, 모든 일이 뜻대로 이루어질 것이다. 마음을 정직하게 가지면 재앙이 복으로 화할 것이다. 한가한 곳에서 재물을 구하여 즐길 것이나 남과 다툼이 있으면 해로울 것이다.

6월 작은 것을 구하려다 몇 배의 결실을 얻을 것이다. 재물이 흥왕하니 가히 부귀를 기약할 것이요, 이름이 높고 권세가 높으니 사람들이 우러러볼 것이다. 더욱 겸손히 인격을 닦으니 하는 일마다 성취하고 날로 큰 재물을 얻을 것이다.

7월 재수를 묻지 말라, 길한 가운데 흉함이 있으니 설사 얻는다 해도 도리어 잃을 것이다. 밝음을 등지고 어둠으로 향하니 상복을 입게 될까 두렵구나. 만일 이와 같지 않으면 화재가 두려우니 자나 깨나 앉으나 서나 불조심을 해야 할 것이다.

8월 여름날 메마른 풀이 비를 만나고, 뜨락에서 꽃이 활짝 웃으니 벌과 나비가 스스로 찾아 날아오듯이 이제 좋은 운이 찾아올 것이다. 다만 남의 것을 탐하지 말라, 내 것이 아닌 바깥 재물을 탐하면 도리어 내 것까지 잃고 후회할 일이 생길 것이다.

9월 나는 새가 둥지를 잃고 공연히 공중에서 날고 있으니 내 것을 잃게 되고 설상가상으로 사람들마저 내 곁을 떠나니 몸과 마음이 불안할 것이다. 그러나 고진감래할 것이니 고생과 고단함을 한탄하지 말라. 마침내 길운을 얻을 것이다.

10월 귀인이 나를 도우니 생활이 태평할 것이다. 재물이 바깥에 있으니 움직이면 재물을 얻을 것이요, 물고기와 용이 물을 얻어 의기양양하니 하는 일마다 성공을 맛보게 될 것이다. 매사가 순조롭게 진행되고 막혔던 일이 풀리고 좋은 소식이 올 것이다.

11월 출행하면 불리하니 옛것을 지키고 안정을 해야 할 것이다. 시운이 불리하여 영웅도 어찌할 수 없으니 경거망동하지 말고 분수를 지켜야 할 것이다. 물이나 불로써 한 번은 놀랄 일이 있을 것이다.

12월 만일 귀인을 만나면 그의 도움을 받아 태평한 시절을 맞을 것이다. 특히 이씨, 박씨 두 성을 가진 사람이 나에게 도움을 줄 것이다. 신수에는 흠이 없으나 혹여 구설이 있을 것이니 언행을 조심해야 할 것이다.

명이지태 明夷之泰

| 운세풀이 |

만사가 순조롭고 재수가 대통하니 부귀영화를 누리는구나. 연못에 낚시를 드리우니 황금물고기가 저절로 올라오는구나. 뜻밖에 횡재를 하네. 고목이 봄을 맞으니 부진했던 일들이 서서히 자리를 잡고 성취되는구나. 자식을 원하는 집에서는 자녀를 얻고, 시험을 보는 사람은 합격하여 출세하고, 사업하는 사람은 재물이 날로 늘어나네. 남쪽이 길하니 그리 가면 성공하나 북쪽은 불리하니 출행을 삼가야 하네. 명산을 찾아 기도하면 작은 액운도 사라지리라.

1월 동쪽 정원의 붉은 복숭아가 때를 만나 꽃이 만발하니 신수가 길할 것이다. 만일 혼인이 아니면 아들 낳는 경사가 있을 것이다. 하늘에서 복록이 내려오니 도모하는 일이 점점 새롭고 기대 밖의 성과를 올려 백사에 기쁨이 넘칠 것이다.

2월 작은 것을 쌓아 큰 것을 이루니 백 가지 일을 순탄하게 성사시킬 것이다. 풍진에 골몰하다가 부귀를 편안히 누리니 고진감래할 것이다. 특히 금성(金姓)이 내게 이익을 줄 것이니 함께 일하면 좋을 것이다.

3월 봄 언덕에 양지의 버들가지가 때를 만나 서로 도우니 하던 일을 이루고 소망을 이루어 의기양양할 것이다. 우연히 재물을 얻으니 가히 부자의 이름을 기약할 것이다. 만일 목성(木姓)을 만나면 흉중에 복이 있으니 전화위복하게 될 것이다.

4월 비록 재물은 왕성하나 자손에게 근심이 있어 부귀영화를 누릴 여유가 없을 것이다. 미리 명산대천에 기도하면 이 액운을 면할 것이다. 부모께 효도하고 가족을 자상하게 살펴야 할 것이다. 명리가 모두 흥왕하니 부귀를 겸전하게 될 것이다.

뜻밖에 공명을 얻어 이름을 이루고 이익을 만나니 축하객이 문전성시를 이룰 것이다. 분수를 지키고 안정하면 길할 것이나 출행하면 불리할 것이다. 동기간에 액운이 있으니 경거망동하지 말고 자중하며 때를 기다려야 할 것이다.

6월 정씨와 이씨 성을 지닌 사람이 우연히 와서 도와주니 하던 일을 성사시키고 손에 권세를 쥐며 이름을 널리 떨칠 것이다. 재성 괘효가 왕기를 만나니 천금을 얻기가 어렵지 않은 것이다. 도처에 영화로움이 있으니 의기와 의욕이 넘칠 것이다.

7월 몸이 황금 계곡에 드니 복록과 재물을 얻을 것이다. 길성이 나를 도우니 반드시 기쁜 일이 있을 것이다. 우연히 알게 된 사람이 나를 도와주니 오랫동안 염원하던 일을 이루게 될 것이다. 군자는 녹을 얻고 소인은 재물을 얻을 것이다.

8월 날아가는 용이 하늘에 있으니 이익이 대인을 볼 것이요, 큰 재물을 얻을 것이다. 마음을 맑게 하고 욕심을 부리지 않으니 자연히 몸이 편안해질 것이요, 태산 같은 재물을 얻을 것이다. 깨끗한 마음으로 노력하니 인정을 받아 큰 집을 이룰 것이다.

9월 재성이 나를 도우니 반드시 큰 재물을 얻을 것이요, 가도가 흥왕하니 반드시 귀한 자손을 낳을 것이다. 봄빛이 꽃을 희롱하는 격이니 보배로운 영화를 얻을 것이다. 남에게 베풀고 음덕을 쌓으면 더욱 길할 것이다.

10월 내가 만약 허욕을 부려 남을 속인다면 도리어 남도 나를 속여 그 해로움이 클 것이다. 신수가 불리하니 횡액을 조심해야 할 것이다. 만일 목성(木姓)을 가까이하면 손재가 적지 않으니 마음가짐을 깨끗이 하고 범사에 조심해야 할 것이다.

11월 재수를 보니 처음에는 얻었으나 뒤돌아 헤어보면 오히려 잃은 것을 느낄 것이다. 각별히 이성을 조심해야 할 것이다. 이성문제로 인해 화를 당하고 재물을 잃을 것이다. 힘들고 어려워도 좌절하지 말고 때를 기다려 힘쓰면 고진감래할 것이다.

12월 가운이 대길하니 화기가 만당하고 시운이 길함을 만나니 기쁜 일이 중중할 것이다. 운수가 대통하니 천금을 얻기가 어렵지 않고, 재물과 복록이 남으니 풍류를 즐기는 나날이 될 것이다. 어려운 이웃을 돕는데 인색하지 말아야 할 것이다.

괘상수
833 ䷗ 명이지복明夷之復

|운세풀이|

나에게 허물이 없으니 심신이 안정되고 편안하구나. 고요한 가운데 큰 뜻을 세
우니 심상치 않네. 봄바람이 불어오니 꽃들이 화창하구나. 귀인이 서로 도와주
니 종래에는 성공을 거두네. 위태한 중에 안정을 찾으니 처음은 곤고하나 나중
은 태평하구나. 결혼하려는 사람은 좋은 배필을 만나고 자식을 구하는 사람은
귀한 자녀를 얻는구나. 집과 몸이 윤택하니 몸과 마음이 넓고 편안하네. 명산에
들어가 기도하면 가히 신선을 만나리라.

1월 달이 구름 속에 드니 그 빛을 보지 못하는 것이다. 분수를 지켜 편안히 있으면 신상에
근심이 없을 것이나 분수 밖의 일을 행하며 경거망동하면 도리어 손해를 부를 것이다.
망령되이 움직이지 말고 심신을 닦으며 평온함을 유지해야 할 것이다.

2월 귀인이 나타나 서로 도우니 복록이 가볍지 않을 것이다. 만일 관록이 아니면 반드시
귀한 자손을 얻을 것이다. 만일 이 같지 아니하면 운수가 뒤바뀌어 손재수와 구설수
가 있을 것이다. 매사에 조심하고 신중히 처신해야 할 것이다.

3월 땅을 파서 황금을 얻으니 마침내 큰 이익을 얻게 될 것이다. 동쪽과 남쪽 양방향에
재물이 있으니 수고하지 않고도 얻을 것이다. 일신이 영귀하고 편안하니 더 바랄 나
위가 없을 것이다.

4월 눈 속에서 꽃향기를 맡으며 문득 활짝 핀 꽃을 발견하니 슬하의 자손에게 영귀함이
있을 것이다. 그동안 덕을 쌓은 것이 큰 복이 되어 올 것이다. 재물이 왕성하니 이때
를 놓치지 말고 원하는 대로 모으면 좋을 것이다.

5월 남과 다투어 옳고 그름을 따지지 말라, 시비에는 구설이 침노할 것이다. 조심성 없이 길에 나서면 한 번은 놀랄 일이 있을 것이다. 언행을 조심하고 먼 길 출행을 삼가야 할 것이다. 재물이 매매하는 데 있으니 반드시 논밭일 것이다.

6월 길함보다 다소 불리할 것이다. 가까운 사람이 나를 해하니 각별히 조심해야 할 것이다. 금성(金姓)을 가까이하면 재물을 잃을 것이니 그의 말은 달콤하나 배에 칼을 품고 있는 것이다. 매매하는 데에 피해가 있으니 반드시 수산물에 있을 것이다.

7월 재물이 나를 따르니 반드시 큰 재물을 얻을 것이요, 때가 오고 운이 이르니 만사가 여의할 것이다. 푸른 소나무와 대나무가 그 빛을 변치 아니하듯 일편단심으로 노력하고 덕을 쌓으니 남들로부터 칭송이 자자할 것이다.

8월 배고픈 사람이 풍년을 만난 격이니 식록이 진진할 것이다. 재물이 풍만하나 혹여 아내에게 근심이 있으니 걱정에 기쁨을 누릴 여유가 없을 것이다. 최씨, 이씨 두 성씨를 가까이하면 피해가 있을 것이니 각별히 금전거래를 삼가야 할 것이다.

9월 집안에 있으면 불안하나 밖에 나가 일을 도모하면 길할 것이다. 만일 재물의 손해를 보지 않으면 횡액이 있을 것이다. 사람 사귐에 조심해야지 무턱대고 함께하면 손재를 입을 것이다.

10월 이름을 공문에 거니 재해가 사라질 것이다. 다른 사람의 감언이설을 듣지 말라, 반드시 손해가 있을 것이다. 화성(火姓)을 가까이하면 구설수를 면하기 어려울 것이다. 다툼을 멀리하고 언행을 신중히 해야 할 것이다.

11월 청룡이 드디어 물을 얻었으니 반드시 경사가 있을 것이다. 귀인이 와서 도우니 때를 만나 성공할 것이다. 그러나 매사에 조급하게 행하지 말아야 할 것이다. 늦게 되는 것이 차라리 길할 것이다. 성급함을 버리고 차분히 행해야 할 것이다.

12월 처음은 비록 곤고하나 마침내 태평함을 얻으니 고진감래할 것이다. 정씨(鄭氏), 김씨 두 성은 공연히 나를 시기하니 남을 믿고 함부로 말하지 말아야 할 것이다. 올해의 운수는 안정하면 길하니 경거망동을 삼가고 분수를 지켜야 할 것이다.

복지곤 復之坤

| 운세풀이 |

처음은 곤고하나 나중은 안정을 찾는구나. 꽃잎이 떨어지니 벌과 나비가 갈 곳을 모르고 헤매는구나. 연운을 알고자 하니 세 번은 옮기는구나. 재물은 많이 생기나 쓰일 데가 많아 모으기 어렵구나. 힘들고 어렵더라도 참고 견디며 매사에 노력하고 성실함을 지니니 마침내 막혔던 일이 풀리는구나. 가을에 귀인이 찾아와 도우니 소원을 이루네. 바람이 일어 구름이 흩어지고 바다와 하늘이 푸르니 근심이 흩어지고 기쁨이 가득하리라.

1월 비록 경영함은 있으나 손해만 있고 성공이 어려울 것이다. 이익을 탐하느라 동분서주하면 후회 막급할 것이다. 재수를 말하자면 먼저는 얻고 나중은 잃는 것이다. 마음을 안정하고 어차피 나갈 재물이라면 기꺼운 마음으로 베풀어야 할 것이다.

2월 마음을 안정하고 분수를 지키면 길할 것이다. 환자가 짝을 얻었으나 오래가지 않아 이별을 하게 될 것이다. 여색을 가까이하면 재물을 잃고 구설을 면치 못할 것이다. 이성문제를 각별히 조심해야 할 것이다.

3월 모든 일이 이루어지지 않으니 소득이 하나도 없을 것이다. 비록 재물이 생긴다 해도 모으기는 어려울 것이다. 집에 있으면 심란하나 다른 데 가면 희망이 있을 것이다. 토성(土姓)을 가까이하면 공연히 구설이 따를 것이다.

4월 시작은 있으나 끝이 없으니 행하는 일이 뜬구름 같을 것이다. 가정은 평안하나 일신이 괴롭고 고단할 것이다. 다행히 금성(金姓)을 만나면 일시적으로 평안할 것이다. 겨울이 지나면 봄이 올 것이니 마음을 굳게 먹고 성실히 임해야 할 것이다.

5월 봄이 지나 벌과 나비가 오지 않으니 어두운 가운데 여관의 희미한 등불 아래서 나그네의 마음이 처연하구나. 만일 손재하지 않으면 자손에게 우환이 있을 것이다. 미리 액을 막기 위해 기도를 하면 좋을 것이다.

6월 귀인이 나를 도우니 마침내 때를 만나 성공을 할 것이다. 문서에 기쁨이 있으니 글로써 재물을 얻을 것이다. 비록 처음은 재물이 궁하나 늦게야 재물의 이익을 얻을 것이다. 참고 견디며 성실히 행하면 반드시 대통할 것이다.

7월 재성이 몸에 따르니 문필로써 재물이 생길 것이다. 집에 있으면 심란하나 문밖으로 나가면 재물을 얻을 것이다. 만일 횡재가 아니면 귀한 자손을 얻을 것이니 몸가짐을 바로 하고 덕을 쌓아야 할 것이다.

8월 신수가 대길하고 형통할 것이다. 큰 재물을 바라기 어려우나 작은 재물은 가히 얻을 것이다. 귀인이 와서 도우니 만일 이씨 성을 만나면 적게나마 재물을 얻을 것이다. 중하순에 이르면 막혔던 일들이 풀리고 재물을 얻을 것이다.

9월 집에 있으면 심란하고 출행하면 이익을 얻을 것이다. 서쪽과 남쪽 두 방향에 반드시 재물이 왕성하니 그리로 가면 좋을 것이다. 편한 중에 위태함이 있으니 특히 몸을 옥과 같이 해야 할 것이다. 몸가짐을 바로 하고 건강관리에 힘써야 할 것이다.

10월 어둠을 등지고 밝음으로 향하는 격이니 출입함에 광채가 있을 것이다. 천 리 길도 한 걸음부터이니 분수를 지키고 안정하면 평탄할 것이다. 도모하는 일이 불리하니 일을 크게 벌이지 말아야 할 것이다. 분수를 지키며 집에 머물면 길할 것이다.

11월 경영하는 일에 손재만 하고 이루지 못하니 허망할 것이다. 강가의 단풍나무와 물고기 굽는 불이 나그네의 시름만 더할 것이다. 만일 술집을 가까이하면 손재수와 구설수가 있을 것이다. 주색을 멀리하고 향락에 관심을 갖지 말아야 할 것이다.

12월 분수를 지켜 경거망동하지 말아야 할 것이다. 공을 이루면 몸이 물러섬이 당연한 이치이다. 재수가 불리하고 가정이 불안하니 손재수가 있을 것이다. 집에 있으면 길하고 원행하면 불리할 것이다.

복지임 復之臨

|운세풀이|

나물 먹고 물을 마시니 인생의 즐거움이 그 속에 있도다. 경거망동하지 말고 분
수를 지키면 길함이 그 안에 있네. 농사짓는 사람은 길하고 장사하는 사람은 불
리하구나. 원행을 하면 반드시 후회할 일이 생기니 먼 여행을 자제해야 하네. 호
랑이를 잡으려면 먼저 함정부터 파야 하는 법이니 일을 함에 요행수를 바라지
말고 철저한 계획을 세워서 하면 손으로 천금을 희롱하리라. 명산에 들어가 심
신을 닦으며 악행을 멀리하면 가히 훗날을 기약하네.

1월 마른나무가 봄을 만나니 반드시 빛이 생겨날 것이요, 범사가 순조롭게 이루어질 것
이다. 이익이 논밭에 있으니 바라던 것을 이루고 가산을 늘릴 것이다. 만일 그렇지
아니하면 식구가 늘어날 것이다. 다만 실물수를 주의해야 할 것이다.

2월 분수를 지키고 허욕을 부리지 않으면 즐거움이 그 안에 있을 것이요, 도처에 재물이
있으니 복록이 왕성할 것이다. 봄 동산의 복숭아꽃에 벌과 나비가 와서 기뻐하니 시
기를 놓치지 아니하면 관록이 몸에 휘감길 것이다.

3월 모래를 일어 황금을 보고 흙을 쌓아 산을 만드는 격이니 성심으로 노력하면 도모하
는 일을 가히 이룰 것이다. 동쪽의 귀인이 뜻밖에 나를 도와줄 것이요, 탐욕을 버리
고 분수를 지켜 조용히 살다보니 그 가운데 즐거움과 보람이 있을 것이다.

4월 부부가 화합하니 기쁨이 집안에 가득할 것이요, 수복이 면면하고 관록이 따를 것이
다. 재물과 비단이 진진하고 이름을 널리 떨치니 만인이 우러러볼 것이다. 평소 덕을
쌓은 공로로 많은 사람이 칭송하니 겸손지덕으로 대해야 할 것이다.

5월 게를 잡아 물에 놓아 주고 길 위에서 크게 웃게 되니 도중에 허망함을 느낄 것이다. 서쪽과 북쪽 두 방향이 불리하니 그쪽으로는 출행하지 말아야 할 것이다. 가신이 발동하여 집안에 근심이 생기나 이사를 하면 길할 것이다.

6월 재수가 먼저는 얻고 나중은 잃는 격이니 처음에는 소득이 있으나 뒤에는 도리어 잃게 될 것이다. 손재가 있으니 금성(金姓)을 조심해야 할 것이다. 만일 귀인을 만나면 운수가 바뀌어 마침내 길한 이익을 얻을 것이다.

7월 안으로는 기쁘고 밖으로는 순조로우니 출입에 재앙이 없을 것이요, 재물도 있고 토지도 있으니 의식이 풍족할 것이다. 동쪽과 북쪽 두 방향에서 반드시 큰 재물을 얻는 것이다. 마치 하얀 두루미가 날아오르듯 마음에 둔 뜻을 펼칠 것이다.

8월 재물이 풍만하니 집안이 평안하고 화기애애할 것이다. 낮은 데서 높은 데로 오르니 관록이 아니면 자손에게 경사가 있을 것이다. 생각지도 않던 일로 뜻밖에 성공하게 되니 의기가 충천할 것이다.

9월 마음이 바르고 덕을 쌓으니 재화가 침노하지 않을 것이요, 재앙이 가고 복이 오니 편안한 곳에 태평하게 생활할 것이다. 심신을 바르게 하고 음덕을 쌓으면 하늘이 스스로 돕는 것이다. 만일 집안에 작은 근심이 생기지 않으면 관록이 따를 것이다.

10월 아내에게 걱정거리가 있으나 큰 재앙은 아니므로 염려하지 않아도 될 것이다. 재물의 괘효가 왕기를 만났으니 도처에 이익이 있을 것이다. 기쁨과 근심이 반반이나 이성문제를 조심하지 않으면 기쁨이 흩어지고 근심이 생길 것이다.

11월 버들가지는 어두우나 꽃이 밝으니 만화방창할 것이요, 만일 혼인을 하지 않으면 반드시 아들을 얻을 것이다. 재수는 평길하나 혹여 구설이 있을까 두려우니 각별히 몸가짐을 바로 하고 언행을 조심해야 할 것이다.

12월 재물과 곡식이 가득한 가운데 즐거움이 있을 것이요, 많은 사람이 도와주니 기쁨이 중중할 것이다. 낚은 고기가 알까지 배어 있는 것이요, 술과 안주가 있고 귀한 벗이 집안에 가득하니 그동안 노력한 일들이 많은 사람에게 인정을 받을 것이다.

복지명이復之明夷

| 운세풀이 |

운수가 대통하고 뜻밖에 귀인을 만나니 다른 사람의 도움을 받는구나. 옛 인연
이 우연히 찾아와 도움을 주는구나. 남쪽과 북쪽이 길하니 귀인이 나타나 나를
도와주네. 청룡이 발동하여 천문에 드니 구름을 얻어 조화를 부리는구나. 좋은
문서를 잡으니 백사가 원만하구나. 가정에 경사가 있거나 문서로 인해 횡재를
하네. 좋은 벗들이 사방에서 도움을 주니 하는 일마다 순조롭네. 많이 얻고 많이
잃으나 덕을 베푸는 마음으로 행한다면 반드시 이익이 몸에 따르리라.

1월 운수가 대길하니 백 가지 일들이 순조롭게 이루어질 것이요, 나아가고 물러남을 알
면 가히 재액을 면할 것이다. 식구가 늘어나거나 아들을 낳을 것이다. 헛된 일이라도
내실을 다져서 실상을 얻으니 집안이 평안할 것이다.

2월 옛것을 지키고 분수를 지키면 가히 재액을 면할 것이요, 처한 환경에서 도리를 지키
면 반드시 기쁨을 맛볼 것이다. 남쪽에 길함이 있으니 귀인이 와서 도울 것이다. 다
만 부부가 서로 반목하여 가정에 불화가 있으니 아량을 베풀어야 할 것이다.

3월 복록이 풍만한 것이다. 하늘은 기름진 이슬을 내리고 땅에는 단 샘물을 내는 것이다.
오곡이 풍등하니 풍년이 집안에 가득한 것이다. 귀인이 항상 도우니 복록이 항상 있
는 것이다.

4월 옛것을 지키고 안정하면 이익이 그 가운데 있을 것이다. 다른 사람의 감언이설을 듣지
말라, 달콤한 유혹에 넘어가면 그 피해가 적지 않을 것이다. 먼저는 곤고하나 나중
은 태평하니 끈기를 갖고 인내하면 천한 사람이 귀한 사람이 될 것이다.

5월 운수가 형통하니 집안에 상서로움이 가득할 것이요, 영신이 나를 도우니 도처에 재물이 있을 것이다. 만일 혼인이 아니면 횡재를 하게 될 것이다. 봄바람에 방초가 나부끼니 힘든 일이 있더라도 인내심을 가지고 끈기 있게 추진해야 할 것이다.

6월 노인은 배를 두드리고 아이는 노래를 부르니 이곳저곳에서 많은 재물이 들어올 것이다. 재물이 바깥에 있으니 원행하여 구하면 이익을 얻을 것이다. 재록이 다 일어나니 횡재하여 풍요롭거나 경사가 있을 것이다.

7월 명예와 도가 높으니 이름을 사방에 떨치게 될 것이요, 만일 관록이 아니면 반드시 횡재하게 될 것이다. 금옥이 만당하니 재물을 많이 모으고 집안이 화평할 것이다. 항상 겸손함을 잃지 않으면 만인의 추앙을 받을 것이다.

8월 허욕을 부려 분수 밖의 것을 탐하면 도리어 손해가 될 것이다. 언행을 신중히 하고 분수를 지켜야 할 것이다. 질병이 있을까 두려우니 미리 도액해야 할 것이다. 명산을 찾아 정성껏 기도하면 재해가 점점 사라지고 길운이 찾아올 것이다.

9월 봄바람이 화창하고 꽃이 떨어져 열매를 맺으니 도처에서 좋은 소식이 들릴 것이요, 신운이 크게 통하니 영화가 중중할 것이다. 길운이 돌아오니 맨손으로 집안을 일으키고 크게 재물을 모을 것이다.

10월 재앙이 사라지고 복록이 흥하니 하는 일마다 여의할 것이요, 다른 사람과 더불어 동쪽으로 가면 반드시 성공할 것이다. 재운이 형통하여 황금을 쌓고 옥을 쌓으니 성심으로 노력하면 큰 재물을 얻을 것이다.

11월 캄캄한 어둠 속을 걷다가 우연히 등불을 얻으니 길운이 찾아와 재앙과 화가 점점 사라질 것이다. 사람의 도리를 다하면 하늘이 도와주니 성심을 다해 노력하면 하는 일마다 형통할 것이요, 큰 재물을 얻을 것이다.

12월 분수 밖의 것을 탐하면 도리어 불리하니 마음가짐을 바로 하고 허욕을 부리지 말아야 할 것이다. 목성(木姓)을 조심하지 않으면 손재가 많을 것이다. 경거망동을 삼가고 안정하여 차분하고 겸손히 행하면 복락이 깃들 것이다.

| 운세풀이 |

길함이 많고 흉함은 적으니 결국 만사형통하는구나. 처음에는 불리하나 나중
엔 만사형통하네. 독충이 가슴을 파고드니 심신이 안정을 찾지 못하구나. 운수
가 불리하니 처음 하는 일에 막힘이 많구나. 경거망동하게 되면 반드시 후회할
일이 생기네. 실업자는 분수를 지키고, 경영하는 일이 있는 사람은 다른 사람과
시비를 하지 말고 입조심을 해야 낭패를 면하네. 먹구름이 해를 가리니 음양이
불화하네. 만일 명산에서 정성껏 기도하면 만사형통하리라.

1월 해도 중천에 오면 기울고 달도 꽉 차면 기우는 법이니 기쁨이 다하면 슬픔이 찾아올
것이다. 마음만 분주하여 동쪽으로 서쪽으로 바삐 뛰어다니나 이루어지는 일이 하나
도 없을 것이다. 집안에 있으면 심란하고 나가면 마음을 상하는 것이다.

2월 비록 마음은 높이 날고자 하나 날개가 없고 삼 년을 경영한 일이 물거품으로 돌아가
니 안타까울 뿐이다. 구설수가 두려우니 범사에 조심해야 할 것이다. 입을 병뚜껑을
닫듯이 굳게 닫고 친한 사람에게조차 함부로 말하지 말아야 할 것이다.

3월 재앙이 물러가고 길운이 점점 돌아오니 자연히 부귀하게 될 것이다. 처궁에 길함이
있으니 집안에 머물며 분수를 지켜야 할 것이다. 위태한 중에 편안함을 얻으니 먼저
는 흉하고 나중은 길하여 고진감래할 것이다.

4월 봄 제비가 집에 돌아오니 옛정을 잊지 못하는 격이니 어두웠던 재앙이 물러나고 마
침내 복락이 올 것이다. 신수가 태평하고 재수가 흥왕하니 하는 일을 모두 이루고 날
로 재물을 더할 것이다.

5월 가신이 발동하니 집안이 불안하고 질병이 끊이지 않을 것이다. 만일 자손에게 근심이 없으면 손재를 당할 것이다. 시운이 불리하니 몸가짐을 바로 하여 분수를 지키고, 건강관리에 힘쓰며 집안사람을 자상하게 돌봐야 할 것이다.

6월 시비를 가까이하면 구설이 분분할 것이다. 도처에 해로움이 있으니 이성문제에 각별히 조심해야 할 것이다. 신상에 위험이 있으니 범사를 조심하고 허욕을 부리지 말아야 할 것이다. 스스로 삶의 가치를 높여 인생경작에 힘써야 할 것이다.

7월 그루터기를 지키며 토끼가 와서 부딪히기를 바라고, 나무에 올라가 물고기를 구하는 격이니 아무런 노력도 하지 않고 허욕을 부리니 되는 일이 없을 것이다. 남쪽에 길함이 있으니 그리 가면 좋은 일이 있을 것이다.

8월 강을 건너다 위험을 당할 수 있으니 수신에게 기도해야 할 것이다. 작은 일을 참지 못하면 큰 계획이 어그러지니 마음을 안정하고 차분히 행하면 길할 것이다. 그러나 분수를 지키지 않고 경거망동한다면 해가 있을 것이다.

9월 나는 새가 날개를 상하니 날려고 해도 날 수 없구나. 이사수가 있으니 길한 땅을 택하여 살면 수복을 가히 기약할 수 있을 것이다. 사람 사귐을 신중히 해야 할 것이다. 화성(火姓)을 가까이하면 불리함이 있을 것이다.

10월 얕은 물에 배를 띄우고 가려 하니 수고와 괴로움만 있을 뿐 이익이 없을 것이다. 해가 지고 구름이 생기니 마음만 처연하고 이루는 바가 없을 것이다. 이때 사람 사귐을 신중히 해야 할 것이다. 토성(土姓)을 가까이하면 피해가 적지 않을 것이다.

11월 초목이 가을을 만난 것처럼 마음이 처량할 것이다. 도모하는 일은 사람에게 달려 있으나 성사됨은 하늘에 달려 있는 것이다. 도모하는 일에 마땅히 성심을 다해야 할 것이다. 금성(金姓)이 나를 도우면 자연히 횡재하게 될 것이다.

12월 마침내 길운을 만나니 재앙이 가고 복락이 올 것이다. 밖에는 노적가리요, 안에는 영화가 있을 것이다. 역마가 문에 드니 서쪽이나 북쪽으로 이사하게 될 것이다. 뜻밖에 성공을 하니 재물이 가득할 것이다.

승지겸 升之謙

| 운세풀이 |

한번 산문에 들어가니 사람이 신선을 알아보지 못하는구나. 비록 품은 뜻이 크나 세상 사람이 몰라주는구나. 적막한 강산에 의지할 곳이 없으니 외롭기 그지없네. 세상일이 부질없으니 마음만 허망하구나. 집안에 우환이 찾아드니 몸과 마음이 편치 않네. 동쪽으로 출행하면 손재수가 있으니 피해야 하네. 남과 다투거나 시비에 끼어들면 반드시 관재수가 따르니 시비를 멀리해야 하네. 올해는 참고 견디며 몸가짐을 신중히 해야 하네.

1월 운수가 형통하니 일신이 편안하고 집안에 상서로움이 있을 것이요, 산과 물에 이익이 있을 것이다. 다만 사람 사귐에 신중히 해야 할 것이다. 금성(金姓)을 가까이하지 말라, 내 마음 같이 믿었으나 손재를 당하고 후회할 일이 있을 것이다.

2월 악을 버리고 착한 일을 행하니 편안함을 얻을 것이다. 옛것을 버리고 새것을 취하니 재앙이 사라지고 복록이 찾아올 것이다. 고통과 고단함을 한탄하지 말라, 언젠가는 편안함을 얻을 것이니 때를 기다리며 성실함을 다해야 할 것이다.

3월 문을 나서 서쪽으로 향하니 귀인을 만나게 될 것이다. 재수는 다소 불리하여 설사 재물을 얻는다 해도 반은 잃을 것이다. 한가한 곳에서 조용히 머물면 이득이 있을 것이다. 어차피 나갈 재물이면 기꺼운 마음으로 베풀어야 훗날을 기약할 것이다.

4월 먼 여행을 삼가고 출행하지 말아야 할 것이다. 손재가 많을 것이다. 남쪽을 가까이하지 말라, 하는 일마다 불리할 것이다. 심신을 안정하고 경거망동을 삼가야 할 것이다. 분수를 지키고 안정해야 이익이 따를 것이다.

5월 마음을 잡고 한 가지 일에 몰두하면 자연히 이익을 얻을 것이다. 뜻밖에 재물을 얻으니 마침내 집안을 일으킬 것이다. 우연히 횡재를 하니 널리 논밭을 둘 것이다. 재성이 나를 따르니 때를 놓치지 말아야 할 것이다.

6월 먼저는 길하나 나중은 흉하니 범사에 신중해야 할 것이다. 동쪽에는 나를 해하는 것이 도사리고 있으나 남쪽으로 피신하면 이 액운을 가히 면할 것이다. 신상에 근심은 없으나 재수는 불리하니 큰 기대를 갖고 투자하지 말아야 할 것이다.

7월 다른 사람이 천거해 주면 영귀함을 보게 될 것이다. 다른 사람을 업신여기지 말라, 도리어 피해가 있을 것이다. 겸손함이 미덕이니 나를 내세우지 말고 남을 존중해야 할 것이다. 분수를 지키고 집안에 머물면 자연히 복록이 따를 것이다.

8월 동산에 푸른 솔을 옮겨 심으니 숲을 이루고, 굶주린 사람이 풍년을 만나니 바깥의 재물이 문에 들어와 식록이 풍족할 것이다. 그러나 음한 일을 도모하면 도리어 피해를 받으니 마음을 깨끗이 하고 바르게 행해야 할 것이다.

9월 까치가 뜰 앞 나무 둥지에 드니 귀인이 와서 도와줄 것이요, 덕을 쌓은 집안은 경사가 있을 것이다. 심신을 닦고 덕을 쌓으며 은혜를 베풀면 복록이 오래 지속될 것이다. 다만 목성(木姓)을 가까이하면 해로우니 범사에 조심해야 할 것이다.

10월 재수가 대통하여 하는 일은 잘 풀리겠으나 자손에게 근심이 있을 것이다. 관재수와 구설수가 있으니 자손으로 말미암은 것이다. 가정이 불안하니 심신 또한 불안할 것이다. 마음을 안정하고 정성을 다해 기도하면 면할 것이다.

11월 고생 끝에 낙이 찾아올 것이다. 악귀가 해를 끼치는 격이니 하는 일에 공이 없고, 우연한 일로 인해 구설수가 침노할 것이다. 그러나 이후부터는 점점 좋아질 것이니 힘들고 어려워도 좌절하지 말고 끈기 추진해야 할 것이다.

12월 재운이 왕성하니 글로써 재물이 생길 것이다. 만일 귀인이 도우면 공명을 얻어 기쁜 일이 중중할 것이다. 명리가 마음에 맞으니 구하지 않아도 도처에서 재물이 들어올 것이다. 어려운 시절을 잊지 말고 늘 감사해야 할 것이다.

승지사 升之師

| 운세풀이 |

능력이 부족한 사람이 능력 발휘를 하려 하니 소원을 이루기 어렵구나. 산에 들어가 사나운 호랑이를 잡으려 하니 생사를 판단하기 어렵구나. 분수를 모르고 일을 추진하다가 낭패를 보는구나. 해가 구름에 가려 빛을 잃었으니 내 뜻을 그 누가 알아주리오. 집에 있어도 불안하고 밖에 나가도 불안하니 신수가 불리하구나. 십 년 가뭄에 초목이 시들어버리니 이 한 몸 의지할 곳이 없구나. 활은 있으나 화살이 없으니 눈앞의 토끼를 잡을 수 없네.

1월 가운이 대길하니 한 집안이 태평할 것이요, 상서로운 별이 나를 도우니 관록이 몸에 임할 것이다. 그러나 분수 밖의 것을 탐하면 도리어 불리할 것이다. 도리를 알고 분수 밖의 허욕을 버리면 반가운 소식이 올 것이다.

2월 만 리 창파에 일엽편주와 같으니 근신 자중하며 다른 일에 관여하지 말아야 할 것이다. 관청이 주관하는 일에 참여하면 불리할 것이다. 공적인 일이나 사적인 일이나 간섭하지 말고 조용히 머물러야 할 것이다.

3월 재성이 몸에 따르니 재물을 구하면 가히 얻을 것이다. 그러나 재물 괘효가 살을 띠니 처궁에 근심이 있을 것이다. 다른 사람과 같이 도모하면 그 피해가 적지 않으니 동업을 삼가야 할 것이다. 나와 집안사람의 건강관리에 각별히 힘써야 할 것이다.

4월 뜻은 있으나 이루지 못하니 마음만 상할 것이다. 집에 있으면 불리하여 밖으로 나가나 머리를 어디로 두어야 할지 갈팡질팡할 것이다. 그래도 밖으로 나가야 적게나마 이익이 있을 것이다. 운세를 탓하지 말고 마음을 안정하는 게 상책이다.

5월 산에 들어가 호랑이를 만나니 나아갈 수도 없고 물러날 수도 없는데 다행히 귀인이 와서 도와주니 기쁜 일이 있을 것이다. 옛것을 버리고 다른 일을 경영하지 말라, 손 재수가 있어 옛것을 지키는 것만 못할 것이다.

6월 뜻밖에 공명을 만나니 집안에 근심이 사라지고 화기애애함이 무르익을 것이다. 만일 화성(火姓)을 만나게 되면 좋은 인연이 되어 가도가 창성할 것이다. 자손에게 근심이 있으나 해로움이 크지 않으니 걱정하지 않아도 될 것이다.

7월 산길을 가는 사람이 길을 잃고 방황하니 외롭고 마음마저 위태위태할 것이다. 동분 서주하며 바쁘게 뛰어다니나 소득은 별로 없고, 갈수록 태산이니 곤고함이 더할 것 이다. 휴식을 취하며 지친 몸과 마음을 달래야 할 것이다.

8월 심신이 흐트러지고 항상 두려울 것이다. 만일 손재수가 없다면 부모에게 근심이 있 을 것이다. 관청의 일에 참여하지 말라, 불리한 징조가 있을 것이다. 매사에 인내하 고 정성껏 기도하며 마음을 안정해야 할 것이다.

9월 마음이 불안하니 일이 손에 잡히지 않고 뜬구름 같은 나날을 보낼 것이다. 천지신명께 치성을 드리면 가히 이 액운을 면하게 될 것이다. 허욕을 부려 분수 밖의 것을 탐내면 도리어 손재를 당할 것이다. 분수를 지키고 마음을 안정해야 할 것이다.

10월 해가 서산에 지고 앞길이 어두워지니 새로운 일을 꾀하지 말아야 할 것이다. 금성(金 姓)이 불리하고 서쪽에 피해가 있을 것이다. 또한 구설이 있으니 시비에 끼어들지 말 고 남과 다투지 말아야 할 것이다. 오직 참고 또 참는데 복락이 있을 것이다.

11월 적막한 창가에서 공연히 탄식을 하는구나. 다른 사람의 죄로 인해 액운이 미간에 있 는 것이다. 남과 다투면 구설이 분분할 것이다. 눈에 거슬리고 심정이 억울해도 참고 또 참아야 내게 덕이 될 것이다.

12월 하늘이 도우니 재앙이 물러가고 질병과 고통이 물러갈 것이다. 마침내 재성이 나를 따르니 뜻밖에 재물을 얻을 것이나 만일 이와 같지 아니하면 자손에게 근심이 있을 것이다. 미리 기도하여 도액하면 액이 사라지고 매사가 순탄할 것이다.

| 운세풀이 |

뉘엿뉘엿 해가 지니 나그네의 발걸음이 바쁘구나. 십년공부가 하루아침에 물거품이 되니 답답하구나. 때를 잃었으니 소망을 이루기 어렵네. 그러나 잘못을 깨닫고 지성으로 기도하면 다시 소망을 이룰 수 있네. 타고 다니는 말을 잃었으니 어찌 원행을 바라겠는가. 세 사람이 동행하니 두 사람은 스승이요, 한 사람은 믿을 수 없구나. 마음의 중심을 잘 잡아야 속임수를 면하네. 올해는 기쁨과 슬픔이 반반이니 욕심을 줄이고 적은 것에 만족해야 하네.

1월 사방으로 분주하나 고달프기만 할 뿐 일하는 만큼 소득이 없을 것이다. 직업을 바꾸거나 다른 일을 경영하면 손재만 있고 이익이 없을 것이다. 화가 나더라도 언행을 조심하고 어려울수록 마음을 다잡고 용기를 잃지 말아야 할 것이다.

2월 우레가 백 리를 흔들지만 소리는 있으되 형상은 없는 것이다. 재물이 모이지 않고 곤궁하더라도 심신을 안정하고 옛것을 지키면 재앙이 침범하지 않을 것이다. 목성(木姓)을 가까이하면 손재를 면하기 어려우니 금전거래를 하지 말아야 할 것이다.

3월 목마른 사람이 물을 얻은 격이요, 굶주린 사람이 풍년을 만났으니 삼월 동풍에 기쁜 일이 터질 것이다. 만일 이와 같지 않으면 자손에게 경사가 있으니 이래저래 집안에 기쁨이 가득할 것이다. 재성이 도우니 재물을 얻어 가정을 일으킬 것이다.

4월 재물은 동쪽에 왕성하고 남쪽에는 좋은 일이 있을 것이다. 만일 경사가 아니면 횡재수가 있으니 기회를 놓치지 말아야 할 것이다. 재물과 복록은 흠이 없으나 구설이 따를 것이니 범사에 신중히 처신해야 할 것이다.

5월 부부가 불안하니 집안이 평안하지 않을 것이다. 만일 친한 사람과 결별하지 않으면 형제지간의 우애가 상할 것이다. 언성을 높이기보다 아량을 베풀어 서로 이해하고 보듬어야 할 것이다. 서쪽에 길함이 있으니 마땅히 서쪽으로 가야 할 것이다.

6월 시운이 불리하니 공연히 마음만 상하고, 사방으로 분주하게 뛰어다니나 이로움도 해로움도 없을 것이다. 서쪽에 있는 사람은 불리하니 조심해야 할 것이다. 조급함을 버리고 몸과 마음을 안정하여 건강을 지켜야 할 것이다.

7월 복록이 지나쳐 재앙이 생겨나니 근신 자중해야 할 것이다. 신수가 불리하니 도적을 조심하고 사람 사귐에 주의해야 할 것이다. 손재가 있으니 친한 사람과는 각별히 금전거래를 하지 말아야 할 것이다.

8월 비록 재수는 있으나 얻고도 도리어 잃게 될 것이다. 요귀가 작해하니 하는 일에 장애가 많을 것이다. 술집에 드나들며 주색을 탐하면 재물을 탕진하고 명예를 잃을 것이다. 이성문제에 각별히 주의해야 할 것이다.

9월 비록 노력을 하나 하는 일이 여의치 않아 소득도 없고 한숨만 쉬게 될 것이다. 부부가 불안하니 집안에 근심이 있을 것이다. 가화만사성이니, 어려운 때일수록 부부가 서로 화합하여 용기를 북돋우며 집안을 편안히 해야 할 것이다.

10월 마음에 번민이 많으니 수심을 풀기가 어려울 것이다. 수심이 건강까지 미치지 않게 마음을 다잡고 건강관리에 힘써야 할 것이다. 특히 이성문제에 조심하지 않으면 명예를 잃게 될 것이다. 만일 목성(木姓)을 만나면 우연히 재물을 얻게 될 것이다.

11월 용이 천문에 있으니 변화가 비상하고 늦게나마 빛을 발하게 될 것이다. 서쪽과 북쪽 두 방향에서 귀인이 나를 도울 것이다. 그러나 묘한 계책이 없으면 도리어 곤란함만 있을 것이다.

12월 재수를 말하자면 적게 얻고 많이 쓰니 실속이 없을 것이다. 매사에 조심하지 않으면 구설수가 끊이지 않을 것이다. 횡재수가 있으니 가정에 근심이 있다 하더라도 이때를 놓치지 말아야 할 것이다.

사지곤師之坤

｜운세풀이｜

서두르지 말고 때를 기다려야 이익이 있구나. 무조건 일을 추진하면 낭패를 보네. 한 발의 포성이 온 숲을 울리니, 한 사람의 잘못으로 많은 사람이 놀라는구나. 처음은 곤고하나 나중은 길하리라. 한 번은 웃고 한 번은 우니 모두 구설 때문이네. 항상 입조심을 하고 시비를 가리지 말아야 하네. 특히 횡액을 당할 수도 있으니 원행을 삼가야 하네. 풍랑 속에 배를 타니 위험이 도처에 있구나. 물러남과 나아갈 때를 알아 신중히 행동해야 하네.

1월 호랑이 두 마리가 서로 다투니 보는 사람이 마음을 졸이고 곁에 있다가 위험을 당할 것이다. 비록 노력은 있으나 한갓 심력만 허비하게 될 것이다. 길함보다 흉함이 많으니 두루 근신하고 자중해야 할 것이다.

2월 먼저는 길하고 나중은 흉할 것이다. 동풍이 얼음을 녹이니 근심 가운데 기쁨이 생겨날 것이다. 목성(木姓)이 해로우니 이 사람과 함께 이익을 취하지 말아야 할 것이다. 북쪽은 불리하나 동쪽과 서쪽은 크게 길하니 그곳에서 일을 펼쳐야 할 것이다.

3월 뜰의 난초가 푸르고 푸르니 가지 위에 가지를 더하는 것이다. 만일 구설수가 아니면 횡액이 있을까 두렵고, 문서가 극을 만나 소복 입을까 두려우니 미리 기도하여 액을 면하면 범사에 유익할 것이다.

4월 남쪽으로 가고 북쪽으로 가나 분주하기만 하고 하는 일이 여의하지 못할 것이다. 재물이 서쪽에 있으니 마땅히 서쪽으로 출행해야 할 것이다. 이 달에는 재물의 이익을 바라지 말고 건강관리에 힘써야 할 것이다.

5월 산에 가서 물고기를 구하니 허황함만 있을 뿐 원하는 것을 얻지 못할 것이다. 만일 질병과 고단함이 아니면 처궁에 근심이 있을 것이다. 각별히 건강관리에 힘써야 할 것이다. 길신이 나를 도우니 마침내 위태함 중에 편안함을 얻을 것이다.

6월 좋은 새는 나무를 가려 않고 어진 선비는 벗을 가려 사귀는 법이니 악한 것을 멀리하고 착한 일을 행해야 할 것이다. 친한 사람을 믿지 말라, 손재수가 있고 명예마저 손상이 갈 것이다. 새로운 일을 꾀하면 얻은 것을 도리어 잃게 될 것이다.

7월 옛것을 지키고 안정해야 할 것이다. 관귀가 길을 지키고 있으니 출행하면 이롭지 못할 것이다. 구설이 침노할 것이니 논쟁과 다툼을 피하고 시비에 끼어들지 말아야 할 것이다. 큰 재물은 얻기 어려우나 적은 재물은 들어올 것이다.

8월 잠깐의 춘몽에 천 리를 행하니 뜻밖의 재물을 얻고 늦게나마 빛을 볼 것이다. 다른 일을 도모하지 말라, 이름만 있고 실속이 없을 것이다. 만일 횡재하지 않으면 한 번은 놀랄 일이 있을 것이나 눈앞에 길운이 있으니 용기를 잃지 말아야 할 것이다.

9월 높이 날고 있는 새가 더 높게 나니 좋은 활을 감추게 될 것이다. 공은 있으나 상이 없으니 한갓 심력만 허비할 것이다. 마음에 동요가 있으니 불길한 징조이다. 이성문제에 조심하지 않으면 반드시 불리하고 후회할 일이 있을 것이다.

10월 화가 집안에서 일어나니 길게 쌓은 성이 헛되게 될 것이다. 모르는 사람을 들이면 손재가 가볍지 않을 것이다. 앞길이 험악하니 미리 도액해야 할 것이다. 미리 도액하는 데 정성을 다해 기도하면 가히 액을 막을 수 있을 것이다.

11월 나무에 올라 물고기를 구하고 바다에 들어가 일확천금을 구하니 허황되고 심력만 허비할 것이다. 허욕을 버리고 분수를 지키면 재해가 침범하지 않을 것이다. 옛것을 지키고 경거망동을 삼가고 안정하면 별로 재앙과 액운이 없을 것이다.

12월 드디어 길성이 나를 도우니 집안에 경사가 있을 것이다. 바다에 들어가 구슬을 구하는 격이니 모든 근심을 털고 기쁨이 있을 것이다. 밖으로는 곡식이 남고 안으로는 영화가 있으니 재물도 풍성하고 심신 또한 건강할 것이다.

사지승 師之升

|운세풀이|

동풍이 담백하게 불어오니 봄꽃이 앞을 다투어 자태를 뽐내는구나. 경영하는 일이 발전하고 부귀영화가 따르는구나. 집안의 창고에 금옥이 만당하니 태평성대를 누리리라. 복록과 명예가 무궁하니 치하하는 하객이 문전성시를 이루는구나. 땅을 파서 금을 얻는 격이니 모든 영화가 노력한 대가로구나. 가는 곳마다 권세와 재록이 있으니 만인이 치하하네. 비록 겉으로는 허하나 속으로는 실하고 알차네. 명산을 찾아 기도하면 작은 액운도 하리라.

1월 용이 맑은 구슬을 얻으니 그 조화가 무궁무진 할 것이다. 재물도 있고 권세도 많으니 많은 사람이 흠모하고 우러를 것이다. 하는 일마다 여의하고 만사 대통할 것이다. 겸손한 자세로 덕을 쌓고 착한 일을 많이 하면 더욱 길할 것이다.

2월 봄이 지초와 난초에 깊으니 기린 발로 상서로움을 올릴 것이요, 도처에 재물이 있으니 의기양양할 것이다. 재물은 애써 구하지 않아도 저절로 들어올 것이나 질병이 침노할 것이다. 몸의 근심이 염려되니 칠성에 정성으로 기도해야 할 것이다.

3월 재앙과 액운이 물러가고 길한 운이 왔으니 원하는 만큼 거둘 것이다. 식구가 늘고 토지를 더하니 가도가 창성할 것이다. 다만 구설수를 조심해야 할 것이다. 남의 감언이설을 듣지 말라, 달콤한 유혹에 넘어가면 은혜가 도리어 원수가 될 것이다.

4월 신령한 까치가 날아와서 기쁜 소식을 전하니 귀인의 도움을 받아 반드시 기쁜 일이 있을 것이다. 하늘에서 나에게 복을 내리니 기쁜 일이 중중할 것이다. 다만 남쪽이 불리하니 그리로 출행하지 말아야 할 것이다.

5월 하는 일이 있고 계획이 있으니 관록이 몸에 임할 것이요, 집안에 경사가 있으니 집안 사람이 화목하고 기뻐할 것이다. 백 가지 일이 뜻대로 이루어질 것이나 구설수가 있으니 입단속을 잘해 함부로 말하지 말고 남의 험담도 하지 말아야 할 것이다.

6월 금과 옥이 가득한 가운데 부귀영화를 누릴 것이요, 신상에 근심이 없으니 일신이 평안할 것이다. 도처에 좋은 일이 있고 재록이 쌓이니 한가로이 물러나 푸른 숲과 맑은 샘에서 신선처럼 향유할 것이다.

7월 하늘과 땅이 도우니 하늘 일마다 막힘이 없고 탄탄대로일 것이다. 만일 동쪽사람을 만나면 큰 재물을 얻을 것이다. 운수가 대통하여 만사가 여의하겠으나 밖에 나감이 불리하니 먼 여행을 삼가고, 옛것을 지키며 심신을 안정해야 할 것이다.

8월 동쪽 뜨락에 복숭아꽃이 피니 벌과 나비가 날아드는구나. 소망이 여의하니 뜻한 대로 이룰 것이다. 집에 있으면 길하나 출행하면 불리하니 먼 여행을 삼가고, 일을 크게 벌이기보다 분수에 맞게 경영해야 할 것이다.

9월 금당옥서에 원앙이 물 위에서 뜨고 잠기며 노닐고 있으니 반드시 경사가 있을 것이요, 자녀를 얻을 것이다. 나는 범이 꿈에 보이니 생남할 것이다. 만일 이 같지 않으면 손재가 있으니 미리 온 정성을 다하여 기도해야 할 것이다.

10월 고기와 용이 물을 만나니 의기양양할 것이요, 재물이 길 가운데 있으니 나가서 구하면 원하는 대로 얻을 것이다. 만자천홍이 모두 봄빛을 띠고 있으니 기다리던 곳에서 반가운 소식이 올 것이요, 나갔던 재물이 들어올 것이다.

11월 운수가 흥왕하니 복록이 끊이지 않을 것이다. 가도가 점점 창성하니 한 집안에 화기애애함이 가득할 것이다. 다만 관재수나 구설수가 있으니 입조심하고 금전거래는 하지 말아야 할 것이다. 길한 날에 명산에 올라 지성으로 기도하면 이로울 것이다.

12월 새가 하늘 높이 날고 물고기가 큰 바다에서 노니니 재물과 토지가 있고 하는 일마다 형통할 것이다. 수복을 겸전하니 이름을 사해에 떨칠 것이요, 만일 상복을 입지 않으면 반드시 집안에 영화로움이 있을 것이다.